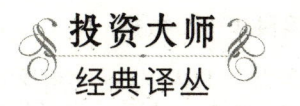

投资大师
经典译丛

伯纳德·巴鲁克
一位天才的华尔街投资大师

詹姆斯·格兰特（James Grant）◎著
求兰英◎译

上海财经大学出版社

图书在版编目(CIP)数据

伯纳德·巴鲁克:一位天才的华尔街投资大师/(美)格兰特(Grant,J.)著;求兰英译 . 一上海:上海财经大学出版社,2016.4
(投资大师·经典译丛)
书名原文:Bernard Baruch:The Adventures of a Wall Street Legend
ISBN 978-7-5642-2299-4/F·2299

Ⅰ.①伯…　Ⅱ.①格…②求…　Ⅲ.①巴鲁克,B.(1870～1965)-生平事迹　Ⅳ.①K837.125.34

中国版本图书馆 CIP 数据核字(2015)第 310182 号

□ 责任编辑　刘　兵
□ 封面设计　张克瑶

BONADE BALUKE
伯纳德·巴鲁克
——一位天才的华尔街投资大师

[美]　詹姆斯·格兰特　著
　　　(James Grant)
　　　求兰英　译

上海财经大学出版社出版发行
(上海市武东路 321 号乙　邮编 200434)
网　　址:http://www.sufep.com
电子邮箱:webmaster@sufep.com
全国新华书店经销
上海华教印务有限公司印刷装订
2016 年 4 月第 1 版　2016 年 4 月第 1 次印刷

710mm×960mm　1/16　21.25 印张(插页:1)　352 千字
印数:0 001—4 000　定价:52.00 元

图字:09-2009-197 号

Bernard M.Baruch：The Adventures of a Wall Street Legend

James Grant

Copyright © 1997 by James Grant.

All Rights Reserved. This translation published under license.

No part of this publication may be reproduced, stored in a retrieval system or transmitted in any form or by any means, electronic, mechanical, photocopying, recording, scanning or otherwise, except as permitted under Sections 107 or 108 the 1976 United States Copyright Act, without the prior written permission of the Publisher.

CHINESE SIMPLIFIED language edition published by SHANGHAI UNIVERSITY OF FINANCE AND ECONOMICS PRESS, Copyright © 2016.

2016 年中文版专有出版权属上海财经大学出版社
版权所有　翻版必究

序 言

伯纳德·M. 巴鲁克(Bernard M. Baruch)和我一起度过了四年如影随形的时光,当然不是活生生的巴鲁克,而是那个在他去世后出版的相关著作中所描述的巴鲁克。他的喜怒哀乐牵动着我的喜怒哀乐。巴鲁克是一位传奇式的投资大师和总统顾问,我认为对他的相关文字描述还未能完全再现那个真实的他,正是抱着这样的想法我开始撰写他的传记。我希望把这个传奇人物的一生放到长达一个世纪的美国金融业发展史这个大背景下来揭示真相。

至少在一件事上我是成功的。我能够使人们相信巴鲁克既是一名赚钱高手,也是一个凡人。例如,他并没有在1929年股市达到最高点时抛售股票,事实上当时他看涨股市。1929年的股市比起1996年的投机市场环境可能更能引起学者们的研究兴趣。然而,我立即意识到这样的错误是值得的,更具真实性。当然,"凡人"巴鲁克通过不断地试错获得的成功相比"传奇人物"巴鲁克仅仅依靠抽象的洞察力就可能获得的成功,更加来之不易。我对他的态度也从怀疑转为钦佩。

现在,我对他的钦佩之情还夹杂着一丝敬爱。通过阅读巴鲁克的信件以及同其几位仍在世的朋友的谈话,我开始喜欢上他这个人了。["我一想到你被授予荣誉学位时那副庄严的神情,差点没笑死。"巴鲁克曾在他的老朋友——来自《巴尔的摩太阳报》的政治专栏明星作家弗兰克·肯特(Frank Kent)接受一项荣誉学位(这还是巴鲁克提名的)时写

1

信给他，"你可怜的太太！你那可怜的太太！"]读着这些信，我也成了巴鲁克的朋友。随着时间的推移，我开始研究他的事业中涉足公共领域的那一阶段，先前的感觉全都消失了，只剩下一种无法抗拒的愤怒感。1983年本书第一版问世的时候，我很高兴我终于可以摆脱掉巴鲁克了。我也深信，如果当时巴鲁克还在世，他也乐于见到与我撇清任何关系。

显然，我们在生活方式上存在的差异是无法弥合的。巴鲁克生于1870年，死于1965年。他曾经居住过的地方包括纽约第五大道的公馆、南加利福尼亚的大农场以及苏格兰的城堡，还有其他一些著名的地方。他喜欢狩猎、赛马、拳击和驾驶，也喜欢投机买卖，喜欢与好友相聚，消磨时光。他会去萨拉托加观看赛马，也会到欧洲泡温泉。他同时善于与男人和女人打交道。他的朋友圈子很自然地排斥传记作家和那些无恶意但有点迂腐的人，包括那些总是在不停写作或准备搞写作，或自称要写作的人，以及那些总是谈论自己感兴趣的话题的人。巴鲁克喜欢谈论自己的事，但即使是与他自己相关的事，也是有禁忌的。

本书没有描述巴鲁克的性取向问题；1983年本书第一版问世时，我曾因此而遭到一些读者的指责。我没有谈及这个问题，是因为我坚持凡事讲证据的原则，没有确凿的证据，就不能妄下结论。我的顾虑却导致意想不到的结果，没有提及巴鲁克的婚姻状况使得人们认为巴鲁克对女性不感兴趣，或者认为他的婚姻生活很幸福，或者认为他拥有成功的婚姻但对女性不甚感兴趣。其实这些看法都不符合事实。虽然只有旁证，但是足以让别人信服。巴鲁克的婚姻只是形式婚姻；他喜欢在外面拈花惹草。他喜欢女性，且很受女性欢迎。

至于他在金融界获得的成功，先前从未获取过的原始资料有助于我们了解巴鲁克的投机和投资理念。这些资料包括与股市交易相关的诉讼公文，有他参与的纽约证券交易所审议活动的相关会议记录，以及一些可以反映他在得克萨斯州海湾硫磺公司的整个风险投资过程的信件，这些信件对于全面了解他的投机和投资理念就像是一个宝藏。我仔细研究了20世纪20年代末至30年代初巴鲁克的经纪人从业记录以及一些旧公文，这些资料是从美国国务院和联邦调查局获得的，我相信这些资料还从未对外公开过。

重读我这本巴鲁克的传记，我认为巴鲁克在凡尔赛和会上的表现最为突出。为伍德罗·威尔逊（Woodrow Wilson，美国第28任总统，任期为1913~1921年。——译者注）

政府效力期间,他通过与凯恩斯的争辩,逐步形成了在经济谈判中当机立断的判断力。巴鲁克对公共问题的声明通常是晦涩难懂的,而且都是些陈词滥调。他是军事霸权制国家体制的坚决拥趸;正是这个军事霸权制国家向我们宣告了冷战的结束。然而在《凡尔赛条约》签订时,他独特的华尔街智慧,包括敏锐的洞察力、对事物深刻的理解力、实事求是的作风、注重结果以及关注未来的立场,恰好是那个历史时刻亟须的东西。

我是一名自由论者,但是巴鲁克不信奉自由主义。或者更确切地说,他通常不是自由论者。有时候他是民主党党员的缩影,他是有限政府、硬货币和人性自由的支持者。更多时候,他还信奉其他观点。他曾用一句简短的话来概括他思想上的矛盾:"如果美国人民被告知他们要做什么以及这么做的原因,我坚信他们就能够发挥出自身最大的效能。"

巴鲁克在金融方面取得的成就非凡,因此可以说他的一生是有意义的一生,是充满传奇色彩的一生,他的故事特别能激励后人。在股市,他大亏过,也大赚过。在风险投资领域,他犯过错,例如,他曾试图帮助瓦巴什—匹茨堡铁路公司走出困境,但是以失败告终;他也有过成功的经验,例如,他对得克萨斯州海湾硫磺公司的风险投资就取得了成功。他常常认为自己行事过于谨慎。1929年,股市最高点的时候,他没有抛出股票;1939年,股市触底时,他也没有买进股票。但是,他仍然赚取了上百万美元的资产。更令人佩服的是,他保住了这些财富。如果他只买一点,即刻又卖出,或者有时看起来厌恶风险,持观望态度,很可能的原因在于他主要是拿自己的钱去冒险。他是一位自由职业投资家,是20世纪金融界难得一见的投资奇才。

写这本传记的时候,恰逢股市行情上涨,其受追捧程度是前所未有的。有关共同基金的风险比投保储蓄账户风险小的观点也获得广泛的认可。我猜想巴鲁克可能不太同意这个观点,尽管也没有相关说法可以知晓巴鲁克在大熊市中的定位。有可能他身处柯立芝繁荣时期的末期,他比他后来的同行更看好股市。巴鲁克的投资天赋在于其投资的灵活性。他的行为远比他的话语重要。20世纪30年代股市长期处于熊市阶段;巴鲁克能够重新把握住市场方向,并且能够保住大部分财富,这不得不令其他投资者对他肃然起敬。

巴鲁克是一位老派的百万富翁。尽管他的钱没有公众认为的那么多,但是他拥有的财富足以让他过上人们想象中的百万富翁生活。他过得快乐吗?巴鲁克是一位可怜的父亲,他没有掌管过铁路(奋斗一生的目标),在其政治生涯的最后几十年里他只能在场外观望股市。尽管如此,他对自己的地位还是很满意。他的自负无伤大雅。"我是一个多好的人啊!"他逐字地说。走在纽约麦迪逊大道上,他会对行人微笑,他相信行人也会报之以微笑。事实上行人大都会这样做。

今天在麦迪逊大道和43号街的布克兄弟服装店里的特别裁剪部挂着一幅匿名肖像,是一位上了年纪的绅士,他看上去睿智且优雅,穿着得体,一副自得其乐的样子。除了我的朋友伯纳德·巴鲁克,这还会是谁呢?

詹姆斯·格兰特
于纽约州纽约市
1996年12月

第一版序言

多萝西·帕克(Dorothy Parker)曾说过，有两件事困扰着她：一件是拉链的原理，另外一件就是伯纳德·巴鲁克的确切职业。如果从职责上讲，帕克夫人指的是一份全职带薪的工作，那么，成年后的巴鲁克大部分时间都没有一份全职带薪工作。作为一位白手起家的百万富翁，他不需要一份全职带薪工作；作为一个进入公众领域的人(通常扮演顾问角色，而不是从事具体工作的角色)，他总是不想要全职带薪工作。1903 年，为了可以用自有资金投资和投机，33 岁的巴鲁克放弃了华尔街一家经纪公司报酬很高的合伙人身份。尽管巴鲁克偶尔也遭受过损失，损失之大(用他自己的话讲)"会让一位普通的已婚男士想到去死，开枪自杀"，但他还是取得了辉煌的成就。第一次世界大战爆发之前他都以私人投资者的身份在华尔街拼搏。第一次世界大战期间，他担任了一个正式职位，即美国战时工业委员会主席。战时工业委员会试图利用一项临时的中央计划重新安排市场经济。第一次世界大战停战后，他以美国调解人的身份参加巴黎和会，然后回国打理自己的财产，担任各种顾问，展现了非凡的才能；他担任过的顾问包括总统顾问、民主党顾问、农业顾问、各种国会委员会顾问，并且通过他在新闻界的朋友，为公众出谋划策。尽管他时常以政府官员的角色为政府效力(例如，第二次世界大战后担任联合国原子能委员会的美国代表)，但他通常的角色都是自己任命的顾问角色，而不是真正的政府官员。

作为一个现实问题,比起办公室,巴鲁克更喜欢阳光;他那些被世人熟知的照片,即他坐在白宫对街公园的一张椅子上沉思的照片,不知怎么搞得重新燃起百万美国民众的信心,使美国民众相信美国的国家领导人身边有理智的顾问为他们献计献策。他担任联合国原子能大使(几年的战时顾问工作)后随之而来的是公众流露出的对巴鲁克的喜爱之情,这种受欢迎程度没有几个当选的官员享受过。许多年来,各种名誉学位、奖状、委任状、决议、奖金和荣誉状涌向巴鲁克,包括1955年和1956年来自酸奶爱好者协会(The Society of Yogurt Eaters)用框裱起来的会员资格证书以及西点军校1918届毕业班的荣誉证书。

1965年,巴鲁克以94岁的高龄去世后,《国民评论》(National Review)极富洞察力地把巴鲁克称为传统"好公民","一个从不狂热效忠于某个政党、派别或某一目标的人,但是……坚持自己的信念,即一个合法的政府是大自然的合理秩序的一部分。如果合法政府受到国内或外来敌人的威胁,他愿意尽自己的力量去捍卫它"。

如果有人问一个已被写过四本传记以及有过两册自传的人还有什么可写的,这问题一点也不奇怪。我的回答是巴鲁克的金融生涯还有很大一部分未被揭露,除了巴鲁克自己,他自己对此方面的回忆可能也是有选择性的,这也是可以理解的。他偶尔也会哀叹自己永不犯错的交易神话,但是他又因为这样而使自己泄气。事实上,他是一位有天赋的交易商,但是以前从未披露过有关他作为纽约证券交易所管理委员会委员、不幸的铁路业债券持有人以及在1929年股市大崩溃时期暂时受挫的投资商的相关细节。在这本书的大部分章节中,我把重点放在金钱和市场上。

任何一位像巴鲁克这样在股市赚取100万美元后,又投进去赚取第二个相对来说不太重要的100万美元,如此反复,最终积累起大约2 500万美元的人,显然喜欢面对困境。"这样的计划,"拥有这样投机心态的小弗雷德·施韦特(Fred Schwed, Jr.)写道,"使得我这样的中产阶级胆战心惊。"巴鲁克把他的投机癖性告诉一些中产阶级朋友,使得他们惊愕不已——他告诉哈罗德·伊克斯(Harold Ickes),他拿出1万美元跟人打赌,赌罗斯福能否赢得1940年第三次总统竞选;罗斯福总统曾要求也加入其中分享赢得的钱,最后果真分到了——到40岁后,他开始不再进行这种鲁莽的豪赌。步入中年和老年后,巴鲁克开始妥善而又节约地经营他的财产。作为风险投资家的巴鲁克行事如此小心翼翼,从成立海湾硫磺公司(随后更名为得克萨斯州海湾硫磺公司,此名称一直保留着)这一伟大

第一版序言

壮举中就可以看出,以致他一再拒绝以低价买下他的投资商同行们手上的资产。

一位成功的股票交易商必须具备的一个条件是遭受损失时不应该找各种理由为自己辩护。如果他的交易出现错误,他必须退出以减少损失或者冒风险继续持有。巴鲁克把这种交易商的灵活性带进了国家的政治生活。总体而言,他信仰硬货币、低关税以及个体自由的旧式的民主党信条,但是新政时期政治趋势发生了改变,他屈服于新变化。在公众生活中,他是胆子最小、最厌恶风险的人。年轻的巴鲁克通过冒险积累财富,但年老的巴鲁克以谨慎行事而闻名。

除了他的自传以外,巴鲁克还在普林斯顿大学西利·G. 马德图书馆(Seeley G. Mudd Library of Princeton University)内留下了一大堆可查阅的文件和足以反映他一生足迹的法律文件、公司文件和公开文件,巴鲁克还留下了一些他的朋友、崇拜者和诽谤者。随着时间的推移,巴鲁克的朋友、崇拜者和诽谤者一个个离开人世,活着的人越来越少,但是还在世的与巴鲁克打过交道的一些人非常慷慨地与我分享他们的回忆,或者通过其他的方式提供帮助。我对以下人士表示感谢(按字母顺序排名):阿黛勒·J. 布施(Adele J. Busch)、本杰明·J. 布藤魏泽(Benjamin J. Buttenweiser)、约翰·张伯伦(John Chamberlain)、玛格丽特·科伊特(Margaret Coit)、托马斯·G. 科克伦(Thomas G. Corcoran)、斯坦利·T. 克罗斯兰(Stanley T. Crossland)、约翰·达文波特(John Davenport)、哈罗德·爱泼斯坦(Harold Epstein)、弗吉妮亚·爱泼斯坦(Virginia Epstein)、迈·菲茨西蒙斯(Mae Fitzsimmons)、凯瑟琳·吉尔摩(Kathleen Gilmore)、埃里克·戈登(Eric Gordon)、卢瑟·H. 古利克(Luther H. Gulick)、W. 阿维尔·哈里曼(W. Averall Harriman)、J. 维克托·赫德(J. Victor Herd)、小W. J. 赫希(W. J. Hirsch, Jr.)、伊拉·朗格珊(Ira Langsan)、塞缪尔·吕贝尔(Samuel Lubell)、克莱尔·布什·卢斯(Clare Boothe Luce)、马尔恰·肯德里克·麦丘(Marcia Kendrick McCue)、约翰·F. 麦克休(John F. McHugh)、老罗伯特·G. 梅里克(Robert G. Merrick, Sr.)、罗伯特·摩西(Robert Moses)、詹姆士·迈尔斯(James Myers)、伊丽莎白·纳瓦罗(Elizabeth Navarro)、约瑟夫·奥雷基奥(Joseph Orecchio)、多萝西·希夫(Dorothy Schiff)、埃勒·A. 塞夫林(Ella A. Severin)、奥斯卡·斯特劳斯(Oscar Straus)、亨利·J. 泰勒(Henry J. Taylor)、布朗什·希金斯·凡·埃斯(Blanche Higgins Van Ess)、小亨利·维斯卡尔迪博士

(Dr. Henry Viscardi, Jr.)、欧文·魏斯(Irving Weiss)以及马丁·茨威格博士(Dr. Martin Zweig)。

我尽可能地利用原始资料和文件进行创作,但是没有众多专家、研究人员、学者以及档案保管员的帮助,要完成这本传记是不可能的。因此,我要感谢(同样按字母顺序排名):凯瑟琳·K.巴伦(Katherine K. Baran)、佛罗伦萨·巴特斯凯(Florence Bartoshesky)、约翰·P.博兰(John P. Boland)、南希·布雷斯勒(Nancy Bressler)、富兰克林·J.卡尔(Franklyn J. Carr)、玛丽·科普(Mary Cope)、辛迪·克劳(Cindy Crowley)、露丝·丹尼斯(Ruth Dennis)、约瑟芬·C.迪伟茨(Josephine C. Dzikowicz)、罗伯特·H.费雷尔(Robert H. Ferrell)、德博拉·加德纳(Deborah Gardner)、斯蒂芬·P.古茨西尔(Stephen P. Gietschier)、本杰明·格林伯格(Benjamin Greenberger)、加里·冈德森(Gary Gunderson)、亨利·R.赫克特(Henry R. Hecht)、西蒙·约翰斯顿(Sim Johnston)、约翰·C.卡瓦纳(John C. Kavanagh)、玛丽亚·K.卡瓦纳(Maria K. Kavanagh)、弗兰克·R.洛维斯迪克(Frank R. Levstik)、卡罗尔·麦吉利(Carol K. McGinley)、尼古拉斯·X.利珠普拉斯(Nicholas X. Rizopoulos)、迈克尔·山德罗尼(Michael Sandroni)、达纳尔·C.斯图尔特(Darnall C. Steuart)、哈罗德·斯沃索特(Harold Swarthout)、小肯尼思·W.桑顿(Kenneth W. Thornton, Jr.)、艾略特·B.韦瑟斯(Eliot B. Weathers)、黛安娜·亚杰(Dianne Yaeger)以及皮特·亚杰(Peter Yaeger)。还要特别感谢马克·弗雷(Mark Fury,一位有耐性的记者)以及学者约旦·A.施瓦茨(Jordan A. Schwarz);我很遗憾没有当面见过施瓦茨,他是《投机商:伯纳德·巴鲁克(1917~1965)》(*The Speculator: Bernard M. Baruch in Washington, 1917~1965*)(查普尔·希尔:北卡罗来纳大学出版社,1981)的作者,此书详细介绍了巴鲁克的政治生涯和经济生涯。非常感谢帕特里夏·米勒(Patricia Miller)对本书一丝不苟的核对和编校工作。

我还要感谢西蒙·舒斯特出版公司(Simon and Schuster)的编辑爱丽斯·梅林(Alice Mayhew)以及美国财经杂志《巴伦周刊》(*Barron's*)的编辑阿伦·阿伯尔森(Alan Abelson)和罗伯特·M.布莱贝格(Robert M. Bleiberg),感谢他们对此书的赞美。

詹姆斯·格兰特
于纽约市布鲁克林
1983年8月

目录
—— CONTENTS ——

序言

第一版序言

第一章
　　医生的儿子/1

第二章
　　周薪3美元/19

第三章
　　巴鲁克的华尔街生涯/35

第四章
　　财富开始纷至沓来/53

第五章
　　自主行事/73

第六章
　　霍布考的大实业家/97

第七章
　　崎岖不平的发财之路/115

第八章
　　匿名诽谤信/133

第九章
　　工业巨头/149

第十章
　　直言不讳的外交官/173

第十一章
　　农业、金钱和麦卡杜/191

第十二章
　　"我会按兵不动"/215

第十三章
　　与罗斯福打交道/245

第十四章
　　"他的专长在于冒险"/269

第十五章
　　原子能和所有的一切/295

第一章

医生的儿子

第一章　医生的儿子

即使伯纳德·巴鲁克已是年迈的老人,耳朵也很不好使,他还是喜欢与他的股票经纪人通电话,以此来打发时间。股市闭市后,他手脚伸展着躺在安乐椅上,闭着眼睛,收听一长串的股票行情。他常常会谈及通货膨胀的威胁(电话那头的人通常对此话题感到无聊,因为在他所处的 20 世纪 50 年代很少有人会担心通货膨胀问题)或追忆往事。

"我猜想你肯定遇到过许多很重要的人物。"某天,巴鲁克出乎意料地对他喜欢的经纪人这样说。

经纪人同意这样的说法。"大多数人都很感激您。"

"那么,在这些人中,我的重要性排在第几位呢?"

"排在第二位。"

巴鲁克对这个答案吃惊不已。在巴鲁克的托勒密宇宙世界中,他是地球,而其他人则是较小的行星和月球。巴鲁克虚荣心很强,有些清高。他把他的意思说得很清楚,而他的经纪人却不懂,这是巴鲁克万万没有想到的。他尝试从这个经纪人口中得到他想要的答案,但是没有成功。过了一些时日,巴鲁克的好奇心战胜了自尊心,他对这个经纪人重提这个话题。

"前些时候,"他再次冒昧地问,"你说我是你所熟知的人中第二重要的,那么谁是最重要的?"

"哦,是我的父亲。"

巴鲁克听到这个答案很开心,此前的郁闷情绪得以缓解。

"你知道,"他说,"对我来说,我的父亲也是我这一生中遇到的最重要的人。"

西蒙·巴鲁克医生(Dr. Simon Baruch,有四个儿子,巴鲁克是他的第二个儿子)于 1840 年出生在一个名为什未森兹(Schwersenz)的普鲁士村庄。1855 年,为了躲避普鲁士征兵,西蒙·巴鲁克逃到一个海港,然后又坐船去了美国。他在南卡罗来纳州的卡姆登(Camden, South Carolina)定居下来,在卡姆登,恰巧遇到一个同样来自什未森兹的移民曼内斯·鲍姆(Mannes Baum)。鲍姆开了一间杂货店。鲍姆让还是孩子的西蒙·巴鲁克在他的店里当记账员,还教他学英语,并且慷慨地资助他上南卡罗来纳州医学高等专科学校(The South Carolina Medical College)和弗吉尼亚医学院(The Medical College of Virginia)。巴鲁克毕业的时候,南北战争还未结束,这位昔日的普鲁士逃犯决定参军,支持美利坚联盟国。1862年4月,巴鲁克被派往南卡罗来纳州步兵团第三营(The Third Battalion, South Carolina Infantry),担任助理医师。

正如巴鲁克医生所说,因为没有这么多战士,他被派往前线,参加了第二次马纳萨斯之战(The Second Battle of Manassas)的重要战役,包括南芒(South Mountain)、弗雷德里克斯堡(Fredericksburg)、勒泰勒斯(Chancellorsville)、葛底斯堡(Gettysburg)、威尔德内斯(Wilderness)、斯伯特西瓦(Spotsylvania)、科尔德哈伯(Cold Harbor)、锡达河(Cedar Creek)和圣彼得堡(Petersburg),帮助救治伤员。他曾两次被北方联邦军俘虏,这是他记忆中在南方联盟军服役时期最愉快的时光。在位于巴尔的摩市的麦克亨利堡(Fort McHenry, in Baltimore)拘留期间,他写了一篇随笔,文章的题目表达了他亲身经历战场的看法——"穿透胸腔的两处刀伤"。他建议他的弟弟赫尔曼(Herman)不要参军。赫尔曼跟随巴鲁克从德国来到南卡罗来纳州,南北战争爆发的时候只有17岁。但是,当这两兄弟再次见面时,两人都穿着军装,赫尔曼穿着南方联盟军的骑兵服。赫尔曼解释说,他已参军了,因为他再也承受不了女士们投来的责备的目光。

家族传说,巴鲁克医生在战时休假时爱上了他未来的太太伊莎贝尔·沃尔夫(Isabelle Wolfe),地点是南卡罗来纳州的温斯伯勒(Winnsboro)她父亲的种植园。这可能是南北战争后期了:伊莎贝尔是家里13个孩子中最大的女儿,南北战争爆发时只有11岁。她的父亲塞林·沃尔夫(Sailing Wolfe)拥有26个奴隶,因此,伊莎贝尔过着豪华的生活,连穿衣都有人伺候。但是战争给这个家庭带来了毁灭性的灾难。北方联邦军烧了他们的房子、农作物和谷仓,驱赶走家畜,释放了奴隶。许多年后,沃尔夫家的一位朋友写信给巴鲁克,回忆起那时的情景:"我对你们家的初次回忆是在温斯伯勒,那天晚上你们的房子被谢尔曼(Sherman)的军队烧毁;我的父亲罗宾逊博士(Dr. Robinson)去乡下度完长假,刚刚回到家,看到你的祖父和祖母以及围在他们身边年幼的孩子们用希伯来语在祈祷。"战争结束后,沃尔夫家得以重建,但是沃尔夫家失去的财产(1860年的美国综合人口统计显示,房地产价值1.3万美元,其他个人不动产价值6.775万美元)已无法挽回。塞林·沃尔夫已是一个穷人。某天他坐在椅子上烤火取暖,突然椅子向前倾,掉进了火堆里。84岁的塞林·沃尔夫就这样离开了人世。

第一章 医生的儿子

战争结束时,巴鲁克医生身无分文,由于感染伤寒,身体也很虚弱,但是他很想在卡姆登开一家乡村诊所。他拄着拐杖回到家发现,不但北方联邦军拿走了他的手术工具(这套工具最初是在巴尔的摩一位南方联盟军的支持者赠与他的),而且一位联邦政府官员处心积虑地取得了伊莎贝尔的欢心。这位北方联邦军军人是一名舰长,为了伊莎贝尔曾做过一些具有骑士气概的行为,但是巴鲁克医生6英尺高,拥有一双蓝眼睛,很容易让人产生亲近感。1867年11月28日,巴鲁克和伊莎贝尔举行了婚礼。[51年以后,一位来宾求时任威尔逊总统执政时期的战时工业委员会(The War industries Board)主席的伯纳德·巴鲁克帮助他前去法国战场。他捎来巴鲁克母亲的一封信,信上说:"送信人是舰长的一个儿子。我知道你一定会尽力帮助他的。"]

巴鲁克对家族历史记得不是很多,但很喜欢重复他是牧师和君王的后裔的家族史。在德国,与巴鲁克同名、他的爷爷伯纳德·巴鲁克(我们的巴鲁克中间的名字来自曼内斯·鲍姆)说,他这个巴鲁克的姓氏来自一个葡萄牙和西班牙血统的犹太部落,后来又加入波兰人或俄国人逐渐发展壮大起来。巴鲁克写道:"爷爷还说,巴鲁克的后裔、一名犹太法学家编撰了《〈耶利米书〉的预言》(The prophecies of Jeremiah),且《伪经》(The Apocrypha)中的一卷是以他的名字命名的。对于这个说法,父亲本人保持沉默。"1931年去波兰的旅途中,巴鲁克多次被误认为是参议员威廉·E. 博拉(William E. Borah)。注意到追溯博拉的姓氏可能与大卫王(King David)有一丝联系以及其他好处,巴鲁克愉快地把这位来自爱达荷州(Idaho)的共和党人吸纳为巴鲁克家族的荣誉成员。

巴鲁克的爷爷6英尺高,戴着一副厚厚的眼镜,业余学习过梵文。他喜欢坐在啤酒花园里空想。巴鲁克的奶奶则是截然相反的一个人,她个子不高,有一双蓝眼睛。巴鲁克去拜访他父亲德国的家时发现他奶奶节俭又勤劳。她的闺名是特里萨·格鲁(Theresa Gruen),巴鲁克认为她是一位波兰人。

巴鲁克从不做与他相关的事件的文字记载的人质,暗示他一半是移民的后代,另一半是早期美国人的后代。事实上,一半还说对了。至于巴鲁克母亲这边,塞林·沃尔夫是第一代美国人:他出生在普鲁士(Prussia)。不过,塞林太太的家族事实上很早就在美国定居下来了。第一代的殖民祖先是一位名叫艾萨克·罗德里格斯·马凯斯(Isaac Rodriguez Marques)的船东,他于17世纪90年代驾船在纽约靠岸。他的船叫海豚号(Dolphin),在纽约和英国两地之间航行,也从非洲运奴隶到美国。巴鲁克曾在其自传中披露过这个污点,但是笔法不是道歉的口吻,而是稍稍修饰了一下事实:一次旅途中,海豚号被发现运载了一位医生。另外,在巴鲁克看来,南北战争中马凯斯的后裔遭受了巨大的灾难,因此上帝早就充分宽恕了他的罪恶。就像巴鲁克后来所做的那样,马凯斯也曾在摩登的曼哈顿地区买下一所大房子。马凯斯家族的祖先是西班牙和葡萄牙人,他们是西班牙裔(Sephardic)的犹太人。有人讲过一个巴鲁克家谱的笑话,意在取笑巴鲁克的虚荣心,即他(巴鲁克)是至今唯一的西班牙裔犹太人。

至于巴鲁克母亲这边的祖先,来到南卡罗来纳州的第一代祖先是塞缪尔·马克斯(Samuel Marks)(他自己是这样说的),马克斯大约在1800年到达南卡罗来纳州。他的一个女儿德博拉·马克斯(Deborah Marks)嫁给了拉比·哈特威格·科恩(Rabbi Hartwig Cohen)。就是他们俩的女儿萨拉(Sarah)嫁给了移民塞林·沃尔夫。1850年3月4日,伊莎贝尔·沃尔夫出生,沃尔夫的家谱这样记载:"愿上帝保佑她幸福。"当伊莎贝尔·沃尔夫匆忙嫁给西蒙·巴鲁克,巴鲁克这个姓在希伯来语中的意思是"幸福",他们俩的婚姻被视为天作之合。伊莎贝尔·沃尔夫和西蒙·巴鲁克一共有四个儿子,他们的大儿子哈特威格(Hartwig)出生于1868年。我们的巴鲁克紧跟着在1870年8月19日出生。1872年赫尔曼(Herman)出生,1874年塞林(Sailing)出生。

投机商的幼年照片

(合众国际社(UPI)/考比斯—贝特曼尼(Corbis-Bettmann)摄)

长大后的伯纳德·巴鲁克成为最优雅的绅士,但小时候的他是个胖乎乎的小男孩,被称为"小块头"(Bunch)。他长着一双蓝眼睛,黑头发,脸上还有雀斑,易发脾气。一次,他大发脾气,从早餐桌那边伸过手来,抓起一片肉,恶狠狠地塞进嘴巴。他回忆起吵架失败的情形。他坚持吃饭时坐在他母亲的右手边(结婚后,他也继续保持这个家庭传统,坐在他太太的右手边),深得母亲的喜欢。对于孩提时代遭受的一次痛苦经验,他记得特别清楚。那是一个晚上,在他父亲的老恩人曼内斯·鲍姆的家中,他的母亲希望她的儿子们能言善辩,把他领到房间的中央。

"现在说点什么吧,亲爱的。"她说。

巴鲁克开始用一种单调无味的声音朗诵由托马斯·坎贝尔(Thomas Campbell)写的"霍恩林登"(Hohenlinden)的头几句:

在林登(Lindon)太阳下山,

未受践踏的皑皑白雪上一片死寂;

冬天的傍晚天色黯黑,

伊塞河(Iser)滚滚向前流。

他的父亲因窘迫而坐立不安,把一个手指按在鼻子的一侧,发出一丝嘲笑的声音。小巴鲁克冲出鲍姆的家,径直跑回自己的家,大哭直到睡去。

巴鲁克一家住在卡姆登镇上的一幢三层的房子里,有长长的窗户和一个带柱子的阳台。和西蒙·巴鲁克一样,在战争中遭受重创的病人们有时候会拿一些东西充当医药费,比如,几只鸡或一些棉花,或者在巴鲁克家后面的实验花园里干一天活,或者一条狗。巴鲁克太太教钢琴和唱歌,还卖一些黄油和牛奶。不过,相比战后南卡罗来纳州的大多数人,巴鲁克一家的生活还不是很差;事实上,有人推测甚至要好很多。巴鲁克医生不断积累财富,他买了几块地和几头牲畜。黑人保姆密涅瓦(Minerva)照顾巴鲁克一家的儿子们。巴鲁克记得她是一位朴素的、有点迷信、忠诚的人,而且她是家里唯一不打孩子们屁股的人。当巴鲁克医生对孩子们的管教越来越严厉时,他的太太告诫他:"现在,医生,不要对儿子们太苛刻,不然他们不爱你了。"

巴鲁克在卡姆登度过了十年的童年时光,他对卡姆登的印象很深刻。巴鲁克是土生土长的南方人,对他的父母亲[他的母亲是美利坚联盟国女儿同盟会(Daughters of the Confederacy)的成员,他也发出过反叛者的呐喊]、南卡罗来纳州和卡姆登都有一种忠诚的感情。当巴鲁克成为百万富翁后,他回到卡姆登镇买下了一块男爵领地。即使在纽约待了70年，他讲话仍然带有南方口音。

在巴鲁克的儿时回忆中，卡姆登镇就是马克·吐温(Mark Twain)笔下的汉尼拔小镇(Hannibal)。春天，沃特里河(Wateree River)的河水涨到与河岸一样高，年轻人在河面上撑筏。巴鲁克他们每天到工厂池塘(Factory Pond)游泳。当地人分成镇郊和镇上两队，经常进行棒球比赛。巴鲁克家的儿子们属于富有的镇郊队。在自传中，巴鲁克对他的两个弟弟赫尔曼和塞林提及很少，但是对哈特威格的描写很多。哈特打棒球，赢了；游很长的距离；在大人们面前冷静地朗诵；他还养了一条叫夏普(Sharp)的大驯犬，夏普这个名字恰好反映了哈特打球时敏锐的样子。当巴鲁克开始上学(一所幼儿园，老师的妻子也住在幼儿园里)，夏普护送他到学校门口，然后又乖乖地回家。"我清楚地记得，我坐在地板上辨认诸如'我看到一只猫''我看到一条狗'这些事，而她把她的小孩放在膝盖上，正在喂小孩喝粥，"巴鲁克写给新闻记者马克·沙利文(Mark Sullivan)，"你知道这些小孩有多吵吗？上课的时候经常被这些小孩的吵闹声打断。"

巴鲁克少年时期的卡姆登镇是一个位于南卡罗来纳州中北部或腰带地区的小县。巴鲁克出生的那一年，即1870年，卡姆登镇一共有1 007人，1880年增加到1 780人。当地经济主要以落后的农业为主(例如，卡姆登镇还没有大规模实施农作物轮作)。作为一个兴趣五花八门且热心公益的人，巴鲁克医生对改进农业生产方式很感兴趣。他在他们家房子后面一块3英亩的地上进行实验，种棉花、玉米和甘蔗。他还订阅农业杂志，日积月累，这些发黄的杂志摆成一堆，放在他的医务室里。

巴鲁克太太认为这些投入农业的精力可能对他重新规划行医生涯是有益处的，在家里她也是一个文雅的人。她极其信仰宗教，并且想培养儿子们的艺术细胞和宗教信仰。她自己对基督徒和犹太教徒没有任何偏见，她要求她的儿子们把星期六和星期日都视为安息日(Sabbath)。与他的兄弟们相比，巴鲁克沉迷于他母亲的宗教信仰比较深，但是，最终他跟随他的父亲信仰不可知论。他唱不好调子，拒绝学钢琴，喜欢偷鸟蛋和打野兔(为了挣钱买弹药，他曾去捡棉花)。少年巴鲁克还有另外一项兴趣。他到温斯伯勒的祖父家做客，被经过的火车——旧夏洛特—哥伦比亚—奥古斯塔线(The old Charlotte, Columbia & Augusta line)——深深吸引住了。看着火车轰隆隆地驶过，朝它们扔石头，巴鲁克想象着，要是真正拥有一辆火车，那该是多荣耀的一件事—— 一个10岁小孩贪婪的白日梦。

第一章 医生的儿子

19 世纪 70 年代早期,南卡罗来纳州还是被占领土。这是那个年代政治暴力的象征。那时,巴鲁克医生讨厌枪械,与奴隶制没有打过交道,被旨在反对重建法令的造反思想所鼓动。"一切都失去的时候只有一种办法,"他在感到绝望的时候(也许是想抒发浪漫情怀)写给一位前南方联盟军同事的信中这样说,"我是说武力。活在这样的暴政下,我们受到身体和精神的双重压迫,当我们自知是为这样的目标而死,我们会感到幸福很多。"

某天,巴鲁克和哈特在家里的阁楼上发现了能够证明他们父亲有罪的证据。他们在一个马鬃制成的箱子里倒腾的时候,翻出了一件南方联盟军的军装,军装底下是一块白色的头巾,一件长袍和一个深红色的十字架——三 K 党骑士(Knights of the Ku Klux Klan)的标记。20 世纪 20 年代在三 K 党全盛时期,三 K 党吸收了一些从中西部来的迷失的人们。战后重建时期,三 K 党由前美利坚联盟国的官员、乡绅和专业人士领导(甚至一些蠢人和暴徒也加入了三 K 党)。在克肖县(Kershaw County),卡姆登镇是该县县府,黑人与白人的人数之比是 2∶1;三 K 党试图通过恐吓黑人民兵、黑人选民、北方学校的老师、美利坚合众国支持者、共和党候选人以及其他为实现权利平等(美国南北战争就是为此而战)或维护投机规则而联合起来的人们来挽回选举力量的平衡。当巴鲁克太太在阁楼里发现这两个眼睛睁得大大的孩子,她要他们发誓不要声张此事,因为三 K 党是一个非法组织,它的成员是要被抓起来的。哈特和巴鲁克一下子觉得自己长大了,很为他们的父亲感到自豪。

巴鲁克曾亲眼见证过战后重建时期发生的社会暴力事件。在一个选举日的夜晚,他的父亲不在家,他的母亲时刻注意着从街上传来的不祥的噪音。他在自传中这样写道:

……她叫我和哈特去拿枪。

我们把枪拿下来——一支单管枪,另外一支双管前装枪。妈妈叫我们装上子弹,然后叫我们站到二楼走廊上。

"但是不要射击,"她警告,"除非我叫你们射击。"

我们站在那里,心怦怦地直跳,手上拿着一支与自己身高差不多高的枪,盯着在街上来回转悠的黑人们。这些黑人一边喝着便宜的威士忌,一边往前走,去投票站或者是去举行集会。

对接下来发生的事情,我的记忆有点模糊。我记得看到一个黑人从一棵树后面掉下来。突然所有人都跑了。我们跑到那个黑人摔下来的地方,看看发生了什么。他的头上插着一把斧头,已经裂开了。妈妈端来一盘水,清洗伤口。我不知道这个人后来怎么样了,但是我想他的头都变成那样了,应该活不了多久……

可以理解,巴鲁克太太想要孩子们在一个更加和平的环境里长大,但是出于某种原因,巴鲁克医生不同意搬家。后来他的想法改变了,据巴鲁克说是因为他的一位朋友威廉姆·M. 香农上校(Colonel William M. Shannon)离世,香农上校是一位律师和13个小孩的父亲,在一次决斗中不幸离世。枪击发生在1880年7月,那时巴鲁克还很小,但仍然对这场决斗胜利者的儿子博格根·凯什(Boggan Cash)——切斯特菲尔德县(Chesterfield County)内众人皆知的好斗的凯什家族的成员——的枪法记忆犹新。巴鲁克记得他父亲在决斗前曾设法阻止,随后又平息了一场要求以私刑处死凯什的行动,尽管没有证据可以支持巴鲁克的这个说法,但好像其中有一个插曲震惊了他。那个年代的卡姆登镇,决斗盛行;可能是因为香农的死,巴鲁克医生认定他对决斗感到腻烦而无法再容忍。无论如何,巴鲁克一家准备搬家。1889年末,巴鲁克医生卖掉医务室、房子和试验农场,所得的钱加上他原本的储蓄大约是1.8万美元。密涅瓦留下来了,而夏普送给了朋友。当被问及去纽约干什么的时候,巴鲁克太太说她要为孩子们找到用钱能买到的最好的大衣。

伯纳德·巴鲁克第一次来纽约是1881年冬天最冷的时期,具体的日期不详。确切地说,他认为纽约市很冷,作为一名成年男子,巴鲁克穿一件大衣,有时候为了挡风里面还会穿长长的内衣。还有,可能他还认为纽约市太大,而他的父亲在西57街144号(144 West 57th Street)一处出租屋中租下的那两间房间太小了。

1880年的美国综合人口统计显示,纽约市的人口密度比南卡罗来纳州的要大得多。1平方英里的人口数是22.2万,相当于整个克肖县的10倍。纽约市黑人人口为2万,占市总人口的1.7%。另一方面,移民人口47.9万,占纽约市总人口的40%。而在克肖县则是截然相反的情况。在那里黑人占了大多数,移民(想必还包括巴鲁克)只有74人。

在巴鲁克的眼里,纽约市的一切都是陌生的,或者乱七八糟的,或者两者兼具。水从水龙头里流出来,每个人成天穿着皮鞋;蒸汽机车从架在头顶上空的轨道轰隆隆地驶过(女士们从冒烟的汽车里走下来,面纱下面是一张张苍白的脸)。巴鲁克那时不过11岁,对

第一章 医生的儿子

一切都肃然起敬,感到害怕,幸亏有哈特的鼓励才振作起来。

巴鲁克一家住在曼哈顿地区人口稠密的最北部附近。现在第五大道和59街的广场饭店(Plaza Hotel)所在地上面,在那时还是一间寮屋,还有一条中等大小的狗。附近有一个铁匠,巴鲁克很羡慕他那结实的身材。在86街,除了约克维尔(Yorkville)村以外,那时居住在上东城(Upper East Side)的人还很少。1884年,一幢新的公寓大楼在西中央公园(Central Park West)和72街落成,称为达科他(Dakota),这幢公寓不是随便什么人都可以进去的。哈勒姆(Harlem)被称为山羊城(Goatville)——在曼哈顿随处可见这种四足动物。布朗克斯(Bronx)还是郊区;布鲁克林大桥(Brooklyn Bridge)在1882年建成通车。

巴鲁克一家来到纽约,在北方度过的第一个冬季很冷,整个家拥挤不堪,全家人焦虑缠身。在出租屋里,巴鲁克记得为了暖和一点蜷缩在墙边的情形,因为墙后面的烟囱发热使得墙比起其他地方要暖和一些。哈特和巴鲁克睡一间,另外一间是塞林、赫尔曼和他们的父母亲。巴鲁克曾谈论过他们的女房东(雅各布小姐或雅各布太太)的仁慈,她曾给巴鲁克和他的兄弟们糖果吃。① 他们到纽约后不久,巴鲁克医生就病倒了。他咨询他的同仁,那位医生诊断出他的心脏有问题,并警告说他的日子已不多了。全家在一片悲伤的气氛中讨论决定返回南卡罗来纳州。然后第二次诊断结果出来了:一个好消息,确切的诊断是消化不良。

不久,巴鲁克一家就融入了这个城市。巴鲁克进入69公立学校(Public School 69)上学,该学校位于第六大道和第七大道之间的54街。第一天去上学被校长领进教室的情形仍然历历在目:校长把巴鲁克介绍给他的老师凯瑟琳·德弗鲁·布莱克(Katherine Devereux Blake);克拉伦斯·豪斯曼(Clarence Housman)告诉他回家的路该怎么走,豪斯曼是一个胖胖的男孩,14年后他成为巴鲁克在华尔街的高级合伙人。学期末,巴鲁克收到布莱克小姐赠送的一本书——《雾都孤儿》(Oliver Twist);布莱克小姐在书上题词:"谨以此表彰伯纳德·巴鲁克的绅士行为和卓越表现。"[后来巴鲁克回报了布莱克小姐

---

① 他们简朴的室内布置说明,巴鲁克一家已做好屈尊生活在首府的准备。他们从南卡罗来纳州来的时候带了1.8万美元,在当时普遍的储蓄率是4%,这样他们每年有720美元利息收入。720美元是一笔不小的数目,但是纽约的房租很不合理。1880年,年租金是600美元到1 000美元的公寓,1881年的租金是660美元到1 100美元。装修过的洋房租金是2 500美元到5 000美元。自南北战争以来,1881年的房租是最高的。在《纽约时报》(New York Times)上一位房地产经纪人这样解释此现象:"你看到新来到纽约的人大多数都有钱,这些新来纽约的人愿意为舒适的居住环境花钱,自然抬高了房租。"不过,幸亏不断改进的制衣技术,大衣价格下降了。巴鲁克太太花在儿子身上的置衣费用不到100美元。

11

的奖励。1923年,布莱克小姐被提名晋升为区校校长时,巴鲁克在约翰·E. 海兰市长(John E. Hylan)面前说了布莱克小姐的好话。]哈特在巴鲁克心目中的形象又上升到一个高度。当时一帮小孩叫哈特和巴鲁克"犹太人"(Sheenie),嘲笑他们俩;哈特挑衅他们,叫他们出来两个打一架,然后打了那个向前迈出来的男孩,把那帮人都吓坏了。

巴鲁克和哈特以他们各自的方式出人头地,同时他们的父亲也在自己的专业领域取得了进步。1884年,他被任命为专为慢性病人服务的蒙特菲奥里之家的首席医生(Chief of Montefiore Home for Chronic Invalids),而且充当阑尾炎切除手术的顾问。作为一名完美的全科医生,巴鲁克从事的科系从妇科到眼科,既参加理论学习,又进行具体的诊疗实践,他逐渐对水疗产生了浓厚的兴趣。1892年,他用英语写了一篇题为"水在现代医学中的用途"(The Uses of Water in Modern Medicine)的文章,在哥伦比亚大学医学院(Columbia University College of Physicians and Surgeons)教授水疗法,并且长期写信给报纸的编辑们,是美国倡导公共澡堂的主要代表人物。

对这位未来的健康和卫生设施方面的改革家来说,19世纪80年代的曼哈顿还是远未充分发展的地方。巴鲁克医生恰如其分地形容其为"被污水环绕的一块地方"。1886年,美国综合人口统计办公室(The Census Office)这样评论:"纽约市处理污水采用了最省事的办法,即把污水排到城市隔壁最近的河流中,余下的就交给大自然去做了。"每年有15 000头动物(大多数是马)经过纽约市的街道被运送去屠宰场宰杀。

东46街一端的酿酒厂四周堆满了粪便;东40号(The East Forties)两边都是屠宰场。(1881年6月,一头重达1 000磅的公牛从第五大道47街附近的一个围栏中逃出来。在一个勇敢的屠夫在第五大道33街附近把这头公牛杀死之前,它已经撞倒了两名行人,刺伤了一匹黑色的母马。)纽约市的医疗机构(不久吸纳了巴鲁克医生)亟待改革。1881年初,纽约医学专科学院(The New York Academy of Medicine)的校长提出警告,融雪时这些街道产出的污物足以引发一场瘟疫。负责街道清洁工作的警察局反驳道,饮用水还未受污染;事实上,在一个月内,巴鲁克一家住的地方南面的某个区,水闻起来有一股刺鼻的鱼腥味。秋季又遭遇干旱。

巴鲁克医生被这些情况吓呆了,开始投身市属公共澡堂的宣传工作。1891年他取得了一些进展,当时纽约旨在改善穷人生活状况联合会(The New York Association for Improving the Condition of the Poor)对外开放位于下东城(The Lower East Side)的人民

第一章　医生的儿子

浴场(The People's Baths)，但是巴鲁克医生希望政府来解决公共澡堂问题，而不是依靠一些民间机构的慈善行为。由于19世纪90年代革新的思想和先进的政治家们占据统治地位，旨在改善公共澡堂的一派在奥尔巴尼和坦慕尼协会(Albany and Tammany Hall)中闯出了一片天地；但是，公共澡堂和淋浴设施情况随着公寓和安装下水管道而得以改善。据一位记载公共澡堂改善情况的历史学家说，受到如此多支持的公共澡堂实际上只有很少一部分人去光顾。不过，巴鲁克医生声称："我认为，我倡议建立公共澡堂这件事在拯救生命和防止疾病传播方面发挥的作用比我做医生还要大。"在他父亲的影响下，巴鲁克一生都钟情于SPA和水疗法。20世纪20年代末，纽约州长艾尔弗雷德·E.史密斯(Alfred E. Smith)想要巴鲁克出钱帮助重建萨拉托加(Saratoga)的SPA疗养地，他知道最能打动巴鲁克的话题就是唤起对西蒙·巴鲁克的回忆。

在纽约，巴鲁克太太发现了许多女士俱乐部、礼拜堂和犹太教堂。星期天她前去布鲁克林高地(Brooklyn Heights)聆听福音传道者亨利·沃德·比彻(Henry Ward Beecher)的布道。最鼎盛时，她曾加入了32个不同的机构，这些机构包括美国革命女儿同盟会(The Daughters of the American Revolution)、美利坚联盟会女儿同盟会、戏剧和喜剧俱乐部(Drama Comedy Club)、折中派俱乐部(Eclectic Club)、华盛顿总部协会(Washington Headquarters Association)和丧偶妈妈协会(Widowed Mothers Association)。1914年，为了减轻负担，她一下子退出了7个机构。

随着孩子们逐渐长大(先说故事的始末)，丈夫事业有成，其中第二个儿子在华尔街大发横财，巴鲁克太太还雇了几个仆人。过去，每天早上她会见她的孩子们，检查和训导一番；现在她和她的洗衣工、司机、女佣和厨师打交道，交代和监管他们做事。19和20世纪之交，巴鲁克家位于西70街51号的宽敞的房子里，巴鲁克太太在一间全涂成红色的起居室里见客。由于她参加了许多俱乐部以及慈善工作，她每天都要接到很多信件，为此她还雇了一位秘书，这位秘书是她很喜欢的一位外甥女，从芝加哥来，名叫弗吉妮亚·沃尔夫(Virginia Wolfe)[结婚后改为弗吉妮亚·爱泼斯坦(Epstein)]。一天，弗吉妮亚坦率地承认自己是一名社会党党员。"是的，"她的阿姨毫无敌意地说，"你不再像以前那样甜美和可爱了。"

巴鲁克太太具有瓦格纳式的宽广胸怀，在摄像机镜头前是一副傲慢的神情，秉持明确的意见。与她丈夫一样，她反对妇女的投票权、女权主义和社会主义，发表过崇尚家庭

生活的演讲。一次,她在演讲时,妇女政权论者对她嘘声连连。1914年她发表了她对性别和家庭的看法,内容如下:

不久以前,纯粹出于好奇心,我经过一家大饭店时朝里面看,发现里面在举办一个下午舞会。在那里我看到几个令人悲哀的场景。

他们当中有一位可爱的年轻女孩,之前在一个全是陌生男人的公共场所我看到她在里面抽烟。我可能是一个老顽固,但是我确信,如果这样的事都能发生,那么几乎任何事都有可能发生。

那时已经是六点半了。随即我又看到另外一位年轻的母亲,我认识她,显然她是一个人来的,但是一直在跳舞。

对此,我感到困惑。由于我的生活和年龄,比起其他妇女,我可能享有更多特权,但是我也不会在晚上六点的时候一个人出现在饭店这样的公共场所,很少去那里参加流行的娱乐活动。

在社交场合陪伴未婚少女的年长女伴太少……

我从来没有见过这样饱受批评的舞会。我对人们对跳舞的狂热持异议,原因在于跳舞实在太吸引人了。我看过探戈舞,发现它太美了。对我来说,一些马克西舞步似乎很难。当然,我从来没有去过那些二流地方。

我认为现代女性的生活目标应该是使现代男性回家。为了实现这一目标,她自己应该老实待在家里。

巴鲁克太太哀叹的是抽象意义的新女性,并没有针对某个具体的女性。在社交方面,她经常建议人们要尽量记住人名。当巴鲁克医生对某位知名人士视而不见时,她总是温柔地责备道:"医生,现在我们俩都犯错了。"

她对第二个儿子的教育寄予了很高的期望,但是又不希望他到很远的地方去求学。她希望他能在家陪她。公立高中还没有出现之前,习惯上,立志上大学的年轻人很早就开始接受高等教育。巴鲁克声称他要去耶鲁大学,并且已准备好申请学费资助金。但他的母亲一口认定他年龄太小。1884年秋季,14岁的巴鲁克注册成为纽约城市学院(The College of the City of New York)的学生。

19世纪80年代,城市学院是一所实行精英化教育的市立学校,学校规模很小,没有

第一章 医生的儿子

运动场、宿舍、娱乐场所和额外的教学设施。学院只有 13 名教授和 37 名教员。整个校园就是一幢独立的塔砖大楼,位于莱辛顿大道和 23 街的拐角处(就是现在纽约城市大学的伯纳德·巴鲁克学院的所在地)。一年级或预科一年级生人数很多,但是按照该学院学制,能在五年后顺利毕业的学生人数很少。1884 年秋季,与巴鲁克一起进校的学生有几百人,但是 1889 年 6 月与巴鲁克一起毕业的只有 50 位学生。"我们进校时,学生很多,但是聪明的没几个。"班级史册上这样写道,"现在——看我们——我们人数很少,但是大部分都是精英。"巴鲁克的同学是一群喧闹的、乐观的、爱国的年轻人。在年刊上,1889 届毕业班认为"在宏伟的国旗和庄严的宪法下"美利坚合众国建国百年纪念是 1889 年最重要的一件事。不过,从另一方面来看,这与 20 世纪那些愤世嫉俗的班级相比也没有太大的区别。年刊上还有一篇题为"作弊法"(cribology)的滑稽短文。

巴鲁克把同学们的高退学率归因于经济问题和学术课业问题两个方面。虽然学费免缴,但是许多学生迫于要挣钱养活自己的压力还是中途退学了。据巴鲁克讲,他也是囊中羞涩。他说他做过兼职,替他父亲收款和记账,他还走路去学校以便省下车钱。他每个星期的零用钱是 25 美分,直到大学四年级零用钱翻倍,有 50 美分。也许零用钱提高从另一个侧面反映了巴鲁克一家日渐改善的经济状况。巴鲁克从文法学校毕业的时候,其一家住在西 54 街 158 号。到 1885 年春季,他们搬到东 59 街 43 号。巴鲁克大学四年级时,那年春季他们又搬到了更好的东 60 街 47 号。1888 年暴风雪的早晨,巴鲁克走路去上学,当时他们可能已搬到东 60 街 47 号。巴鲁克走在路上,快被冻僵了,发现街上几乎没有什么行人,没有人像他这样为了省车钱而愿意在这么冷的天步行。

19 世纪 80 年代,在校长亚历山大·斯图尔特·韦布(General Alexander Stewart Webb)的领导下,纽约城市学院还没有实行选修制,而当时选修制在哈佛已流行开了。巴鲁克和他的同学唯一要做的重要决定是选择自然科学学科还是古典学科。起初巴鲁克选择的是自然科学学科,但发现它并不适合自己,然后又转到古典学科。在他的自传中,他描述自己是一个相当差劲的学生,这又可能是记忆错误,也有可能是为了掩饰自己不受有知识的人们和学院教授喜欢的事实。在一个有 50 名学生的班级中,巴鲁克以全班第 13 名的成绩毕业,他最好的科目是希腊语、拉丁语、英语和法语。成年的巴鲁克以对数字敏感而著称,但被认为口齿不清。但是在大学期间,他在语言学科方面的成绩要比数学课的成绩好。巴鲁克学了四年的数学(学过微积分)、五年的拉丁语、四年的英语和希腊语、三年的历史学、两年的化学以及不到两年的物理。巴鲁克在绘画课和所谓的美学课上学得比较挣扎。

实际上巴鲁克的政治经济学成绩没有他记忆中的好,政治经济学是三年级第二学期学的,授课老师是乔治·本顿·纽科姆教授(Professor George Benton Newcomb)。在三年级全年成绩排名中,政治经济学包括一学期的哲学,巴鲁克在 54 位学生中排名第 35 名(他记得唯一一门成绩不好的课程是应用数学,他应用数学的成绩只有 37 名),但是至少有一门课成绩是比较靠后的。后来他曾引用纽科姆教授的话来描述政治经济学:"价格上涨出现两种情形——产出增加和消费减少,从而逐渐引起价格下跌。如果价格变得很低,又将出现两种情形——产出减少,因为一个人不可能亏本生产,第二点是消费增加。这两种力量相互作用,最后达到一种正常平衡状态。"

纽科姆教授不相信市场的自然调节能力;如果他讲课遵循他著作中的观点,他能够容忍政府在经济中扮演的干预角色。例如,1885 年,他写道:"经济目标从属于更高层次的社会目标,特别是道德目标。不管在哪里,经济目标追求妨碍了更高层次的社会目标的实现,社会道德将可能和正在干预……"尽管他可能用不同的话表达过此观点,巴鲁克也相信社会有自制力和道德,个体应该对其广大的同伴心怀忠诚。他这样的想法是他从纽科姆教授那里听来的,还是因为读了某本指定经济学课本之后让他有此想法,我们不得而知。一方面,弗朗西斯·A. 沃克(Francis A. Walker)所写的《政治经济学》(Political Economy)为赚钱而辩护,冷静地对股票交易——巴鲁克未来从事的职业——稍加反对。另一方面,该书阐述了几十年后巴鲁克可能会鼓吹的一些事。例如,该书是这样阐述资本的:"资本是脱离储蓄单独出现的。它总是主张自我否定和节制。"许多年后,当约翰·梅纳德·凯恩斯(John Maynard Keynes)提出此观点,即摆脱经济衰退的办法是让消费取代自我否定和节制,巴鲁克既反对此观点,也反对这位经济学家。

巴鲁克小时候一度很胖,但在大学期间又变得很瘦。巴鲁克有 6 英尺 3 英寸(后来他又长高了 1 英寸)高,大学四年级时他是全校最高的学生。他的体重只有 170 磅,胳膊细得像竹竿,走起路来总是慢吞吞的。大学四年级的 5 月,《纽约城市学院学报》刊发了一条含糊的注解:"巴鲁克的曲棍球技术突飞猛进。"巴鲁克的犹太人身份迫使他远离大学娱乐活动,但他曾在大学四年级时担任过一个学期的班长,并且是毕业纪念日委员会(The Class Day Committee)的主席。他加入了高级秘密社会(The Senior Secret Society),并且在1889年,作为纽约城市学院的三名代表之一参加了校际体育协会(The Intercollegiate Athletic Association)代表大会。巴鲁克是一位举止优雅的学生,除了大二时有个同学用一个卑劣的名字称呼其母亲,巴鲁克气得朝这位同学挥了一拳。巴鲁克绘声绘色地说起这件事。他说,韦布校长暂令他停学,但他建议像巴鲁克这样的男孩子去上西点军校(West Point)以缓和停学对他的打击。韦布本身是西点军校毕业的,曾获得过国会荣誉勋章(Congressional Medal of Honor)以表彰他在葛底斯堡血腥角(Bloody Angle)击退皮克特(Pickett)的进攻。不幸的是,由于发现巴鲁克的左耳几乎失聪,申请西点军校的进程戛然而止——这个结果,巴鲁克说,就像是大学棒球比赛中有人拿起棒球棒重击他的头部一样。[另外,巴鲁克说,他在第九局打出全垒打从而赢得比赛。]除了这个打击以外,巴鲁克还喜欢说如果真去了西点军校,他很可能会成为一名将军,事实上他是有可能做到的。

尽管学业不是很优秀,但巴鲁克还是顺利毕业了。但是他较好的外形、亲和力、过人的计算能力以及对人脸和人名过目不忘的记忆力是他实干能力无懈可击的证据。据《纽约城市学院学报》报道,1889年毕业典礼时,他收到了一份同学们送给他的特别礼物:"根据适者生存定律,同学们送给'矮子'巴鲁克一条很适合8岁小孩穿的漂亮裤子……"伴随着这些祝福,伯纳德·巴鲁克走出校园,进入社会,开启人生的另一个篇章。

―――― 第二章 ――――

周薪 3 美元

第二章 周薪3美元

1889年9月23日,《纽约城市学院学报》记载:"89届毕业班的巴鲁克的去向是华尔街。"

上大学时,巴鲁克怀揣医学抱负;毕业后虽然常去解剖室和翻阅一些医学教科书,但是已经放弃了当医生的梦想。他的父亲对巴鲁克的事业并没有明确表态,但是他的母亲强烈要求他进军商业领域。其中,她提出从颅相学来看巴鲁克很适合从事商业。

颅相学是当时流行的一门伪科学,它通过检查一个人头盖骨的隆起部分来推断其才能。他们到纽约后不久,巴鲁克和他母亲就拜访了一位叫福勒(Fowler)的颅相学家。这位颅相学家询问巴鲁克太太对儿子的期许。

"我希望他成为一名医生。"

"他将来会成为一名好医生的,"福勒表示赞同,双手触摸这个小孩的眉间后断言,"但我的建议是让他从事干大事情的领域——金融界或政界。"

1889年的春季或夏季,巴鲁克去应征招聘广告上登载的一些不起眼的职位,开始了自己的职业生涯。但是没有人聘请他。然后他开始打电话给他父亲的病人,其中有一位名叫丹尼尔·古根海姆(Daniel Guggenheim)。丹尼尔·古根海姆在家排行老二,他们家原先经营瑞士刺绣进口业务,当时正进军采掘业。巴鲁克比丹尼尔·古根海姆(日后成为巴鲁克的老板)高1英尺,但是他们见面的尴尬在古根海姆的一片笑声中消除。这位求职者(巴鲁克)肯定给古根海姆留下了好印象,因为古根海姆给他提供了一份工作,即去墨西哥采购铁矿石。巴鲁克愿意接受这份工作,但是他的母亲断然地说不行。

接下来,巴鲁克父亲的另外一位病人查尔斯·A. 泰特姆(Charles A. Tatum),费城人,让巴鲁克在他的玻璃器皿批发公司当学徒工。因为泰特姆的公司在曼哈顿,这次母亲没有反对,巴鲁克就去当了学徒工,周薪3美元。巴鲁克参加工作的时间是1889年的夏季。那时,巴鲁克医生是西尾饭店(West End Hotel)的住院医生,西尾饭店位于新泽西州(New Jersey)海滨度假胜地朗布兰奇(Long Branch)。有时候,他那几个长大的儿子从纽约坐火车来朗布兰奇度周末,晚上在他的办公室里搭个简易床,就睡在那里。星期六晚上,不顾家里的规矩,巴鲁克会悄悄地溜到当地的一家赌场,或者可以说是"人间地狱"。某次,当巴鲁克医生出现在赌场门口时,巴鲁克在轮盘赌中赢了两三美元。巴鲁克回忆当时的情景,当他父亲走进来的时候,整个大厅鸦雀无声,好像上帝在这些顾客身上下了幸福的咒语。巴鲁克医生走到他儿子的桌子旁,在他后面轻轻地说:"儿子,当你准备好了,我们就回家。"巴鲁克立即做好了准备。他跟随父亲走出赌场的大门,回到饭店。巴鲁克在办公室里开始慢慢地脱衣服,办公室紧邻他父母的卧室;不久,办公室的门打开了,他的父亲再次出现在门口。"想想我这个年纪,"他说(当时巴鲁克医生49岁),"我还要去赌场把儿子带出来。"40年后,巴鲁克说他每每想起此事还是羞愧不已。[巴鲁克医生虽然没有说赌马和轮盘赌的区别,但他认为两者是有区别的。早些年,巴鲁克医生曾给他儿子两块银圆,下注一匹叫巴夏(Pasha)的赛马。巴夏,巴鲁克的初次赌马经历,输了。]

最后,巴鲁克迷迷糊糊地睡着了,然后被站在床沿边的母亲惊醒了。巴鲁克睁开眼,他母亲小声地安慰,把他抱在自己怀里。现在他彻底地醒了,母亲走后他一直睡不着。早上5点,他起床,穿好衣服,悄悄地溜出去,在火车站附近的一间餐厅[餐厅里还有车夫和赛马训练师在吃早餐]吃完早餐后搭头一班火车回到纽约。当时天才刚刚亮,他在曼哈顿偶遇他的一位表兄以及表兄的几位朋友。当时有人提议打一整天的扑克牌,巴鲁克殷勤地表示可以到他家去打牌,反正他父母在长滩。他们在地下室打牌玩得正酣时,突然巴鲁克的表兄从椅子上跳起来,大叫:"天哪,贝尔姑姑!"

巴鲁克的母亲刚好踏上台阶。巴鲁克没有想到他的过错同样会使其母亲产生罪恶感,他的母亲会离开朗布兰奇来追他。当她打开门,看到一群年轻人若无其事地穿上背心和外套,从她身边溜出去。巴鲁克太太故意装作什么也没有看到,她热烈地拥抱她的儿子,然后说:"见到你我很高兴! 你这么敏感,我担心会发生什么严重的事。"

她告诉巴鲁克,她在火车上遇到一个人。交谈中得知对方是一位银行家,想要找一名见习生,他要的人必须具备可靠、头脑聪明以及正直这些品质。巴鲁克太太本能地回答她刚好认识这样的一个男孩子——"我的儿子伯纳德。"

巴鲁克太太的这位银行界的新朋友叫朱利叶斯·A. 科恩(Julius A. Kohn),他是股票交易所的会员,同样住在东60街。科恩先生培养见习生的方法是法兰克福式方法(Frankfurt method),即让见习生担任书记员,回报的是学习的机会。开始没有钱经手。银行业听起来比玻璃器皿好多了,巴鲁克预先告知惠特尔—泰特姆公司(the Whitall,

第二章 周薪3美元

Tatum & Company)打算辞职,然后开始在科恩的46号交易席位做事,周薪仍然是3美元。

1890年夏季,他的学徒生涯被打断,或者说是改向,当时他叔叔赫尔曼只是随口提了一个建议。巴鲁克医生将要去欧洲看望他的父母亲;巴鲁克家族,包括赫尔曼叔叔,到码头去送行。离轮船起航还有几个小时,赫尔曼问巴鲁克医生,伯尼(伯纳德的昵称)是否可以跟去。巴鲁克医生的问答是"可以",如果他可以回家收拾行李,在解缆开航前赶回来。伯尼回家拿行李后赶上船跟他父亲一起去欧洲,但是上船后不久他就强烈感到,他要是没有来该多好。伯尼与同舱的其他三个陌生人(都是古巴人)都生病了,而且一直没好。轮船一靠岸,这对父子就前往一个叫波森(Posen)的普鲁士城市与巴鲁克医生的父母亲会合;自从35年前移民到美国后,这还是巴鲁克医生与他父母亲第一次重逢。巴鲁克医生把这位英俊、高大的小伙子介绍给同名的爷爷,伯纳德;巴鲁克一家三代人一起驱车前往什未森兹。

同时,巴鲁克太太代替她离开的儿子,帮科恩做事。秋季巴鲁克从欧洲回来,科恩叫巴鲁克回去帮他做事,但是巴鲁克再次变得不安起来。1890年,他又辞职,打算与他的大学朋友迪克·莱登(Dick Lydon)去科罗拉多州(Colorado)淘金。冒险家们向西行进,先坐四轮大马车到丹佛(Denver),然后又坐公共马车到克里普尔河(Cripple Creek)。白天,他们在地下工作,清除爆破后留下的废石。晚上,他们就赌博。巴鲁克察觉房间里的声音听起来好像是在赌大钱,于是巴鲁克自己也去小赌了一把。他们睡在皇宫饭店(Palace Hotel)的一间大开放式房间,晚上营房传来的喧闹声不绝于耳。

根据巴鲁克自己的叙述,他与当时最杰出的投机商詹姆士·R. 基恩(James R. Keene)有交往,被大美人利利·兰特利(Lillie Langtry)(她在一艘帆船上看到过没穿上衣的巴鲁克)称赞体格健硕。另外,他还被一名非常优秀的拳击手鲍勃·菲茨西蒙斯(Bob Fitzsimmons)称赞拳击技术不错。某天,菲茨西蒙斯碰巧看到巴鲁克走进拳击场,与一名红发的大块头警察较量。一会儿,局势呈一边倒,红发警察完全占据上风。接着,巴鲁克集聚全身的力气,左拳击中对方的胃部,然后又出右拳,击中对方的下巴,把对方打倒在地。

引用巴鲁克的话:

……我感觉有人拍了一下我的背,转过身去,看到一张带点雀斑、露齿微笑的脸,是鲍勃·菲茨西蒙斯。

"拳击台失去了像你这样一位好拳手,"他大笑着说,"你被对手打了一拳,就会立马反击。这是你常常想做的。你知道自己的感觉,可能会感觉非常差。但你不知道对手的感觉,也许他感觉比你的情况还要糟糕。"

"直到有人被击败下台,一场拳击赛才会结束。"他强调,"只要还在台上,你就有机会。要想成为一名冠军,你必须学会忍受对手的拳头,否则就没有机会反击对手。"

巴鲁克对拳击一直都很感兴趣。他从未停止引用菲茨西蒙斯的话;1944年,富兰克林·D. 罗斯福(Franklin D. Roosevelt)(美国第31、32、33、34任总统,任期1933~1937年、1937~1941年、1941~1945年、1945年1月20日~1945年4月12日。——译者注)连续第四次赢得总统竞选,巴鲁克发了一封贺电,贺电上又温习了一遍这位拳击冠军的话。他在伍兹健身中心和西69街男孩俱乐部当体操教练的那段日子,巴鲁克最喜欢的纪念品是一张他处于战备状态的照片,照片上的巴鲁克双手交叉放在裸露的胸前,握紧的拳头下是隆起的二头肌。头发茂密,中分;鼻梁笔挺;面无表情,小胡子修剪得整整齐齐。很显然,他什么都不怕。

22岁的伯纳德·巴鲁克向世人展现其光顾伍兹健身中心的成果
(出自普林斯顿大学图书馆古籍特藏部的伯纳德·巴鲁克文件)

当时巴鲁克仍处于失业状态,但是他的母亲时刻在帮巴鲁克留意工作。由于从事慈善工作,巴鲁克太太曾碰到过亚伯兰·B. 德福雷斯(Abram B. deFrece),德福雷斯是一位富有的纽约商人和慈善家。德福雷斯向阿瑟·A.豪斯曼(Arthur A. Housman)引荐了巴鲁克太太。豪斯曼刚刚在纽约证券交易所买到交易席位,或取得会员资格;他见过巴鲁克后,聘请他做事。

豪斯曼身材高大,6英尺高,重达两百多磅,而且还是一个乐观的人。他比巴鲁克大15岁,还没有结婚,是家中的顶梁柱,需要挣钱养活五个妹妹。豪斯曼是一位纽约家纺批发商的儿子,于1876年进入华尔街工作,以持行情乐观的态度而闻名,即使是在由经纪人和客户专业人士构成的看涨派中也有一定地位。1898年1月,他引证和平作为买进股票的原因,到7月他又引证战争作为买进股票的原因(4月美西战争爆发),这些充分说明了他是一个反复无常的人。"我绝对确定,"同年夏天他宣称,"我们正进入一个经济繁荣时期。"事实正是如此。麦金利(Mckinley)(美国第25任总统,任期为1897~1901年、1901年3月4日~1901年9月14日。——译者注)牛市证实了豪斯曼说的话,使豪斯曼成为富人。19世纪90年代末,他被华尔街的人称为"摩根(Morgan)的经纪人",意指摩根在纽约证券交易所的交易代表。"尽管豪斯曼从来没有说过他是,"一篇新闻报道这样评论道,"华尔街发现他几乎每天去银行家的办公室开会的充足证据。"(有趣的是,巴鲁克没有提过他与这家大公司还有这样一层渊源;就本人而言,他相信摩根公司的合伙人经常反对他。)一幅20世纪之交的墨水素描显示,豪斯曼和大投机商詹姆士·基恩以及经纪人杰克·菲尔德(Jake Field)一起坐在老华尔道夫—阿斯托利亚(the Old Waldorf-Astoria)酒吧里。关于菲尔德,也有一个小故事。某次在一个酒会里被问及是否喜欢巴尔扎克(Balzac)时,菲尔德回答:"股票以外的事我一概不谈。"豪斯曼坐在一把木雕椅子上,身体塞满了整把椅子,右手则搭在一根直立的手杖上。他头戴一顶圆顶高帽,鼻梁上架着一副眼镜。

1891年初,巴鲁克先从书记员、信差以及办公室勤杂工做起。他到处推荐股票、收取支票、复印和归档信件、复印豪斯曼先生记录本上的交易记录、帮豪斯曼的兄弟们克拉伦斯和弗雷德(Fred)买三明治。最后这些琐碎差事把巴鲁克激怒了,有时候还会因此受到其他年轻人的嘲笑。可是,正如巴鲁克回忆的:"我拿人家的工资,人家叫我干什么,我就得去干什么。我与其中一个信差打了一架,之后他们收敛了很多,不再嘲笑我了。"

巴鲁克羡慕从常春藤盟校出来的人,他们开始从事的工作比巴鲁克的要高一两个台阶,零用钱也比他的多。他们在德尔摩尼克或弗雷德·艾伯林(Delmonico's or Fred

Eberlins)吃午餐，星期天驾马车出去兜风；而巴鲁克只能在三明治柜台买三明治吃，走路去户外散心。由于这个有意义的羡慕，同时也没有钱可浪费，巴鲁克积极投身学习。他参加夜校，学习记账和商业法，同时熟记铁路公司和工业公司的真实情况和数据。他成为《商业和金融纪事》(Commercial & Financial Chronicle)和《普尔手册》(Poor's Manual)的忠实读者。他学习精心绘制美国地图，然后在地图上加上重要铁路干线以及在这些铁路干线上运载的主要产品的名称，这样就可以把握新闻报道的金融意义，无须浪费时间去研究。他赢得了旁人的美誉，人们称赞他是一个聪明的、知识渊博的年轻人。

早在1895年他就从信差升到初级金融分析师，因为这年詹姆士·基恩委任他去调查研究布鲁克林煤气联合公司(Brooklyn Union Gas Company)及其新发的股票。25岁的巴鲁克在准备报告时，承销该公司股票的辛迪加的人提供给巴鲁克1 500美元的佣金，希望巴鲁克在报告中强调正面观点；巴鲁克也向基恩报告了这事。

为基恩办事是一个莫大的荣誉——就是这个基恩，在1901年摩根请求他出面买卖美国钢铁公司(United States Steel Corporation)的新股来制造兴旺假象，以引起市场关注。19世纪50年代在加利福尼亚州，基恩开始了自己的职业生涯，先后做过矿工、新闻记者、走锭纺纱机冲床工以及矿业股的投机商；他的银行账户数字从零飙升到15万美元，然后又归为零。负债累累的基恩想到一个点子，即成为一名股票经纪人，而不是一名股票客户。这次变化犹如一场革命，不久他就成为百万富翁和矿业交易所(Mining Exchange)的主席。1876年他通过卖空铁路股票而发财，但随后全都亏了，19世纪80年代他在小麦市场亏得更多。他屡次重振事业，屡次取得成功，基恩的一个崇拜者曾赞誉基恩的一生为"一首投机交响乐"。当他被问及为什么坚持通过这么冒险的事业来赚钱时，基恩回答："为什么狗第一千次还要追逐那只野兔？生活本身就是投机。投机精神是与生俱来的。"

发怒时，基恩会用高分贝的音调粗俗地咒骂；如果被感动了，他会啰嗦半天，不时引用几句他很喜欢的诗词。另一位交易商迪肯·S. V. 怀特(Deacon S. V. White)，从腰缠万贯到一无所有，再到大发横财，堂而皇之地表示他是投机界的国王，基恩警告："头戴皇冠会使人心神不安……打败君王的是急躁。"

豪斯曼的律师朋友米德尔顿·伯里尔(Middleton Burrill)把巴鲁克介绍给基恩。19世纪90年代初期，当时豪斯曼公司(A. A. Housman & Company)和其他股票经纪人

第二章 周薪3美元

主要从事批发业务,伯里尔是罕见的零售客户。作为律师的儿子,伯里尔代表范德比尔特(Vanderbilt)的利益,在他父亲的办公室里实习,同时还在炒股,开始还是业余的,后来由于经常跟巴鲁克合作,变成了专业人士。19世纪90年代,他与基恩一起乘过通勤列车,与豪斯曼一起喝过高杯酒。基恩、豪斯曼和伯里尔都看好市场,认为行情上涨的可能性大于行情下跌的可能性,因此买进股票而不是抛售。基恩说过这样的话:"第五大道的那些大厦没有一座是在熊市时期建成的。"巴鲁克曾这样评论伯里尔:"他对美国的未来充满信心,相信他的同胞们可以办成任何事,克服任何困难;我也从他身上学到了这些。我认识到,由于人类的智慧,没有什么疾病是不可战胜的……"伯里尔是一个聚会豪饮者,直到有一天医生建议他节制喝酒,他听从医生的忠告不再参加聚会豪饮。据巴鲁克所说,就是这样的自控力使伯里尔在股市中赚到了钱。

巴鲁克被引荐给伯里尔的时候,是一个很有前途的办公室勤杂工。已失去了两个女儿和一个儿子的伯里尔对年轻的巴鲁克印象深刻;巴鲁克对于伯里尔的关注很高兴。出现问题时,伯里尔习惯在查找参考书之前先咨询巴鲁克的意见。有时候两人一起到综合证券交易所(Consolidated Stock Exchange)楼下的地下室的某个柜台前吃午餐,他们会点烤牛肉和土豆泥,边吃边谈论股票。伯里尔被巴鲁克的诚信打动,正是巴鲁克的诚信品质使得后来他又受到基恩的关注。

基恩是一个狂热的赛马迷——他向自然历史博物馆(Museum of Natural History)捐赠了他的冠军赛马赛森比(Sysonby)的骨架,就像拜访好朋友的坟墓一样经常去那里看赛森比——他喜欢投注以支持自己对赛马比赛的判断。一天,基恩的一匹赛马要在科尼岛(Coney Island)比赛,马主想要基恩下大赌注;为了不必要地引起赔率异常,他希望匿名投注。伯里尔建议巴鲁克值得信赖,可以做这事;年轻的巴鲁克被叫到基恩的办公室与基恩面谈。基恩对巴鲁克的性格、经验和腕力都感到满意,拿给巴鲁克几千美元的现金,吩咐巴鲁克秘密下注那匹马。

基恩的赛马在一次慢跑中赢了[据巴鲁克说]。我乘坐第34街的渡轮返回纽约,我的口袋看起来鼓鼓的。我一直很担心有人会袭击我的头,然后抢走所有的钱。

当几个大浪撞击渡轮的船头时,我记得当时我在想船要翻了。我扣紧我的外套,决定如果船下沉我就立即冲出去,跑到最前面,这样没人可以把我拉倒。

当然,他安全登陆,赢得了基恩的信任,开始为基恩做事,诸如调查研究布鲁克林煤气公司之类的事。巴鲁克交朋友的天赋是天生的,但他在金融市场的驾轻就熟是后天培养的。最终这两种才能相互促进。他的朋友们帮助巴鲁克做股票投机;随着巴鲁克变得越来越有钱,他的朋友圈也随之扩大;他认识的人越多,获取的信息越有质量。他像朋友一样对待理查德·林堡(Richard Limburger),林堡是拉登堡塔尔曼公司(Ladenburg, Thalmann & Company)套汇部门的经理,拉登堡塔尔曼公司是当时数一数二的套汇公司。弗雷德·埃德(Fred Edey)是豪斯曼的一个重要客户,也是一位很可靠的朋友;巴鲁克的第一个孩子贝尔(Belle)在圣公会教堂(Episcopal Church)洗礼的时候,埃德是贝尔的教父。巴鲁克老了以后曾告诉一位经纪人,在他事业早期,一位一流的交易员曾给他免费的馅饼,意即免费共享股市利润。如果巴鲁克长得不好看,不善于交往,他可能永远都不会碰到恩人,但是如果他还不够聪明,反应不够灵敏,有钱人可能永远不会注意到他。

巴鲁克交易频繁,但赚得不多,因此可以说他踏足股市的初期成绩并不好。他在综合证券交易所买卖一大堆股票,包括霍内格曼—王子公司的股票(Honigman & Prince),该公司与王子还有一层很远的关系。他向关系比较近的亲戚索取资金,其中包括一位叔叔,哈里·C. 利顿(Harry C. Lytton),一位芝加哥的杂货商人;显然巴鲁克的叔叔和他都赔钱了。巴鲁克回忆道,有时他会下赌一美元,赌一赌与先前在股票行情自动收报机的报价相比,接下来在证券交易所的交易是升了,跌了,还是没有变化;可以想到的是,他会光顾野鸡证券交易所,在那里进行这些低预算的投机行为。巴鲁克一项失败的家庭投资是资助一出外地的通俗剧《东林传》(East Lynne)。1890 年,哈特是一名有抱负的演员,受他一位总想成为演员的朋友的鼓动。反过来,巴鲁克受他兄弟的诱惑,当哈特和他的朋友向巴鲁克呈现他们的计划,将在新泽西州森特维尔(Centerville)的歌剧院上演《东林传》,巴鲁克持一致看法,认为这个主意绝对可行。再次引用巴鲁克的原话:

也许可以想象,演员也是艺术家。如果这样,那他们就是不知道《东林传》台词的艺术家。在第一幕,观众时而愤怒,时而开心。但是到第二幕,观众只有愤怒。

尽管剧场很小,观众人数仍比演员人数多,因此,我要求售票的同事退钱给观众。犹如《哈克贝利·费恩历险记》(Huckleberry Finn)中的公爵,我走进后台,告诉剧团,幸亏我买了往返票,从外面黑暗的街道走到停车站也只有几步路。

我认为在观众意识到没有第三幕之前,我们已到了火车站。一列火车刚巧进站。我

第二章 周薪3美元

演员,巴鲁克的哥哥,也是其心目中的英雄:哈特威格·巴鲁克,约摄于1897年

(出自纽约证券交易所档案)

们爬上火车,甚至都没注意它是开往哪里的。幸运的是,它开往纽约。

随后,巴鲁克向父亲提及一个计划,即伊利湖(Lake Erie)的一个岛将修建缆车通到一家饭店。这个计划是他从别人那里听说的,这个人是他们俩从欧洲返回美国的旅途中遇到的。巴鲁克被这个计划迷惑了,他说服父亲出资8 000美元投资该计划。结果,8 000美元都赔了;尽管父亲从未责骂他,但是巴鲁克深受打击。后来他向他母亲提起,田纳西煤铁公司(Tennessee Coal & Iron)的股票很便宜,只要有500美元的本金,他就可以大赚一笔,他的父亲突然给了他一张500美元的支票。这是一种信心的表示,巴鲁克深受感动。

1893年股灾爆发后,每位股票经纪人遇到的挑战是找到足够多的有偿债能力的客户。由于刚开始从事这行,巴鲁克手上没有任何客户,更不用说有偿债能力的客户了。他的名字还未被大家所熟知,他所在的公司是一家不知名的小公司,他出售的有息债券常常处于违约状态。为了兜揽生意,他撰写研究公告,去敲别人办公室的门,上门推销。某次他拜访了一位有名的干货商人詹姆士·托尔克特(James Talcott)。被托尔克特的秘书撵出办公室后,巴鲁克一直在外面等,直到托尔克特出现;巴鲁克急忙上前做自我介绍,然后从办公室的门口一直跟随托尔克特到街上,大概跟托尔克特说了下面的话:大量铁路公司破产蕴含巨大的商机,因为并购不可避免,价值肯定会上升,如果有一个人知道该投资哪家铁路公司,那么这个人就是他了——巴鲁克,他对此情形已做了研究。托尔克特身材高大,留着灰白的胡子,是 17 世纪康涅狄格州移民(Connecticut settler)的后裔;他最终同意了,吩咐巴鲁克买进俄勒冈州跨州铁路公司(Oregon & Trans-Continental)的债券,买进时该债券的纯利息是 6 美分,后来的报价大约是 78 美分。事实上,正如巴鲁克所料的,该公司的债券价值上升;托尔克特成为其稳定的客户。巴鲁克首次推销出去的债券赚取的佣金收入是 1.25 美元。

尽管巴鲁克精打细算地经营客户的钱,但是他用起自己的钱来却很轻率。他通常赊购股票,或者以保证金方式购买股票;当对自己很有信心的时候,他会把自己手头所有的钱都投进去。以保证金方式购买股票的优点在于小额定金可以控制一笔大投资,在巴鲁克那个年代,要求支付的保证金很低,即股价的 10%,而经纪人借贷余下的 90%。只要股价上涨或维持不变,抵押品就是安全的。不过,如果股价下跌,抵押品价值即受损,经纪人会采取措施保护贷款。假如时间允许,他会给客户发一封催促还款的电报,或者打电话给客户要求补仓。客户的选择不外乎两种,追加资金或不追加。如果客户没有补仓,经纪人会抛售股票,尽可能收回出借给客户的贷款,如果款项不足以填补贷款,那么经纪人会给客户送账单,要求其偿还不足部分。定金也赔了。以保证金方式购买股票,如果亏了,损失就会很惨重;但是如果赢了,利润也是很可观的。投资者买进每股股价为 100 美元的股票,并以现金支付,股价上升到 105 美元意味着 5% 的收益率。对保证金交易者来说,如果他买进同样一只股票,只要支付 10 美元,5 美元的利润意味着 50% 的收益率。巴鲁克被保证金方式购买股票深深吸引了。

直到 1897 年或 1897 年左右,巴鲁克对保证金方式购买股票的着迷为其带来了不幸。每次赚了一大笔,随后又亏了一大把。事实上,亏损大于赢利,因为他投得太多,手上只要有钱就想投进股市。这种狂躁抑郁症式的金融生活使巴鲁克气馁,也令他的未婚妻安妮·格里芬(Annie Griffen)心灰意冷。他们俩首次相遇大约在巴鲁克大学毕业时。当时在西 58 街 41 号的格里芬家的赤褐色砂石房子附近,巴鲁克看到她走在街上。他正式介绍自己后,却发生了不成功的序曲:"我向安妮举帽致意,然后问她是否可以称呼她为安妮·格里芬小姐。'没有那个必要,'她头一甩回答道,然后走上台阶。"

安妮几乎和巴鲁克一样高——许多年后,他们俩的三个孩子也长大成人,都是高个子,当巴鲁克一家五个人出去散步时,别人都说他们家是一支篮球队——安妮脸很长,嘴唇薄,拥有一副沙漏形的好身材。安妮的父亲本杰明·格里芬(Benjamin Griffen)是纽约城市学院的毕业生,是美国大学生荣誉学会(Phi Beta Kappa)会员,还是一家玻璃进口公司——范霍恩—格里芬公司(Van Horne, Griffen & Company)的负责人。他和他的太太有点钱[他太太是一位名叫 W. J. 威尔科克斯(W. J. Wilcox)的猪油商人的女儿];格里芬家养了几匹马,还有一辆四轮马车。

作为圣公会牧师的孙子,格里芬先生反对基督教徒和犹太教徒之间的联姻。他向巴鲁克保证,正好相反,他对巴鲁克本人没有任何异议,但宗教信仰的差异肯定会破坏他们俩的幸福。格里芬先生的反对意见迫使这对恋人只好瞒着他私底下偷偷约会。他们俩发明了一个类似隔板信号系统的装置来发送信号看是否可以安全打电话;窗帘拉下来意味着不行——格里芬先生在家;窗帘拉起来意味着可以。令巴鲁克感到高兴的是,格里芬太太站在他这边。她和她女儿到马萨诸塞州度假的时候,巴鲁克周末会过去看望安妮,格里芬太太每次都热情地款待巴鲁克。巴鲁克和安妮出去跳舞,骑自行车骑了一段很长的路后一起不见了。

巴鲁克和安妮要结婚遇到的另外一个障碍就是金钱。巴鲁克积累起一点资本后不久,钱又被股市吞进去了。1895 年,为了获得比投机行业更稳定的收入,他要求豪斯曼先生加薪,周薪从 25 美元提高到 50 美元。豪斯曼先生拒绝加薪,但反过来又提供了一个更加不错的建议:八分之一的公司年利润。如果公司业绩没有前一年的业绩好,那么巴鲁克的工资则大约为 35 美元周薪。不过可以确定,豪斯曼还补充道,1894 年的华尔街风平浪静,但是股市行情肯定会越来越好——事实的确如此。

"作为股票经纪公司的初级合伙人,我决定要求增加我的个人预算。"巴鲁克写道。"我要求添置一件长襟大礼服(Prince Albert Coat)、一顶丝绸帽以及其他与之配套的饰品。"1895 年,巴鲁克刚刚成为合伙人,豪斯曼公司赚了 48 000 美元,巴鲁克获得 6 000 美元,或者可以说周薪 115 美元。但那年或 1896 年婚礼还是没有举行。

1897 年,前途一片光明。1897 年的春季,巴鲁克对美国制糖公司(American Sugar Refining Company)产生兴趣;该公司的命运与关税息息相关。只要美国政府禁止进口国外价格便宜的糖,美国制糖公司的收益肯定会增加。如果国外价格便宜的糖没有被禁止进入美国市场,那么,该公司的利润及其股价就会下跌。在参议院,一项降低糖税的议案被搁置。众议院已通过了相似的法律。当时,对股市来说,问题就是参议院是否会通过这项议案。巴鲁克认为不会,原因在于西方的甜菜种植者们也同华尔街一样从关税保护中受益。巴鲁克投资300美元来支持这个有根据的估计。如果他支付10%(较常采用的保证金率)的保证金,就拥有价值3 000美元的股票。他只说他是在春季买进美国制糖公司的股票。同年4月和5月,美国制糖公司的股票转手价是每股115美元。7月底,转手价上升到每股139美元。股价上涨,巴鲁克使用先前赊购赚取的浮盈资金买进更多。股价进一步上升,巴鲁克继续购进美国制糖公司的股票,或者说连本带利地投注,通过设置一个预防指令,如果市场突然下跌就抛售股票,来保护自己的财产。不过,这个相当高级的"止损"指令从未真实触发,巴鲁克的利润大幅增长。参议院最终没有通过降低糖税的议案,美国制糖公司的股价继续攀升。8月31日,美国制糖公司的股价单日涨幅达8美元,飙升到每股156.25美元,为最大单日涨幅,这是受有关财政部将禁止从荷兰进口糖的消息影响造成的。显然,大约是在这个时间段巴鲁克抛售股票。他的总利润达到6万美元,而本金只有300美元,不能不说这是令人惊叹的回报。需要特别说明的是,巴鲁克买进的时候,华盛顿那些知情的人在抛售,华尔街普遍看跌。①

詹姆士·基恩长期看好美国制糖公司,但巴鲁克是否和他联手,我们无从得知。谣传(美国)标准石油公司是购买者。股价飙到156.25美元(事实证明也是全年单日最高价)的那天,巴鲁克最喜欢的一位经纪人哈里·肯特(Hany Content)和阿瑟·豪斯曼大量买进美国制糖公司股票。"美国制糖公司股价波动,"《纽约时报》隔天报道,"普遍归因于豪斯曼[专业交易员]。有理由相信,他与此肯定有莫大的关系。"

当巴鲁克告诉安妮他赚了60 000美元,他们终于可以结婚时,安妮是一幅怀疑的样子。他们在电话中交流:

"你过会儿就会赔掉的。"

"这次我会保住这笔钱。"

他们俩都说错了——巴鲁克没有赔掉这笔钱,但是他还是花掉了大部分钱。但是安妮被说服答应结婚,她父亲的反对意见被驳回[显然巴鲁克医生和巴鲁克太太是祝福这对新人的];10月20日,巴鲁克和安妮的婚礼在巴鲁克的办公室举行。婚礼按照基督教

---

① 因此,7月3日的《华尔街日报》(Wall Street Journal)报道:"华盛顿多家报纸的记者极其不看好美国制糖公司,几乎所有华盛顿股票经纪公司都没有买进此只股票……华尔街的印象当然是美国制糖公司已挫败。"7月24日报道:"糖业投机历史中,只有这么少的人看对这只股票。此现象还是首次出现。"

传统婚礼形式举行,由格里芬的一位亲戚理查德·凡·霍纳博士(Dr. Richard Van Horne)主持,事前他把巴鲁克叫到一旁,跟巴鲁克说为了尊重巴鲁克,他计划待会宣读誓言的时候会省去父亲、儿子和圣灵这些字眼。巴鲁克对他表示感谢,但是鼓励他按照传统的誓言来宣读。

这对新婚夫妇去华盛顿州老波因特康弗特(Old Point Comfort)切萨皮克湾(Chesapeake Bay)度蜜月;新郎在旅途中病倒了。他们去了巴鲁克的出生地南卡罗来纳州的卡姆登镇,然后回到纽约,住在巴鲁克的家——西70街51号,新郎的父母亲和他的三个兄弟都住在那里。婚后巴鲁克和安妮在那里住了两年多。

那时儿子结婚后和太太与自己的父母同住是很平常的事。也许,并不是每个人都喜欢这样的安排,安妮可能也有自己的担忧。巴鲁克的母亲是一个居高临下的女人,很享受在家中的独断专权,享受儿子们对她百分百的关注。对安妮来说,每天见到婆婆的时间比见到她工作努力的丈夫的还要多,婚后头几个月的家庭生活不是很愉快,他们的婚姻状况或多或少被她的父亲预言到了,尽管不愉快不是由于她父亲认为的宗教信仰差异造成的。

1897年的秋季对巴鲁克来说具有划时代的意义。投资美国制糖公司获得成功后到他的婚礼举行之前,他在纽约证券交易所买到了一个交易席位。["是的,"当他把这个消

巴鲁克:一位冉冉升起的年轻经纪人,约摄于1897年

(出自纽约证券交易所档案)

息告诉他母亲时,他母亲这样说,"你会走得更远。"]那时,哈特已从出演《东林传》的配角成长为男主角,再到即兴音乐剧《奥嘉·内瑟索尔》(*Olga Nethersole*)的男主角。一天晚上,哈特从剧院回到家,说起他与合演者之间的合同问题。哈特到家的时候,巴鲁克的母亲正在打纸牌游戏(他们经常聚在一起打牌),他们刚好结束一局。巴鲁克原本在看牌,当他抬头看到哈特,一时冲动,向哈特提议如果他能离开舞台去过安定的生活,他就把交易席位让给哈特。哈特接受了此建议。巴鲁克欣喜若狂,但马上又感到绝望。几个小时都无法入眠,他决定什么事都暂缓,先为自己再买一个交易席位。接着,在11月,他送给父亲一份惊人的周年礼物——20 000美元。他原打算每年父亲的结婚周年都送他面值为30 000美元的1 000个金币,但他已经转让了19 000美元给哈特[交易席位的成本],只好作罢。因此,在几个月当中,巴鲁克赚了60 000美元,但2/3的钱花在他崇拜的人和迎娶心爱女人的婚礼上。而与此同时,他在家中的地位从未提升。

第三章

巴鲁克的华尔街生涯

第三章 巴鲁克的华尔街生涯

就时机而言,巴鲁克在华尔街的学徒生涯运气并不算好,但他成为熟练工的那几年确实是一段好时光。他早期在豪斯曼公司的职业生涯中发生的重大事件是 1893 年的股灾以及随后长期的经济萧条。铁路业衰退[10 年前,威廉·H. 范德比尔特(William H. Vanderbilt)就评价过铁路业这个基础产业的前景:"一年半载,我们可能没有了内阁。但是我们肯定有铁路。"]罢工爆发,且罢工趋势势不可挡;整个国家在货币问题上分成两个狂热的阵营。1894 年,14 000 美元就可以买到纽约证券交易所的一个交易席位,可以说是当时最低的成交价格。在芝加哥,施粥所匆匆建造,为短途旅客提供膳宿,这些人当中有些是因为 1893 年的哥伦比亚世界博览会(Columbian Exposition of 1893)来到镇上,还有一些是因为 1893 年的股灾(就像是一场大风雪)陷入困境而来的。

直到 1896 年总统竞选中,威廉·詹宁斯·布莱恩(William Jennings Bryan)败北,他倡导的恢复白银本位运动也遭到失败后,经济衰退才有所好转。接着在巴鲁克从事股票经纪业务的那几年,股市一片繁荣。1896 年,公司并购潮开始;1901 年美国钢铁公司的资本总额达到 14 亿美元(比公共债务的总额还多 1/3),从而达到并购潮的顶峰。实业公司组建,铁路公司重组,新证券涌入华尔街。19 世纪 90 年代早期是专业人士掌控股市,现在大量普通民众都开始涉足股市。19、20 世纪之交,与以往相比,更多的民众参与买卖更多不同公司的普通股。有轨电车公司布鲁克林捷运公司(Brooklyn Rapid Transit Company)的股票(下一代将其称为热门股票),1899 年其股价从每股 61 美元涨到 137 美元,令普通的服务生和接待员狂喜不已,他们没有想到钱这么好赚。19 世纪 90 年代末,400 000 股被认为是证券交易所比较高的单日成交量。但是到 1901 年,单笔交易就买了 3 000 000 股,一个交易席位的经手金额达到 80 000 美元。"所有人都在赚钱",这是一个虚构的说法,但确实真实反映了当时的情景:

钢铁业的人来到商业区,一大群百万富翁,对待钱的态度如同喝醉的水手,花钱毫不心疼。能令他们满意的游戏只有股市。我们列举几位出现在华尔街的钢铁业大佬,他们往往一掷千金:以"打赌一百万"著称的约翰·W. 盖茨(John W. Gates)和他的朋友们,像约翰·A. 德雷克(John A. Drake)、罗伊尔·史密斯(Loyal Smith)以及其他人①；里德—利兹—摩尔那群人②，他们抛售手中持有的部分钢铁股，然后又在公开市场买进大岩岛铁路系统的绝大部分股票；施瓦布(Schwab)、弗里克(Frick)、菲普斯(Phipps)以及匹兹堡那帮人(the Pittsburgh)；更不用说很多输得倾家荡产但随时有可能声名鹊起的人了。人们可以买卖任何股票。基恩故意买进卖出美国钢铁公司的股票来制造市场兴旺假象，以提高美国钢铁公司的关注度。几分钟的时间内，一个经纪人就抛出 100 000 股。一段多么美好的时光！有时候赢得的钱令人瞠目结舌！抛售股票还无须付税！看不到坏人遭报应的一天！

　　巴鲁克的故事与华尔街是如此紧密地联系在一起，以致现在插进一段介绍华尔街的社会情况、金融交易情形和地理概况的话可能是理所当然的。先说街景，这个金融中心，位于布罗德街和华尔街(Broad and Wall Streets)，是一个很小且充满阳光的马形区域。而金融中心的中心就是纽约证券交易所，三一大厦(Trinity Building)在华尔街靠近百老汇大道，刚好位于三一教堂(Trinity Churchyard)的正北方，有六层楼高，不是现在在其上面重建的 21 层建筑。穿过百老汇大道，公正大楼(Equitable Building)有 8 层楼高，而不是目前的 28 层建筑[1915 年建成时是当时全世界最高的办公大厦]。市中心的街道挤满了各式马车，像大篷马车、双轮双座马车和市内电车、手推车，还有总戴着帽子的男士。敢于在外面不戴帽或光膀子等于是不怕行人的公开嘲笑。[华尔街更像是男人的世界。1900 年美国综合人口统计显示，整个纽约州只有 240 名女性经纪人和银行家，而男性经纪人和银行家多达11 293名，其中有 7 名是黑人。]1904 年地铁出现；在这之前，从上西城(Upper West Side)到市中心的主要交通工具是第六大道高架地铁(Sixth Avenue Elevat-

---

①　以铁丝网推销员、股市投机商和赌徒而闻名的盖茨(Gates)成立了美国钢铁和铁丝网生产公司(the American Steel & Wire Company)，该公司后来被美国钢铁公司合并。德雷克(Drake)是盖茨在金融界和赛马界的同事，史密斯是一位房地产交易员。某次在瓦尔多夫(Waldorf)的百家乐游戏上，巴鲁克叙述，盖茨跟史密斯各下赌注 100 万美元，吓得他们脸色煞白。巴鲁克也同他们一起下赌注，但盖茨与巴鲁克是同一方的。[100 万美元的赌注，盖茨总是跟别人打赌一下赌注就是 100 万美元，赢了 50 万美元，之后又输掉了——最惊险的平局。]

②　里德—利兹—摩尔那群人中的里德和摩尔分别是丹尼尔·G. 里德(Daniel G. Reid)和威廉·H. 摩尔(William H. Moore)，他们是美国国家钢铁公司(the National Steel Company)、美国镀锡板制造公司(American Tin Plate Company)、美国钢板制造公司(American Steel Sheet Company)以及美国钢箍制造公司(American Steel Hoop Company)的重要股东。后来这些公司都被美国钢铁公司合并，这两人赚取了巨额利润。合并之前，威廉·B. 利兹(William B. Leeds)是美国镀锡板制造公司的主席。当然，查尔斯·施瓦布(Charles Schwab)、亨利·C. 弗里克(Henry C. Frick)和亨利·菲普斯(Henry Phipps)也是钢铁业杰出的高管。

ed)。只要花5美分,乘客就可以坐高架地铁前往市中心,经过中央公园(Central Park)和广场饭店,再穿过40街的蓄水池,然后经过梅西百货和联合广场(Macy's and Union Square),沿着钱伯斯街(Chambers Street)绕过世界上最陡的铁路弯道,再经过报业文化广场(Newspaper Square)、市政厅(City Hall)和老邮局[宏伟的新文艺复兴时期花岗岩建筑物,1938~1939年被夷为平地],经由圣保罗教堂墓地和泽西市轮渡码头到达雷克托街(Rector Street);从靠近72街的西尾大道245号(巴鲁克的第一所房子所在地)算起,这段路程大概需要40分钟。1891年巴鲁克初为书记员;一年后,即1892年,纽约证券交易结算所(The Stock Exchange Clearing House)出现。任何买卖指令都是手工完成,即使随后的冲销交易使得进账或付款显得多余。这个老式的东部的几个街区,码头工人驾驶马车到停泊在东河(The East River)边的帆船上作业;游泳季节,男孩子们从富尔顿鱼市(Fulton Fish Market)的码头跳下去裸泳。在场外证券市场(Curb market),美国证券交易所(American Stock Exchange)的前身,不管什么季节,股票经纪人都是露天交易股票。

已成为当今地标的许多建筑物那时还未建造或构思,其中就有位于利伯蒂街(Liberty Street)的佛罗伦萨风格的纽约联邦储备银行大楼(New York Federal Reserve Bank's Florentine structure)。那时没有证券交易委员会(Securities and Exchange Commission),没有联邦存款保险,也没有区分商业银行与投资银行的联邦法律。更重要的是,除了1895年被最高法院(The Supreme Court)废除、曾短暂存在过一段时间的所得税法令,那时没有联邦所得税。巴鲁克中青年时期,有限政府是一个固定和明显的金融条件,而到了巴鲁克的老年时期,有限政府成为一项联邦监管制度。

19世纪90年代早期,证券交易所的生活像俱乐部一样,有时候很愉快,但在麦金利牛市中出台一系列规范后又变得无趣。除了星期六(中午收盘),每天上午10:00开盘,下午15:00收盘。根据民法,夏季的星期一推迟到上午11:00开盘[1912年牛市交易异常活跃时执行的一项福利措施]。1893年,《美国旅行指南》(Baedeker's United States)把交易大厅形容为"奇怪的交易现场,充斥着骚动和兴奋,现场失控的程度可能比欧洲证券交易所展现的任何一个交易现场都要严重",但在1892年7月令人昏昏欲睡的一天,只有30 000股的成交量。根据佣金较少的变戏法式的贴现交易估算,由此产生的佣金收入分摊到每位会员还不到1美元,或者说还不够买两块三明治。而在月初无趣的一天,当时几百个基督教奋进社团(The Christian Endeavor Societies)的成员自发合唱"让我们聚集在河边"(shall we gather at the river),股票经纪人坐在下面聆听,为合唱增色不少;如之前发生的那样,股市在半小时之内就陷于混乱。

场内交易被热情高涨的人们推到顶峰。由40人组成的管理委员会(The Governing Committee),其委员由证券交易所的会员选举产生[1903年12月,年仅33岁的巴鲁克当选进入该委员会],承担着维护得体的行为举止的职责。新会员第一天进场都会受到老会员的一个"特别礼遇",这是长期存在的"变相"欢迎仪式。新会员第一天进入交易大厅,他可能预料到其他人会解开他的衣服纽扣,拉下他的帽子挡住他的眼睛,从背后撕破他的西装。据称1894年管理委员会的委员就公开谴责过这种胡闹行为,1900年和1912年有责任再次提出谴责。投机问题也是令管理委员会头疼的一个问题。章程没有禁止赌博,只禁止股价投机行为(即没有具体买卖股票的投机行为)。1897年,以18票对12票,管理委员会宣布所有类型的赌博行为违法;1900年,他们还禁止在资料室玩纸牌游戏。

19世纪与20世纪之交,纽约证券交易所是一个私人机构,很像是一个俱乐部。它没有法人地位,因此,就像它的律师们所辩解的那样,纽约证券交易所不受公司监管法律的约束。它的目标是提供一个市场[1902年章程上这样写着]:"……为会员们提供交易场地和其他设施以方便他们的交易;维护较高的商业信誉标准和会员间的诚信;促进和主张交易公正和公平原则。"管理委员会的态度是,交易价格由买卖双方决定;作为一个机构,纽约证券交易所应该极力避免卷入股价形成过程。任何人都是自愿购买或出售交易席位,那些选择加入纽约证券交易所的会员一定已同意遵守交易所章程。①

尽管交易所保证自由和波动的价格,但它认为还是应该制定某些确定的行为标准。例如,有关言语的规定,交易所要求平常说话不能口出污言[在1902年的牛市,为了与牛市相符,咒骂他人的罚款从10美元增加到50美元],广告用语明智而审慎。它也坚决要求公司开始披露更多公司内部信息。它禁止其会员与野鸡证券交易所打交道;在野鸡证券交易所,股票交易没有真实发生。它也禁止国内股票交易所之间的套汇交易行为[为了赚取在不同城市中可能存在的汇率差价,在不同的市场秘密买卖同一只股票]。事实

---

① 加入证券交易所的另一个附加原因是10美元的遗产税,即按照惯例如有同事去世,每位会员需要捐出10美元。如果这个失去亲人的家庭的生活来源就只有这位已故的亲人在股市的所得,那么这个家庭至少可以从证券交易所死亡保险金基金(Stock Exchange Gratuity Fund)领取1万美元。

上,有异议的交易行为并不是完全禁止的。交易所习惯称这些行为"有损交易所的利益和福利",定义和执行这事的责任落在管理委员会身上。交易所眼中最恶劣的罪过是破坏佣金费率规则,该规则规定了每股 12.5 美分的基础佣金率)。初犯的会员将面临最高五年暂停交易的惩罚;第二次再犯这样的过错,就是直接开除。虚假交易或洗钱行为也是不合法的,但受到的惩罚要温和得多。最严厉的惩罚措施是暂停交易一年。遭到管理委员会审问的会员有权与他的原告对质,但是,听证会上不能带律师为其辩护。

与以往任何一个时期相比,20 世纪初的纽约证券交易所不仅更有钱而且更有影响力。1906 年,管理委员会的一名委员 W. H. 格兰伯里(W. H. Granberry)向其他委员阐明纽约证券交易所的影响力。许多年前,他说,纽约中央铁路公司(New York Central Railroad)宣布将它的证券交易办公室从市中心的帕尼街(Pain Street)搬到完全是非闹市区的 42 街。纽约证券交易所就此提出抗议:纽约中央铁路公司的新地址离交易所太远会使股票交易变得复杂。科尼利厄斯·范德比尔特(Cornelius Vanderbilt)权衡了一下管理委员会的观点,然后说:"对纽约中央铁路公司来说,市中心的证券交易办公室也不方便。"正如格兰伯里指出的那样,那时就是这样。1904 年,由于某项法律,交易办公室易址情况又陷入混乱,这项法律看起来与证券交易所的规定(每家上市公司必须在曼哈顿设立一间办公室)有分歧。纽约证券交易所一定要公司采取措施[不方便但是与法律不相抵触]履行规定。除了最大的公司,其他所有公司勉强服从。最终,此前曾威胁要撤回上市股份的美国钢铁公司也让步了。"……纽约证券交易所的地位,"格兰伯里说,"比美国钢铁公司更高一级;而且我相信今天纽约证券交易所的地位比任何一家公司都要高。"

1903 年春季,纽约证券交易所新增了一些办公场地(现在仍在运营);这些办公场地足够容纳日益增加的交易量,能够满足会员们扩大办公地点的要求。新的办公大楼由建筑师乔治·B. 普斯特(George B. Post)设计,原计划于 1902 年完工,造价成本为一百万美元。但是由于布罗德街地下的土质松软,无法避开一个老的石质结构的地下保险箱,再加上对原方案的不断修改,办公大楼完工又拖了一年,致使实际造价达到四百万美元左右。原方案的改动之一是建筑委员会要求将交易大厅的电话线安装在新街(The New Street)的入口,而不是普斯特设计的那样安装在布罗德街,建筑委员会说这样可以在交易大厅节约 5 英尺的空间,同时可以不必使会员入口处挤满接线员而显得乱七八糟。普斯特同意了。原先规划的时候,纽约证券交易所打算二楼用作交易大厅,把一楼出租给银行。有人指出股灾出现时可能会发生电梯拥挤现象时,交易大厅被安排到一楼。[当时一个作家这样描述:"人们强烈要求华尔街的交通便利并且方便出入交易大厅。"]1893年交易所曾发生无政府主义者炸弹袭击法国代表处(The French Chamber of Deputies),因而决定缩小来宾通道面积。

尽管新交易大厅的面积扩大了60%,但是采光性和通风性更好。又新建了一个重达776吨的保险箱;在布罗德街,一组大理石雕像安放在六根科林斯圆柱上,其中中间的雕像象征诚信。为了方便会员,四楼建有一个齐全的急救医院,地下室还建了一些浴室。1903年4月22日,新大楼举行了隆重的开幕式,五彩纸屑和纸带从附近大厦的窗户中撒落下来。在纽约证券交易所内,新会议室里人们击掌表示庆贺,另外还摆放着花卉和美国国旗。早上11:00点刚过,在全体人员的掌声中,摩根穿过人群走到演讲台。受人尊敬的三一教堂摩根·迪克斯博士(Dr. Morgan Dix)主持了祈祷仪式:"银子是您的,金子是您的,万军之耶和华……"纽约证券交易所的主席鲁道夫·开普勒(Rudolph Keppler)称新办公大楼的建设与整个国家的命运紧密相连。他说,它也是令人感到震惊的变化之一,代表着我们向着最高权威前进的步伐,体现出空前的进步和繁荣,我们也祝福我们的国家永远繁荣昌盛。随后宣读了由年纪最大的一位会员写的贺词,期间赢得了三次喝彩,而摩根更是特别大声地欢呼。

进步的评论家们很容易就可以清楚显示交易所宣称的与其所做的之间不可避免的失当之处:例如,偶尔公然的市场操作行为以及诸如破产会员交易席位出售过程中让交易所内的其他会员优先购买这类为自己利益服务的惯例做法。不过,纽约证券交易所有别于其他交易所的还是它的信誉,而不是它对某些不合理现象的放纵。至少它要求会员们在专业方面能够言行一致。

19世纪80年代,大工业公司或"托拉斯"兴起,对华尔街来说这既是一场公共关系灾难,也是一次金融福利。19世纪80年代始,股市涉及的主要是铁路公司;直至1900年,纽约证券交易所上市交易的领头羊一直是密苏里太平洋铁路公司(Missouri Pacific Railroad),这家工业公司有点古怪。19世纪90年代早期,股票交易最活跃的工业公司是全美船缆公司(National Cordage Company),它一直想成为缆绳垄断商,但在1893年股灾前夕却"自缢"[正如所有人说的]。民众反对托拉斯情绪日渐高涨,全美船缆公司股价暴跌甚至震惊了华尔街专业人士。全美船缆公司宣布破产的当天,通用电气公司(General Electric Company)受到牵连,股价从每股84美元跌至58美元。在长时间的经济低迷中,并购活动——合并小公司以挖掘大规模生产的经济潜力,最终实现倡导者们所希望的垄断——减少。在麦金利牛市中那些比《谢尔曼法》(The Sherman Act)更能刺激并购和新股发行的措施最后证明是障碍的说法再度被提起,1894年,《华尔街日报》认为只有两家工业公司的股票非常重要,并且入选其12只股票平均指数的成分股:美国制糖公司和西联快递(Western Union)。到1896年,《华尔街日报》编制了工业股票价格平均指数,成分股公司包括:美国棉花油制造公司(American Cotton Oil)、美国制糖公司、美国烟草公司(American Tobacco)、芝加哥燃气公司(Chicago Gas)、美国动物饲料公司(Distilling & Cattle Feeding)、通用电气公司、拉克利德燃气公司(Laclede Gas)、全美石墨制造公司(National Lead)、北美公司(North American)、田纳西煤炭和冶铁公司(Tennessee Coal & Iron)、美国皮草公司(U.S. Leather)[优先股]以及美国橡胶公司(U.S. Rubber)。1896年5月26日首次公布时,该指数为40.96点;同年8月8日,道—琼斯工业平均指数一路狂跌至24.48点;但是三年后即1899年的夏季,该指数翻了三倍多,至77点。"任何一个可以想象的生产制造领域都形成了托拉斯,"那个时代的一位史学家这样写道,"保守的银行家、精明的商人以及教条主义式的经济学家对大规模生产着了魔。人们一会儿声讨托拉斯,过了一会儿又去买它们的股票。那时对托拉斯的倡导者们来说是一个丰收的季节。"

合并现象在铜业、胶水业、干草业、钢铁业、针业、螺纹业、电梯业、信封业以及其他商业领域司空见惯。其中某些公司重新燃起投资者的希望。因此,1898年奥的斯电梯公司(Otis Elevator)和国际纸业(International Paper)成立;1899年美国冶炼公司(American Smelting & Refining)和联合制鞋公司(United Shoe Machinery)成立。另外一些公司衰落,这正说明"做生意总归有风险"这句格言有道理。例如,美国自行车生产公司(American Bicycle Company)曾经是两轮交通工具生产业的龙头老大,1902年尝试生产汽车,但失败了。对那时13起主要的合并案例研究发现,9年的时间里,其中有7家公司以红利和资本收益的方式回报股东[其中表现最优异的是联合制鞋公司,每年回报率高达22.7%],但是另外六家没有[不曾料到,阿利—查默斯公司(Allis-Chalmers)和美国罐头公司(American Can)也在这六家之内]。美国面粉生产托拉斯(United States Flour &

Milling Trust)犹如昙花一现,实在离奇。1899 年 9 月 11 日,该公司股票对外公开发行,发行价是每股 51 美元。9 月 20 日,下跌了 32 点,每股从 56 美元跌到 24 美元,交易量微不足道。1900 年 2 月该公司破产。

19 世纪 90 年代铁路业也兴起并购潮,但是并购主要源于行业衰退,而不是行业繁荣。1894 年,股灾末期,州际商业委员会(The Interstate Commerce Commission)发布报告称 192 家铁路公司破产,这些破产公司的资产合计 25 亿美元,比所有未偿清的铁路债券和股票面值总和的 1/4 还要多。该委员会说:"除了 1838 年至 1842 年,美国铁路发展史上从未发生过这样频繁的破产事件。"

至于失败的原因,总会提到公司无法持续履行偿还债务的义务。例如,太平洋联合公司(Union Pacific)因为管理不善而破产;诺福克和维斯特公司(Norfolk & Western)由于过度扩张,经济萧条前已入不敷出。1892 年,每家公司的收入只比其所欠的贷款多 5%。当收益低于这个微利时,公司只有破产了。这些破产的公司需要新融资和低固定费用,即股东(大多数来自英国,对公司在新美国的情况感到恼怒,这是可以理解的)不得不同意采取一些措施。制订一份令人满意的计划,然后重整旗鼓通常是摩根和他那些注重细节的员工的工作。直到 1897 年出现一位冉冉升起的铁路业新秀爱德华·H. 哈里曼(Edward H. Harriman),他积极抢夺摩根的重组业务。从公司融资角度看,19 世纪 90 年代可以说是摩根时代。

铁路业崩溃带来的新启示是:它的规模,相应幸存下来的公司合并后的联合公司规模更大。1887 年,只有 28 家铁路公司控制着一千多英里的铁路线;到 1896 年,有 44 家铁路公司。一千英里的道路上的铁路线比例从 44% 上升到 57%。20 世纪初爆发的工业并购高潮与铁路业的发展极为相似:1899 年 7 月 1 日到 1900 年 11 月 1 日期间,全美 1/8 以上里程的铁路线通过各种方式被并入其他铁路线(正如州际商业委员会所指出的)。"19 世纪 90 年代初,"一位铁路发展编年史编撰者写道,"有无数大型、独立的铁路系统,每个铁路系统又有自己的附属铁路线,但是每个铁路系统在同一区域与竞争对手抗衡。19 世纪 90 年代末,实际上已没有独立的铁路系统,不同的铁路系统合并成几个大型铁路系统,这几个铁路系统或者只有一人控制或者由几个工作关系融洽的人组成的小团队控制。"接着在南方,大西洋海岸线公司(The Atlantic Coast Line)、南方铁路公司(The Southern)以及海岸航空公司(The Seaboard Air Line)合并,合并后的公司由摩根控制。

第三章　巴鲁克的华尔街生涯

经济萧条前,五家横贯大陆的铁路公司互相竞争;20世纪伊始只剩下两家铁路公司,即希尔控制的西北铁路公司(the northwestern roads)和哈里曼控制的跑南部的铁路公司。到1902年,州际商业委员会一直在担忧取代毁灭性的竞争而产生的垄断现象,而幸存下来的铁路公司开始有理由担忧州际商业委员会。

随着新的铁路公司接替老的铁路公司,新铁路公司股票涌现,像巴鲁克这样的股票经纪人开始投身于应该买卖哪些股票的复杂研究。人们很容易认为,铁路公司陷入重组泥潭这么深,以致不可能再有利可图。19世纪90年代末,铁路建设几乎已停止;70%的铁路公司股票(普通股)没有分配红利。不过,结果重组产生效果,到1900年,有重要征兆表明铁路业开始回暖,看到铁路业衰退所蕴藏着的商机的乐观派有所斩获。这段好时光里亨利·克莱·弗里克(Henry Clay Frick)发行的铁路债券,简直就是伦勃朗特风格的投资。

铁路业重组给美国金融业贴上了一个存在长期趋势的标签:长期利率下降。例如,19世纪的最后25年,储蓄银行付给储户的利率从6%下跌至3.5%。利率相对较高的债券价格相应上升。例如,芝加哥西北铁路公司(Chicago & Northwest Railroad)的债券利率是7%,约25年的时间内价值从830美元提高到1 450美元;债券价格较低时,利率是8.5%,债券价格较高时,利率是3.5%。19世纪90年代,人们有理由认定,利率会继续下降;根据债券价格的算法,长期债券升值比短期债券多。那些倒霉的拖欠铁路债务的持有人别无选择,只有接受较低年利率的还款,并且通常要求接受较长的还款期限(作为一种令人安慰的事物)。19世纪90年代的重组出现之前,40年或更长时间的债券在美国很少见。现在这些长期债券已到处可见。艾奇逊公司(Reading & Atchison)发行了长达100年的债券,北太平洋公司(Northern Pacific)更是发行了长达150年的债券。

那时的债券市场几乎呈现出一种完美的颠倒现象,后来它真的变成那样了。20世纪初,债券持有者的风险就是违约——他们投资的铁路公司将会破产——或提早赎回有充分偿付能力的债券,而不像在20世纪70年代一般价值受损的风险来自通货膨胀。即使是在19世纪90年代中期的货币危机中,长期利率下降趋势还在继续演绎。如今所有的有固定到期日的债券价格涨落不定,而那时只有短期货币市场涨落不定。正如有句话说的那样:货币是无弹性的。作物换季季节资金需求增加,那时还没有联邦储备银行这样的机构可以借款给捉襟见肘的银行,也没有类似联邦储备银行这样的机构可以用有价证券购买财政部的债务；有价证券正是基于购买财政部债务的目的而凭空产生的。因此，短期有价证券的价格随供给和需求的变化而变化，有时股灾中交易价格暴涨至100%甚至更高，股市平静期则跌到1‰或2%。

　　长期债券市场的强势就像一面镜子，反映了美元的坚挺。20世纪之初，货币过度坚挺。1893年至1896年间，农产品价格跌了22%，但商品价值呈现一定比例的上涨。这是一个颠倒的通货膨胀现象。在南部和西部，银本位制的呼声高涨，银是比金更便宜且储量更丰富的金属，实行银本位制可以提高价格。在东部，人们反对通货膨胀，倾向于现有的金本位制。自1879年以来，美元可以按照一个固定的价格兑换成黄金：一盎司黄金等价于20.67美元。金本位制对财政的好处在于行使赎回权的概率很少。1879年至1893年间，整整3 400万美元的美国国债已被折价贴现成黄金。仅仅因为方便的缘故，有价证券很受欢迎。然而在1893年的3月和4月，公众对黄金本身的需求开始增加。引起这个转变的原因在于两条定律，其中一条就是"格雷斯定律"，即"劣币驱逐良币法则"。另一条定律是国会通过的一项法律，该项法律要求财政部发行有价证券收购正在贬值的银然后用黄金赎回有价证券。相应地，公众纷纷要求财政部用黄金赎回有价证券。1888年，政府的黄金储备高达2亿美元。到1895年，黄金储备锐减至4 100万美元。

　　尽管1893年秋季购银法案废止，财政部继续实行用黄金赎回有价证券的政策。不仅更多的黄金流入民间，而且随着经济衰退加深，从民间流向财政部的黄金更少。银本位制的骚动尚未平息。外国人被艾奇逊—托皮卡—圣菲铁路公司(the Atchison, Topeka & Santa Fe)以及其他大铁路公司的糟糕管理吓坏了，抛售美国的股票以换取黄金。1894年，美国政府两度抛售债券以稳定财政部的黄金储备，但是不久又发行了新债券，需要花更多的黄金赎回新债券，从而陷入了无休止的恶性循环。1895年，美国政府取得摩根和奥古斯特·贝尔蒙特(August Belmont)的帮助从国外获取黄金。1896年，美国政府又抛售了更多的债券；三年的时间总额高达3亿美元左右。[一笔庞大的金额：19世纪90年代联邦政府每年的支出约为3.5亿美元；1899年，由于美西战争的军费开支，联邦政府的支出几乎冲到6亿美元。]1896年，民主党颇具争议地提名了赞成或支持银本位制的总统候选人。最终，曾拯救了金本位制的克里夫兰总统在民主党内总统候选人提名之战中输给布莱恩(Bryan)(一位狡猾的银本位制倡导者)。但是布莱恩在全国的总统竞选中又输给了共和党人威廉·麦金利。金本位制又被拯救了。

第三章 巴鲁克的华尔街生涯

不过,某些不曾预期的地方也发生了通货膨胀。澳大利亚、克朗代克(Klondike)以及南非威特沃特斯兰德发现了庞大的新黄金矿脉。1896年至1900年间全世界的黄金产量是1886年至1890年间黄金产量的两倍。货币充足,价格和利率开始上涨,共和党的担心从通货紧缩变为通货膨胀。1900年至1910年间,一般价格指数每年差不多以3%的比例上涨;1890年至1899年间,一般价格指数几乎没有变化。黄金的终生拥趸巴鲁克在以后的日子里将会引领可以感觉到的金本位制防卫战,防卫战已经打响了。

黄金是一种国际货币,华尔街是一个世界性市场。纽约人密切注意着黄金运输情况和世界农业信息,特别是伦敦证券交易所的动态。1897年夏季,世界经济欣欣向荣,有300位英国交易商在美国市场买卖股票和债券。在大西洋两岸从事套利的人们为了能在一个市场低价购进股票同时在另一个市场高价卖出,作息时间往往不同于常人,身在纽约的人深更半夜就起床,身在伦敦的人深夜还在工作。巴鲁克和他的同事们走进证交所问的第一个问题就是:"伦敦那边情况如何?"

全世界可能不会都是这样,但至少在纽约,人们想要赚钱,想到的第一个地方就是证券交易所。除了前面提到过的场外交易市场,纽约市内证券交易的标的物还包括煤、铁、咖啡、棉花、海运、金属(the Coal & Iron, Coffee, Cotton, Maritime, Metal)、纽约火灾保险(New York Fire Insurance)、农产品、综合股票和石油(Produce and the Consolidated Stock & Petroleum)。综合股票和石油主要涉及的业务包括投机性开采、石油远期交割合同以及零星股票(低于100股交易单位)。零星股票业务是一项重要业务,因为投资者不是以保证金形式,而是银货两讫地买进一轮零星股票(100股);以每股100美元计,他们就要拿出1万美元(不包括佣金),这可是一笔不小的财富。在这三个股票市场中,纽约证券交易所历史最悠久,佣金成本最高,对公司申请上市的限制也最多。在场外交易市场,佣金率并不固定,综合股票和石油交易所收取的佣金为纽约证券交易所公布的佣金(每股12.5美分)的一半。与其他两个股票市场不同,纽约证券交易所形成了一套要求上市公司披露相关收入、利润和资产负债表信息的机制。

19、20世纪之交,公司财务披露程度参差不齐。铁路公司会就重要的投资项目定期公布结果。但工业公司往往不会这样做。例如,美国制糖公司是20世纪90年代市场交易最活跃的公司之一,巴鲁克还依靠该公司股票赚取了第一桶金,但是该公司在1990年以前从未披露过盈利情况。[1890年,作为一名沉默高手,它拒绝与人口普查局(the

Census Bureau)对话。]美国皮革公司(United States Leather Company)1990年度的财务报告只有资产负债表,内容只有一页纸。1899年联合铜业公司(Amalgamated Copper Company)上市时,它竟然是在一则报纸广告上登载相关财务信息。内容如下:

联合铜业公司注册资本7 500万美元,本公司根据新泽西州的法律设立,主要经营铜制品业务。7 500万美元的注册资本等额分成75万股普通股,每股价值100美元。本公司没有债券也没有抵押贷款。本公司已经买下蟒蛇铜业有限公司(Anaconda Copper Co.)、鹦鹉银和铜公司(Parrot Silver & Copper Co.)、华秀铜业有限公司(Washoe Copper Co.)、科罗拉多州冶炼和矿业公司(Colorado Smelter and Mining Co.)以及其他一些公司的大部分股权。(签名)

主席:马库斯·戴利(Marcus Daly)

副主席:H. H. 罗杰斯(H. H. Rogers)

公司秘书和财务官:威廉·G. 洛克菲勒(William G. Rockefeller)

尽管采取这样不规范的财务披露形式,该公司的股份居然还被超额认购。

1899年,《华尔街日报》对工业管理颇有微词:"公司很少公布财务数字,即使公布也是不完整的。这是司空见惯的事。事实上,按照程序必须公布的数据恰好是公司小心翼翼地保守着不让竞争对手知道的信息。结果是,一个产业公司的股东会非常感谢经理们明确告知或暗示有关公司的净收益情况,100个例子中有95个是这样的。"

在那个年代,法庭审理股票交易案件时经常碰到这样一个问题,公司内部人员熟知与他职责相关的业务情况,那么内部人员在公开市场买卖本公司股票是否有义务披露他所知的内幕信息。从19世纪中期直到1909年,16个此类案件中有11个裁定为否。欺诈行为或主观上故意隐瞒信息是非法的,但是公司管理人员和其他内部人员通常可以随意交易他们掌握的内幕信息。[巴鲁克后来曾表示他反对这样做,但是他也常常交易内幕信息,且获利颇丰。]美国制糖公司的主席亨利·O. 哈夫迈耶(Henry O. Havemeyer)是其中特别成功的一个例子。"华尔街流传着这样一种说法,"《纽约先驱报》(*New York Herald*)的一位记者曾于1897年这样写道:"美国制糖公司的任何一个动作提供给亨利的商机足以建造一座摩天大楼。"

早在美国证券交易委员会成立之前,纽约证券交易所已经采取措施要求上市公司向外公布更多的信息[因此缩小了内部人员和外部人员在交易优势方面的差距,尽管效果不是很明显]。例如,1906年,西尔斯百货公司(Sears, Roebuck & Company)申请上市时被要求向负责股票行情表相关事务的委员会提交如下材料:公司注册证书、附例副本、有关合法组织的法律意见、经审计的损益表和资产负债表、股票证书样本以及自有房产清单[如果存在抵押和其他权利负担,还应该提交相关材料]。西尔斯百货公司承诺每年公布一次财务情况,同时保证不炒西尔斯自己的股票,"除了所谓公司的日常业务是合法经营的,或者是本着退休目的的以外"。西尔斯申请上市的同一年,上市委员会的一位委员同他的同事们谈论道:"没有这些充分的证明信息就投资某公司股票是一种很危险的赌博行为。"①

如果说纽约证券交易所是追求自律的,那么场外交易市场完全是靠自发行为运转的。它没有成文的规定,没有常设委员会,没有上市程序,没有一个有形的交易场所。这些不规范的情况源于会员的独立性以及纽约证券交易所的一条交易规则,该规则禁止其会员在纽约另一个有组织的交易所进行交易。按照一定程序成立的综合股票和石油交易所盲目地想要与纽约证券交易所一争高下,纽约证券交易所明文规定其会员禁止入内。无组织的场外交易市场得到了纽约证券交易所的默认。不论晴雨天,经纪人都聚集在布罗德街的露天地方进行交易,交易的股票甚至包括标准石油公司(Standard Oil)、美国气动马轭公司(U.S. Pneumatic Horsecollar)和美国铜业公司(United Copper)。1904年至1907年间,美国铜业公司的股价从每股70美分涨到77美元,随后又一路狂跌。

工作繁忙的日子里,经纪人三五成群地站立在人行道上或走在街上。他们堪称未经打磨过的钻石。这些全天候的经纪人互换雪茄抽,互射水枪,自娱自乐,打发无聊的时间。根据历史学家罗伯特·索贝尔(Rober Sobel)的记载,他们离奇的着装以及突然做出的手势[他们用一种类似打信号的方式与坐在附近办公大楼窗台前的书记员交流]惊了马,造成布罗德街交通堵塞。逃不出老一套,市场外交易的文书标准总是不规范的。官方记者不会关注每一项合法交易,有时会注意到伪造交易。1906年纽约证券交易所的一名交易员威廉·H.伯格(William H. Burger)曾告知他的同行,他不会再碰场外交易市场的股票。"……因为我认为场外交易市场25%的股票交易都是不合法的。"如果某个意见会招致不满,负责调查1909年纽约股市交易惯例的休斯委员会(The Hughes Commission)显然会向外公布此意见。场外交易市场委员会说:"行情通常反映的是一些

---

① 纽约证券交易所对投资披露做了开创性工作,并以此为傲。1901年它把由负责股票行情表相关事务的委员会编制的要求新上市公司提交的材料归入永久保存文档。

49

冲销性交易,因此企业很容易受骗。"①

证券交易所的另一个竞争对手是非法经纪公司(the bucket shop)。非法经纪公司向公众提供了一个对赌股价短线波动的地方。股票交易并未实际发生,此条件满足纽约证券交易所对赌博的定义。另外,这些非法经纪公司剽窃了纽约证券交易所享有版权的行情,同时也剥夺了交易所会员的一部分佣金收入,这是无法原谅的事。虽然偶有法律出台禁止成立非法经纪公司,但此类非法经纪公司还是蓬勃发展起来。1905年纽约证券交易所听取投诉——在匹兹堡有多达60家非法经纪公司。在密尔沃基(Milwaukee)非法经纪公司的客户甚至包括一些知名银行家。

19与20世纪之交,纽约证券交易所禁止赌博行为,但是姑息某些股价操作行为。而如今,负责处理投机案件的主要仲裁机构即美国证券交易委员会姑息赌博行为,但是禁止市场操纵行为。在期货市场投机者可以下注期货价格,但是不可以故意引起期货价格波动。在那个年代,纽约证券交易所对两者的细微差别作了规定。虚假交易,即所谓的洗售,是被禁止的。尽管如此,纽约证券交易所允许另一种称作虚买虚卖指令的操纵行为,即委托一名经纪人买进股票,同时又委托另一名经纪人抛售等量同一只股票,意在制造市场兴旺假象来迷惑公众。对纽约证券交易所管理委员会来说,虚买虚卖指令的可取之处在于买进和抛售股票都产生了佣金。另外,市场操作者也是有风险的,因为根据规则,他不可以告知他的经纪人他在买进股票的同时又在抛售同一只股票,因此他可能通过经纪人A在市场高点买进股票,通过经纪人B在市场低点卖出股票。但是,没有交易规则阻止卖空行为,通过一个或多个经纪人的交易行为,可以引起股价涨落。10%的保证金要求大大方便了股市交易。

哈里·肯特堪称市场操纵大师,他是巴鲁克非常崇拜的一位经纪人,很有教养,说话轻声细语。1905年,肯特通过连续的市场交易取得了美国国家铅业公司(National Lead Company)的控制权,而且未造成该公司股价大幅波动。所以说这一成功之举彰显无遗,当时美国国家铅业公司是道—琼斯工业平均指数的成分股公司。一位于1899年秋季的某一天在纽约证券交易所亲眼看到肯特的人曾这样评价肯特的才能:

---

① 纽约证券交易所对场外交易市场的评估为差等级。因此,负责调查所谓的资金信托的普霍委员会(Pujo committee)曾于1913年尖锐地指出:"换言之,纽约证券交易所原本提供给股民的便利制造了大量伴随经济浪费和道德腐败的交易。我们有理由相信,这个国家的其他机构的运作也会不同程度地仿效这些做法。"

第三章　巴鲁克的华尔街生涯

收市时我站在布鲁克林捷运公司行情牌前的人群中，注意着经纪人采取怎样的策略导致该公司的股价下跌。如果有人想要学习操纵市场的专业技术，他应该来看看此刻的情景。布鲁克林捷运公司的股票报价为 83.75。肯特突然收到一个信息，便变得狂躁起来，此情景大概持续了十分钟。当一只股票的价格没有达到人们的心理价位时，人们不会出价竞买。肯特向任何打算购买此股票的人兜售，明显想要在收市之前有限的时间里尽可能使股价下跌。股市很快就恢复正常了，事实上很有可能强势收盘，沿着早上报纸口刊登的看涨股评预测的走势那样走。看跌股市的肯特也深谙此道，自然会竭尽所能抑制股价上涨，采取一切技术手段来遏制强势收盘的牛市效应。

许多年以后，当公众怀疑华尔街有非法操作行为，要求召开资金信托听证会，召开听证会是联邦政府调查股市交易活动的第一步，肯特同其他经纪人一起被叫去作证。当被问及有关市场操纵技术方面的问题时，肯特，这位被客户称为"无雷闪电"（thunderless lightning）的市场操纵魔术师，平和地回答："我无可奉告。"

市场操纵行为很容易遭到道德家们的谴责，但是投机者实施市场操纵行为取得成功也是相当困难的。不止一个像詹姆士·基恩这样的交易商在 19 世纪 80 年代中期一起失败的垄断小麦市场的市场操纵事件中破产了。1901 年肯特在北太平洋公司事件中血本无归。杰伊·古尔德（Jay Gould），镀金时代一位完美的铁路大王，据他的传记作者叙述，他在股市中也曾失败过。

最离奇的一起股市操纵的失败案例源于来自 1907 年出版的一部名为《13 日星期五》（Friday the Thirteenth）的小说的灵感。该小说作者为托马斯·W. 罗森（Thomas W. Lawson），小说的主人公在短期内成功抛售大量股票从而得以打败整个市场。罗森除了写出这个有点离谱的故事外，还采用一个无懈可击的方程式来说明在现实世界也可以取得这样的成功。费城有一个叫阿尔贝德·E. 阿普尔亚德（Albert E. Appleyard）的经纪人，或许是受到小说的影响，或许是对作者的承诺印象深刻，于 1907 年 6 月 12 日效仿小说主人公的做法，在短期内抛售大量股份，但并没有引起股市崩盘，自己反而破产了。"阿普尔亚德销声匿迹，"6 月 14 日《纽约时报》来自费城的报道称："但他肯定不是去波士顿找罗森索要 5 000 美元的奖金，因为阿普尔亚德证明了罗森的阐述是错误的，尽管其阐述非常清楚和有说服力。"

巴鲁克就是在这样一个险恶的地方创造了巨额财富。

51

第四章

财富开始纷至沓来

第四章　财富开始纷至沓来

即使巴鲁克心急如焚要参加美国与西班牙之间这场著名的短期战争(也没有资料显示巴鲁克确实参加过或想要参加美西战争),他还是有一个顾虑,那就是安妮。1898年4月美西战争爆发时,他们结婚只有六个月。此外,他的左耳听力不好,还要考虑到他是豪斯曼公司的合伙人以及他的母亲。[他是一个十足的孝子,与父母见面时,他总是给母亲一个大大的拥抱,亲吻父亲的前额。]不管怎样,巴鲁克没有卷入战争,得以在华尔街大展拳脚。

1898年公司生意还不错,春天由于受到战争的威胁股价下跌,但是临近夏季股价开始飙升,公司和高级合伙人都获利颇丰。27岁的巴鲁克只是一个经纪人,或者说替证券经纪人拉生意而已,没有财富也没有名望。但是据《纽约时报》估计,阿瑟·豪斯曼是公认的那些据称对1897年的股市具有决定性影响的最显赫和最有权势的百万富翁的代表性人物。这样的溢美之词出现在豪斯曼的新年金融形势展望的正文中,《纽约时报》认为

巴鲁克的老板及日后的合伙人:阿瑟·豪斯曼
(出自纽约证券交易所档案)

把豪斯曼的新年金融形势展望和一些商界名人如铁路建筑商詹姆斯·J. 希尔(James J. Hill)和投资银行家雅各布·H. 希夫(Jacob H. Schiff)的见解排在一起再合适不过了。就巴鲁克的职业生涯以及随后建立的以行动果断著称的声誉来说,值得庆幸的是,豪斯曼和《纽约时报》的财经编辑亨利·阿罗维(Henry Alloway)一直保持着联系。7月3日星期天,阿罗维暗中向豪斯曼透露消息说美国海军在圣地亚哥(Santiago)取得了胜利,时间比华盛顿方面做出官方确认早了几个小时。豪斯曼打电话联系上巴鲁克,当时巴鲁克、安妮及其家人正在新泽西州的长滩度周末。豪斯曼和巴鲁克一致认为美国海军在圣地亚哥的胜利意味着战争很快就要结束,随后股市会变得强势。第二天(7月4日)也即星期一,纽约证券交易所休市,但伦敦交易所还是像往常一样开市。接下来要做的事就是伦敦证券交易所开市时买进股票,然后在纽约证券交易所抛出,从中获利。这件事的难度在于及早赶到办公室等待伦敦证券交易所开市。伦敦证券交易所开市时间是纽约时间早上5:00。

按照火车时刻表,星期日没有火车从长滩开往纽约,巴鲁克包租了一趟火车。这趟专列由火车头、煤水车和普通旅客车厢组成,大约凌晨2:00到达长滩的火车站。一共有三人爬上火车,分别是:巴鲁克最小的弟弟塞林,也是豪斯曼公司的员工;豪斯曼公司高级合伙人的兄弟克拉伦斯·豪斯曼;巴鲁克自己。在前往纽约的途中,巴鲁克回想起美国逐渐强大的帝权以及如海市蜃楼般宏伟的牛市。由于兴奋过度,巴鲁克忘记了一个日常细节——他没有带办公室的钥匙。

破晓前,这三位经纪人在哈德逊河新泽西州这边下火车。他们登上一艘渡轮前往曼哈顿,徒步走在这个金融区。穿过哈德逊河,在布鲁克林,7月4日的烟火信号弹开始响起来。黎明前温度达80华氏度。

走到大门紧闭的哈斯曼公司前面,三人突然停住。巴鲁克突然想起钥匙,有人注意到横梁。三人中最轻的塞林跳到他兄弟的肩膀上,爬上横梁,跳到地上,从里面打开门。巴鲁克忙着往伦敦发电报,发送买进指令。过了一会儿,豪斯曼自己也来到办公室,开始转动电话曲柄打给还在睡觉的客户,吵醒他们。巴鲁克无意中听到:"美国取得的伟大胜利……新市场……可以与英国抗衡……最近几年最大的股市繁荣……"买进指令蜂拥而进。

第二天在纽约,股市开盘价高,但是午前又跳水。在欧洲,基于和平也有益于战败方的理论,西班牙的债券价格也上升。星期二早上,豪斯曼公司就已获利。尽管星期一在伦敦证券交易所买进股票的公司不只豪斯曼公司一家,但是它展现了资金充裕和观察力敏锐的公司形象。①

巴鲁克最初进华尔街工作的时候,他认为他需要 6 000 美元的年收入,因为这笔钱刚好是他每年的合理支出。19 世纪 90 年代以后,他的前景扩大,一百万美元似乎是合理的收入。根据现有的证据,三年的时间(从 1897 年到 1900 年),巴鲁克就从几乎一贫如洗变成百万富翁。与惊人的财富增长速度一样,同样令人惊讶的是巴鲁克频繁换工作。现在在华尔街,几乎所有人都是某一方面的专家:股票经纪人或风险资本家,场内交易员或投资银行家。而巴鲁克则是同时集这些身份于一身。

说一段特别不拘一格的赚钱经历,此事与 1898 年和 1899 年利吉特—迈尔斯烟草公司(Liggett & Myers Tobacco Company)的并购有关。此事始于一位名叫黑茨尔坦(Hazeltine)的安纳波利斯人(Annapolis)对豪斯曼公司的一次拜访。美西战争爆发前,黑茨尔坦就从海军部队退役,进入商界,但是同年春天又回军队服役。秋季时他又复员,回到商界。此次他为豪斯曼带来一些消息。他说,据他所知,联合烟草公司(Union Tobacco Company)想要并购利吉特—迈尔斯烟草公司。他恰巧与利吉特—迈尔斯烟草公司的人关系密切,可以帮助他们联系上联合烟草公司。

联合烟草公司对利吉特—迈尔斯烟草公司感兴趣的原因在于,利吉特—迈尔斯烟草公司是除美国烟草公司(The American Tobacco Company)以外的几个大烟草公司之一。美国是贸易王国,占据绝大部分的香烟市场份额以及大部分的市场更广阔的嚼烟市场份额。那时是托拉斯的全盛期,美国烟草公司董事长詹姆士·B. 杜克(James B. Duke)意欲垄断烟草业。联合烟草公司背后有几个非常有钱的人在支持,还有一位名叫威廉·巴特勒(William Butler)的美国烟草公司高层背叛者,该公司成立的目的就是阻止杜克对烟草业的垄断。联合烟草公司和美国烟草公司都想并购利吉特—迈尔斯烟草公司。

美国烟草公司的市场份额很大,但它在处理公共关系方面的表现很差。烟草种植者和竞争的生产厂商都憎恨和害怕美国烟草公司。为了提高竞争力,美国烟草公司首先降

---

① 《纽约时报》虽然没有指名道姓说是巴鲁克,但实际上很可能就是指巴鲁克。"一个重要的实例,"7 月 5 日的报道,"某位来自证券交易所的人在长滩度假,凌晨 2:00 的时候包租了一趟专列,以期能及时赶回纽约向国外发送电报,下达据说超过 25 000 股的买进指令。"

价,许多客户虽然不满美国烟草公司此行径,但还是容忍了。杜克花大血本推出战斗系列的烟草牌子,即"战斧"(Battle Axe),与利吉特—迈尔斯烟草公司的"剥皮刀"(Scalping Knife)竞争。[在股市,美国烟草公司也树敌。"这只股票,"《华尔街日报》评论,"在华尔街遭到一定程度的联合抵制,因为该公司某位高层实行了市场操纵行为。也许上市证券表中该公司没有红利付款人,这使得华尔街的股票经纪公司和其他利益集团对其更不感兴趣,在华尔街人们认为一家公司应该采取公开和光明磊落的方法公布公司的管理和股利情况。"]截至1898年末,美国烟草公司一直认为赢得烟草大战指日可待。那时却偏偏杀出了联合烟草公司。

1898年秋季,在很短的时间内,联合烟草公司就收购了三家主要的独立烟草公司中的两家——全美香烟和烟草公司(National Cigarette & Tobacco Company)和达勒姆烟草公司(Durham Tobacco Company)。另外一家也是这三家中最大的利吉特—迈尔斯烟草公司没有被收购。豪斯曼、巴鲁克和黑茨尔坦达成一致意见,他们将会集中资源来实现并购。

就巴鲁克而言,他的劣势在于他相对年轻,对利吉特—迈尔斯烟草公司的负责人不甚了解,也没有公司金融方面的经验。另外,嚼烟让巴鲁克生病;利吉特—迈尔斯烟草公司是领先的嚼烟生产商。至于优势,除了黑茨尔坦倾其所有告诉他的信息之外,他学富五车。第一步,巴鲁克去见托马斯·福特尼·瑞安(Thomas Fortune Ryan)(联合烟草公司的控股股东)和乔治·巴特勒(George Butler)(联合烟草公司主席威廉·巴特勒的兄弟),探探他们的口风。这次会见,巴鲁克事先做了充分的准备:"起先他们口风很紧,"巴鲁克写道,"但我推断黑茨尔坦说的是对的,即他们想要收购利吉特—迈尔斯烟草公司。除此之外,根据黑茨尔坦提供给我的信息,我有能力让这些绅士相信,在这件事上我对他们来讲是有用的。"不久,瑞安聘请巴鲁克和一位名叫威廉·H. 帕杰(William H. Page)的律师前往圣路易斯(St.Louis),帮助联合烟草公司争取到收购利吉特—迈尔斯烟草公司的资格。巴鲁克与安妮吻别,登上一列开往西部的火车。

在圣路易斯,人们似乎倾向于联合烟草公司。据说一位很有分量的小股东准备把手中的股份立即出让给杜克。但是利吉特—迈尔斯烟草公司的主席摩西·韦特莫尔(Colonel Moses Wetmore)不喜欢托拉斯,认为不应该把股份卖给托拉斯;他与公司继承人和公司管理人员紧密团结在一起,显然控制着大部分股份。联合烟草公司主要由乔治·巴特勒负责与利吉特—迈尔斯烟草公司的谈判。恰巧,乔治·巴特勒是韦特莫尔的一位老朋友。[黑茨尔坦知道此事,但巴鲁克不知,或无法从韦特莫尔身上察觉此关系,这点让人不可思议。]他们把博得利吉特—迈尔斯烟草公司继承人欢心的事交托给黑茨尔坦和巴鲁克了。巴鲁克在南方度过几周愉悦的、低调的游说生活后,瑞安召回巴鲁克,交给他一项特别任务。

瑞安交给巴鲁克的任务是在股市通过一系列的卖空行为来打击美国烟草公司的势力。目标明显针对美国烟草公司,但是每位卖空者迟早都要买进,股市上美国烟草公司的股份相对就会少一些。因此,瑞安选择了大陆烟草公司(Continental Tobacco Company)作为打击的目标。大陆烟草公司是美国烟草公司的子公司,在场外交易所表现活跃。巴鲁克的操作指南是压低该公司股价,通常把事情归罪于该公司及其管理人员。瑞安交给巴鲁克 200 000 美元作为此次打击行动的弹药。

1899 年异常寒冷的 1 月,在两位华尔街交易员[拉威挪(Lavino)和托比(Tobey)]的帮助下,巴鲁克开始他的市场行动。他的策略是在大陆烟草公司股价坚挺的时候抛售其股票,股价疲软的时候买进其股票;股价上升时卖空,填平卖空量,或当股价下跌时买进他需要交付的股票。每天早晨,他告别安妮(当时安妮怀着他们的第一个小孩),去西 72 街瑞安的家,那里有很多小男孩。瑞安在他的卧室接见巴鲁克,边刮胡子边听巴鲁克的报告。1 月,巴鲁克的打击行动对大陆烟草公司造成的损害是其股价从 43 美元跌到 37 美元。2 月 18 日跌到 30.5 美元。尽管舆论认为大陆烟草公司股价疲软归因于烟草大战,但是需要指出的是大陆烟草公司股价下跌程度比美国烟草公司更为严重。某天大陆烟草公司股价受到重创,瑞安想要知道 200 000 美元的成本还剩多少。巴鲁克说,其实他赚了。"我要你打击它们,"瑞安假装严厉地说,"但不是要你毁灭它们。"

同时,纽约和圣路易斯两地的报纸引用匿名人的话,报道说联合烟草公司和美国烟草公司之间的烟草大战是一场恶作剧。尽管韦特莫尔拒绝出让股份给美国烟草公司,但是如果他被某公司欺骗,相信其反对托拉斯,那么他会出让股份给这家公司。因此,联合烟草公司暗地里与杜克勾结,假装与之形成竞争局面。联合烟草公司将收购利吉特—迈尔斯烟草公司;美国烟草公司和联合烟草公司将达成协议。同年 2 月证明,阴谋确实存在[尽管巴鲁克和杜克的传记作者质疑阴谋论的存在。]最终用尽手段排除障碍,美国烟草公司和大陆烟草公司的股价上涨。

巴鲁克那个时代的华尔街：股票经纪人在纽约证券交易所的交易大厅鉴定股票行情自动收录器的纸带（1899年）

（出自纽约证券交易所档案）

当与瑞安商议豪斯曼公司的服务费用时，巴鲁克试图争取瑞安的律师的支持。如果威廉·帕杰能够帮助他从瑞安那里获得更多的报酬，他愿意支付威廉·帕杰1万美元。巴鲁克的提议可能使帕杰大吃一惊，帕杰回复巴鲁克会做他可以做的，但是作为瑞安的律师，他无法在损害客户利益的前提下接受这笔钱。最后双方达成的费用是150 000美元。"少得不像话"，巴鲁克后来回忆，但是豪斯曼没有理解此单生意，150 000美元已是不错了。这笔费用使得1899年豪斯曼公司的收入达到501 000美元。那时豪斯曼公司提供给巴鲁克的工资已提高至利润的三分之一，因此，1899年巴鲁克获得的报酬是167 000美元。167 000美元，这个数字比6 000美元（曾经巴鲁克认为6 000美元是一大笔钱）整整多出了161 000美元。

正如华尔街流行的一句至理名言，即赚钱容易而守钱难，巴鲁克接着赔掉了所挣的大部分钱。赔钱的投资是美国酿酒制造公司（American Spirits Manufacturing Company），美国最大的威士忌酿酒厂。在纽约证券交易所，该公司的普通股不太活跃。1898年，普通股股价最高为15.875美元，最低只有6.5美元。1899年春季，巴鲁克把他手头闲置的大部分钱都投入该股票,那时股价是10美元左右。

6月初,可以买进的内幕消息四处传开,见诸报端。报道很简单,即了解内幕者看好威士忌股票。随后又有消息传出,看涨的原因在于4家主要的酿酒厂(包括美国酿酒制造公司)准备合并成为托拉斯。6月末合并的消息被披露出来。

19、20世纪之交,就像90年后"增长"或"因特网"吸引投资者的眼球一样,托拉斯也吸引着投资者的眼球。华尔街的看法是威士忌公司合并会使很多人受益,特别是美国酿酒制造公司的投资者们。[随后出现对支持者提供的财务信息质量的异议。]巴鲁克基于这个原因和另外一个原因(即瑞安也买了),买进美国酿酒制造公司的股票。或者某位想必知道此事的人士告诉了他。说得煞有介事,因为报道说惠特尼集团(Whitney Syndicate)参与了此事。威廉·C.惠特尼(William C. Whitney),曾在联合烟草公司收购利吉特—迈尔斯烟草公司的投资项目中获利颇丰。因此,巴鲁克大量买进美国酿酒制造公司的股票。

从两次报价可以得知事情的结果。6月13日,股价为10.5美元,6月29日股价为6.25美元。巴鲁克把这次损失称作他职业生涯中最坏、也是最惨重的损失。当他把事情始末告知安妮时,他补充道,作为一项经济措施,安妮将不得不放弃使用那辆他为她买的黑色有篷四轮双座马车(配有金属玻璃灯和穿制服的马夫)。当时安妮是怀胎7个月的孕妇。

我相当局促地向瑞安先生坦承我沮丧的原因。

"我告诉过你要买进这只威士忌股票吗?"他问我。

"没有,"我说,我从未向他询问过此事,但是某位与他关系密切的人告诉我,瑞安看好此股票。[巴鲁克说,那人是在利吉特—迈尔斯烟草公司收购战中通过瑞安认识的。]

"永远不要太关注那些我说过什么的传言,"瑞安用平静的口吻答道,"许多询问我的人没有权利知道答案。但是你有这个权利。"

巴鲁克投资美国酿酒制造公司之前未发现一些公司主管太邪恶,以致用基恩的话讲就是"他们趁着公司陷入窘境反而大捞一笔"。

熊市亏钱令人遗憾。但是美国酿酒制造公司的股票贬值令人无法容忍,因为大盘在涨,巴鲁克的大多数朋友或许都赚了。[阿瑟·豪斯曼去万里之外的美国西部考察,乘游览车刚回来,带回报告说:粮仓爆满,铁路业一片繁荣,资金充足,社会呈现祥和的气氛。"我回来要告诉大家:在我的生活中铁路股票和其他工业股票的形势比以前任何时候都要好……"他声称。]巴鲁克不想亏损，因此他卖掉了一些行情很好的股票来挽救他所持的威士忌股份。但是损失进一步扩大。当他抽身而逃的时候，他使安妮感到苦恼，而且巴鲁克的自信心受到打击。这些事不过发生在烟草业并购事件后短短几周内。

幸运的是，他的穷困只是短暂的。1899年5月，巴鲁克投资威士忌股票失策时，华尔街的一位大人物、前纽约州长罗斯韦尔·佩蒂伯恩·弗劳尔(Roswell Pettibone Flower)突然去世。1898年初，当看空的人们或"悲观者"（豪斯曼对他们的蔑称）占据绝对优势时，弗劳尔宣称他是多头。"我对美国股票的价值很肯定，我会买进美国股票，因为我对我们国家的实力很肯定。"一年后他这样说。有段时间在股市，弗劳尔遭到罗素·塞奇(Russell Sage)及其他富有的空头们的反对，但是最终多头派获胜。弗劳尔的影响力如此之深远，以致在他的鼎盛时期，他只要说一句"股市该涨了"这样的话，就可以使股市行情上涨。他最喜欢的一只股票是布鲁克林捷运公司(Brooklyn Rapid Transit Company)。当布鲁克林还是类似美国阳光地带这样的区域时，布鲁克林捷运公司是美国最大的电车公司。1897年，该公司股价为每股20美元的时候，弗劳尔预言股价会攀升到75美元，怂恿纽约市的工人阶级拿出存款去投资。股价涨到50美元时，弗劳尔预言股价会涨到125美元。由于弗劳尔直接帮助布鲁克林捷运公司改善经营情况，再加上曼哈顿和科尼岛的交通运输业发展，那年春天布鲁克林捷运公司的股价涨到135美元。

弗劳尔出生在纽约州北部的一个农场，然后在家乡当老师。弗劳尔在乡下待了很长一段时间，以致他出任纽约州长的时候，他会见来自乡村的民众聊起"贫民文化"和"虫害"时，双方相谈甚欢。弗劳尔公司是华尔街的一家龙头企业，但是弗劳尔自己并不是以银行家的身份示人，他给人的印象是：胡子不常刮，嘴里塞满了嚼烟叶，总是骂骂咧咧，对股市一直持看涨态度。"前州长一直布道美国主义和建立人们的信心，"亨利·克卢斯(Henry Clews)写道："直到所有人认为如果只有一只股票可选且该公司位于美国，你就可以在任何价位买进，仍然有利可图。"

1899年5月11日，星期四的晚上，弗劳尔去长岛(Long Island)东港(Eastport)的一个乡村俱乐部度周末，准备在那里钓鱼打发时间。星期五早上，他抱怨消化不良，当天晚上心脏病发作。弗劳尔的去世使半打"弗劳尔的股票"（指那些这位州长关注或资助过的股票）突然失去了靠山，这些股票包括BRT、人民燃气公司(People's Gas)、联邦钢铁公司(Federal Steel)、大岩岛铁路公司(Rock Island Railroad)以及纽约制动公司(New York

Air Brake)。星期六,股市急转直下。包括摩根、基恩、达柳斯·米尔斯(Darius Mills)和洛克菲勒集团在内的财团采取行动,才使星期一没有发生全面的股市恐慌。BRT的股价曾跌至100美元,又重升回115美元。

同年夏季,股市微弱反弹,但BRT还是遇到了一些麻烦。传言说奥尔巴尼政府要征收一种新的电车专营权税,纽约市要出台一项法律,该法律要求电车线路的地上电线全部埋到地下。BRT 8月末公布了年报,该年报显示公司利润很低,而且奇怪的是,年报没有披露资产负债表。BRT的股价再次下跌。巴鲁克从BRT股价上涨行情中已盈利。现在他决定获利了结。9月初,股价下跌至100美元,这个价位被认为是一个主要的支撑线。"为了使股价维持在100美元,"巴鲁克写道,"I. & S. 沃尔默瑟公司的一个合伙人的儿子阿利·沃尔默瑟(Allie Wormser),很喜欢冒险,他想以每股100美元的价格购买两三千股。瞬间我就把我的股份出让给他了。"巴鲁克进行卖空行为,即实际上他手头并没有这些股份,但是他一定要出让这些股份给沃尔默瑟。他可以先向他人借这些股份。他计划低价买进股份,然后去还他之前所借的股份。

他的时机完美无瑕。9月5日,他出让股份的时候,铁路股票和工业股票的平均价格急转直下。另外,包括基恩以及股票经纪人哈里·肯特和朱利·S. 贝奇(Jules S. Bache)在内的一个实力雄厚的财团看空BRT的股票,开始抛售BRT股份。他们这样做的原因在于他们预测卖空行为会榨干BRT的利润,即会毁掉BRT。三个月前巴鲁克刚在股市受到重创,也跟着抛售。他赚了6万美元,又恢复了自信。[1]

巴鲁克70岁的时候,尤索夫·卡什(Yousuf Karsh)为巴鲁克拍照。尤索夫·卡什是一位杰出的加拿大摄影师,曾用快照拍下当时英国的伊丽莎白公主的照片。当时巴鲁克坐着让他拍。卡什刚好谈到伊丽莎白公主的魅力,巴鲁克笑着回答,"随着年龄的增长,你将会意识到所有的公主和有钱人都是充满魅力的人。现在的我比20岁刚出头的那个我可有魅力多了。"事实上,他在28岁到30岁期间就已经使自己成为有魅力的人。"财富纷至沓来,"20世纪初巴鲁克这样说。正如以前他与哈特一起分享意外之财一样,他与他的父亲一起分享这些免税的快钱。他们是一个异常紧密的家庭。这一点并不奇

---

[1] 截至年底,BRT的股票跌到60美元。12月,BRT悬赏2.5万美元以揪出那些散布虚假和恶意谣言打击其股票的人。

63

怪,就如巴鲁克和安妮的第一个孩子取巴鲁克母亲一样的名字——贝尔;贝尔是在巴鲁克父亲的夏季避暑小别墅出生的,而且是巴鲁克父亲接生的。[巴鲁克 28 岁或 29 岁的时候,那时他是一位准爸爸或已是爸爸,他才搬离他父亲位于西 70 街的那个家;巴鲁克搬出家的时候,他的另外三个兄弟还住在那里。]许多年来,巴鲁克医生一直在担心,当他老了,没有能力爬上病人家的楼梯的时候,他无法斗过那些接受过更好专业教育的年轻人,从而失去生活来源。1900 年 7 月,巴鲁克医生 60 大寿的时候,巴鲁克有能力送给他父亲一笔 7.5 万美元的退休信托基金,从而缓解了巴鲁克医生的财务危机。据巴鲁克所说,这是巴鲁克的钱第一次引起巴鲁克医生的兴趣。

巴鲁克逐渐建立起声望,许多人不断地向巴鲁克建言,希望他能够投资某只股票。1901 年 4 月末,一位叫哈里·韦伊(Harry Weil)的股票经纪人来拜访巴鲁克,极力推荐一家新开的、还未组成公司的零售连锁店——美国雪茄店(United Cigar Stores)以期引起他的兴趣。等韦伊提出可能的合理定价和规模经济以后,巴鲁克致电瑞安,想听听他的看法。瑞安说他不觉得此项目有利可图。巴鲁克遵循导师瑞安的意见,最终没有投资。[这件事的结果颇具讽刺意味。1901 年年底前,瑞安时任董事的美国烟草公司买进美国雪茄店的绝大多数股份;五年内这家连锁店已经开了 150 家分店。]

韦伊顺便提及他手上有 5 000 股北太平洋铁路公司的股票。1895 年该公司股价只有 2.5 美元,1898 年股价升到 19 美元;巴鲁克亲眼见证了股价上涨的全过程。他认为 100 美元的价位已经很高了。带着这样的想法,他致电北太平洋铁路公司的总裁查尔斯·S. 梅伦(Charles S. Mellen),向梅伦咨询意见,他认为后者的意见比较权威。梅伦不仅接了电话,跟巴鲁克谈论,同意他的意见,而且梅伦自己还抛售了 2 500 股。韦伊的信心有些瓦解,他大概在 102 美元的价位抛售了北太平洋铁路公司的股票。两周的时间内,北太平洋铁路公司经历了纽约证券交易所历史上最令人惊讶的股价波动,短时间内冲到 1 000 美元。韦伊随后计算了一下因为采纳巴鲁克的建议而遭受的损失,250 万美元。

这里需要特别指出的是,股市中犯错是很普遍的,华尔街的运气都是与错误的时机纠缠在一起的。有人可能买进太早,抛售又太迟。有人可能买进的时机很好,但是没有把握住抛售时机。1901 年春季,巴鲁克在错误的时间买进,但是把握住了抛售时机。

这是麦金利股市的繁荣时期,价格会永远上涨的观点使得政府增发货币。虽然牛市已结束,但这是一个新时代的说法一点都没错。美国钢铁公司的总资产达到 10 亿多美元,金本位制的地位牢固,经济的大规模繁荣指日可待。在股市,詹姆士·希尔和摩根联合起来买进芝加哥—伯林顿—昆西铁路公司(The Chicago, Burlington & Quincy Railroad)的绝大部分股权,从而使得人们认为其他铁路公司可能同样会引起这个实力雄厚的辛迪加的注意。亚历山大·达纳·诺伊斯(Alexander Dana Noyes)曾这样描述这个自信的年代:

1901 年可能是历史上出现的第一次投机示范(理论上和行动上都以我们生活在一个新时代为前提);旧的规则、原则和金融先例被淘汰;许多事如今做是没有问题的,但在过去是危险的或者是不可能的。1901 年这个错觉在公众(纽约市任何阶层的人们)的心目中已根深蒂固,与 1929 年发生的情形如出一辙。两者的差异仅仅在于 1901 年没有大学教授像宣扬他们的新政治经济学那样竭力鼓吹公众的错觉。

按照事情的一般运行规律,詹姆士·希尔不太需要新时代、华尔街或永久的牛市。他是铁路公司(比较著名的公司有大北铁路公司和北太平洋铁路公司)的创始人和管理人;他吹嘘他一生从没有为了投机目的而购买股票。但就是他,而不是银行家摩根(或聘请的北太平洋铁路公司总裁梅伦先生),第一个注意到有关北太平洋铁路公司的能说明问题的市场行为。整个 4 月,北太平洋铁路公司的股价一直在涨。4 月 26 日星期五,该公司股票成交量突然上涨了 3%,起先的成交量是 106 500 股。当天在圣保罗(St. Paul)听到这个新闻,希尔于星期六晚上启程去纽约亲自调查此事。他认为,显然有人在囤积该股票,而且这个人很可能是 E. H. 哈里曼。

作为并肩的铁路业巨头,希尔和哈里曼一直相安无事,但是哈里曼对为希尔效力的银行家摩根有所不满。双方的敌意始于 1887 年,当时哈里曼与摩根竞购迪比克—苏城铁路公司(The Dubuque & Sioux City Railroad),最后哈里曼技高一筹,得到迪比克—苏城铁路公司。接着在 1894 年,哈里曼采取激烈的措施制止摩根对破产公司伊利(Erie)的重组计划,哈里曼都是乘坐伊利的火车上下班。摩根在法庭上获得胜利,但是后来发生的事证明了哈里曼是正确的:正如他预测的一样,重组计划失败了。对摩根来说,令他难堪的是,1895 年因为亏损摩根退出联合太平洋铁路公司(The Union Pacific Railroad),但是 19 世纪 90 年代末哈里曼投资该公司获得了巨大的成功。某天在纽约证券交易所的交易大厅,巴鲁克被北太平洋铁路公司的交易台边一个身材修长的男人所吸引,当时他戴着眼镜,弯着腿。"是哪个该死的家伙一直买进联合太平洋铁路公司的股份?"那个男人在询问。他就是大发横财的哈里曼。

哈里曼和摩根两人之间最大的竞争中,首当其冲的就是前面提到过的北太平洋铁路公司并购芝加哥—伯林顿—昆西铁路公司(The Burlington)。对北太平洋铁路公司来说,并购芝加哥—伯林顿—昆西铁路公司的战略意义在于它提供了一条迫切需要的通往芝加哥的铁路线。哈里曼也需要为联合太平洋铁路公司建造一个芝加哥总站,他希望北太平洋铁路公司的利益集团希尔和摩根能出让芝加哥—伯林顿—昆西铁路公司1/3的股权给他。希尔和摩根拒绝了他。哈里曼的答案非常有胆量:他开始买进北太平洋铁路公司的股票。希尔在阅读4月份股票上市公司的铁路线资料中注意到此事,也是这事使得巴鲁克意外遭到重创。

4月29日星期一早上,希尔坐火车到纽约,一下火车径直走入市中心的办公室,提出坦率的建议。跟他见面的是哈里曼本人以及为他效力的银行家,来自库恩—洛布公司的雅各布·希夫。哈里曼和希夫声称他们俩的股份再加上希尔的股份就可以确定夺取北太平洋铁路公司的控制权。希尔会倒戈摩根,转而与他们联手吗?希尔肯定不会。这样,著名的"垄断北太平洋铁路公司股票事件"的战线已画好。

当哈里曼用标准石油公司利益集团的资金支持继续买进北太平洋铁路公司的股票时,希尔组织起效力于他的银行家们进行反击。调查结果显示摩根的股票经纪公司曾出售北太平洋铁路公司的股票给哈里曼,因为他们认为当时股价太高了。摩根自己在欧洲。星期六在法国阿尔卑斯山的阿克斯来班大酒店(The Grand Hotel),摩根收到一份电报。当天股市收盘前,摩根就给纽约方面发出指示——买进所有必要的股份。

同一个星期六,哈里曼生病了,感觉不安。理论上哈里曼已实现对北太平洋铁路公司的控制权。尽管哈里曼没有获得普通股的控制权,但他拥有包括投票权股票、普通股以及优先股在内的绝大部分股权。那天他可能意识到或者也可能没有意识到,1902年1月1日该公司董事会要投票决议取消优先股。如果希尔和摩根利益集团能够暂缓每年一度的董事会选举至1902年1月1日以后,届时哈里曼的优先股以及大量投票权股票就会失效。出于某种原因,哈里曼给希夫的办公室打了一个电话。哈里曼留下指令,要买进足够的股份以期获得无可争议的普通股控制权。希夫在犹太教堂。当有人去教堂把这个消息告诉他时,希夫拒绝在过安息日时中途离开,指示这件事到星期一再说。但事实证明星期一已经太迟了。

第四章　财富开始纷至沓来

作为早起者,巴鲁克通常会这样开始一天的工作:比较纽约证券交易所与伦敦交易所的价格,从而进行套利。有时候,特别是在星期一,两个股市不同步,以致同只股票在大西洋两岸的价格截然不同。在这样的情况下,巴鲁克在伦敦交易所买进股票,然后在纽约证券交易所卖出,或者反之;就像馆长可能会通过整理画而清理整个画廊一样,报价得以恢复正常秩序。

5月6日,星期一早上很早,巴鲁克在老的农产品交易所(Produce Exchange)内认真看伦敦上市证券一览表;纽约证券交易所建造新办公大楼期间,农产品交易所曾是其临时办公地点。在他旁边站着塔尔博特·泰勒(Talbot Taylor),泰勒是纽约证券交易所的会员,还是詹姆士·基恩的女婿。巴鲁克用一种友好的口气向泰勒提起,北太平洋铁路公司的股票在伦敦证券交易所的报价要比在纽约证券交易所的高一些。当泰勒在纽约证券交易所下达指令,且这只股票也在伦敦证券交易所上市,巴鲁克常常会在伦敦证券交易所有所行动,买进或卖出以获取微小的套利。在这件事上,泰勒公平地看待巴鲁克。巴鲁克这样描述他们之间的对话:

"伯尼,"他说,用笔头轻轻敲打嘴唇,"你对北太平洋铁路公司有所行动?"

"是的,"我答复,"我将告诉你怎样利用它生钱。在伦敦证券交易所买进,然后在纽约证券交易所卖出,赚取一笔套利利润。"

泰勒继续用笔敲打嘴唇,然后敲打前额。最后他说:"如果我是你,我不会进行套利行为。"

我没有问为什么。如果他想让我知道,他一定会告诉我。我跟他讲,如果这些股份对他有所帮助,我愿意出让我之前在伦敦证券交易所买进的一部分股份给他。

"好的,"他表示同意,"你可以在伦敦证券交易所买进北太平洋铁路公司的股票,但是如果我需要这些股份,我希望你能出让给我,价格和利润由我确定。"

"我同意这个提议",泰勒站了一会,然后他拽起我的胳膊,以免其他人听到我们的谈话。

"伯尼,"他几乎是在耳语,"我知道你所做的不会干预到正常交易活动。北太平洋铁路公司的控制权竞争非常激烈,基恩先生是为摩根效力的。"

"要小心一点,"泰勒以这样的话结束说,"不要做空。我一旦要买,就须立即交付股份;到伦敦证券交易所买股票给我对我不合适。"

一个月内第二次，巴鲁克私下获悉北太平洋铁路公司的非公开信息。梅伦给他提供了一个意见，但是适得其反。不过，泰勒知道一些实情，巴鲁克继续操作北太平洋铁路公司的股票。他决心继续持有他已从伦敦证券交易所买进的股票，其他的什么都不要做，如果预期发生全面崩溃则做空其他股票。他的理由是，那些错误地做空北太平洋铁路公司股票的交易商肯定会被驱使筹集资金买下该公司股票；而为了筹集资金，他们必须抛售股票。股价会急跌，但是会再次上涨。巴鲁克知道的以及推断所得的，只有交战双方阵营的内部人员才知道。星期一，一位圣保罗的新闻记者采访希尔，当被问及北太平洋铁路公司到底发生了什么时，希尔温和地回答，除了对投机感到遗憾以外，其他的他什么都不知道。

星期一，北太平洋铁路公司的股票的开盘价为114美元。成交量为40万余股，收盘价为127.5美元。哈里曼不愿抬高股价，相信他的优先股与普通股一样好[一名律师随后向他保证的]，站在一边没有行动。希尔和摩根买进150 000股。星期二股价达到146美元，他们停止购买，认为他们已获得控制权。但是北太平洋铁路公司(交易商称其为"Nipper")的股价上涨几乎还没有开始。

新一轮的购买来自做空者。他们认为，因为泰勒向巴鲁克提供最新消息之前，北太平洋铁路公司的股价高得不太正常，不可能维持在这样的高价位，总有一天会被抛售。此观点流传甚广，以致到星期三，垄断北太平洋铁路公司的股票已变为常识的时候，已做空了100 000多股，数量之多，超过任何有记录的做空数量。对做空者来说，这个数字意味着毁灭。根据规则，空方只有一天的时间就要交付他所售出的股份。如果空方没有交付，买方可以以任何价格付款，并把汇票寄给不幸的空方。

在一般的垄断某只股票事件中，迫使做空者以高价补进是理想的目标。在"垄断北太平洋铁路公司股票"事件中，这纯粹是偶然发生的。买方，而不是做空者，想要取得控制权。但最后是空头的困境掩盖了买方之间的斗争，使希尔和哈里曼达成和解。

星期三(Nipper)的股价上涨了16.5点，达到160美元，自上星期六以来已上涨了50点)收盘后，绝望的做空者聚在北太平洋铁路公司的交易台前，乞求或借一些股票，但是被告知没有股票可以出借，因为每一方都在进行最后的囤积居奇。对购买股票的人来说，最终的风险是可知的：股价跌到零。但对被逼至绝路的做空者来说，最终的风险是无限的，也是未知的，因为股价或债券价格可能会不确定地上涨。对惊慌失措的股票经纪

第四章　财富开始纷至沓来

人[当天晚上挤在华道夫—阿斯托里亚(Waldorf-Astoria)的公共会议室里,徒劳地等待消息,牛市时期的谦恭有礼消失了,没有穿晚礼服也行]来说,星期四灾难就将来临。巴鲁克这样一位没有债务的旁观者,记得:

  只有这个大胖子可以对外保持沉着的形象。我看到阿瑟·哈里曼,他身边有"打赌一百万"而出名的约翰·盖茨。这位直率、风趣的芝加哥人保持着他原来虚张声势的举动。他否认所有关于他做空北太平洋铁路公司股票的传言;他说他没有亏一分钱,如果他有,他也不会抱怨。即使这一说法的前半部分有假,但是后半部分说得一点都没错。

  星期四早上,北太平洋铁路公司的股票的开盘价为170美元,上午11:00以前的成交价为400美元,午时之前的成交价为700美元。市场表现像一系列的抽筋反应,例如,上午10:00左右接二连三的交易成交价为300、230、300、400和320。前晚股票经纪人已借了贷款利率为60%的贷款。有谣言称阿瑟·豪斯曼已经倒毙了。豪斯曼在证券交易所的交易大厅露脸击碎传言之前,有人就把此谎言发到伦敦证券交易所。在奥尔巴尼,贝奇公司(Bache & Company)租赁了一趟专列,把一些未售出的北太平洋铁路公司的股票火速运到纽约。[《华尔街日报》报道了一个股票经纪公司的道德困境:"一个股票经纪人手上有100股北太平洋铁路公司的股票,这些股票的拥有者刚好在去欧洲的路上。他知道这位客户要在500美元的价位出手,但是他不能在没有出售指令的前提下抛售这些股份。他的行为正确吗?"]下午14:00前,有300股在1 000美元的价位以现金成交。

  北太平洋铁路公司股价上涨异常,令人惊慌失措,它犹如一面镜子恰当地反映出上市证券表上其他上市公司的彻底溃败。美国钢铁公司下跌6.75点,美国制糖公司下跌8.725点,铜业联合公司(Amalgamated Copper)下跌了10点。接着,在这件事的末期希望出现:一份声明发布,声明称到期未交付股份的做空者当天不能交易。股市重整旗鼓,北太平洋铁路公司股价下跌。收盘时,北太平洋铁路公司股价回到300美元,最低成交价是190美元,最高成交价是1 000美元。随后又发布一份声明:希尔和哈里曼以一个未曾料到的仁慈价格即150美元与做空者进行结算。恐慌结束。

  由于预先受到警告,巴鲁克获利颇丰。崩溃之前他做空,然后在星期三和星期四以相对低的价格补进。他在伦敦证券交易所以112美元至115美元的价格买进北太平洋铁路公司的股票,然后抛售,赚取了丰厚的利润。他说,星期三他赚得的利润是他职业生

69

涯中最高的单日利润,尽管具体数字他只字未提。①

至于希尔和摩根,希夫和哈里曼,他们之间的斗争以一种虎头蛇尾的方式结束了。双方达成一致:摩根将任命下一届北太平洋铁路公司的董事,哈里曼将出任董事。另外,哈里曼将出任芝加哥—伯林顿—昆西铁路公司的董事,芝加哥—伯林顿—昆西铁路公司在联合太平洋铁路公司[哈里曼铁路线(the Harrimanline)]和北太平洋铁路公司的竞争中将仍然严格保持中立态度。

至于巴鲁克的恩人塔尔博特·泰勒,于1908年与基恩的女儿杰西卡(Jessica)离婚。他在法国南部度过了一生的最后时光,大部分时间都在打理他的花园,并且常常在海滨花展中赢得头奖。

巴鲁克侥幸得到北太平洋铁路公司的机会后不久,某天他恰巧与赫曼·希尔肯尼(Herman Sielcken)在瓦尔多夫消磨午后的时光。希尔肯尼是豪斯曼的客户,他既是临时股票投机者,也是股市全能学生。那天,他在谈论铜业,他那双目光犀利的黑色眼睛一直盯着巴鲁克,有时候说到兴奋处还唾沫飞溅。

铜矿太多,铜价太高,他说。存货不断增加,出口减少。如果铜的价格下跌(它应该会跌),那么铜业联合公司(Amalgamated Copper Company)的股价必定也会下跌。1899年,铜业联合公司组建成立,目的在于垄断全世界的铜市,希尔肯尼说这是不可能实现的。

巴鲁克亲自调查了铜业联合公司,他的发现证实了希尔肯尼所说的。夏季伊始,铜业联合公司的股价下跌,从6月中旬的130美元跌到7月中旬的111美元。[调查过程中,巴鲁克还抽空买了一辆新的不用马拉的帕哈德客车,然后让一位来自《纽约先驱报》的摄影师拍下他站在车后的照片。"巴鲁克先生是一位专业司机,"报纸上登载的照片下有这样的说明文字,"他这辆非常棒的摩托客车沿着大洋车道(The Ocean Drive)行驶时受到路人的称赞。"]9月6日,麦金利总统遭到枪击,股市受挫。股价有所回升,之后又再次下跌。托马斯·W. 劳森(Thomas W. Lawson)所做的有关铜业联合公司成立的煽情和有趣的披露——披露显示该公司的难题是其资本估价太高——持续了三年之久。促

---

① 巴鲁克公开做空股票,也做空认购期权。所谓认购期权,就是持有人可以在一段特定的时期内以某个具体的价格购买股票。例如,美国钢铁公司的期权可能赋予期权持有者在6月30日之前以50美元的价格购买100股的权利。如果美国钢铁公司的股价恰好冲到100美元,那期权持有者就可以行使期权,从而可以以50美元的价格买进。因此,认购期权可以说是做空者的保险政策(现在仍如此)。

使巴鲁克抛售的原因是供需失衡。麦金利总统被暗杀后不久,铜业联合公司的股价在105美元至115美元之间来回震荡,然后趋势向下运行,巴鲁克抛售该公司股票。

两年前的秋天,当巴鲁克做空BRT的股票时,他还做空其他许多只股票。但这次环境变了。铜业联合公司在标准石油利益集团[特别值得一提的是威廉·洛克菲勒和亨利·H. 罗杰斯(Henry H. Rogers)]的资助下组建成立;华尔街一些最有能力的交易员对它不是很有兴趣。基恩拥有该公司的控制权。在人们认为巴鲁克看跌该股票时,托马斯·瑞安把巴鲁克叫到一边。"伯尼,"他说,"我听说你在做空铜业联合公司的股票。我只是想让你知道,铜业联合公司某些大人物即将采取的行动会触怒你。"

这事紧随"垄断北太平洋铁路公司股票"事件,这样的警告使得巴鲁克好几个晚上都无法入睡。此外,麦金利总统遭到暗杀后华尔街形势有所好转,摩根对外宣称他看好股市。巴鲁克坚持自己的看法。巴鲁克口述的、未经润色的对当时情景的某些回忆如下所示:"我大量做空铜业联合公司的股票——对我来说是大量。大家对我恶言相向;流言四起,怀疑我的人格和能力,所有卑鄙的伎俩……但是我只听从商人赫曼·希尔肯尼的意见。"至于巴鲁克在纽约证券交易所的交易大厅的工作日程,他是这样说的:"我从未离开铜业联合那帮人,但是每次我会与一些股票经纪人,譬如哈里·肯特、埃迪·诺顿和查理·德·威特(Charlie de Witt)(他们都是我的经纪人,为我效力)联合行动。我人生当中最精彩的一幕正在上演。我确信某些事实,希望股市泡沫破裂。"

9月14日,麦金利总统不治身亡,巴鲁克抛售了不算太多的股票。9月19日,股市因麦金利总统的葬礼而休市。9月20日,星期五,铜业联合公司的董事们召开董事会商讨普通股利(每股股利8美元)分配问题。尽管新闻报道持乐观态度,但星期三的抛售现象表明内部人员并不抱乐观态度。接着,事实上,股利已被减至6美元。巴鲁克欣喜若狂。星期六上午,股价几乎下跌了7美元。星期一市场形势才会明朗。

正在那时巴鲁克的母亲打电话给他,提醒他星期一是赎罪日(Yom Kippur)。现在他有点烦恼。遵守这个最神圣的犹太节日的清规戒律意味着远离一切俗事,特别是对铜业联合公司的攻击。巴鲁克不是一位宗教人士。除了孝顺以外,其他所有事都不遵守赎罪日清规戒律。不过,对母亲尽孝打败一切,他制订出计划以应付他不在场的情形。埃迪·诺顿在"垄断北太平洋铁路公司股票"事件中以1 000美元的价格做空著名的300股,替巴鲁克做空股票。巴鲁克向他下达了一些看跌的交易指令,特别是持有"未履行债务"的股票以打击购买者的信心。如果股价异常,哈里·肯特被指示买进,从而补进巴鲁克做空的股份。基于这样的方法,投机行为的两面都顾到了。

巴鲁克与安妮、他们的孩子以及他的母亲在新泽西州的南埃尔伯朗(South Elberon)度过星期一。尽管巴鲁克留话说工作上的事不要打电话给他,但他还是整天心烦意乱,等着电话铃声响起。巴鲁克自己清楚他不止一次屈服于诱惑和其他类似的东西。直到太阳落山以后,不用再遵守清规戒律,又回到世俗的世界,巴鲁克才得知铜业联合公司的股价缩水了。其开盘价为100美元,跌到97.725美元,上午11:00时又回升到98.5美元。然后一路下跌,下午15:00闭市时股价为93.75美元。这年接下来的时间里继续下跌,1901年新年前夕收盘价为69.5美元。巴鲁克抽出时间来算他的利润,利润总额达到700 000美元。[他立即把他的成功归因于遵守赎罪日,虽然有点不情愿。如果他在场上交易,他说,他可能在股价回升到98.5美元就已经获利了结。事情也许是这样,但是他可能在那天股价再次下跌的情况下做空更多的股票。]

巴鲁克在做空方面的超凡技术为他从抛售者(他们想要给人留下这样的印象,即他们的抛售行为是投机性的,而不是那种投资性的)那里赢得了一些委托业务。他的个人交易规模如此庞大,以致他基于客户的利益采取的行为都被当作是他自己的行为。因此,他成为股票经纪人的愿望增强。铜业联合公司事件还附赠巴鲁克一则新闻剪报(第一次颂扬其职业生涯的新闻)。内容如下:

铜业联合公司股价下跌使一个人出名了。这个人尽管被华尔街业内人士熟知有一段时间了,但是到目前为止还没有被公众熟知,因为本身讨厌自我标榜,这点在华尔街人士中不是很多见。这个人就是伯纳德·巴鲁克,一家大型股票经纪公司——豪斯曼公司的合伙人。许多关注华尔街的人听到过沃尔默瑟、弗伊德、奥利弗以及肯特等人的名字,但是他们没有听说过巴鲁克。尽管最近几年巴鲁克在华尔街也取得过傲人的成绩,巴鲁克的城府、远见和胆量仅次于老手基恩。铜业联合公司股价下跌的初期,在所有大人物当中,巴鲁克是唯一一位正确预测未来形势的人;其他聪明的人遭受损失,巴鲁克和他的朋友们反而大赚了一把。他从没有走错过一步,他挫败了所有试图打击他的阴谋。他在铜业联合公司获得的成功使人想起以前基恩在糖业获得的成功。巴鲁克值得关注。未来我们肯定可以通过各种不同的方式听到巴鲁克的新闻。

巴鲁克成名了。

── 第五章 ──

自主行事

第五章 自主行事

　　20 世纪 30 年代中期,巴鲁克一时对新政(New Deal)感到厌烦,他承认产生了一股冲动,即摆脱金钱的烦恼,走出去为广大的民众谋福利。这股冲动消退了。1902 年,由于经常感到心虚,他产生过相似的冥想。巴鲁克产生不满情绪的一个原因在于必须处理他人钱财这件令人讨厌的事。巴鲁克慢慢意识到,投机商不应该是股票经纪人、银行董事或其他类似的受托人。他应该完全自主行事。另外,由于赚了很多钱,他开始思考金钱的意义。他的弟弟赫尔曼学过医,巴鲁克自己想要继续学医的愿望虽不强烈,但又再次涌现。有时他开玩笑地说他想成为一名律师,捍卫穷人的权利,但是法律学校的前景使巴鲁克失望。由于需要一段时间考虑清楚,1902 年夏季,巴鲁克召集安妮、他的父亲以及一位生意上的朋友亨利·C. 戴维斯(Henry C. Davis),打发他们陪他去欧洲。

　　戴维斯代表豪斯曼任职于美国西部铁路公司,他拒绝去伦敦以外的地方游玩,因为渡过英吉利海峡他们就要讲外语了。巴鲁克一家另外三位成员[贝尔、贝尔那个还是婴儿的弟弟,他们俩的女家庭教师;祖母显然留守在家]在巴鲁克医生离开他们去看望病人们之前已往东前去君士坦丁堡(Constantinople)。巴鲁克和安妮前往巴黎的里茨饭店(Ritz Hotel)。就是在里茨饭店,某个深夜,沉睡中的巴鲁克被一封来自纽约的电报唤醒。电报署名是他的兄弟塞林,上面讲豪斯曼陷入财务危机。读电报的时候,巴鲁克几乎要"跪下去"。如果豪斯曼有麻烦,那么豪斯曼公司也会受到威胁。作为豪斯曼公司的合伙人,巴鲁克已经拿出个人资产(包括 320 万美元的现金)以保证公司的偿付能力。因此,阿瑟·豪斯曼和他一起陷入困境。巴鲁克回电报过户资金到他合伙人的账户,然后登上下一艘轮船返回纽约。

　　在纽约,他看到豪斯曼在码头边踱步,豪斯曼准备跟他讲下面这些事。豪斯曼说,他偶然遇到埃德温·霍利(Edwin Hawley),霍利是一位铁路业人士,然后豪斯曼买进明尼阿波利斯—圣保罗铁路公司(The Minneapolis & St. Paul)、科罗拉多和南方铁路公司(The Colorado & Southern)的股票。霍利是科罗拉多和南方铁路公司的董事,他看涨股票,他的观点有权威性,但是该公司股价下跌。豪斯曼以保证金方式买进股票,因此他耗不起,没有时间等待股价反弹。他要么立即投入更多的资金,要么亏掉已经投进的资金。

巴鲁克接管此事,替豪斯曼预先垫付资金。最终市场反弹,豪斯曼可以在获利的情况下抛售股票。豪斯曼的财务危机解除,他继续供养他那几个未婚的妹妹,还在纽约巴比伦(Babylon)的庄园内养了60头牛;新闻报道上说庄园内的卫生间很豪华。纽约证券交易所官方并未察觉豪斯曼的困境。

巴鲁克很高兴帮助这样一位曾给予他很多东西的人;虽然他对豪斯曼兄弟怀有深厚的感情,但是巴鲁克决定离开豪斯曼公司。首先他希望自己独立于任何一家公司。第二个理由是推测得到的,即巴鲁克担心豪斯曼没有鉴别力的市场判断总有一天会毁掉他们。[其实不会。1926年,豪斯曼公司改组成立豪斯曼—格瓦斯梅公司(Housman-Gwathmey & Company),1927年又变成皮尔斯公司(E. A. Pierce & Company)。1930年,它又购入美林公司(Merrill Lynch & Company)的绝大部分股权,1940年与这个大型名企合并。]尽管巴鲁克不总是看跌股市,但豪斯曼几乎总是看涨股市。巴鲁克讲过一个有关他们俩因为性格使然而对市场看法产生分歧的故事。巴鲁克这样写道:

股市遭到重创后,我坐在瓦尔多夫酒吧的一张桌子边,听几位股票经纪人讲话,他们在安慰自己。杰克·弗伊德也是常常看跌股市,跟我和豪斯曼在交谈。我永远不会与人争辩未来要发生的事情,而是等着让事实说话。很快詹姆士·基恩走上前来攀谈。

"绅士们,你们对豪斯曼这家大公司有什么看法?"他尖声问道。"你会看到,它的一头是一个'咆哮'的看涨者,而另一头则是一个'狂吠、张牙舞爪'的看跌者。"

1903年8月,巴鲁克已搬进自己的办公室,①在新办公室里,巴鲁克放了三件与其父母有关的奇特东西:一封他母亲发来的贺电,巴鲁克把它裱好挂在办公室里;一只布满红色斑点的绿色陶瓷猫,也是他母亲赠送的;一张他父亲的相片,装在镜框里,上面写着一句座右铭:"时刻谨记矢志不渝的廉正原则。"[他只列了这些东西;如果安妮送来其他东西,巴鲁克从不提起。]因此,经过几个月的反省,巴鲁克最后的结果是:留在华尔街,但是离开豪斯曼公司。巴鲁克继续用他自己的账户在纽约证券交易所进行场内交易;他把大部分精力花在风险投资上,特别是矿业风险投资;他还不情愿地接待了一个临时客户。某天,一位素未谋面的妇女走进他的办公室,告诉巴鲁克她从一位阿姨那里继承了一笔

---

① 在他的自传中,巴鲁克指出他迅速从位于布罗德街20号的豪斯曼公司的办公室搬到百老汇111号的三一大厦里面的新办公室,但是直到1906年纽约市工商名录才更换地址。工商名录上还是旧址。1906年,一幢新的三一大厦(在原先的三一大厦上加盖了21层)落成。巴鲁克的办公室在第7层;原先的三一大厦只有6层。法律文件显示巴鲁克离开豪斯曼公司的时间是1903年8月10日,但是显然他第一个新办公室应该在老的三一大厦里。

第五章　自主行事

出来单干的巴鲁克：风险投资家、"银行家"和百万富翁，约摄于1903年

[合众国际社（UPI）/考比斯—贝特曼尼（Corbis-Bettmann）摄]

遗产——25万美元，希望巴鲁克能帮她投资。她说，她认为巴鲁克是一个聪明、头脑冷静且外形不错的人。① 如果说他脸上有什么特别的地方[他自己当然认为没有特别的地方；很多女人也认为没有特别的地方。]，就要算他的鼻子（上面架着一副眼镜）和又宽又薄的嘴唇了。他蓄着八字胡，已有几撮白头发。[1903年，这一年巴鲁克正式成为独立交易员，纽约市工商名录上巴鲁克的职业从股票经纪人改为银行家。不过，显然有人对这一称谓的改变有所不满，因为1904年，纽约市工商名录上巴鲁克的职业又变回了股票经纪人。他的兄弟塞林和哈特的职业也跟着他来来回回换了两次。]

不管父亲对儿子的嘱咐是什么，"矢志不渝的廉正"不是一条容易遵守的标准；显然巴鲁克也偏离过此原则。某次他面临诱惑的考验；当时几位来自巴尔的摩的人（巴鲁克还是豪斯曼公司合伙人的时候曾跟他们见过面）说他们有一份审计报告，想跟巴鲁克做

---

① 巴鲁克的这位访客名叫萨拉·肯德里克—斯特拉汉（Sarah Kendrick-Strahan），她的孙女马尔恰·肯德里克·麦丘（Marcia Kendrick McCue）写道：我不知道她是怎么获得约见的，但是她做到了，去了巴鲁克的办公室。

他肯定对这位优雅的英国妇人印象深刻，并且开始给她一些建议。当时她打断他，然后说，"我对你说的一窍不通——我想要你来做这些事。"接着她拿出这些支票，递给他。他肯定感到奇怪，但是这样回答，"我会给你一张收据。"她说，"先生，握手就是我的收据了，"然后离开了。两三个月后就有分红了……现在我72岁了，还在拿红利。

人与神话：进入 20 世纪之后的某个时候
某报纸刊登的一幅卡通画中的巴鲁克被描绘得出奇的大
（出自普林斯顿大学图书馆古籍特藏部的伯纳德·巴鲁克文件）

一笔生意。该报告事关大城市市内交通轨道公司（Metropolitan Street Railway Company）；该公司是一家规模超大的曼哈顿有轨电车公司，当时公司在搞某些欺诈行为。1902年初，巴鲁克最喜欢的一位股票经纪人哈里·肯特（Harry Content）提起诉讼，宣称大城市市内交通轨道公司某项出租计划有失公正。最终董事们包括托马斯·瑞安，被指控[尽管从未定罪]被指控掠夺罪；有关该公司收买陪审员和政治人物的说法传开了。1902年秋季，这件丑闻的大部分事实被公开之前，这些巴尔的摩人向巴鲁克透露了一些内幕消息。审计报告的意见肯定是负面的，因为根据推测，巴鲁克会卖空该公司股票：先卖，然后以较低的价格买进。巴鲁克拿出资金冒风险，然后拿一半的利润。给他提供内幕消息的人——名字依次为：巴雷达·特纳（Barreda Turner）、弗兰克·G.特纳（Frank G. Turner）和莫茨·布拉格（Motz Prag）——拿另外一半的利润。这些事都没有写下来，也没有规定最后期限，但是有理由相信巴鲁克至少交易了 1 万股。这是巴尔的摩人对此事的回忆。

1902 年 10 月，据称双方已达成交易，大城市市内交通轨道公司的股价是每股 142 美元。一年后变为 105 美元[下跌趋势几乎与道—琼斯铁路股票指数（Dow Jones Rail index)的下跌趋势吻合]。1903年9月末,布拉格控告巴鲁克,指控巴鲁克扣住了巨额利润。布拉格抱怨,巴鲁克赚了50万美元,但他只分得了4271美元。巴鲁克甚至否认有这份审计报告的存在,更不用说隐瞒什么利润了。不过,他愿意拿出9000美元进行庭外和解。"达成和解,"巴鲁克随后解释道,"是为了避免卷入无事实根据的诉讼而给自己带来许多无谓的麻烦。"这事发生在1904年。很可能,如果在某种程度上布拉格被人骗了,他声称他不会拿出9000美元[说实话,1904年,9000美元是一笔不少的钱了]。另一方面,如果巴鲁克是绝对清白的,他可能不会支付这笔勒索的钱财。1901年,他提起一起因他的私人司机引起的诉讼,当时裁定他赔偿1000美元,巴鲁克提起上诉,表明面对法律诉讼不会那么轻易妥协。在任何情况下,对该起诉讼,巴鲁克和布拉格都不会透露一个字给另外两个特纳先生,这起事件的其他两个合伙人。[弗兰克·特纳是一名路德教牧师的儿子,律师,兼任马里兰州律师协会的司库;巴雷达·特纳,可能没有提起过,是一名法庭书记员;显然布拉格是一名保险和股票经纪人。]但是九年后,他们知道了巴鲁克和布拉格两人之间的这起诉讼,觉得不公平,也提起诉讼,并得到了赔偿。

巴鲁克的华尔街同行对大城市市内交通轨道公司的龌龊行为采取了宽容的态度(或者从未听说过,或者可能认为只是小事,一笔勾销)。1903年12月9日,他们推选被告巴鲁克进入由40名委员组成的管理委员会;1904年,巴鲁克在未上市证券委员会(The Committee on Unlisted Securities)的任期变为长期职位;巴鲁克把未上市证券委员会当作一个集会的公共场所,推动其他管理委员会委员接受发行矿业股。正如前面提起过的,在商言商,证券交易委员会要求上市公司披露信息,在这许多年前,纽约证券交易所从上市公司那里诱出一定的信息。进入20世纪以后,想要正式上市的公司应该符合证券上市委员会(The Committee on Stock List)的披露要求。未上市证券委员会(由三名委员组成)的工作是允许有价值的公司进入,这些公司指那些不想或不能够立即遵从上市规定但是认定其最终会遵守的公司。

会议记录证明,巴鲁克是一位勤奋工作的未上市证券委员会委员。他检查股票票证上镌刻的质量,专心于各种行政事务,致力于催促未上市公司抓紧时间全面上市。例如,记录显示,1906年1月24日,他敦促美国冶炼公司(American Smelters Securities Company)尽快发行优先股,该公司已承诺听从证券上市委员会的管理。美国冶炼公司由巴鲁克的朋友古根海姆家族资助成立。

1903年4月22日,纽约证券交易所的新办公大楼落成,
布罗德街上挤满人群和马车

(出自纽约证券交易所档案)

　　20世纪初,矿业金融市场呈现一片繁荣的景象;特别值得一提的是,在场外证券市场和波士顿证券交易所,铜业股票发行吸引了众多投机商的注意力。纽约证券交易所对矿藏以及相关的股票和债券持怀疑态度,但是,又无法抗拒这些矿业股为股票经纪人带来的巨额佣金收入。1906年初,未上市证券委员会[新增加了一名委员,即纽约证券交易所主席弗兰克·K. 斯特吉斯(Frank K. Sturgis)]开始处理准许矿业股进场交易的相关事宜。更加重要的是,它斟酌了纽约证券交易所是否允许应该交易场外证券的问题,实际上是把外围市场最好的一部分并入交易所。赞成把场外证券市场引入纽约证券交易所的理由在于,这样的安排可以为会员们带来更多的收入。反对的理由在于,场外证券市场是不正当的且有失身份的,准许很受欢迎的场外证券[如铜业联合公司和格林综合公司(Greene Consolidated)]进场交易会使标准降低。[一个折中的建议,即场外证券可以进场交易,但交易厅设在地下第二层,这可以用一个问题来表述:"是否应该提供一个独立的房间用来交易这些鱼龙混杂的证券,那里只有证券交易所的会员才有资格进入交易?"]1906年5月,委员会考虑并入场外证券市场之前,巴鲁克发表了看法。由于只留下只言片语,抄本上的话语使得巴鲁克不可避免地丧失了个性感染力,例如:

　　我像托马斯先生一样,如果现在一定要我说,我的意见是反对,主要理由列举如下。

第五章　自主行事

首先,我相信我们着手处理这个问题比提供一个市场给这些外围证券要容易得多。我认为如果我们提供这样一个市场给这些外围证券,不管它们有没有上市,也不管股票行情自动收录器会不会报它们的股价,公众眼中这些外围证券与现在已入场交易的证券就没有什么两样。我认为毫无疑问,在公众和放贷者眼中,这样会赋予这些外围证券与场内股票同样的地位。你将怎样去决定哪些证券是规范的。你远离场外证券市场这些不规范的证券,但是那里仍旧有一个市场。我做了一份在场外证券市场交易的证券名单,这又带来另外一个问题。如果交易所能够对这些即将要发行或可能发行的证券采取措施,那么在场外证券市场交易的证券会变得越来越少。[即将要发行或可能发行的证券,如今更多地称为"将要发行"的证券,指那些计划即将公开销售但尚未出价的股票和债券。这些证券在场外证券市场交易。]我认为这仍然会引起另外一个问题,即我们已费心考虑一宗很好的交易但是现在还没有解决方法——不久我们将必须设立一个矿业股交易部。在场外证券市场交易的股票几乎都是矿业股。不管纽约证券交易所的会员们有何偏见,这事要开始进行。

名字刚被收进《社交界名人录》(Social Register)的巴鲁克辞词犀利,给予场外证券市场最后一击:"我认为我们应该铭记场外证券市场是外围市场,其证券的社会等级没有场内交易的证券高。"最后,场外证券市场[后来变成美国证券交易所(American Stock Exchange)]没有并入纽约证券交易所;纽约证券交易所大盘(The Big Board)对矿业证券采取了一种更加宽容的态度。也许是因为巴鲁克的影响力,未上市证券委员会接受委任去调查"矿业公司是否有一些有声望的人士担保,哪些证券可以依法发行……"

未上市证券委员会在履行职责的时候听说了一些有关矿业股前景光明的信息。1907年1月听到了有关古根海姆家族的首席工程师约翰·海斯·哈蒙德(John Hays Hammond)和他的助手 A. 切斯特·比蒂(A. Chester Beatty)的信息。2月传出投资银行家小尤金·迈耶和露天开采矿藏的先驱丹尼尔·杰克林(Daniel Jacking)的消息。杰克林出生在密苏里州的一个农场,小时候的梦想是拥有108英亩的不动产;他认同一个伟大的观点,即一个枯竭的铜矿可以继续开采,并且仍然有利可图,前提是要有足够的挖掘机从地下挖出铜矿石,然后要有足够的研磨能力提炼铜矿石。他证实的一处铜矿位于犹他州一个荒凉的峡谷。"它在宾厄姆(Bingham),"杰克林的合伙人埃诺斯·沃尔(Enos Wall)解释,"它有一英里宽,像铁轨一样长……"身材魁梧、面色红润的杰克林于

1903年向巴鲁克阐述他这个理论。巴鲁克对这个想法印象深刻,或者是对这个人印象深刻,或者是对两者都印象深刻;他大量购进犹他铜业公司(Utah Copper Company)的股份。他是一个例外。没有成功,杰克林已恳求铜业联合公司、本·古根海姆以及约翰·海斯·哈蒙德出钱资助。1904年夏天,他又向通用电气公司摆出此观点;通用电气公司想要一座铜矿,但正如一位董事所说,他不相信"这些该死的数字"。最后,1906年,犹他铜业公司把古根海姆家族争取过来,古根海姆家族出钱投资并向公众出售了可转换债券。接着刚巧在1907年初,巴鲁克、杰克林以及犹他铜业公司的总裁查尔斯·麦克奈尔(Charles MacNeill)一起围坐在纽约证券交易所的一张桌子边,讨论准许犹他铜业公司的证券在纽约证券交易所交易的好处。① 接下来的十年时间里,犹他铜业公司产出617 785吨铜,分配了7 600万美元的红利,积累了4 800万美元的营运资金;犹他铜业公司成为全世界最大的铜矿。

巴鲁克与古根海姆家族的生意往来始于1889年,丹尼尔拗不过申请人(巴鲁克)的母亲,聘请巴鲁克去墨西哥购买矿石。[巴鲁克曾经问过托马斯·瑞安他对丹尼尔的看法。"他是个大人物,"瑞安表示赞许;"他用大螺丝钻凿开了一个铜矿。"]迈耶·古根海姆,一位德高望重的人,是巴鲁克医生的病人,偶尔会去光顾新泽西州长滩的赌场。1901年,迈耶和他的七个儿子获得美国冶炼公司控制权后不久,他第四个儿子所罗门(Solomon)提供给巴鲁克美国冶炼公司的一些相关实情和数字。巴鲁克买进美国冶炼公司的股票,并把它推荐给他的朋友们。

巴鲁克和古根海姆家族之间的首次大合作是巴鲁克代表美国冶炼公司与两家西海岸冶炼公司谈判购买事宜。1905年1月初,巴鲁克前往华盛顿州的埃弗里特(Everett),塔科马冶炼公司(The Tacoma Smelting Company)的办公地点在那里;与巴鲁克一起前往的还有他信任的亨利·戴维斯以及一位来自威廉·帕杰事务所的律师帕杰,1898年巴鲁克在利吉特—迈尔斯并购事件中与其打过交道。职业生涯中期,巴鲁克不断成长,这点表现在他地位得到提高,从圣路易斯一行中那个讨人喜欢的年轻人变成了古根海姆兄弟的首席谈判和战术家。

巴鲁克第一位想要争取的股东是达柳斯·米尔斯;米尔斯是一位千万富翁,其办公

---

① 未上市证券委员会的会议记录中没有记载任何巴鲁克与犹他铜业公司利益相关的声明。很可能什么也没有谈,或者是私底下谈的,或者巴鲁克持有犹他铜业公司的股份已众所周知。也许巴鲁克认为,犹他铜业公司的股份不值一提。

第五章 自主行事

室设在纽约布罗德街自己名下的一座大厦里。米尔斯蓄着络腮胡子，去英国乡下旅游，跟别人讲加利福尼亚淘金热期间自己睡在马车底下的令人陶醉的故事。他找到一些低价旅馆，把它们组成一个慈善企业，设法回馈微薄利润给慈善家，从中可以看出他超人的商业智慧。米尔斯拥有塔科马冶炼公司的绝大部分股权，也拥有塞尔比铅冶炼公司(Selby Smelting & Lead Company)的小部分股权；塞尔比铅冶炼公司位于旧金山，是古根海姆家族的第二个收购目标。巴鲁克请他给股票的买卖选择权时，这位老人拒绝了，但是他留有商量的余地，承诺不会向洛克菲勒利益集团说出内情，洛克菲勒利益集团也想购买他的股票。

华盛顿这边的谈判结束后，巴鲁克开始与塔科马冶炼公司的总裁威廉·R.拉斯特(William R. Rust)商谈。很巧的是，拉斯特是戴维斯的朋友。巴鲁克以每股800美元竞标他手上的股票，拉斯特握手表示同意；剩下的股东，包括米尔斯在内，跟在拉斯特后面出让股票给巴鲁克。与塞尔比铅冶炼公司的谈判进展更加缓慢；巴鲁克代表古根海姆家族的流言传出。但是幸亏拉斯特的帮忙以及达柳斯·米尔斯的影响力，塞尔比铅冶炼公司的股东也表现出愿意出让的倾向。3月初，志在必得的巴鲁克登上"奥弗兰"号(Overland)返回纽约。回到纽约后不久，巴鲁克就完成收购塞尔比铅冶炼公司，但意想不到的是，收购塔科马冶炼公司又出现了问题。双方又继续谈判了三周，巴鲁克在纽约通过电报与他们谈判。3月末，拉斯特和米尔斯终于把股份出让给巴鲁克，然后巴鲁克开始自己与古根海姆家族之间的谈判。

巴鲁克认为古根海姆兄弟会把塞尔比铅冶炼公司和塔科马冶炼公司合并成一家，他们会给巴鲁克一些合并后的新股份(约为一百万美元)作为其佣金收入。结果不是巴鲁克所想的，丹尼尔决定把这两家公司并入美国冶炼公司。他让巴鲁克与他们家庭律师塞缪尔·特米尔(Samuel Untermyer)商谈酬劳问题；特米尔是一位有天赋但专横的律师。巴鲁克回忆起他们俩的会面：

……我告诉特米尔先生我要求一百万的酬金[这笔数目他此前曾答应过]，并拒绝讨论此问题。特米尔先生询问我是否想要抢劫美国冶炼公司。

我们中间隔着一张桌子，我靠在桌子边，答道，"不，特米尔先生，直到现在我也不认为我是狮子大开口。"

接着我跟他告别，离开了。

问题提交丹尼尔·古根海姆处理,古根海姆的处理方式完全是他性格的体现。"如果伯尼说他应该得一百万,那么这就是他的酬金。"

古根海姆家族最后开给巴鲁克的支票上的确切金额是 1 106 456 美元。巴鲁克转而给拉斯特和戴维斯每人 300 000 美元的支票以示感谢。拉斯特和戴维斯看到支票大吃一惊。

一个显而易见的问题是,古根海姆家族是否会拿出美国冶炼公司的股份充当巴鲁克的佣金。有理由相信古根海姆家族这样做了,同样有理由相信巴鲁克拒绝了。年初美国冶炼公司的股价是 82 美元。4 月中旬,部分归因于巴鲁克基于古根海姆家族的利益领导的一个看涨财团的影响,股价达到 120 美元。接着,这个财团突然解散,或"完成任务",股价下滑。随后给出了一个撤回资金支持的解释:巴鲁克认为股价已足够高,没有一个财团有权利仅仅为了卖给毫无戒心的公众而去哄抬一只股票。他通知古根海姆家族,他计划卖掉他的投资股份并建议他的朋友们也卖掉。

古根海姆兄弟得知这个消息后很生气,原因可能正如巴鲁克所说,股市上他们算是外行,或者可能因为他们认为,巴鲁克接受了一张七位数的支票,除了让签发这张支票的一方看涨股票之外其他什么都没做,这是忘恩负义的行为。不管怎样,股价重新开始上升,1906 年 1 月冲到 174 美元。但是那时市场支撑不住,美国冶炼公司与上市证券表上的其他公司一起甩卖股份。春季股价又回落到 138.5 美元。

华尔街传出谣言,美国冶炼公司股价下跌是因为巴鲁克在做空该股票。这个故事纯属造谣——尽管巴鲁克总体上认为做空行为没有什么不对的,但是他可能言行不一致,不赞成让他朋友们的证券价格下跌——所罗门·古根海姆轻信谣言时,巴鲁克去拜访所罗门,纠正此事。当所罗门得知此事毫无事实根据,他向巴鲁克道歉。

这是巴鲁克坚持的看法,即没有人彻底了解所有的投资,一个人最好坚守自己最擅长的那块。就他个人而言,他说,他永远不了解商品。"当我盘算我在咖啡、糖、棉花和其他商品上的总交易量时,"他坦白,"我的自信心受到严重的打击……总有这样的情形,事实上我投资的商品领域从未衰退;我买进的东西等到我为其付出代价的时候(特别是我想要放弃它的时候),突然变成另外一种情况。"巴鲁克最近一次最惨痛的商品投资经历是投资咖啡。1905 年初,也就是他接受古根海姆家族的任务去西部收购冶炼公司时,他

第五章 自主行事

重仓咖啡业股票。

他在赫曼·希尔肯尼的建议下进入咖啡市场；希尔肯尼是巴鲁克在铜业联合公司取得成功的那位英明的顾问。希尔肯尼是美国最大的巴西咖啡进口商，他讲的有关咖啡市场的事绝对是权威。他预言1906年和1907年巴西咖啡收成不好，1906年收成不好的原因在于自然因素，1907年咖啡收成不好归因于巴西政府削减产量的计划。但是事实是咖啡获得丰收，并导致价格下跌，1905年初每磅7.65美分，12月跌为每磅6.65美分。巴鲁克以保证金方式买进咖啡业股票，现在不得不投入更多的定金。为了筹集资金，他卖掉了有利可图的加拿大太平洋铁路公司的股票。希尔肯尼继续表示他对咖啡市场充满信心。

显然，咖啡市场需要帮助，巴西政府当局咨询了希尔肯尼的意见，凭空想出一个"限价"计划为储藏剩余咖啡筹措资金。筹募好贷款，仓库里堆满了咖啡，但是咖啡价格依旧在跌。12月初咖啡每磅不到6美分。当巴鲁克最终抛出的时候，他的损失高达70万或80万美元。更为难堪的是，他被迫承认他是被人误导的，这个人曾向他展示永恒不变的供求定律；他还被迫承认他无法认清事实，牺牲掉好股票来填补这一窟窿，继续使损失蔓延。这样的经历确实使巴鲁克反胃。

1906年圣诞节前后，巴鲁克的办公室来了两位不速之客，使得巴鲁克的注意力从多变的咖啡市场上转移开。其中一位就是众所周知的威廉·克罗克(William Crocker)，一位旧金山的银行家。克罗克把他的同伴内华达州参议员乔治·尼克松(Senator George Nixon)介绍给巴鲁克；尼克松是位于内华达州的金丰联合矿业(Goldfield Consolidated Mines)的总裁，也是现任的美国参议员，但他为繁重的私人业务所累。"尼克松，"克罗克引荐，"需要一百万美元，他的身份值这一百万美元。"

11月金丰联合矿业组建，立即就发现一个富矿带。金丰联合矿业由四个矿合并而成，但是尼克松还想立即合并第五座矿[联合矿业(the Combination)]。价格为用现金立即支付一百万美元，然后几个月后再支付一百六十万美元(支付方式为现金或金丰联合矿业的股票，由卖方选择)。尼克松缺乏资金的事实使得金丰联合矿业的股价下跌，反过来又使参议员(尼克松)的财政状况进一步恶化。

巴鲁克喜欢克罗克，他判定自己也会喜欢尼克松。他与几位朋友商谈，组成一个财团，筹集了一百万美元。[尼克松重重地回报了巴鲁克的友情。"在这个地球上，巴鲁克

华尔街上,联畜运输车司机驾马车向东行驶,背景是三一教堂(1906年)
(出自纽约证券交易所档案)

是我最亲密的朋友。他是一个好人,替我筹到这笔钱。"6月这位参议员声明。]一百万美元的现金支票签给尼克松,他答应1908年2月归还。作为额外的报酬,巴鲁克和他的朋友们收到一份购买1 000 000股金丰联合矿业股票的期权。

接着巴鲁克打心理战。巴鲁克让尼克松把支票放在他口袋里,然后让他来到瓦尔多夫咖啡店找一张桌子坐下。如果有人过来问尼克松的财务麻烦,他就拿出这张支票,谈话间假装不经意地说出巴鲁克的名字。这位参议员照做。正如预料的一样,果真有人热切地向尼克松提起财务问题,尼克松当场亮出这张6位数的支票。当时好几个人回过头来看。

这位参议员的下一步行动就是去芝加哥会见联合矿业的卖家。自然对尼克松来说,他们选择股票作为分期付款的支付方式是最好的。如果能够使得他们相信股价会上升,那么对卖家来讲,股票作为分期付款的支付方式也是最好的。没有完全解释原因,卖家

第五章 自主行事

像在施舍恩惠,当场选择了股票支付方式。①

金丰联合矿业的董事会支持尼克松的策略;股东们正式批准了尼克松的提案。尼克松很高兴。巴鲁克看到金丰联合矿业的股价上升,同时拥有的期权获利,也很高兴。不满意的是那些矿工。世界工人协会(Industrial Workers of the World, or Wobblies)为某些金丰联合矿业的人说情,谴责工资制度,实际上是谴责资本主义。他们尤其反对一条由管理层设立的防止矿工盗窃高级矿石的规定。该规定要求矿工轮班结束时脱光衣服,然后在沙滩上蹦跳抖落任何黏附在他们身上的矿砂。

总之,1907年是没有回报的一年。收益令人失望。金丰联合矿业的年报遭到权威的《矿业及科技期刊》(*Mining & Scientific Journal*)嘲笑;该期刊称金丰联合矿业的年报是"一堆混乱的、前后不一致的数字"。矿工罢工达91天,劳资关系恶化,并发展成为武装冲突。年末,内华达州州长请求罗斯福总统派遣军队到金丰平息冲突以及阻止其他行为,包括"非法破坏财产"。到圣诞节,9个连被安排在金丰宿营。

8月初,美国军队在金丰扎营之前,巴鲁克到金丰与金丰联合矿业董事们商榷。他带了几位朋友一同前往,包括他的哥哥哈特和罗杰·德·佩里尼伯爵(Count Roger de Perigny)。罗杰·德·佩里尼伯爵是一位巴黎名人,也是巴鲁克财团的成员之一,对美国西部的生活充满好奇。金丰联合矿业的副总裁乔治·温菲尔德(George Wingfield)在火车站迎接巴鲁克一行人。巴鲁克这位穿着讲究的人注意到温菲尔德没有穿夹克。

那是一个暖和的晚上,人们不需要穿外套[他记得]。同时,这样温菲尔德比较容易够到他带着的五支左轮手枪,两支在前面,两支在后面,另外一支在左胸。乔治解释这四位陪他来的、一脸严肃的人是平克顿(Pinkerton)侦探,并说了一些有关劳资纠纷的情况。其中一位平克顿侦探驾驶马车带我们到金丰联合矿业的房屋。温菲尔德解释道在那里,只要我们开着房间的灯,不会发生什么事。

巴鲁克去金丰的日程安排表上其中一项就是商谈股票期权问题;巴鲁克的股票期权引起媒体的一些不满,从而使得金丰联合矿业股东们重新考虑此问题。《内华达矿业新闻》(*Nevada Mining News*)把尼克松描绘成一个金融笨蛋,把巴鲁克描绘成一个

---

① 巴鲁克提出的理由未经证实。他的理由是,联合矿业的人想要测试金丰联合矿业的市场力量,在场外证券市场下达了大量抛售指令。巴鲁克料到他们会这样做,及时下达大量买进指令。买进碰到抛售,股价依旧坚挺。由于对这次的市场行动印象深刻,联合矿业的人选择了股票支付方式。不过,在这段可疑的时期内,没有任何有关场外证券市场上交易金丰联合矿业股票的记录。

邪恶的天才。《内华达矿业新闻》报道，巴鲁克与一些强大的利益集团勾结，逐渐而巧妙地取得金丰联合矿业的控制权。["谣传罗斯柴尔德家族(Rothschilds)、贝尔蒙特、瑞安以及其他一些我不认识的人，譬如英国国王，已派专家来这里，将要获取联合矿业的控制权，"5月尼克松说。"无论如何，这个谣言没有一点是真的。"]至于股东们，一些股东考虑巴鲁克股票期权的时间越长，就会感到越生气。不过，考虑到罢工、全面的管理不善以及非法破坏，股价没有明确越过7.75美元，这个点位巴鲁克可以把股票期权兑换成现金。9月末双方达成妥协。巴鲁克同意放弃100 000股的期权。之后又达成协议，主要以股票偿还一百万美元贷款。据说到1908年巴鲁克拥有的金丰联合矿业股份比尼克松、温菲尔德或亨利·弗里克还要多。弗里克是一位有地位的金丰联合矿业投资者，以开采铁矿而闻名。劳资冲突逐渐趋于缓和，矿石产出量增加，金丰联合矿业恢复了原本的声誉。1907年每股分配了20美分的红利，到1909年每股分配的红利提高到90美分。

有关巴鲁克成功逃离股灾的看法——巴鲁克乘股市暴跌时反而连续不断地获利——通过他自己记录的发生在1929年的一件事(记录资料尚存在)证明不能成立，至于后来发生的事全凭回忆。在自传中，巴鲁克写道，他在1903年所谓的富人股灾(Rich Man's Panic)之前就抛售了股票。同样在1907年，"跟其他很多人一样，我做好充分准备，不是为股灾而是银根紧缩。我提高了在曼哈顿公司的现金账户余额。另外，我告诉曼哈顿公司的总裁斯蒂芬·贝克尔(Stephen Baker)我可能随时需要提取现金"。①

1907年的股灾显然影响了巴鲁克，因为股市和铜金属市场同时受到重创。年初铜价为每磅25美分，到秋初降到15美分。铜业联合公司关闭了位于蒙大拿州巴特的铜矿；古根海姆家族关闭了在墨西哥的铜矿。即使银行业也频频爆出与铜业有关的危机新

---

① 1911年波士顿新闻局公布了一份有关当时巴鲁克市场交易活动的书面说明：

1906年哈里曼牛市到达顶峰时，巴鲁克大量买进联合太平洋铁路公司股票，期待股价升到250美元的时候抛售。某天他从一位朋友那儿收到一本于1851年在伦敦出版的书的复印本，该书作者是查尔斯·麦凯(Charles Mackay)……书名是《大众的异常妄想与群体疯狂》(Extraordinary Popular Delusions and the Madness of Crowds)。这本书主要介绍了南海泡沫、约翰法的密西西比泡沫、达连探险、中世纪著名的炼金术士、十字军东征以及其他历史上的"疯狂事件"。巴鲁克对麦凯描述的历史无节制投机行为与现在华尔街疯狂追逐铁路股票以期天价抛售的情景之间的相似性印象如此深刻，以致他把股票全部脱手，静待股市崩溃。

第五章 自主行事

闻。尼克博克信托公司(Knickerbocker Trust Company)陷入困境,紧接着10月传出国家商业银行(Mercantile National Bank)出现危机;该银行的管理层曾试图囤积联合铜业公司(United Copper Company)的股票,但是失败了,并由此"出名"了。犹他铜业公司在资本市场筹集了900万美元(其中一部分来自巴鲁克),但是刚刚开始投入生产,就把自己弄得困难重重。10月末,巴鲁克收到犹他铜业公司总裁查尔斯·麦克奈尔的一封电报。电报内容是资助现金。

据巴鲁克称,麦克奈尔想要50万美元;按照日常营运资金标准来说,这是一笔巨额资金。6月30日,该公司的银行账户上只有35 803美元。客户欠它90 580美元。它欠供应商18 887美元。[资产负债表上金额最大的一项是称为"在途铜矿石"的存货进项:425 597.97美元。]10月24日,在纽约证券交易所借到利率为100%的贷款;100%是一个亏本利率。摩根从银行那里艰难筹集到一笔2 500万美元的资金。

正是这样,巴鲁克帮了麦克奈尔的忙。他写道,他已把钱装箱,然后特快船运发送到盐湖城;他向麦克奈尔收取6%的名义利率,麦克奈尔坚持提升到20%。巴鲁克拿剩下的一些现金通过公开市场廉价买进犹他铜业公司的股票。①

在骚乱的秋季——70岁的摩根在美国财政部的帮助下最终拯救了银行系统——巴鲁克感到自己身上背负着一种责任感。作为一位冉冉升起的金融界要人,他认为自己有一种义不容辞的责任,应该去见摩根帮助他挫败资产变卖潮。某天晚上,他躺在床上,心里反复练习如果见到摩根要对其讲的话。他可能会出现在摩根的办公室门口,然后告诉摩根他希望出借一些钱给摩根组织起来的财团。摩根闪着犹如灯塔般明亮的眼睛,会问金额大小。巴鲁克——现在的巴鲁克已是纽约证券交易所管理委员会委员和投资家,不再是当年瓦尔多夫那群人当中做空交易的年轻人——会说,150万美元的现金。这是一笔非常大的贷款:一些银行提供的贷款都还不到150万美元。但是到早晨,巴鲁克的谨慎行事风格驱使他没有这样做;他通过曼哈顿银行匿名捐助了这笔款项。[习惯性地看涨股市的阿瑟·豪斯曼,曾替摩根做事,帮他处理纽约证券交易所的场内交易,他逃过了此次严酷的考验。8月21日,在长岛巴比伦的乡村度假屋中,豪斯曼生病,不久就去世,享年53岁。巴鲁克和塞林是其护柩者。]

---

① 这只是巴鲁克的一面之词,因此很难证明这些话的真实性。例如,《盐湖城论坛》(*Salt Lake City Tribune*)、《犹他新闻》(*Deseret News*)、《矿业评论》(*The Mining Review*)都没有报道犹他铜业公司亏损的相关新闻;1907年犹他铜业公司的年报上也没有显示亏损。

先前在 1903 年的股灾期间，巴鲁克囤积了大量橡胶制品制造公司(Rubber Goods Manufacturing Company)的股票。也是在 1903 年，米德尔顿·S.伯里尔——巴鲁克在豪斯曼公司工作时的导师，加入了橡胶制品制造公司的董事会。伯里尔加入橡胶制品制造公司的董事会很可能是因为巴鲁克拥有该公司的股票，也可以说巴鲁克之所以投资该公司是因为伯里尔是该公司董事。巴鲁克希望在他投资的公司中有人可以提供最新消息给他，而伯里尔在橡胶制品制造公司的职位恰好可以使他能够掌握正确充分的消息，从而可以透露给巴鲁克。在任何情况下，橡胶事业需要巴鲁克充分发挥自己的想象力。一天他向丹尼尔·古根海姆建议，他们筹措资金，买下橡胶制品制造公司的控制权，然后根据标准石油公司的资产变换计划再把它卖掉赚钱。古根海姆说他也考虑过此事，但是他认为花费的时间太长。巴鲁克认为橡胶制品制造公司的股票肯定能赚钱，大量买进该公司股票。

与此同时，一位名叫威廉·A. 劳伦斯(William A. Lawrence)的发明家发现了一项从一种名为银胶菊的灌木中提取橡胶的技术。1905 年末，劳伦斯请求托马斯·福特尼·瑞安和来自罗德岛(Rhode Island)非常有钱的共和党参议员纳尔逊·奥尔德里奇(Nelson Aldrich)资助他的新技术。瑞安和奥尔德里奇把此提议告知了丹尼尔·古根海姆。古根海姆想到巴鲁克对橡胶很有兴趣，就与巴鲁克商谈此事。最后在 1905 年 12 月，在奥尔德里奇、巴鲁克、古根海姆家族、瑞安和其他股东[包括小约翰·D. 洛克菲勒(John D. Rockefeller, Jr.)]的强大支持下，大陆橡胶公司(Continental Rubber Company)成立。该公司资产达 3 000 万美元。

现在巴鲁克又重新从事橡胶事业。巴鲁克和安妮、塞林以及经纪人埃迪·诺顿(Eddie Norton)(于北太平洋铁路公司股票事件一举成名)一起乘坐有轨车去墨西哥，调查银胶菊的市场前景。巴鲁克发现银胶菊的市场前景一片光明，他代表公司与当地人谈判，意欲买下数百万英亩的牧场用来种植银胶菊。银胶菊是一种生长在墨西哥北部的野生灌木。大陆橡胶公司计划人工培植银胶菊，并在托列昂(Torreon)建了一个工厂，按照劳伦斯的方法从银胶菊中提取橡胶。大陆橡胶公司与橡胶制品制造公司签订了购销合同，合同规定，如果大陆橡胶公司三年后生产出橡胶，橡胶制品制造公司会购买这些生橡胶。然而，当大陆橡胶公司成功生产出橡胶，橡胶制品制造公司却宣称这些橡胶不合格，并终止了它与大陆橡胶公司的合同。说得准确些是美国橡胶公司(U.S. Rubber)终止了与美

第五章 自主行事

国洲际橡胶公司(Intercontinental Rubber)的合同,那时两个公司都已变换了公司名称。

通常这样的事不足以提起诉讼,但是巴鲁克想要控告美国橡胶公司,因为他认定托列昂的橡胶实际是优质橡胶。但是,他追述道,J.P.摩根和第一国民银行(First National Bank)行长乔治·F. 贝克尔(George F. Baker)帮助其赢得了诉讼。接下来,巴鲁克敦促自己的公司即美国洲际橡胶公司在公开市场大量购进美国橡胶公司的股票,改变美国橡胶公司的经营管理结构,重新签订合同。但是这个计划遭到反对。巴鲁克写道,他尝试与另外一家橡胶公司签订购销合同,但是由于同事们的贪婪这桩交易最终没有成功。

由于对朋友和敌人的所作所为都感到气愤,巴鲁克再次脱手橡胶事业。巴鲁克赶在1910年墨西哥革命爆发之前就卖出手中的橡胶股,不能不说是一次令人满意的转手。1910年墨西哥革命爆发之后,美国洲际橡胶公司的银胶菊灌木被摧毁,托列昂的工厂也被迫关闭,不过最终还是找到了一个愿意购买橡胶的接手者。另外,巴鲁克出售该公司股票的时候,在前面提及的诉讼中站在巴鲁克敌对一方的一家公司正在买进该公司股票。当时有一篇新闻报道这样写:"最近托列昂的工厂关闭,刚好说明巴鲁克脱手美国洲际橡胶公司是何等的英明之举,如同当年摩根家族在每股30美元左右的时候进场的做法一样明智。现在该公司股票每股不到15美元。"

作为一名自由职业的风险投资家和临时的投资银行家,巴鲁克主要仰仗自己的判断力、韧性和营销能力。巴鲁克通常统率全局,尽可能把许多事情的细节留给别人去做。小尤金·迈耶(Eugene Meyer, Jr.)就是帮助巴鲁克处理细节问题的其中一个合伙人。小尤金·迈耶自己拥有一家投资银行公司,是铜业证券专家,同时也是投资研究方面的先驱者。

年老的迈耶回忆起1909年他和巴鲁克一起帮助古根海姆家族搞债券承销的往事。发行债券的公司名为布拉登铜矿公司(Braden Copper Mines Company),该公司的铜矿位于智利安第斯山脉(Andes Mountains)的西面,海拔8 000英尺。当巴鲁克和迈耶答应购买该公司价值150万美元的可转换债券以便再出售给投资者,该公司投入生产还只有一两年的时间。迈耶说,

> 巴鲁克并没有做实际工作,具体的工作都是我做的,但是他跟古根海姆家族的关系

很好。他是一个很好的合伙人，因为他会出去做推销工作。他身后有一大群人帮他做事。他对债券不甚了解。他从不做法律文件上写着的具体事宜，具体的工作都是由我们来完成的。他只是在我呈给他的法律文件上签下自己的名字——他甚至看都不看这些文件的内容。

较之平常，当时巴鲁克不想读到盛赞布拉登铜矿公司债券发行的相关文章，因为提议购买债券时巴鲁克正好和安妮在巴黎。1909年7月末，迈耶向巴鲁克汇报说布拉登铜矿公司的债券发行计划失败了，原因全在于古根海姆家族的名字未能激起投资者的信心。此前迈耶已寄给巴鲁克一份招股说明书，请求他如果有时间推销一下布拉登铜矿公司的债券。迈耶想要保密一些细节——向公众开放的债券价值只有15万美元——"公开这些事实会使古根海姆家族受到巨大的质疑，同时也会扰乱我们自己的市场营销计划。"①一个星期后，巴鲁克从伦敦给迈耶发了一封电报，说布拉登铜矿公司的债券和古根海姆家族在大西洋的另一边也很难推销出去，电报内容如下："恐怕这边的市场也很难出手，人们对这些债券兴趣不大。巴鲁克。"

即使巴鲁克对古根海姆家族信心不大，但他仍然相信迈耶的能力。当布拉登铜矿公司债券未能卖出去时，迈耶给在巴黎的巴鲁克发了份电报，乐观预测了美国钢铁公司（United States Steel Corporation）的前景。此封电报产生了实质效果，因为迈耶，作为与J.P.摩根平起平坐的市场观察家，曾经写过一份有重大影响的有关美国钢铁公司的华尔街研究报告。迈耶的公报使美国钢铁公司的股利增加。电报称6月该公司的收益异常喜人，订单持续不断，下一次股利增长很可能发生在10月或明年1月，我估计可能就在10月。7月30日，巴鲁克从巴黎发回电报，做出答复："我同意贷给你920 000美元。"到10月26日，预计的股利增长如实发生，股价上涨了18%。

布拉登铜矿公司债券承销中一个有趣的事是，巴鲁克和迈耶都希望他们的钱用来购买该公司的股票期权。8月巴鲁克返回纽约后，巴鲁克和迈耶决定，如果合同内容不做一些变动，他们将不再继续进行债券承销计划。巴鲁克写道："如果合同不做修改，我们没有获得股票期权，那么我想，对我们来说，现在接管股票或是努力打开市场都是不可取的。"从表面上看，巴鲁克和迈耶已经同意与古根海姆家族一起操纵、扶持，或者要不然就

---

① 事实上，巴鲁克绝不是一个多余的人。当布拉登铜矿公司发行债券遭到公众的反对，他安排了一百万美元的贷款以帮助该公司保存这些债券直至可以出售。

第五章 自主行事

是掌管布拉登的市场，这样的约定在当时是正常的，但是后来违反了1934年出台的《证券交易法》(The Securities Exchange Act)。

对巴鲁克来说，布拉登铜矿公司只是一个短期的累赘[布拉登铜矿很快就挽回了自己的声誉]，但是巴鲁克在智利的另一项风险投资几乎立即就获得了可观的回报。那是智利铜业公司(The Chile Copper Company)的丘基卡马塔矿(The Chuquicamata mine)。丘基卡马塔矿比犹他州铜业公司开采的宾厄姆矿场要大很多，地理位置也更偏远，同时矿藏也更丰富。1536年以前印加人就在丘基卡马塔开采过矿藏。1913年，根据特拉华州法律，丘基卡马塔矿被合并。1915年，一磅铜市值20美分，丘基卡马塔矿开采出的铜成本大约是每磅6美分。尤金·迈耶预见到这块富矿带所蕴含的巨大商机，于是与古根海姆家族商洽，希望给予其承销价值1 500万美元的可转换债券的特权[那时古根海姆家族已经恢复了先前的名声]。巴鲁克又再次与迈耶合作，事实证明这是巴鲁克职业生涯中取得的又一个巨大成功。

巴鲁克通常在风险投资项目股利支付兑现之前就出手这些项目，但是有一些风险投资项目没有能够走到支付股利这一步。在巴鲁克的所有投资项目中，东方矿业公司(New York Orient Mines Company)就是其中比较不著名的投资项目之一。该公司由丹尼尔·杰克林(Daniel Jackling)、威廉·博伊斯·汤姆森(William Boyce Thompson)和巴鲁克于20世纪初创建。汤姆森建议派一名矿工去中国查找相关旧资料，以便从中发现线索找到被人遗忘的但可利用的矿藏。很明显，东方矿业公司一无所获。1910年，洲际化肥公司(Intercontinental Fertilizer Company)成立，涉足南卡罗来纳州的查尔斯顿市的化肥制造业。巴鲁克是该公司的副总裁[罕见的例子，因为不管是名誉职位还是实职，巴鲁克鲜有接受公司头衔的]；阿伦·A. 瑞安(Allan A. Ryan)，托马斯·瑞安的儿子，是公司的财务主管；W. B. 奇索姆(W. B. Chisolm)，弗杰尼亚—卡罗来纳化学公司(Virginia Carolina Chemical Company)的前主管，担任公司的总裁。1915年，巴鲁克写信给前辈瑞安说，与股东们的高期望相反，公司没有股利可分配。巴鲁克的矛头直指奇索姆。

在巴鲁克的风险投资经历中，阿拉斯加—朱诺黄金矿业公司(Alaska Juneau Gold Mining Company)很可能是失望情绪持续时间最长的一次经历。阿拉斯加—朱诺黄金矿业公司于1899年就立桩表明矿藏所有权，矿场位于朱诺市旁边的加斯蒂诺海峡(Gastineau Channel)沿岸。弗兰德·W. 布拉德利(Fred W. Bradley)是一位杰出的工程师,他相信矿场产出的黄金必定会大受欢迎。这一带的金矿石很细,但是矿场与阿拉斯加金矿公司(The Alaska Gold Mine Company)的矿场临近,丹尼尔·杰克林本身对阿拉斯加金矿公司非常感兴趣。由杰克林提议合并矿场的事宜正在进行中。1915 年,阿拉斯加—朱诺黄金矿业公司推出发行 40 万股股票的计划,请求巴鲁克包销此次股票发行。巴鲁克同意了,让尤金·迈耶出手相助。

在此单股票交易公告发布之前,华尔街就收到了风声,缠着巴鲁克要股份。"亲爱的巴鲁克先生,"来自一家巴尔的摩公司的一位股票经纪人写道,"就阿拉斯加—朱诺黄金矿业公司的股票而言,你能否让你的朋友们多发行几百股?"巴鲁克不能这样做。所有的股票都已经分配完。在股票发行定价之前——事实上,在股票能够定价之前巴鲁克就提出了异议——在场外证券交易所已经开始交易股票。《华尔街日报》把预期的股票需求称为"难得一见的需求"。最后投入流通的股票数量是预期需求量的五倍。

巴鲁克和迈耶每人承担了 10 万股的包销任务,售价为每股 10 美元。他们俩的佣金是每股 1.75 美元。同时,巴鲁克还获得了一份 7.5 万股的股票期权,到时巴鲁克可以在每年 6 月以每股 8 美元的价格买进。也就是说,不管该公司股票的市价有多高,巴鲁克可以以 8 美元的价格购进该公司股票。4 月 15 日,即增发股票三星期后,阿拉斯加—朱诺黄金矿业公司的股票报价为 15 美元。7 月底跌至 9.5 美元。

至此股价下跌一发不可收拾。较早令人失望的一件事是,杰克林决定暂停与阿拉斯加金矿公司矿场接邻的工程。阿拉斯加—朱诺黄金矿业公司的抛光机在设计上存在漏洞,采矿历史学家 T. A. 理查德(T. A. Rickard)把它称为"一个严重的错误",这个错误导致产金能力显著下降。1915 年年末,阿拉斯加—朱诺黄金矿业报价 7.75 美元,1917年跌至 2 美元。1920 年,公司总裁弗兰德·布拉德利召集股东们,请求他们同意公司发行债券,以便重新筹集金矿耗尽的营运资金。小尤金·迈耶冷冰冰地答复:"到目前为止,我与阿拉斯加—朱诺黄金矿业的关系是,我对这些股票非常感兴趣,这些股票使我遭受巨大损失。乍看上去,我持有的这些股票不能让我愿意承担价值高达 42.5 万美元的债券,而每年只有 6% 的利息,利息所得大部分最后还得交给美国政府。"

最后只获得两起认购,每起只有 500 股,布拉德利自己拿出相当数额的资金来认购债券。布拉德利的行为鼓舞了其他重要股东,包括巴鲁克。他们也拿出钱来认购,从而及时筹集到 190 万美元。布拉德利不想认输,因为当初向公众发行股票是打着他的旗

第五章 自主行事

号。基于同样的原因,巴鲁克也不想在布拉德利面前认输。直到 1931 年阿拉斯加—朱诺黄金矿业公司才宣布分配股利。1934 年,美元对黄金贬值,这使得阿拉斯加—朱诺黄金矿业和它的股东们又大发了一笔横财。巴鲁克获利相当丰厚,因为他预期货币贬值,先前购进了大量股票和金条。与巴鲁克在其长期投资生涯中取得的诸多成功一样,这次成功也是他应得的。

第六章

霍布考的大实业家

第六章 霍布考的大实业家

巴鲁克是一个漂泊不定的百万富翁,出行十分招摇。人们靠火车出行的年代,他就拥有自己的私人车厢。他还是早期的汽车狂热者。他拥有的第一辆汽车是一辆八缸或十缸发动机的潘哈德(Panhard),开动起来能把马都吓一大跳,开过新泽西海滩引起的喧闹,至少惹恼了他的一个夏季邻居——被称为"投资银行家之父"的尤金·迈耶。巴鲁克的第二辆汽车是一台黄色的梅塞德斯,拥有 40 马力的发动机,花费了 2.2 万美元。他曾驾驶这台梅塞德斯在新泽西长滩的一个展览上与驾驶一辆美国汽车的美国标准石油公司的继承人 A.C. 博斯特威克(A.C. Bostwick)比赛,当时巴鲁克开车时速超过 60 英里。巴鲁克对速度的追逐帮助他克服了晕船的恐惧。巴鲁克和他的兄弟哈特一起买下一艘名为斯基戴得(Skeedaddle)的 190 马力发动机的船,一道驾船出去比赛。1906 年,他们俩在汽艇俱乐部组织的哈德逊河站比赛中以微弱的优势赢得全国冠军。

巴鲁克的驾驶技术至少比得过他聘请的司机,很可能还要更好。1908 年,他名下一辆配有司机的汽车在西 55 街失去控制,撞到了一位行人。1901 年也发生过类似的事故,当时巴鲁克打电话给他的司机:"今天你休息一天。"他的司机信誓旦旦地保证,过后建议巴鲁克:"我去纽黑文(New Haven)吧。"如果没有允许,这位司机不得使用巴鲁克的汽车,但他还是获得机会,驱车去布鲁克林看一场汽车比赛。回家的路上,这位司机撞伤了一位行人,而这位行人刚好穿过 42 街第 8 大道。随后的诉讼中,一审裁定巴鲁克赔偿 1 000 美元,但是巴鲁克提起上诉,获得成功。这位司机很可能是海因里希·巴赫希尔根(Heinrich Hilgenbach),他曾驾驶这辆汽车出去过,从巴鲁克简短的话语中可知他在清醒的时候是一个很好的人。不管司机是谁,法庭记录显示这名司机还是保住了工作。(1913 年,巴鲁克的母亲认为不能太纵容这样经常出事故的司机。她断言:"如果你的司机知道如果他开得太快就会被解雇,行人过马路时更加小心,那么交通事故就会减少。"她说她个人认为时速应该限制在 12 英里。]夏天去欧洲旅行时,巴鲁克有时会带一辆汽车,享受自己驾驶的乐趣。

因为巴鲁克经常四处走动,所以联系上他或与他做生意通常不是一件容易的事。每年他都会进行一次国内旅行,了解美国各地的风土人情,以期日后对生意和股市操作有所帮助。夏天他会去欧洲,冬天的一段时间会去南卡罗来纳州的私人大庄园。这个大庄园名为霍布考(Hobcaw),在印第安语中的意思是在水域之间。霍布考是巴鲁克的第二个家(他的女儿贝尔通常认为这是她的第一个家),是与母亲和父亲之间的有形联系。霍布考的第一任男爵是约翰·卡特雷特阁下(John, Lord Carteret),国王查尔斯二世(King Charles II)把这块 1.2 万英亩的地方(称为 Hobcaw Point)赐给了他。这是位于瓦卡茂河(Waccamaw River)和大西洋之间的一块狭长的地方,实际面积是 13 970 英亩,不是 12 000 英亩。至少在两件很重要的事情上,卡特雷特和巴鲁克非常相似。他们俩都很关注贵金属开采的可能性,都是充满魅力的人(卡特雷特被称为"热衷社交的人",巴鲁克恰好也是这样的人)。但是,卡特雷特从来没有把霍布考放在心上,1730 年以 500 美元的价格把它卖给了一个名叫约翰·罗伯茨(John Roberts)的人[来自英格兰米德尔塞宾斯郡(圣公会)教长的侍臣],一起出售的权利还包括采伐权,"护坡林、湖泊、水库、渔场、水域、河道、牧草地、牧场、湿地、沼泽地、道路、地役权、收益、农产品、利润、津贴、不动产及附着物,"同时还包括"狩猎、垂钓和捕猎野禽"的权利。但是不包括开采金矿和银矿的权利,卡特雷特想保留开采权。但是最后证明这一带并没有贵金属矿藏。

19 世纪末,这一片土地不断地被分割成小片土地,河水[面朝温耶湾(Winyah Bay)的河流向南流,瓦卡莫河向北流]淹没了西边的土地,然后这一带就开始种植水稻。1875 年,苏格兰人罗伯特·詹姆斯·唐纳森(Robert James Donaldson)买下了这带最好的一片土地。1904 年,唐纳森的儿子约翰·亨利(John Henry)和西尼·T.(Sidney T.)决定卖掉这块土地。那时巴鲁克有意向购买。当地一家报纸恭维巴鲁克,称巴鲁克是一个举止优雅、见多识广的人,做事用脑、年轻、智商高。唐纳森一家在地上种植作物,产量很好,但是经常有人来偷猎,这使得他们很苦恼。或许是这个原因或其他原因,唐纳森一家打算卖掉原来土地的 3/4。谈判过程中,巴鲁克打了时间差。他获得一项期权,于 1904 年的圣诞周买下土地,但是期权延展至 1905 年的 2 月。最后,在 5 月,他买下弗兰德菲尔德森林(Friendfield Plantation)的大片土地以及温耶湾和马迪湾(Muddy Bay)的许多零星土地,这些地块的名字很诱人,包括大马什岛(Big Marsh Island)、布什夫人(My Lady Bush)和南瓜种子(Pumpkin Seed);这些土地加起来总计有 1 万英亩,花了 2 万美元。1906 年,他又买下弗兰德菲尔德北面 2 522 英亩土地[包括后来被称为贝尔之家(Bellefield)和螃蟹馆(Crab Hall)的那些土地],花去 2.5 万美元;1907 年,又买下北部被称为奥

第六章 霍布考的大实业家

尔德(Alderly)的大片土地,大约有2 500英亩,花去1万美元。这些土地交易全部完成后,巴鲁克除拥有种植园主的房子和四个小村庄(以前霍布考的奴隶们或其后代曾居住于此)外,还有1.5万英亩的土地。总费用为5.5万美元,还不到美国钢铁公司1 200股股票的价值。1912年或1913年,巴鲁克的一个客人哈里·佩恩·惠特尼(Harry Payne Whitney)对这片土地充满了好奇之心,出价一百万美元,巴鲁克礼貌地拒绝了。最终巴鲁克把这片土地交给贝尔。贝尔转而建立了一个研究机构,想要将这片土地用于海洋和生物研究。

霍布考吸引巴鲁克的一个地方是进入霍布考不太容易。他们从纽约乘火车经由南卡罗来纳州的乔治镇(Georgetown)和兰纳(Lane),然后乘船穿过温耶湾最后到达霍布考。巴鲁克和他的客人们在离唐纳森一家居住过的房子——弗兰德菲尔德楼很近的一个码头下船。弗兰德菲尔德楼是一幢木质结构的房子,有白色的柱子、长长的百叶窗以及一个宽阔的阳台。房子四周是布满苔藓的橡树,春天开满了五颜六色的杜鹃花和木兰花。最终修建了一条路,客人们可以经由陆地到达霍布考,但是这样的旅程既花时间又需要巨大的勇气。国王公路(King's Highway)是一条未铺好的道路,连接弗兰德菲尔德楼和公共道路,长约4.5英里,这条路迂回曲折地绕过一片荒凉的柏树沼泽地旁边的原始森林,径直通到弗兰德菲尔德楼。沿途所经过的区域都是巴鲁克的地盘。每天两次从乔治镇送来信件和电报,但是巴鲁克不想安装电话。"我多么想念电话啊!!!?"安妮曾在客人来访簿上这样写。

在这些盐碱湿地、犁过而未播种的稻田、树林和小溪里栖息着各种各样的野生鸟兽和海洋生物。早年巴鲁克设陷阱捕捉獭,有时还会遇到熊和狸。霍布考还生长着鹿[小伯纳德·巴鲁克曾以小孩的手笔在客人来访簿上留言:"我喜欢我的鸭子,还有你,鹿。"]、野猪、滨鹬、鹌鹑和山鹬。野火鸡很多,有时会导致国王公路的交通堵塞。岸边或小溪、小湾中有蛤、牡蛎、龟鳖、虾、黑鲈、红鲈、白垩、竹荚鱼、鲱鱼、胭脂鱼和螃蟹。沼泽地上堆积了牡蛎壳,随处可见猎犬的爪印,生态、复杂性窥见一斑。贝尔曾射中一头鳄鱼。12岁的时候,贝尔第一次杀死了一头鹿;《纽约先驱报》报道三个偷猎者在巴鲁克的私人庄园偷猎被判入狱8个月的新闻时提及了此事。

对户外爱好者来说,霍布考最大的吸引力就是狩猎,当然并不是巴鲁克的每一位朋友都喜欢户外运动。[海伍德·布朗(Heywood Broun),一名新闻记者,曾拒绝了巴鲁克发出的外出活动邀请,"我躺在床上狩猎。"]狩猎者很早就起身,也很早就狩完猎回家。他们晚上就出发,乘坐平板马车到克拉米班克沼泽地(Clambank marsh)旁边的一间简陋木屋休息,彻夜未眠一直待到黎明前①。吃完早饭(热乎乎的炖菜、粗玉米粉和咖啡)后,巴鲁克带领这些客人去坐船,划到这块盐碱沼泽地放诱饵的地方。一会儿红色的天空中出现黑色的 V 字形。盖兹(Guides)回忆道,野鸭们停在诱饵上,猎枪噼里啪啦地扫射。野鸭四处逃窜,纷纷被击毙。捕获的野鸭如此多,以致他们讲给从未去过霍布考的人或者 20 世纪 20 年代野鸭减少后才去霍布考的客人听,对方都不相信他们说的事。[野鸭变少,差不多同时,股市变得更有效率,所得税在工资中占有可观的一笔数目;同时巴鲁克的机会变少。]一次,当着巴鲁克的面,威尔逊的全权律师托马斯·W. 格雷戈里(Thomas W. Gregory)略带怀疑地对赫塞·琼斯(Jesse Jones)[重建金融公司(the Reconstruction Finance Company)未来的总裁]说:"赫塞,保持安静。我们坐下来休息,听伯尼吹吹野鸭的牛吧。"

  霍布考完全只属于巴鲁克,他总是提醒他的朋友是他——巴鲁克——发出邀请,他的太太安妮也是霍布考的客人。总体而言,在婚姻中,巴鲁克划分他和安妮各自的势力范围。霍布考是他的地盘,他在苏格兰租借的城堡(夏天去那里狩猎)也是他的地盘。位于西 52 街 6 号的四层褐砂石房屋显然是安妮的地盘,除了顶楼,顶楼是巴鲁克的地盘。显然,安妮远离金融市场、野鸭和桥牌[巴鲁克非常喜欢打桥牌],而巴鲁克也从来不碰安妮收集的英国银饰和古董家具。巴鲁克的信中鲜有提及安妮,在少数那么几次当中,巴鲁克曾称安妮是"头脑冷静的人"。20 世纪 30 年代,多萝西·希夫(Dorothy Schiff)曾在一次晚宴中碰到巴鲁克夫妇,希夫离开时有这样一个印象,即安妮绝不是巴鲁克喜欢的类型。当然,1938 年安妮去世后,巴鲁克选择的女友都是与安妮截然相反的人,安妮去世前的许多年里大部分次要证据就是巴鲁克对安妮不忠诚。巴鲁克的辉煌情史中唯一被大家知道的记录是由海伦·劳伦松(Helen Lawrenson)留下的,她写了一篇很著名的男性散文"拉丁人是糟糕的情人"(Latins Are Lousy Lovers),此文就是在巴鲁克的鼓励下写作完成的。巴鲁克去世 10 年后,劳伦松描写巴鲁克也是一位糟糕的情人。

---

  ① 有时候巴鲁克会带客人们到庄园的黑色教堂过夜。某次巴鲁克带客人们到教堂过夜,当时牧师正在布道。这位半路出家的牧师,说了下面一段话:"摩西(Moses)把红海劈为两半,他们有气枪和猎枪,可以四处射击,水被劈成两半,人们毫发无损地走过红海,然后摩西又把水合为一体。现在我要结束布道,因为主人明天一早要去狩猎,我们上床睡觉去吧。"

第六章　霍布考的大实业家

1899年贝尔出生后,巴鲁克一家又添了两位新成员,分别是1903年出生的小伯纳德和1905年出生的勒内(Renee)。巴鲁克常常认为自己是一个失败的父亲,巴鲁克对孩子们的忠告是长大后会有诸多烦恼,所以小时候应该好好享受童年。巴鲁克经常不在家——除了商务旅行、高尔夫和夜生活,夏天巴鲁克与太太一道坐船去欧洲,有时候不会带所有的孩子一同前往——但是,当孩子们遭受挫折时,巴鲁克表现出来的伤心表明巴鲁克爱着他们,即使相隔很远。这样的挫折源于贝尔和霍华德·帕杰(Howard Page)家的一个女儿之间的友情。帕杰是洲际橡胶公司的董事长,也是巴鲁克的一位密友。帕杰家的女儿已进入曼哈顿的布雷尔利学校(The Brearly School)学习,她鼓励贝尔也去申请进入这所学校。1912年贝尔申请了,并且通过了入学考试,但是最终没有被录取。很多年后巴鲁克回忆起此事,据他所说,问题在于他是一个犹太人:

在我的一生中,这是一个难以接受的打击,因为它伤害了我的孩子,同时很多年来我一想起来就感到痛苦不已。反犹太主义的人为了保持学校的纯正性,就把我的女儿挡在学校的大门之外,仅仅因为她是我伯纳德·巴鲁克的女儿。就这个原因,而且还是宗教原因。尽管学校的解释是他们不想招学生,但事实上另外两个女孩子被学校录取了。拒绝录取贝尔的那个男人后来升到了一个很不错的职位,他的太太是民主党人。我有机会报复他们,但是我没有这样做。我相信那个人肯定以为我会报复他,事实上,我知道他的确是这样认为的。联邦银行(The Federal Bank)[很可能是联邦储备银行(The Federal Reserve Bank)]曾邀请他加入,有人对我说,"你有机会整整某人。"我的第一个念头也是这样的。他说,"你只要告诉麦卡杜(伍德罗·威尔逊政府时期的财政部长)你不想这个人到联邦银行工作。"可是,我想我没有权利报复他,也不能滥用公权,因此我什么都没做。某些政治活动或场合,我会碰到他的太太,但是我从未对人提起过此事,尽管我常拒绝捐款给那些我看到她是委员的委员会。随着时间的推移,痛苦和伤害有所减轻,但是从未完全消失。我可以原谅任何一个如此对待我的人,但是为什么要去伤害一个孩子呢?

除了出身,巴鲁克其实不像犹太人,他也极不愿挑起事端,如果可以避免,他也很希望非犹太社会可以完全接受他。事实上,作为一位名人,巴鲁克并没有被非犹太社会视为异己。一方面,他自由出入市中心的社会精英阶层。例如,他是休会俱乐部(Recess Club)的会员。在该俱乐部,勒布的合伙人库恩(Kuhn),一个犹太人,与摩根兄弟(不是犹太人)一起吃午餐。另一方面,安妮是新教徒,这一点使他获得更多的社会认同感。1905年,正是得益于安妮,巴鲁克家族才得以收录在《社会名流录》中,在20世纪10、20年代,瓦伯格(Warburgs)、希夫家族(Schiffs)、塞利格曼家族(Seligmans)或者古根海姆家族(Guggenheims)的名字都还没有出现在上面。巴鲁克家的女儿们的名字时不时出现在报纸的赛马报道中[贝尔后来成为一名冠军骑师]。1911年夏天,巴鲁克全家去易怒的阿尔岗金族印第安人聚居区一个名为Kamp Kill Kare的地方度假,同行的还有他的父母。1920年以前,巴鲁克是纽约城市学院(City College)理事会中唯一一位犹太裔理事。20世纪30年代,富兰克林·罗斯福政府的劳工部长弗朗西丝·珀金斯(Frances Perkins)一直认为他不是犹太人。[她说,最终改变她想法的事是,巴鲁克非常喜欢SPA和温泉水疗,这一点非常像犹太人。]

同样真实的是,社交上巴鲁克可以走得更远。有段时间,巴鲁克是一些惠斯特牌会和作家协会的会员,但不是大学和城市协会的会员,他的岳父本杰明·格里芬是该协会的会员。因此,当他的一个生意上的朋友及高尔夫球友约翰·布莱克(John Black)推荐他加入位于皇后区的贝塞德、入会条件非常严格的奥克兰高尔夫俱乐部(Oakland Golf Club)时,巴鲁克感到惶恐。巴鲁克知道奥克兰高尔夫俱乐部,他曾在那里打过球,奥克兰高尔夫俱乐部规定四人一组打球。他知道奥克兰高尔夫俱乐部的会员的同质性要求。除了巴鲁克和布莱克,其他两人是迪克·莱登(Dick Lydon)和詹姆士·特拉维尔(James Travers)。莱登是巴鲁克的大学朋友,特拉维尔好像是巴鲁克兄弟创建的股票经纪公司的合伙人。1903年,哈特和赫尔曼在他们有钱的兄弟帮助下成立了该股票经纪公司。据巴鲁克所说,每到周末和节假日,他们四人相约去打球,早上打18洞,下午也打18洞,此活动一直持续到20世纪20年代特拉维尔和布莱克相继去世。布莱克提名巴鲁克参加奥克兰高尔夫俱乐部好像是1909年。

布莱克向巴鲁克保证奥克兰高尔夫俱乐部的会员们没有宗教偏见。曾担任过纽约证券交易所主席的H.J.波姆罗伊(H. J. Pormroy)再次向巴鲁克保证,他会支持巴鲁克。巴鲁克同意了,但毕竟还是有反对的声音。巴鲁克十分尴尬,决定撤回申请,但布莱克和波姆罗伊说他们没有听到任何反对的声音。盟友被拉了过来——詹姆士·马邦(James Mabon),巴鲁克在未上市委员会时期的同事,被争取过来——最后,巴鲁克被吸收进奥克兰高尔夫俱乐部。

10多年后,类似的较量又发生在另外一个活动场所。20世纪20年代初,草坪俱乐部(The Turf and Field Club)不欢迎犹太人,只有其会员才允许进入贝尔蒙特公园(Belmont Park)的观众席。巴鲁克沉溺于赛马,名下有好几匹赛马。他对这些约定俗成的条规一直保持沉默,直到赛马界的名人奥古斯特·贝尔蒙特(August Belmont)询问他对此的看法。巴鲁克回答,把犹太人拒之门外是一项毁灭性的政策,总有一天会使赛马业名誉扫地;巴鲁克引述了一个他很喜欢的表述,不管是地上还是地下,所有的人都是平等的。贝尔蒙特反问,如果巴鲁克的内心想法正是如他所说,那么他为什么还参与赛马。巴鲁克反唇相讥:"不久我就会退出赛马界。"一段时间,巴鲁克拒绝参加贝尔蒙特赛马比赛,他把他名下的赛马交托给他在赛马界的朋友加里·格雷森(Gary Grayson)。接下来一段长时间的争执后,巴鲁克被推选为该俱乐部的会员,但巴鲁克拒绝入会,不过答应如果俱乐部承诺大规模取消这些歧视性规定,届时他会愿意加入。

41岁时,巴鲁克已是显赫人物,股市还不是很活跃,因此巴鲁克的行踪都变成金融新闻界有关投机交易的新闻。巴鲁克的行程时而出现在报纸上,好像他为数不多的离开股市会引起市场的重大调整。因此,1911年6月23日,"据一些消息灵通人士说,股市上午的大量抛售现象是因为巴鲁克打算下星期六去度一个长假"。1912年3月6日,"引起场内交易员担心行情下跌的其中一个原因就是有关伯纳德·巴鲁克将要去度一个短假的谣言——那些交易员显然认为股市变成了巴鲁克的私有财产,他可以把股市也带走。"3月10日,《纽约世界报》(*The New York World*)着重提到巴鲁克去霍布考度假的消息,把他称为"公认的华尔街所有重大的投机活动的领导者"。3月26日,《纽约先驱报》(*the Herald*)报道了一段看似在市中心无意间听到的随便的谈话。

"伯纳德·巴鲁克正在买进雷丁(Reading)的股票,"一位交易员对另一位交易员说。

"不要相信,"另一位交易员说,"他现在在南部狩猎呢。"

"那也不能阻止他买卖股票,"第一位交易员说,"伯纳德随身带着股票行情自动收录器。"

1912年秋季,巴鲁克的身价可能还没有一千万美元,新闻报道夸张地说成巴鲁克刚刚赚了两千万美元。受到如此高的关注度,巴鲁克乐在其中,他难得一见地公开发表股市预测。"股市的利好因素众多,因此可以推动股市持续上涨。"他是在1912年10月8

日说这席话的。然而事实是,那时恰好是股市利好因素的全盛时期。道—琼斯工业平均指数直到 1915 年战争繁荣时期才达到 1912 年 10 月 8 日的最高点(即 94.12 点)。铁路股票直到 1927 年才重新冲到 10 月 5 日的最高点(124.35 点)。但巴鲁克的声誉并没有因为这个错误的判断而受损。1913 年夏季,巴鲁克去度假,《纽约电讯晨报》(The New York Morning Telegraph)说不知道没有巴鲁克的股市又会发生什么震荡。

伯纳德·巴鲁克在去欧洲的路上——他昨天上船。一般情况下,这件略显平常的事可能只会引起短暂的关注度,除了他的直系亲属和至交以外,但在目前的情况下,它具有更加真实的意义,可能乍一看没有什么。

巴鲁克最近总是被一些专栏提及,正冲在振兴股市的一线,把它从绝望的泥沼中拉上来。身后有华尔街大人物支持,这个精明的交易员被挑选去完成此任务,他是多么棒地完成了托付给他的任务,以下的事实充分证实了这点:自从他抓住市场,开始使股价回升以来,联合太平洋铁路公司的股价上涨了 14 点,钢铁价格大约上涨了 10 点,上市证券表中其他公认的行业龙头股股价也有一定比例的上升。①

现在证券交易所最有能力和最大的交易商去国外度假,借机好好放松一下。考虑到过去几个月来他取得的巨大成功或者说他在决定股市命运方面的巨大影响力,华尔街会禁不住自问:"牛市结束了吗?"

对身为投机商的巴鲁克的过分称赞使得鲍尔·沃伯格(Paul Warburg)和雅各布·希夫很不开心。沃伯格和希夫是库恩—洛布公司的银行家,他们俩认为巴鲁克的某些市场操作行为令人讨厌。[詹姆士·P. 沃伯格(James P. Warburg)引用他父亲的话,错误地认为巴鲁克手头上长期缺股票。事实上,巴鲁克是根据环境的变化而持仓或减仓的。]巴鲁克自己对他在金融界的地位有两个观点。一方面,他秉持投机是必不可少的、值得尊敬的行业;另一方面,他偏爱投机这个词,有助益股票认证的形式中区分操纵市场行为还是创造财富,特别是在矿业和农业。不管怎样,他在金融界的地位很难确定。他替自己干活,有自己的办公室,选择那些他认为有吸引力的股票,处理那些信头简单地写着"伯纳德·巴鲁克"的信件。他与古根海姆家族、小尤金·迈耶还有其他人关系都很好,但是他并没有处于一个不得不做生意的状态,因为他受到来自一个大型金融机构的恩

---

① 大多数事实可能会受到质疑。看起来是巴鲁克通过谨慎选个股而不是大盘使市场回暖,"金融大鳄"不管他们是谁。巴鲁克差不多是 1913 年 8 月 7 日离开。股市好转始于 6 月 11 日,结束于 9 月 13 日。

第六章 霍布考的大实业家

惠。1912年,国会对华尔街展开严厉调查时,一位听起来非常像巴鲁克的人向记者加雷·加勒特(Garet Garrett)透露心声。恰巧加勒特是巴鲁克的一位好朋友。据称一些富人和大投资机构集中财力进行市场大动作,加勒特问这位匿名的市场交易员此事对他的影响:

"其实我不受任何影响。你知道为什么吗?……第一,我从未向他们借钱;第二,我并不是如同他们想象的那样,时刻准备出击的。也就是说,我没有像他们认为的那样频繁交易。他们已多次试图阻击我。他们以为把我逼到了困境,但是事实上我并没有。他们中有人曾这样对其朋友(后来这位朋友又转述给我听)说:"正当我们认为他有所动作的时候,他又松手了。"这位先生把此事说给我听是为了追究我此前某次一连串的市场动作惹他不高兴了。接着他们又试图在许多事上讨好我,开始与我交好。但我对这些都小心翼翼对待。我喜欢按自己的意愿做事,不想任人摆布。"

如果"他们"指金融机构,巴鲁克至少是会员,他的职位一定程度上是纽约证券交易所的掌门人。在那里,他是勤奋工作的组织人,坚持传统,为全体委员服务,支持某项[①]他个人不太赞同的政策。巴鲁克是一位"进步"的掌门人,秉持这样的观点,即交易厅内有太多有趣的业务,如果纽约证券交易所根据纽约州法律被合并,也不能说是一件坏事。官方说法是有趣的业务太少;合并将会稀释管理者手中的惩戒权,同时把会员们置于立法机关的监督之下。"巴鲁克,"波士顿新闻局(Boston News Bureau)说:"像一位哲学家,他具有商业道德原则,华尔街视商业道德原则为进步的思想。他认为,金融界背离'买者自负原则'程度太远,如今华尔街绅士们认为追捧黄金是合理的,但下一代肯定不屑做此事。"

巴鲁克欢迎政府监管市场,说明他的某些观点也不是很进步。1913年,他促成为纽约证券交易所编撰一本反对不合理干预的书。《做空和股票操纵》(*Short Sales and Manipulation of Securities*)(资金信托辩论匿名撰稿)是一本67页的金融监管文件汇编。[尽管众所周知,巴鲁克私下已出版过此小册子,但他婉言谢绝在上面署名。]书中的要点包括:做空是有益的;虽然政府对投机活动的干预弊大于利,但是对自律的改善具有促进

---

① 例如,为了保持交易所的传统,他支持威廉姆·兰比尔夫人(Mrs. William Laimbeer),她的丈夫于1913年的一起交通事故中不幸离世。兰比尔是巴鲁克的朋友,也是交易所的会员。事情是这样的,自1907年股灾后兰比尔一直没有摆脱财务困境;除非其他会员勾销他的债务,否则兰比尔遗孀将拿不到一分兰比尔交易席位出售所得的收入。巴鲁克喜欢寡妇,事实上大多数女人他都喜欢;巴鲁克与另外一些会员一道,向兰比尔夫人保证其可以从75 000美元的收入中分到一部分。

作用。书中还描述了诚实的与不诚实的股价操纵行为之间的差异。例如，如果针对同一只股票，有人给一名经纪人发送了购买指令，又给另一位经纪人发送了抛售指令，但是这两名经纪人都不清楚对方的行为，那么这样的市场操纵行为就是光明正大的行为。[这种行为的目的在于通过提高某股票的市场活跃度以吸引公众参与；姑且，这种行为确实反映了交易活动的本质。巴鲁克写道，这样的虚假市场行为被视为"投机中有用的、必不可少的组成部分"。]不过，如果经纪人预先安排交易，那这样的市场操纵行为就是欺诈行为，根据普通法和证券交易法令应该受到惩罚。

总而言之，巴鲁克涉猎公共政策的范围很广。1909年，他对威廉姆·盖纳(William Gaynor)竞选纽约市长一事产生兴趣。盖纳竞选成功后，1910年他任命巴鲁克担任纽约城市学院的理事。盖纳市长是一位坦慕尼派的民主党人和怪异的杰弗逊派(Jeffersonian)人士——艾伯特·杰伊·诺克(Albert Jay Nock)称他为"目前为止公共领域最有能力的人"——尽管在国家政治领域中，巴鲁克是一名进步的共和党人。1892年，巴鲁克把他的第一张总统选票投给了一位民主党人格罗弗·克里夫兰(Grover Cleveland)(美国第22、24任总统，任期为1885~1889年和1893~1897年。——译者注)，但是1896年，很奇怪，他对货币问题做出的承诺不信，想不起来他最终支持的是哪边。[巴鲁克并不是一个空论主义者，他随后转而支持金本位制，但是当罗斯福总统欣然接受准纸币本位制，他也没有公开表示异议。]他说1900年的总统竞选中，他可能会听从他的叔公菲舍尔·科恩(Fischel Cohen)的警告支持共和党人麦金利；科恩是一位南方联盟军的老兵，他说一张共和党的选票可以镇服一名南方士兵。因此，1904年巴鲁克投给了西奥多·罗斯福(Theodore Roosevelt，美国第26任总统，任期为1901~1909年。——译者注)；1908年投给威廉·霍华德·塔夫脱(William Howard Taft，美国第27任总统，任期为1909~1913年。——译者注)。不过，当盖纳市长想要参加总统竞选，1912年他许可一个代表团去巴尔的摩参加在那里举行的民主党全国代表大会(The Democratic National Convention)，提名他为总统候选人时，巴鲁克也在这一行人当中①。那天晚上，巴鲁克被安排坐在第五装甲团(The Fifth Regiment Armory)的代表席中，威廉·詹宁斯·布莱恩

---

① 巴鲁克的远行立即被赋予股市意义。"……巴鲁克手头上应该买进30万股，他还没有这么做。"引用一位经纪人的话，"事实上，我知道伯尼在巴尔的摩大会的时候，他没有进行任何市场操作，不管是通过他的个人专用信箱还是通过华尔街。因此，我估计在目前的良好形势下，他必须买进20万或30万股，因为他不可能置身于市场之外。"

(William Jennings Bryan)(银币的拥护者,可以说是华尔街的敌人)宣布决议开始:

在这事关我们民主党和我们国家兴衰的时刻,大会向美国民众表示问候,并向其保证,民主共和党仍然拥护民众的政府,支持法律平等权。为了证明我们对民众的忠诚,我们在此特别声明,我们反对所有代表J. 皮尔庞特·摩根(J. Pierpont Morgan)、托马斯·F. 瑞安、奥古斯特·贝尔蒙特这个寻求特权和特殊照顾的阶级其他成员利益的总统候选人提名。

为了进一步顺利开展决议,我们要求撤销任何等同于或代表上述提到的人的利益的代表资格。

大会立刻像炸开了的锅似的。巴鲁克用担忧的眼神瞥了一下布莱恩,布莱恩从弗吉尼亚代表团的席位中站起来,目中无人。第一轮战争爆发。有人咒骂布莱恩骂到口水四溅。事实上,银行家们仍然留在大会会堂,但是民主党的总统候选人伍德罗·威尔逊采取了健康的预防措施,拒绝接受三个富有的民主党人的竞选捐款,这三人很可能遭到布莱恩的痛责。

竞选结束后巴鲁克才认识威尔逊。两人的见面地点在广场饭店威廉·麦库姆斯(William McCombs)的办公室。麦库姆斯和巴鲁克同为纽约城市学院的理事,同时也是民主党全国委员会(The Democratic National Committee)的主席。被召见时巴鲁克身在奥克兰高尔夫俱乐部,他立即动身去广场饭店;在那里,他认识了未来的美国驻德国大使詹姆士·杰勒德(James Gerard)和威尔逊的左右手爱德华·曼德·豪斯(Edward Mandell House)。由于对单独会见一个华尔街人士所隐含的政治风险的敏感性,威尔逊把助手召进屋,坐在旁边作为见证人。

如果可以说一个男人会爱上另一个男人,那么,那天面对威尔逊,巴鲁克就有这样的感觉。巴鲁克被威尔逊的举止、灰色眼睛发出的光芒以及南方出生地迷住了。他佩服威尔逊在普林斯顿大学求学期间与食堂进行的斗争。[此事毫不逊色于巴鲁克成功打破奥克兰高尔夫俱乐部的陈规陋习,以犹太人身份成为其会员。]威尔逊主张低关税,巴鲁克也是,或者说最近才是,旨在保护一项既得利益,因为他持有美国糖业公司(American Beet Sugar Company)的股票。但巴鲁克对改革主要还是持支持态度。至于竞争和垄断,这位候选人指了指一部电话机,"这就是垄断,"他说,"但这是合理存在的垄断。它代表了私人资本集中的必要性。但是同样,我认为垄断应该受到管制。"不管对巴鲁克来说

"新自由"(New Freedom)有什么绝对优点,伍德罗·威尔逊详细说明的是首先的规划。

1912 年,巴鲁克并不是出现在进步阵营中唯一的有钱人,但是与华尔街同行相比,巴鲁克算是捐得比较多的人了。巴鲁克捐出 12 500 美元。瑞安在 1910 年威尔逊竞选新泽西州的全国代表时支持过威尔逊。库恩—洛布公司的合伙人雅各布·希夫也捐出 12 500 美元;克里夫兰·H. 道奇(Cleveland H. Dodge)捐出了 35 000 美元;亨利·摩根索尔(Henry Morgenthau),一位银行家,他儿子曾任富兰克林·罗斯福政府的财政部长,捐出了 30 000 美元。威廉·R. 拉斯特(William R. Rust),来自塔科马冶炼厂,此人曾在 1905 年的竞选捐款中拿出一张大支票震惊了巴鲁克,这次捐出 7 500 美元。塞缪尔·特米尔(Samuel Untermyer)——这位古根海姆家族的律师,在资金信托听证会上与首席检察官针锋相对,捐出了 10 000 美元。

令人好奇的是,这年的民主党捐款中,巴鲁克的捐款被认同,而摩根、贝尔蒙特和瑞安的捐款不被认同。瑞安的排斥以及民主党自称对华尔街的敌意态度都没有使巴鲁克感到受到怠慢。由于担心威尔逊的竞选团队出现一个惹人注目的投机商可能会对民主党不利,巴鲁克只捐钱,没有为竞选活动出面做什么事。

人们看到巴鲁克从那幢三一大厦的七楼走下来,有时候他旁边还有他的老朋友米德尔顿·伯里尔。作为一名华尔街的专业律师,伯里尔还是活跃的股票交易商,与经纪人哈里·肯特和豪斯曼公司一起,他也是时常出现在新闻报道的"巴鲁克利益集团"的核心人物之一。1911 年,"巴鲁克利益集团"盯上了美国糖业公司。

美国糖业公司在科罗拉多州(Colorado)、加利福尼亚州和内布拉斯加州(Nebraska)有种植基地或工厂,它是一家典型的农业综合企业。1910 年该公司种植的甜菜获得大丰收,提炼出足够的糖,从而产生了 170 万美元的利润和 700 万美元的销售额①;相关财务数字与 1909 年和 1908 年相比差不多,但却是 1905 年的两倍。该公司在纽约证券交易所上市,对外发行的股份只有 150 000 股。该公司没有分配普通股股利,也没有长期债务。

1910 年,伯里尔当选为美国糖业公司董事。第二年有报告称,巴鲁克领导控制了美国糖业公司股份的"财团"或者至少持有大部分股份。1911 年 7 月,一位充分掌握相关资料的财经专栏作家推测美国糖业公司的前景:

---

① 该公司的财务报告年度,截至 3 月 31 日。

第六章 霍布考的大实业家

华尔街最敏锐的一些交易员继续预测"小盘股大有动作"——美国糖业公司。他们甚至预言,在接下来的一年或之后,它将有能力与炼糖业的老牌公司——美国制糖公司——竞争。有人告诉我,最近的六个月内,该公司秘密吸收普通股和优先股。伯里尔—巴鲁克—豪斯曼利益集团连同另外两家大的股票经纪公司,现在已经是该公司的控股股东了。不久将对普通股开始每季度发放4%的股利。两位华尔街最大的股票交易员米德尔顿·伯里尔和伯纳德·巴鲁克获利颇丰。

事实上,那年秋季首次宣告分配股利,但是股利分配率达5%而不是4%。1月该公司股价每股不到40美元,11月已到55美元。巴鲁克—伯里尔财团涉及内部人交易的一次会谈决定持有股份至1912年[作为董事,伯里尔最先听到公司新闻]。波士顿新闻局没有重视此新闻,它只是报道说,不知有没有市场操纵,美国糖业公司的股价继续上涨,1912年9月涨到每股77美元。随后股价上涨趋势因威尔逊的竞选新闻以及降低糖税的可能性而出现疲软,股价一路狂跌。年末,股价下降到50美元。意外的是,1912年1月3日,每股还不到42美元,那天公司发布公告,董事们引证公司存货很多的事实,投票表决暂停分发股利的提案。股价暴跌致使有人要求国会对美国糖业公司展开调查,财经类媒体纷纷发表不信任该公司的评论。例如,《华尔街日报》这样报道:

保守的华尔街利益集团希望看到国会对美国糖业公司的交易情况展开调查。一年前,该只股票的股利分配率是5%。9月份,一个财团把股价拉到77美元,当时在华尔街盛传股利分配率将会提高到6%甚至更高。接着发生抛售狂潮,现在董事会通过暂停分配股利的提案,达到整个事件的高潮。整个事情经过可能没有不对的地方;如果正是这样,华尔街将会愿意接受这个事实。无论如何,人们认为,为了恢复华尔街的公众信心应该采取行动。

评论中顺便提到的"其他事"指可能存在不应该存在的市场操纵行为。华尔街有一句格言:市场突然转向不可能是无缘无故发生的。就美国糖业公司来说,1913年的年报太迟披露利润下降54%的事实。1月3日中止分配股利就是公众被吓了一跳的证据。早前股价下跌表明公司内部人并没有被吓一跳。巴鲁克与股价上涨有密切关系。如果存在,那巴鲁克对股价下跌所起的作用没有被提及。[1912年4月到1913年3月31日期间,伯里尔离开董事会,原因不详。同样这段时间内,另外两名董事辞职;董事人数剩下11人。]1913年1月末,巴鲁克被选进声望很高的法律委员会说明,巴鲁克仍然受到证券交易所内德高望重的前辈的尊重。有关有人对巴鲁克怀恨在心的事实,同样也有令人信服的证据浮出水面。积怨在弹劾纽约州长的过程中见光。

81 岁的纽约州州长威廉·苏尔寿(William "Plain Bull" Sulzer),牛皮大王,于 1912 年当选,立即投入工作实施一项旨在提高华尔街地位的计划。作为一名长期居于领导核心的民主党人,苏尔寿在纽约州议会上为塔马尼效劳,但是 1895 年他以积极投身公益事业的形象进入国会。在华盛顿,他遭到芬利·皮德·邓恩(Finley Peter Dunne)的讽刺;杜利先生(Dooley)这样描述邓恩对苏尔寿的讽刺:"当我知道比尔哭着跑向办公室或者要其他人供奉我,对被压抑地直不起腰的我来说,这常常是一个大大的救赎。"在"不诚实的经纪人没有什么好怕的"口号下,新州长提出措施,包括取缔舞弊行为和市场操纵行为,规定活期贷款利率上限为 15%,根据州法律改制纽约证券交易所为公司。

股票经纪们有他们自己的改革主张,紧密团结起来。得到巴鲁克增援的法律委员会开始草拟反提案,指定一个十人的代表团与苏尔寿磋商。这十人代表团成员有巴鲁克、小尤金·迈耶、詹姆士·马邦(James Mabon)和梅尔维尔·B. 富勒(Melville B. Fuller),有关富勒的信息以后还会提到。在奥尔巴尼(Albany),股票经纪们告诉苏尔寿他们不会反对合理的法律,但是利率水平完全不在他们的控制范围之内,改制纽约证券交易所弊大于利。其实巴鲁克对改制问题的看法或多或少与苏尔寿相似,但是巴鲁克保留自己的意见。

代表团与州长之间的分歧不算很大。温和的改革措施通过,有关利率上限和改制的提案也胎死腹中。同时,苏尔寿与曾帮助他竞选州长的塔马尼中坚分子分道扬镳,苏尔寿咒骂他们是贪污分子,并且签署了一项开创直接预选的提案。查尔斯·F. 墨菲(Charles F. Murphy),塔马尼的头儿以及所有与进步民主格格不入的东西的化身,要求对苏尔寿的竞选资金展开调查作为反击。展开调查的前提条件是苏尔寿不能汇报收到的所有竞选资金,但是调查得到的结果远不止这些。调查发现苏尔寿转移了一些捐款,他贸然尝试把这些钱投到华尔街炒股。他的经纪人中就有梅尔维尔·富勒,富勒是证券交易所的管理人之一,苏尔寿与他们讨论过市场道德问题。随后富勒作证,州长只有一个长期受损的保证金账户,这个账户只有号码标记;1912 年末,这位州长当选人支付了 1 万美元的缺额。

调查过程中,双方(调查方和被调查方)相互指责,致使双方名誉受损。8 月初的一天,巴鲁克的名字出现在《纽约世界报》的专栏中。报道声称苏尔寿曾是国会议员时,在降低糖税还没有定论的时候曾交易过美国糖业公司的股票。据称他是通过两家股票经纪公司(豪斯曼公司和巴鲁克兄弟)进行交易的。该报道以这样的话语结束:"伯纳德·巴鲁克现在在布罗德街111号有了自己的办公室,此前他曾供职于豪斯曼公司,在美国糖业公司(股价不时异常波动)事件中已引人注目。"

哈特·巴鲁克和克拉伦斯·豪斯曼都声称巴鲁克从未与苏尔寿打过交道,也不清楚苏尔寿在美国糖业公司的交易情况。另外,会议记录显示身为国会议员的苏尔寿反对降低关税,苏尔寿的反对意见恰好可以保护美国糖业公司的利益。显然此说法有误,此项指控被遗忘,但有些事却是真的,苏尔寿遭到弹劾,被证实有罪,并被免职。死硬派的观点发展为州长被人陷害了,巴鲁克也相信是这样,也为州长辩护,虽然此法律辩护没有取得成效。这件事对巴鲁克来说只是小事;除了让他意识到要时刻警惕敌人以及让他想起他哥哥对他的爱,其他就没有什么了。调查委员会泄漏巴鲁克的名字的时候,巴鲁克恰巧在船上,当时他想坐船去欧洲度假,立即有人借机大做文章,说巴鲁克的坏话。哈特发表意见:"伯纳德·巴鲁克(顺便提一下他不是该公司职员)星期六去欧洲是为了避开调查委员会,这话有失偏颇。他不是那种为了躲避某人或某事会跑掉的人。"在巴鲁克的眼中,哈特永远是一位英雄。哈特的话可能会使巴鲁克起鸡皮疙瘩。

第七章

崎岖不平的发财之路

第七章　崎岖不平的发财之路

1911年春天的某个日子,股市波澜不惊,巴鲁克接受了一项提议,同时也拒绝了一项提议。他大量买进一家破产的短途铁路公司的债券,这又导致他买进另一家经营不善的铁路公司的债券。他放弃的机会是一家未开发的硫磺矿的控制权。事后回忆起来巴鲁克的决定是错误的(应该做相反的决定)。他投资的铁路公司的经营境况恶化。而位于得克萨斯州的马塔哥达县(Matagorda County,得克萨斯州东部的一个县,东南临墨西哥湾)距海平面40英尺高的硫磺矿却有意想不到的结果。最终巴鲁克抛售了铁路公司的债券,从中解套,并大量购进硫磺矿股票,但错误的开始使得他损失几百万。

巴鲁克之所以会犯错,原因在于他是一个铁路迷。在南加州,当他还是一个孩子时,看到夏洛特—哥伦比亚—奥古斯塔铁路沿线开过的火车就会欣喜若狂。长大成为一名投机商后,他在1902年买进路易斯维尔和纳什维尔铁路公司(Louisville & Nashville Railroad)的股票,意欲控制股权,但最终不得不卖掉股份,换来一百万美元的交易利润。1911年和1912年,巴鲁克又大量转手瓦巴什铁路公司(Wabash Railroad)的股票才获得公司管理上的发言权。他过高估计了瓦巴什铁路公司以及整个铁路业的前景。铁路业的前景是每况愈下[①]。

1911年3月30日,巴鲁克买进价值达312.8万美元的瓦巴什—匹茨堡中央铁路公司发行的第一期年利率为4%的50年期抵押债权。此举希望与困惑并存。中央铁路公司(瓦巴什—匹茨堡中央铁路公司的简称)资不抵债,一直赔钱,且官司缠身。人们不甚清楚,1954年债券快到期时该公司是否还存在,更不用说到时候有足够的资金来赎回债券,或者同时恢复1908年暂停支付的年利率为4%的利息了。表面上债券到期时面值100美分可对应1美元的价格,在巴鲁克以46美分买进的时候易主了。两者数字的差异刚好反映了市场对中央铁路公司的疑虑。同时对巴鲁克来说,这也意味着潜在利润——如果中央铁路公司的财务状况能够改善。支付期望改善了,那么,债券的价格肯定会上

[①] 由于1935年一位纳粹宣传人员错误报道巴鲁克为好几家铁路公司的掌门人,巴鲁克在铁路业建立了良好的声誉。事实上这只是巴鲁克梦想的事情。

价格的46%指面值1 000美元的债权买入价为460美元。因此,巴鲁克的总投资额将达到143.888万美元,总面值为312.8万美元。

升。敏锐的商人看到公司的价值发射出是一个充满希望的信号。问题是他看到了什么？

中央铁路公司陷入困境，这是人人都能看到的景象。1908 年债券持有人向法院提起诉讼，告知公司没有偿付能力，同时要求法院采取措施以便偿付债券。巴鲁克是其中的债券持有人之一。这在法律上称为破产管理程序，即不是由股东选举产生的管理人员来管理公司，而是由法院指定破产管理官来管理该破产公司。鉴于中央铁路公司盈利太少，加上债务又多，接管人的目标是增加公司收入以及减少每年需支出的固定费用。其中最关键的因素是债券利息。中央铁路公司的铁路在正常运营，它名下的矿也开采出了煤，但是其债券持有人仍然没有获得应付的利息，这就是问题的症结。

建立中央铁路公司的动力来源于宾夕法尼亚铁路公司几乎拥有整个匹茨堡市场。创业者们的计划是将到匹茨堡西部的路程缩短为 63 英里，从而与托莱多（Toledo，美国港口城市）连接起来。赞助商们事先就同卡内基钢铁公司（Carnegie Steel Company）签订了合作协议，同时与两家中西部的铁路公司结成联盟。第一家联盟公司是惠灵和伊利湖铁路公司（The Wheeling & Lake Erie），该公司经营的铁路线从位于俄亥俄州（Ohio）匹茨堡的铁路交叉点中央铁路公司的铁路线的最西点一直延伸到托莱多市。在托莱多市，惠灵和伊利湖铁路公司的铁路线又同瓦巴什铁路公司的铁路线连接起来，瓦巴什铁路公司成为中央铁路公司的第二家友好合作伙伴。瓦巴什铁路公司的铁路线是绕着中西部地区的短途回路。中央铁路公司和它们之间的协议允许惠灵和伊利湖铁路公司和瓦巴什铁路公司的火车开进匹茨堡，中央铁路公司的火车可以进入托莱多市以及其他瓦巴什铁路公司的火车可以进入的地方（包括圣路易斯和芝加哥）。这宗交易对中央铁路公司更为有利，因为惠灵和伊利湖铁路公司和瓦巴什铁路公司保证将它们收入的一部分返给中央铁路公司的债券持有人。联盟以共同所有权利共同的战略设计缔结。中央铁路公司占有惠灵和伊利湖铁路公司大部分股份，而瓦巴什铁路公司将持有中央铁路公司的全部股份。杰伊·古尔德，一个未受管制的资本家，1892 年去世时留下了一大笔财产，包括持有的瓦巴什铁路公司和密苏里—太平洋铁路公司（Missouri Pasific Railroads）的股票。他的儿子乔治·古尔德野心勃勃，一心想建一条跨州的铁路线，从圣路易斯由东向西，中央铁路公司和伊利湖铁路公司都将对这条铁路线起到至关重要的作用。尽管在 1907 的股灾中古尔德的梦想破灭了，起先中央铁路公司的债权被视为一项安全的投资。储蓄银行和人寿保险公司信心十足地买进中央铁路公司的债券。

第七章 崎岖不平的发财之路

从单个原因来看,地形是中央铁路公司的祸根。它的铁路线地势如此崎岖不平,以致一段 6.9 英里的铁路线上要修建 95 座桥,架设 3 座高架桥,挖 17 条隧道;6.9 英里超过了全长(拥有所有权的铁路线全长 67 英里)的 10%。修建铁路的钱是借来的;需要支付利息;收益还不足以支付利息。中央铁路公司拥有 15 000 英亩的一级煤田,但是只有 1 500 辆货车。投入运营的第一年,该公司亏损了 936 972 美元,1906 年、1907 年和 1908 年继续亏损。1908 年 5 月 28 日,中央铁路公司的债权和票据持有人提起诉讼,中央铁路公司宣告破产;该公司从组建到破产一共存在了 4 年 23 天,一直都是亏损的状态。11 天后,惠灵和伊利湖铁路公司也宣告破产。

法院认为中央铁路公司具有显著的特点,它持续的时间长但产出甚微。破产案产业管理委员会的观点是进行重组。他们指派一个保护债券持有人的委员会草拟一项计划,但是该委员会一直未有进展。1910 年,另外一个可与之竞争的委员会成立,但它还是没起什么作用。投资者纷纷写恳求信给塔夫脱总统。为了尽早完成重组,委员会被合并,统一由律师塞缪尔·特米尔领导;特米尔向债券持有人催讨一笔庞大的核定款项。当被问及这笔钱的用途,特米尔答复合并后的委员会费用高达 300 万美元。那时,中央铁路公司债券的市场价值大幅下跌,已不到 300 万美元;1904 年债券发行时市值高达 3 000万美元。愤怒的债券持有人又开始写信给威尔逊总统。同时,1908 年中央铁路公司进入破产程序后,惠灵和伊利湖铁路公司提起诉讼要求撤销其与中央铁路公司的合同。双方之间的和谐运输合作终止,中央铁路公司的债券价格下跌。1910 年,其债券价格报价从 1905 年 95.5 美分跌到 54 美分。缅因州的肯纳邦克储蓄银行(Kennebunk Savings Bank of Kennebunk)曾高价买进中央铁路公司的债券,被问及跌到这么低的价格有何感想。"对整个情况感到非常气愤,"1910 年,其中一位管理人员写道,"前些日子把全部债券抛售出去。"1911 年 3 月,当巴鲁克(买入价约为 46 美分)成为最大的中央铁路公司债券的个人持有者时,失望情绪更加弥漫。

最好的投机商似乎是在其他人想要抛售的时候买进。1911 年巴鲁克估计此情况后,可能认为坏消息已传开,重组计划不久就会出现,总有一天中央铁路公司会成为翻新后的瓦巴什铁路系统一个至关重要的链接。巴鲁克的偶像 E. H. 哈里曼于 1908 年投资了惠灵和伊利湖铁路公司,那时不利消息才刚刚开始传出。

巴鲁克对瓦巴什铁路系统充满信心,他开始囤积 4% 的瓦巴什铁路系统债券。对临时观测者来说，瓦巴什铁路公司与中央铁路公司一样，糟糕的情况或多或少不言自明。1911 年第一个财务报告年度(截至 6 月 30 日)，瓦巴什铁路公司的亏损额为 403 421 美元。亏损很大，因为它发生在公司的总收入增加了 100 万美元的背景下。该公司缺少载货车厢，顺便提及，它又被其在中央铁路公司以及惠灵和伊利湖铁路公司的投资所拖累。1911 年 9 月，瓦巴什铁路公司的总裁弗雷德里克·A. 德拉诺(Frederic A. Delano)写给股东们的信中坦白地讲：

谈到瓦巴什铁路公司目前的情况和未来前景，令人满意地指出它已实现 3 000 万美元的盈利能力(即 3 000 万美元收益)，或者可以说每英里产出 12 000 美元的收入——大约是 12 年前的两倍——这是在节制设备增加的前提下实现的。同时设备急缺，比如双轨、汽车和机车设备短缺，这在很大程度上促使营运费用增加。所有对瓦巴什铁路公司的调查(许多都是有利害关系的一方和无利害关系的一方共同展开的)证明了此观点，即资产状况良好，但是如果有现金投入用以实施必要的改善和改进措施，它的盈利能力会大幅增加，营运费用会大幅缩减。瓦巴什铁路公司，其短途铁路线包括圣路易斯—堪萨斯城(Kansas City)线、圣路易斯—奥马哈(Omaha)线、圣路易斯—芝加哥线、圣路易斯—底特律线、芝加哥—底特律线、芝加哥—托莱多线、堪萨斯城—托莱多线以及堪萨斯城—底特律线，不管是在业务量还是在造价成本上都落后于其竞争对手，因为它缺乏合适的设备。目前的困难是财务问题，其艰难程度超出管理层的控制范围。

此后不久，瓦巴什铁路公司发现其也无法偿还债权人的应付款项。1911 年的圣诞节，瓦巴什铁路公司被告上法庭，被裁定无偿付能力，其资产被转移至破产案产业管理委员会。尽管无偿付能力暗示毁灭和剧变，但是瓦巴什铁路公司的诉讼是在一种宽容的方式下开始的。圣路易斯的美国巡回上诉法院(U.S. Circuit Court)的一位法官指定三人帮助瓦巴什铁路公司渡过难关，其中两人是从现任的管理层中抽调的。其中一人是瓦巴什铁路公司的总裁德拉诺先生，他刚刚坦白公司财务问题已超出管理层的控制范围。资产被转移至破产案产业管理委员会管理期间，相互竞争的债券持有人保护委员会纷纷成立，谋求夺取瓦巴什铁路公司控制权的股东们指责诉讼程序过于友善。极具讽刺意味的是，这些谋求夺取瓦巴什铁路公司控制权的股东们的领导人是詹姆士·N. 华莱士(James N. Wallace)，他领导了中央铁路公司的一个毫无作为的委员会。成立的瓦巴什铁路公司委员会委员中有埃德温·霍利，霍利是一位铁路业人士；由于霍利，阿瑟·豪斯曼曾在股市几乎栽了大跟斗。1912年2月,霍利去世;就是霍利的去世把巴鲁克卷入错综复杂的瓦巴什铁路公司事件。

第一步,巴鲁克买进大量瓦巴什铁路公司利率4%、50年新发债券。巴鲁克的投资规模没有报道出来,但是它被描述为是该公司最大的个人投资行为[如同巴鲁克在中央铁路公司的投资一样]。接着,4月4日,他被提名进入债券持有人保护委员会,以填补霍利去世后留出的空缺。巴鲁克的任命燃起了人们的希望,使得别人认为由于股价回暖和正面的新闻报道,重组计划会迅速完成。赫斯特报纸集团预言巴鲁克的铁路业生涯可与哈里曼匹敌。有传闻说巴鲁克意欲退出华尔街,转而进攻铁路业;对于此传闻,《纽约先驱报》持怀疑态度:"熟知巴鲁克的人声明巴鲁克没有退休的打算;至于想要成为另外一个哈里曼,他更加乐意保持伯纳德·巴鲁克的身份,唯一的、原来的巴鲁克。"[不过,引用商业新闻的报道,1913年11月他辞去纽约证券交易所管理委员会委员一职。]《华尔街日报》通常不会报道个人新闻,没有做出任何评论:

道—琼斯公司宣布伯纳德·巴鲁克即将出任瓦巴什铁路公司的债券持有人保护委员会委员一职,此事一经宣布即引起各方不同的反应。大多数人只是把巴鲁克先生看作投机商,或者股市交易员而已。这也不能怪他们,因为报纸上提到巴鲁克的名字时多半也只是提及他的投机商或交易员身份。对他来说,这样的看法有失偏颇。巴鲁克在选择投资项目和把握经济形势方面已向人们展示了其超凡的能力。他可能会增补进入任何一家公司的董事会;当管理层的会议中听到巴鲁克的声音时,瓦巴什铁路公司的前景将会一片光明。

除了巴鲁克以外,瓦巴什铁路公司的债券持有人保护委员会委员还包括托马斯·H. 哈伯德(Thomas H. Hubbard)(早在1889年瓦巴什铁路公司陷入困境时,哈伯德也曾帮助重组瓦巴什铁路公司)、温斯洛·S. 皮尔斯(Winslow S. Pierce)(一名律师,特别擅长铁路公司破产案件,曾担任过联合太平洋铁路公司的主席)、罗伯特·戈莱特(Robert Goelet)(纽约市房地产投资商)、阿尔文·W. 克热赫(Alvin W. Krech)[公平信托公司(Equitable Trust Company)的总裁]以及罗伯特·弗莱明(Robert Flemming)先生。他们的工作是在非常时期履行类似董事会的职能。从技术上来说,这份工作很难,因为公司的铁路线里程长达2514英里;从道德上来说这份工作也很难,委员们代表不同的利益,但是承担着为所有人谋福利的义务。

面临的问题包括应该减少多少固定费用(特别是支付利息)以及哪类证券首当其冲要减少。令那些认为他们也在做事的人恼火的是,巴鲁克全身心投入工作。同年5月,雅各布·希夫(希夫的公司是重组诉讼的庄家)迅速写了一张态度相当生硬的便条给巴鲁克,提醒他不要忘了自己的身份:

尽管我们已屡次讨论过重组计划的观点,努力避免固执己见,提出保持开放的态度直到我们全面了解重组资产的全部可能性,当恰当重组的时候……我们本身就是债券持有人,我们想要为所有利率4%的债券持有人讨回公道。但是同时我们感到,重组责任与我们自己的关系要比与委员会的个人委员更加紧密,可能不包括委员会主席。正是因为这样,我相信,你会与我们合作制定出一个为我们自己以及整个委员会增光的重组计划。

委员会一直保持开放的态度;这让巴鲁克感动了好长一段时间。1912年咨询师的报告出炉,调查在进行,改进措施生效,但是还没有提出一项重组计划。尽管皮尔斯和华莱士委员会同意合作,但是,1913年他们还是没有制订出一项重组计划。1914年,克利夫兰市的一位联邦法官坚称,事实上,中央铁路公司、惠灵和伊利湖铁路公司以及瓦巴什铁路公司之间的铁路线交换协议无效。中央铁路公司债券(巴鲁克曾以46美分的价格购买进,不知那时他是否还持有)转手价约为12美分。另外,瓦巴什铁路公司的亏损情况继续恶化:1913年的年度赤字达到376 332美元,1914年高达270万美元。债券持有人保护委员会无法制定出一项重组计划,其无能在华尔街被当作一个小笑话;1914年4月,《纽约时报》留意了此事:"瓦巴什铁路公司的重组计划,本来一年前承担人就开始准备,随后每隔几周就说要制定出,自4月1日以来还未发生实质改变,这使得证券持有人认为这可能就是它的最终形式。"

5月21日,离上次希夫训诫巴鲁克要忍耐已经过去了两年,提出了一项计划。该计划建议减少各种资产项目和固定费用。利率4%的债券持有人可以把这些债券转换成更低档次的新瓦巴什铁路公司的证券[但是被认为安全性更好];股东手上的股票可转换成新股和小债券,但他们需要支付每股20美元的费用。1914年7月31日,由于欧洲战争爆发迫在眉睫,纽约证券交易所休市,重新开市的时间不确定。10月15日,瓦巴什计划被撤销。巴鲁克和他的同事们赶紧指出,计划失败不是因为战争,而是繁重的税负以及不明智的铁路费用监管。《商业及金融纪事》(*The Commercial & Financial Chroni-*

第七章 崎岖不平的发财之路

来源不明瞎掰的故事(1912年)

(出自普林斯顿大学图书馆古籍特藏部的伯纳德·巴鲁克文件)

cle)引用他们的话:

满足铁路运输要求的所有成本高速增长的年代,乘客运费率还不足以抵消成本,货物运费保持不变或降低。过去的几年时间里,收益和成本之间1/3的空间已经被关闭。简单地说,乘客运费率是每英里0.1美分,比它提供乘客服务所花的成本还要少;货物运费收益去除成本之后的利润为每吨每英里0.1美分。在这些条件下,任何业务量的增加无法抵消分摊的成本。经济运行都有极限,而极限情况在现实生活中是不大可能实现的;大幅度或永久降低成本是不可能的。必然地,改善设施和增添设备项目已被停止;贷款明确被终止。瓦巴什铁路公司的情况并不罕见。它刚好处在这样的发展轨迹,即美国

所有的铁路处于不同的发展阶段。

债券持有人保护委员会暗淡的评价被市场所证实。1915 年 1 月 19 日,瓦巴什铁路公司利率 4% 的债券价格跌到 19 美分,这是面世以来最低的价格。巴鲁克曾以 50 美分或 60 美分的价格买进该债券[他很可能还持有这些债券];他对此忧心忡忡,传闻称他陷入财务困境。某天午餐时间,托马斯·瑞安(巴鲁克总能从他身上找到解决问题的答案)走到巴鲁克跟前,放低声音说:"你知道我会替你分担一半的烦恼。"换言之,如果有需要,他会按巴鲁克当初的买入价购买巴鲁克手上一半的瓦巴什铁路公司债券。这倒没有必要,但巴鲁克心领瑞安的好意。

1 月末,由于管制放宽以及财务困境缓和,债券持有人保护委员会又再次回来工作;1915 年 4 月一项最终的计划问世。遵循瓦巴什铁路公司衰落的事实,这项计划比原先的更加严苛。原来的计划中股东需要支付每股 20 美元的费用,现在是 30 美元。瓦巴什铁路公司的资产减少 1 700 万美元,1914 年提出的计划中是减资 1 000 万美元。债券持有人的债券被折算成一定的现金,对此股东们产生异议。结果每价值 100 美元的债券征收的费用是 654.82 美元。如果债券持有人选择转换成新瓦巴什铁路公司的证券,就要缴纳这笔费用;如果选择不转换,他们可以领受每面值 100 美元的债券 33.15 美元的金额,这算是很慷慨了。

对巴鲁克个人来讲,计划、对谈以及延迟的时间组成了失败的全部。巴鲁克被选进债券持有人保护委员会,受到投机商的欢呼:瓦巴什铁路公司普通股股价攀升了 0.625 点,涨到 7.875 美元。三年后,转手价为 1.25 美元。债券,1912 年春季的转手价是 61 美分,三年后报价 29 美分。巴鲁克指责管理层陈述收益严重失实,还指责委员会的同事们自私自利且冥顽不灵。但真相是瓦巴什是唯一受到严重破坏的铁路线,美国中西部地区的铁路线比起其他地区的铁路线更容易遭受失败。1901 年至 1917 年又重现了 19 世纪 90 年代的危机:59 846 英里的铁路线进入破产管理,这些铁路线代表了 37 亿美元的投资资本,相当于第一次世界大战以前美国国家债务的三倍。巴鲁克选错了行业、地区以及公司。[作为一名慷慨地资助进步政党候选人的人士,巴鲁克以一种迂回的方式曾帮助培育致使铁路业衰落的监管环境。]1915 年春季宣布重组委员会的委员们将带薪工作。原则上,巴鲁克不会接受任何东西。6 个月后,他组建起一个财团,领导这个财团意欲大量买进南方太平洋铁路公司(Southern Pacific Railroad)的股票。不管怎样,他又遭受失败。

第七章 崎岖不平的发财之路

随着年龄增长,巴鲁克的小心谨慎自然会压倒大胆。某次,他经过深思熟虑,把自己想象成一只乌龟。他在写给弗兰克·肯特的信中说,如果变成一只乌龟,他就可以爬到岩石上晒太阳,然后一看到有什么危险,他就滚落到深水中。他可以安然无恙地伸出自己的头,他解释道,因为"没有人能够在一只乌龟伸出脖子的时候砍断乌龟的头"。赫伯特·贝雅德·索普(Herbert Bayard Swope)通过近距离观察后,认为巴鲁克更像大象。某天,他把自己的发现告诉巴鲁克,当时在场的还有威尔逊总统。索普说,巴鲁克像……亚洲大象,它有五个脚趾;这点有别于它的非洲兄弟,非洲象只有三个脚趾。人们应该不会反对巴鲁克也拥有大自然所允许的所有脚趾的说法。巴鲁克大象,代表所有动物智慧的化身,沿着一条狭窄的小路一直走,走到一条很深的河边。河上架着一座看起来不是很牢固的竹桥。首先它会用象鼻试试桥的牢固程度,然后踏出右前腿,再踏出左前腿,倒退回去,然后又踏出右后腿,再踏出左后腿。这头大象完成调查后,转过身去跟它的追随者们说:"这座桥很安全,可以承载我的重量——但我想还是让哪个傻子先走过去看看再说!"

在瓦巴什铁路公司事件中,巴鲁克大胆地买进债券,但是谨慎地或诚实地不愿与债券持有人保护委员会分道扬镳。在硫磺矿事件中,他是一个两面讨好、脸皮厚的人。他在桥边站了好多年,考验桥的牢固程度。如果他第一个走出去,他可能已成为人们想象中的那种超级富翁了。

1909年,巴鲁克收到一个意料之外的邀请。邀请是由华尔街无可匹敌的银行——摩根公司发出的,事关在得克萨斯州加尔维斯顿岛外发现的一个前景光明的硫磺矿。他们向巴鲁克提议[那时巴鲁克在矿业金融界已小有名气]:巴鲁克动员几位有天赋的工程师到一个名为布莱恩蒙德(Bryanmound)(当地人就是这样称呼的)的地方勘探,做一份研究报告;如果一切进展顺利,巴鲁克分享40%的利润。摩根负责提供资金,最后分享60%的利润。巴鲁克同意了此提议,然后打电话给西利·W. 马德(Seeley W. Mudd),请求马德跟他一起去,马德答应了。马德是一位采矿工程师,1915年因在宾厄姆峡谷铜矿(Bingham Canyon Copper Mine)获得的成功在矿业界建立起名声。

最后,巴鲁克一行人约定在一个叫布拉佐里亚(Brazoria)的村庄集合;布拉佐里亚离布莱恩蒙德还有一段很长的距离。被怀疑可能存在的硫磺矿得到进一步证实;少数当地勘探者确信其存在性,他们预测里面肯定有丰富的硫磺矿。白天,马德和助手斯宾塞·布朗(Spencer Browne)进行勘查;晚上,他们利用手头的设备详细分析结果。马德在一个家常的双锅炉中风干一堆泥土,而巴鲁克正忙于研究世界硫磺贸易情况,每个人都在打蚊子。

尽管缺乏设施,但这是兴旺繁荣布拉佐里亚的理想时机。第一,硫磺(工业化学的中流砥柱,特别是硫酸)需求增加。第二,1908年有关地下深处开采硫磺的弗雷泽奇(Frasch)开采程序的基本专利权期限届满。弗雷泽奇开采程序是用一组同心管撞击地面。当硫磺流出时,在第一个管子注入高温水溶解硫磺。在第二个管子注入压缩空气。压缩空气把溶解的硫磺推上第三个管子。在地面上,液态的硫磺被风干成一块块黄色的巨型平板,用模具使之成形后用船运走。

马德得出的结论是探测到的硫磺最终可回收的几率还不到五成。回到纽约后,巴鲁克亲自把此结论告诉摩根。他补充道,总共可能需要500 000美元的资金,其中巴鲁克可以分担一半。

可能仅仅因为这番话,或许是因为出自巴鲁克的口中,例如哈里曼会决定赌一把。摩根从不打赌。"我从不冒险,"这位银行家说,做手势表示生意成交。为了符合场合的庄重,巴鲁克从椅子上起身告辞,然后走出房间。

碰巧,正当巴鲁克提出愿意拿出250 000美元用以硫磺风险投资,另一家得克萨斯州的硫磺公司的资本也是这个数目。1909年12月23日,在四个圣路易斯人和五个得克萨斯州人的支持下,海湾硫磺公司(Gulf Sulphur Company)被特许在博蒙特附近的马塔哥达开采硫磺。申请特许开采规定该公司拥有的土地包括得克萨斯州马塔哥达县的大山冈(Big Hill)及附近的土地,还包括马塔哥达县威廉·辛普森和伊拉·英格拉姆联盟(William Simpson and Ira Ingram Leagues)的部分土地;基于重复的、成功的勘查被怀疑可能存在硫磺的大片土地;地面以下40英尺至60英尺深的硫磺层(这块地方也计划开采和产出硫磺),现金价值250 000美元,这个价格是发起人之一J. M. 阿伦(J. M. Allen)提出的……

1909年的夏季,那时海湾硫磺公司还未成立,大山冈发生的事情已经吸引了巴鲁克团队成员斯宾塞·布朗的注意力,他要求去那里实地考察。大山冈的人听说过纽约货币(New York Money)成功投资布莱恩蒙德的事迹,非常乐意见他。斯宾塞对他在那里所

第七章 崎岖不平的发财之路

见到的印象深刻。在向马德和巴鲁克报告时,布朗说大山冈和布莱恩蒙德一样充满希望,甚至比布莱恩蒙德更有投资价值。

由于受到摩根的非难,有一段时间巴鲁克在硫磺矿领域一无建树。1911年刚刚开始,马德随后的一份有关大山冈报告改变了巴鲁克的兴趣。马德是一个乐观但很酷的人。马德称财产未确切估计,但是非常值得投资。有一个人确信总有一天价值将会被证明,他就是阿尔弗雷德·C.爱因斯坦(Alfred C. Einstein),爱因斯坦是圣路易斯的电气工程师,库翁达姆(quondam)的采矿者,也是海湾硫磺公司的原始股东。爱因斯坦和他的合伙人需要钱,他们认为巴鲁克可以提供资金。1911年春季,巴鲁克刚用一百多万美元买了枢纽铁路公司(Terminal Company)的债券,爱因斯坦提议他购买扩大规模后的海湾硫磺公司2/3的股票期权。根据该提议,巴鲁克需要立即预付2.5万美元用于购买土地,另外预付2.5万美元用于钻井和勘探,还需预付10万美元建造一个锅炉厂。提议最后成为泡影。接下来在6月,爱因斯坦想要知道巴鲁克是否还在留意购买海湾硫磺公司的控制权。还有25 000股股票尚未解决。爱因斯坦的朋友们愿意以每股10美元推销17 000股,总价为17万美元。尽管如此,爱因斯坦估计还有15万美元的资金缺口需巴鲁克和他来填补。巴鲁克认为这个提议完全不值得讨论。

巴鲁克没有购买海湾硫磺公司的股票,但他一直关注着该公司的动向。1912年1月,爱因斯坦再次提议巴鲁克购买17 000股,可以分期付款。巴鲁克再次拒绝,这激怒了爱因斯坦。爱因斯坦是一位采矿工程师的儿子,比巴鲁克大四岁,是一位成功的公用企业的营造商和经理人。他是一个秃头,留着胡子,总是一支接一支不停地抽雪茄烟。他设立了许多歌颂圣路易斯优势的电力标志,旨在造福入境旅客,并在当地许多俱乐部和民间组织任职过。"以个人名义,坦白地说,"爱因斯坦写给巴鲁克,"我不知道你在担心什么。我的同事们提供给你的条件已经很优惠了。不是每个人都能享受到这样的条件。对此,我认为没有必要再继续讨论了。"

巴鲁克可能认为当股东们有商量余地时与股东们谈判是愚蠢的行为。1912年6月,巴鲁克接受建议,获取了在未来十八个月以某个固定价格购买控制权的选择权,他还同意提供2.5万美元用于购买土地。巴鲁克没有完全行使选择权,就开始购买海湾硫磺公司的股票。到1913年,他所持的海湾硫磺公司股份达到4 500股,成为该公司第三大股东。

布莱恩蒙德准备动工开采硫磺[1913年11月在弗里波特硫磺公司(the Freeport Sulphur Company)的指导下动工开采]之际,大山岗的开采计划被搁置了。爱因斯坦希望开采硫磺,而来自圣路易斯的其他股东,J.W.哈里森(J.W. Harrison)、J.M.艾伦(J.M. Allen)和西奥多·F.迈耶(Theodore F.Meyer)准备卖掉它。巴鲁克也倾向于卖掉它,以期快速获得回报。爱因斯坦是一个有远见的人,但是巴鲁克握有选择权,有意向的买家径直去找他。巴鲁克认为大多数买家都不入眼,他在给爱因斯坦的信中这样写道:"一位据称是柏林·米尔斯(Berlin Mills)的家伙自从通过一次电话后就再未出现过。另一个人叫拉特鲁洛(Lattarulo),受一些律师之托来这里,他领着一大帮这里附近的人来见我。这些人看起来像苦行僧,而且确实像苦行僧一样做事。我觉得我跟他们没有什么生意可谈。事实上,他们只是想利用我的好名声为自己谋取利益。到目前为止,有意向买马塔哥达从而来咨询的人都只不过是一些苦行僧。或者是佣金猎人,所有想要硫磺矿的人都想得到期权。他们想坐享其成。坐着不做事就想拿钱"。

　　到了1913年春季,海湾硫磺公司急需钱。自从1月以来,公司的技术人员雨果·斯皮茨(Hugo Spitzer)未曾领到过每月150美元的工资。连在马塔哥达的一个守夜人的工资也发不出。爱因斯坦已经私人借出约2 500美元用来发工资。以前巴鲁克曾几次借钱用于维持公司的正常运营。这次爱因斯坦向巴鲁克借贷3 500美元,巴鲁克不情愿地答应了:"如果能给我签字的借条,我非常乐意借给公司3 500美元。我之所以这样做,是因为只想帮助你这个绅士,而且不想你认为我以后也非常乐意做这种事的,或者要我保证伸出援手。"6月7日,巴鲁克的又一个股票期权到期了,他还未曾行使过该权利。爱因斯坦对巴鲁克和他的顾问马德已经失去了耐心,写信给他们,准备采取一些措施:"每天看着我们失去了在马塔哥达创造辉煌业绩的机会,我感到越来越满意。投资所需的资金对像你们这样的人来说,完全在合理范围之内,而且它的回报相当可观。"①

　　大山冈恢复生产大约需要10.9万美元或24万美元,10.9万美元是海湾硫磺公司自己做出的估计,24万美元是马德做出的估计。雨果·斯皮茨说10.9万美元可以购买一套蒸汽设备以及支付钻井开动的一切开支。根据他的估计,第一台泵钻每年可以产出两万吨硫磺,相当于1911～1913年美国年均硫磺产量的4%。即使根据马德的数字,每

---

① 到1913年6月,巴鲁克以约46美元购买的中央铁路公司的债券已经跌到15美元。那时他可能认为自己是一个贫穷的百万富翁。

吨硫磺运到纽约的成本也不会超过14美元,比市场价格低4美元。"

斯皮茨估计已经勘探过的地方,硫磺的地下储藏量有75万吨,但是他深信实际储藏量肯定不止这些。1936年大山冈的硫磺被开采完,产出量累计为1 235万吨。布莱恩蒙德只产出了500万吨。

巴鲁克没有千里眼能够看到未来的事,也缺乏爱因斯坦的信念。他听从了马德的建议,马德是一名怀疑论者。[同样的情形还发生在国际纸业公司身上,1913年他对大山冈表现出极大的兴趣,但最终还是拒绝投资。]现在巴鲁克和圣路易斯人的位置对调了,巴鲁克把他股票的选择权让给了圣路易斯人。所有权未发生任何改变。在圣路易斯,阿伦跟爱因斯坦就巴鲁克的笔误打过赌,阿伦尖酸地说过:"我想巴鲁克先生除了做确定的事情以外,不会冒险做任何事。"

一年过去了。1915年伊始,海湾硫磺公司的所有权还是在巴鲁克、爱因斯坦、阿伦、迈耶和哈里森同样几个人的掌控之下。爱因斯坦为了挽救公司,曾于1915年3月1日发电报给巴鲁克:

你是否有兴趣买下哈里森在海湾硫磺公司的股份?因哈里森想尽快处理此事,请速回电。

巴鲁克直接询问:"价格多少?"

爱因斯坦答复:"哈里森意欲以3.5万美元出售4 500股股份和大约6 000份额的债券,不能讨价还价。他不能确定后者的确切数目比其他合伙人持有的数目少。我想我手头上有2.5万美元现金可以拿出来买。"

巴鲁克支吾搪塞道:"这事不是非做不可的。"

爱因斯坦仍然坚持自己的观点,写信给巴鲁克解释了一些有关哈里森的事。爱因斯坦说,哈里森已经老了,又有病,需要钱,他家里人对他持股海湾硫磺公司也有很大的意见。他说:"我私下告诉你这些事是为了让你全方位考虑此事,我做这些完全是为你和哈里森先生的利益着想,不是为我自己打算。"

3月4日,爱因斯坦向巴鲁克转寄了一封哈里森的信,在信中这位老人询问爱因斯坦能否帮忙让巴鲁克买下他的股份。爱因斯坦希望巴鲁克能仔细阅读这封信。

寄出信后过了一些日子,由于巴鲁克要到圣路易斯处理一些瓦巴什铁路公司的业务,他同爱因斯坦见了一面。[由于行程改变比较急,他给爱因斯坦发了一份电报,语气有点居高临下:"请在最好的旅馆为我订一间星期一晚上的房间,房间要有客厅、卧室和浴缸。"]他们谈论了海湾硫磺公司问题,随后爱因斯坦发电报将谈话内容告知了哈里森。据爱因斯坦所写,巴鲁克可能会购买也可能不会:"巴鲁克先生跟我坦白,他目前不想进行任何市场操作。但是如果你坚持要抛售股份,我只能出价1万美元。"他们的出价要哈里森牺牲 2.5 万美元至 3 万美元。巴鲁克如果转手就卖可能连1万美元都赚不回来,当然他没有急于抛售。爱因斯坦继续写道:"我认为巴鲁克并不十分热衷购买你的股份。从我们的对话中我可以看出巴鲁克对此事的态度还是非常诚恳的,他老实告诉我他并不急于购买你的股票。但是如果你愿意低价出售,做出一些牺牲,巴鲁克还是愿意接手,赌它一把,考虑此时买入。"

即使使用"投机"这个词,哈里森同摩根一样感到羞愧,因为投机他也不可能预先处理这些商务往来。3 月 11 日,哈里森以净价抛售了 4 695 股股份和价值 4 000 美元的债券,扣除一些费用后所得约为 1.18 万美元。如果以 1.18 万美元中的 1 万美元单独来购买股票,则每股价格为 2.13 美元。而 1929 年每股卖出价达到 341 美元。巴鲁克自己留了一半哈里森的股权,把另外一半卖给了爱因斯坦,以感谢他从中付出的努力。由于那时手头没有现款,爱因斯坦以巴鲁克的信誉作担保贷款买下了一半的股份和债券。基于汤姆森的报告,摩根公司答应购买 60% 的股份,巴鲁克分配给他们的股价是每股 10 美元。他把自己手头的一些股份出让给朋友和熟人,其中包括丹·杰克林(Dan Jackling)、约翰·布莱克(John Black)、尤金·迈耶以及丹尼尔·G.里德(Daniel G. Reid)。里德是美国罐头公司(American Can Company)的主席。不久摩根以微利出让股份给托马森。此事激怒了巴鲁克,因为他以为摩根出让股份第一个考虑的对象是他。他的愤怒促使他思考:他为什么非要出让股份? 已经筹集到的资金约为 500 000 美元。1910 年,他已经拿出 250 000 美元进行股票投机。1916 年,投机成分大幅减少,他不认为单日投进股市 300 万美元进行股票投机是什么大不了的事。1916 年巴鲁克的净收入达到 200 万美元[仅靠其他 66 个美国人帮他在股市操作完成的壮举]。

也许他不愿投资硫磺矿业的首要原因在于他继续低估了硫磺矿业。另外一个原因是,他是一位易变的经验老到的投资商和投机商,而不是一名经营人员。另外,在实践层面,他有理由相信,联合硫磺公司因某些有争议的财产将会提起诉讼,而且站得住脚。(实际上在 1912 年提起诉讼,最终以得克萨斯州海湾硫磺公司赔偿 700 000 美元解决。)

第七章 崎岖不平的发财之路

最后还有一个投机理由。作为一个阶级,摩根合伙人是该利益集团的核心,巴鲁克曾基本被排斥之外。巴鲁克让他们有钱可赚,可能期望摩根合伙人也会把他当成他们集团的一员。在巴鲁克的眼中,他们出让股份等于是在拒绝他。

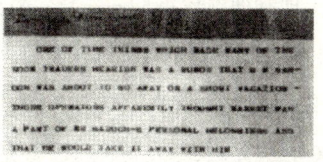

通过道—琼斯新闻自动报机,巴鲁克的一份轻松愉快的确认(1912年3月6日)
(出自普林斯顿大学图书馆古籍特藏部的伯纳德·巴鲁克文件)

1917年巴鲁克进入服务领域之前,他抛售股份,出于爱国心投资国债["对我来说,不用缴3.5%的税收已经足够,"1918年他对克拉伦斯·巴伦(Clarence Barron)说,在正常的和平环境下显然不会有这样的免税额度。]幸好也没有合适的买主想买他持有的海湾硫磺公司股份。1919年巴鲁克参加完巴黎和会返回美国时,海湾硫磺公司更名为得克萨斯州海湾硫磺公司,资产从原来的25万美元扩大至500万美元。1919年它开采出第一批硫磺。1921年,该公司产出100万吨硫磺,并向公众出售股票。也就是在那时,即该公司的股票在纽约证券交易所上市交易时,巴鲁克开始出售股票。① 得克萨斯州海湾不断发行新股,巴鲁克不时吸收股票。截至1921年年末,他持有的得克萨斯州海湾股票达61 963股,市值高达200多万美元。截至1925年年末,他不断减持,只剩下19 000股。1916年11月巴鲁克刚把一部分股票转让给摩根,得克萨斯州海湾的精神领袖爱因斯坦由于心脏病发作,突然离世。1921年11月,巴鲁克的秘书玛丽·博伊尔(Mary Boyle)持有10 000股股票,但是爱因斯坦的遗孀布兰奇·布鲁姆(Blanch Bloom)只有2 094股股票。

随着得克萨斯州海湾硫磺公司盈利能力获得令人惊叹的提高,巴鲁克开始慢慢抛售该公司股份。1921年每股红利为1美元,而到了1925年,每股红利变为8.75美元。几年间,得克萨斯州海湾硫磺公司的股价从32.625美元飙升到121.875美元。1926年9

---

① 巴鲁克带给人们这样的印象,他为政府效力的时候他的股市事业是静止的,但是事实上,他并没有完全停止股票交易。例如,1918年7月,他行使股东的权利,认购了价值89 910美元的得克萨斯州海湾硫磺公司的新股。1918年末1919年初,他通过秘书玛丽·博伊尔让世人得知他对分配给他的另外一家紧密合作的风险投资企业塞浦路斯矿业公司(Cyprus Mines Corporation)的股份额度不太满意。他那些热心的股东同事捐献得更多,得到的股份也不多。

月，沾沾自喜的股东们通过表决决定拆股（一股拆分成四股），即每个人持有的股票一下子扩大到四倍，而股价同比例降低了。巴鲁克认为对得克萨斯州海湾公司的乐观估计还有待考证，1926年秋天他抛售完所持的得克萨斯州海湾硫磺公司股份。尽管20世纪20年代末公司股东名册上一直出现其他巴鲁克们——赫尔曼自1929年以来一直是得克萨斯州海湾硫磺公司的董事，持有相当一部分股份——巴鲁克自己则全身而退。

这样的做法不太光明。仅红利收入就有100万美元。比较合理的估计他抛售股票赚取的利润高达600万至800万美元。到最后看来，巴鲁克最有利可图的一项投资完全反映了他的谨慎作风。巴鲁克抛完股票，股价继续上涨，1929年达到高点，每股股价按拆分前计算高达341美元。按1929年的股价最高点计算，巴鲁克花250万美元买下的股票此刻市值将达到21 653.5万美元。

第八章

匿名诽谤信

第八章 匿名诽谤信

巴鲁克一点一滴地累积起巨额财富。慢慢累积使得财富并不像他的蓝眼睛那样醒目。对与巴鲁克同处一个社交圈子的人来说，巴鲁克只是一个美国南方人，民主党党员；但是对普通民众来讲，首先想到的是，巴鲁克是一个百万富翁，人们对他的印象是一个开支票的富人。1912 年他慷慨捐赠了 1.25 万美元用于伍德罗·威尔逊的总统选举活动。1914 年美国政府计划出资 13 500 万美元帮助棉农渡过危机。由于战争，大丰收的棉花在欧洲没有了销路。巴鲁克表示，如果有需要，他会认捐其中的 350 万美元。作为一个南卡罗莱纳州本地人，巴鲁克对该提议的态度是十分真诚的，但是由于款项到位最终没要巴鲁克认捐。他最热衷的一项公共事业是为战争筹备军事物资和工业物资。某天他曾许诺少将伦纳德·伍德(Leonard Wood) 1 万美元的捐款，因为少将提到他设在纽约普莱茨堡(Plattsburgh)的预备役军官营地需要 1 万美元建路。与其说是帮助解决财务危机，还不如说是出于同情，巴鲁克于 1915 年秋季认购了安哥拉—法国战争公债，他持有了相当长一段时间的公债，最后亏损抛售。1916 年他又捐 3.5 万美元支持威尔逊总统连任，后来又出资 1.5 万美元填补民主党总统选举后留下的赤字。1917 年美国正式参战后，他又责成另一位背井离乡的南方人财政部部长威廉·G. 麦卡杜(William G. McAdoo)认购 500 万美元，从而帮助超额完成第一期自由公债(Liberty Loan)。

除了提供资金资助以外，巴鲁克还参与一些政治事务。他曾说服坦慕尼协会(Tammany Hall)的老板查尔斯·F. 墨菲(Charles F. Murphy)帮助巴鲁克的朋友迪克·林登(Dick Lydon)在纽约市选区成功竞选上国家法官候选人。墨菲答应了，但他要求巴鲁克帮他一个忙。墨菲告诉巴鲁克，他的一个好朋友希望能在联邦政府的海关法庭谋到一官半职。墨菲希望巴鲁克能帮他办到，据巴鲁克回忆他做到了。威尔逊总统的顾问豪斯上校(Colonel House)曾拜托巴鲁克帮忙，巴鲁克愉快答应了。1914 年，豪斯的亲戚悉尼·爱德华·梅泽斯(Sidney Edward Mezes)盯上了纽约城市学院的校长职位，1913 年这一职位就空出来了。巴鲁克作为该学院的理事，是董事会的校长遴选委员会会员。他尽自己最大的努力帮梅泽斯，后来又助梅泽斯当上得克萨斯大学的校长。11 月由校长遴选委员会主席弗莱德里克·贝拉米(Frederick Bellamy)而不是巴鲁克正式宣布梅泽斯就任纽约城市学院校长。① 1916 年巴鲁克想退出纽约城市学院董事会,豪斯因为梅泽斯的缘故极力挽留他留下来。那时,董事威廉·麦库姆斯与总统不和,豪斯担心麦库姆斯会报复梅泽斯。威廉·麦库姆斯是第一个把巴鲁克引荐到威尔逊阵营的人。几年后,豪斯上校希望巴鲁克能使纽约城市学院董事会批准梅泽斯的请假,这样梅泽斯抽出身去管理一个名为英奎瑞(Inquiry)的秘密战后建筑机构。虽然我们无法得知巴鲁克在其中起了什么作用,但最后董事会还是批准了梅泽斯的不带薪请假。

除了慷慨解囊和热心助人之外,巴鲁克通过吹捧战备观点,在政治界也有所建树。他欣赏威尔逊政府的监管政策,推崇成立时间不长的联邦储备系统(Federal Reserve System),但他对经济事务的影响还是非常小的。从 1915 年开始,他全身心地投入筹建美国的战备工作,特别是工业动员。这年夏天他从股票交易商的立场发布了一项国防声明:"唯一阻碍牛市的事是我们的无备战状态。从财政、商业和经济角度考虑,摆在我们面前最重要的事是立即组建合适的陆军和海军防御体系。"很遗憾,这封声明中没有一件事是站在牛市角度探讨的,更不用说无备战状态了。7 月 9 日,即巴鲁克的声明在《商业日报》(Journal of Commerce)发表后的第二天,道—琼斯工业平均指数创下两年半来的新低。但那时没人知道这两者的关系,更不用说《纽约号令报》(New York Call)的编辑们了。该报是一份社会主义性质的报纸,看不惯血统和财产之间赤裸裸的关系。"简言之,"他们就巴鲁克在《商业日报》发表的预言写道:"巴鲁克先生清楚地指出资本主义是战争的罪魁祸首。一个民族占领其他民族的领地,这是不道德的、也是不合法的。其他民族必会起来反抗,收复失地……"[1914 年,该报在报道一起交通事故时无意中提到过巴鲁克。该起交通事故与巴鲁克的司机有关,报道上说巴鲁克的司机撞倒了一位 67 岁的木匠,巴鲁克亲自去医院看望这位木匠,并允诺为他提供最好的医疗条件,医疗费用由巴鲁克承担。]巴鲁克并未灰心丧气,他继续呼吁储备更多的军舰、枪支和军队,鼓吹战时工业组织计划。1915 年度假回来后,巴鲁克把他的想法告诉了麦卡杜,麦卡杜又传递给总统。总统要求召见巴鲁克。会面安排妥当后,巴鲁克于 9 月 8 日生平第一次造访了白宫。据报道,他与总统谈了 1 个小时,建议成立一个商人委员会用于协调工业动员计划。

---

① 除了与豪斯上校有姻亲关系之外,梅泽斯同时是得克萨斯大学前一任校长戴维·F. 休斯敦(David F. Houston)的朋友。休斯敦卸去校长职务后出任威尔逊政府的农业部长,他对梅泽斯称赞不已。一位纽约城市学院的历史学家这样描写梅泽斯的任命:"一批有影响力的教育家,包括哈佛大学荣誉退休校长查尔斯·W. 埃里奥特(Charles W. Eliot),强烈推荐梅泽斯任职纽约城市学院的校长。同时更重要的是,梅泽斯拥有一些政治势力很强的朋友。"

第八章 匿名诽谤信

这年秋天,巴鲁克又写信给豪斯上校鼓吹他的观点,包括建议成立一支由大学毕业生组成的后备军队。

自从与威尔逊总统会面后,巴鲁克俨然成为美国政府的内部人了。海湾硫磺公司的临时无薪负责人雨果·斯皮茨在奥地利遭到伏击,需要外交帮助才能回美国。这事自然就落到了巴鲁克身上。巴鲁克是否从中斡旋不得而知,但是至少他的同事们相信巴鲁克能办到。(海湾硫磺公司的股东爱因斯坦给另一位股东阿伦的信中这样写道:"恰好巴鲁克先生跟现在的美国政府走得很近,他曾向我提起过。我不担心写信告诉别人这事。")

1916年春季伊始,巴鲁克再次行动宣扬他的观点。4月他写信给豪斯上校,建议加紧成立一个动员委员会。当收到威尔逊总统签字的回信时,巴鲁克的心狂跳不已。总统先生这样回复:"豪斯先生已把你于4月24日写给他的信转交给我。信中的意思我大致概括为需要动员全国资源情形下的工业效率。我记得我们会面时谈论这个问题时所受到的激励,现在还停留在我的脑海中。现在我们准备着手解决这个问题,我非常感谢你提出的建议。"6月巴鲁克再次造访白宫。总统先生和巴鲁克讨论了资源动员问题,还谈了一些政治问题以及一些内阁成员的忠诚问题。对这些问题,巴鲁克勇敢地提出了自己的看法。例如,他建议威尔逊总统解除直言不讳的约瑟夫·丹尼尔斯(Josephus Daniels)海军部长(Secretary of the Navy)职务,由铜商约翰·D. 瑞安(John D. Ryan)来接任这一职位。瑞安恰好是巴鲁克的一位朋友。1916年8月,巴鲁克和其他人一直在鼓吹和宣扬的有关战争的观点虽然苍白无力,但是终于成为法律条文。战时将成立一个国防委员会(Council of National Defense),由它指挥国内战线,委员由战争部长、海军部长、内务部长、商业部长、劳工部长和农业部长组成。同时将设立一个咨询委员会(Advisory Commission)以协助国防委员会。巴鲁克面无表情地读着相关新闻,当时他深受风湿病之苦。[这年夏天在长岛他患上风湿病。1914年第一次世界大战爆发时他刚好在欧洲,同年9月坐船回美国,自此未曾去过欧洲。]10月12日,他打开报纸看到他被任命为咨询委员会的委员。这则新闻弄得他措手不及。

他在咨询委员会的同事包括许多战备运动的先驱者:霍华德·E. 考菲 (Howard E. Coffin)[一位崇尚标准化和效率的工程师,同时也是哈德森摩托车公司(Hudson Motorcar Company)的副主席]、霍利斯·格弗雷(Hollis Godfrey)博士[一位与考菲志趣相投的工程师,同时也是德雷克塞尔学院(Drexel institute)院长]、巴尔的摩一俄亥俄铁路公司主席(Baltimore & Ohio Railroad)丹尼尔·维拉德(Daniel Willard)、西塞尔百货公司主席朱力叶斯·罗森瓦德(Julius Rosenwald)、美国外科学院(The American College of Surgeons)的总干事富兰克林·H. 马丁博士(Dr. Franklin H. Martin)和美国劳工联合会(The American Federation of Labor)主席塞缪尔·冈帕斯(Samuel Gompers)。巴鲁克被说成是纽约银行家。他对这个委婉说法深感不安,担心他真正的投机商身份曝光后公众会怎样评价他。他打电话给豪斯,谦逊地告诉豪斯他对银行家这个称谓感到很抱歉。豪斯在他私人日记里也曾用尖酸刻毒的话评论过此事:"我怀疑巴鲁克的烦恼,同样怀疑威尔逊总统对任命巴鲁克决定的英明性。威尔逊总统应该选择更有代表性的商人担任这一职务。"总统通过豪斯传递给巴鲁克的回复是这样的:要么接受任命,要么闭嘴,什么也不要说。据巴鲁克自己所写,他决定接受这一任命。为了确保准时参加咨询委员会于11月6日召开的第一次大会,他租了一个专门的火车头,乘坐他的私人火车从霍布考火速赶到华盛顿。

巴鲁克品尝到公众生活的一些乐趣后不久,就遇到了很棘手的麻烦事。短短几个星期内,他遭遇到流言和匿名信的攻击,并被国会调查委员会叫去听证。由于担心,在等待作证的这段时间里,他瘦了12磅。

巴鲁克名誉危机祸起1915年牛市崩溃,当时巴鲁克对牛市崩溃也感到很惊讶。欧洲大屠杀使美国经济获益匪浅。1915年,轮船公司国际商业海事公司(International Mercantile Marine Company)当年的利润比它过去十年的年平均利润的十倍还多,而1914年该公司还处在破产边缘。1916年,美国钢铁公司的利润比它以前任何一年都要多,当年每桶原油报价2.75美元,创下20年来历史新高。1915年7月19日道—琼斯工业平均指数报收67.88点,创下历史新低,但到1916年的秋天,道—琼斯工业平均指数超过了100点。

因为市场行情如此高涨,公众对市场的未来趋势过于乐观,一些很内行的企业家对此深感不安。11月,杰西·里弗莫尔(Jesse Livermore)做空股票。尤金·迈耶回忆道,11月他不看好市场,并把此想法告诉了巴鲁克。"走进镇上每一间屋子,你会看到女人们都在谈论股票。"哈里·肯特如此说道。11月21日,道—琼斯工业平均指数报收110.15点,创下历史新高,与1915年7月的历史低点相比,涨幅达62%。

第八章 匿名诽谤信

由于战争一触即发,看起来和平不太可能实现。同时德国总理西奥波尔·冯·伯特曼—赫尔维(Theobald von Bethmann-Hollweg)于1916年12月12日发表了一次和解讲话,市场就开始下滑。12月19日英国首相断然拒绝和解,但是市场再次下滑。第二天,即12月20日星期三,就有谣言传出,称美国向交战国递交了外交照会。这使市场情绪进一步悲观,收盘前的四个小时股市一路下跌。第二天官方宣称,事实上美国是在祥和的气氛中与交战国接触的,但在一份独立的声明中,国务院(The State Department)警告说美国多次违反中立原则,使得美国很可能被卷入战争。既担心战争又担心和平的市场失去了控制。每天大量股票转手,自1901年北太平洋铁路公司垄断事件以来,股市还未曾出现过这样疯狂的情景。与1916年的历史高点相比,12月21日,国际航运公司(Mercantile Marine)的股价被砍了一半。伯利恒钢铁公司(Bethlehem Steel)的股价当年还达到过最高点每股700美元,12月21日收盘时每股只有489美元。[《华尔街日报》的一位记者这样形容:"股价就像太平洋西北地区(一般指美国地理上的西北部)的雪遇到奇努克风(Chinook)一样一下子"融化"不见了。"]尽管21日外交照会正式对外发布,但这之前有一些消息灵通人士还是提前知道从而立即抛售股票。即使是以常规方式被清除出股市,对股民来说,也是很伤感情的,股市中近乎抢劫的掠夺行为则更不能容忍了。托马斯·W. 罗森,一个有点古怪的作家和股票交易商,把民怨具体化为一项指控。他指责外交照会被提前泄露,有人乘机狂赚一把。"40年来,国会里一直有人泄露机密在华尔街捞钱,"他说,"他们还乐此不疲。"

罗森的指责导致公众强烈但没有明确针对对象的义愤。罗森自己拒绝提供当事人的名字。尽管众议院(House of Representatives)通过了一项决议,授权成立一个委员会彻底调查此事,但是该调查委员会无法在短时间内就获得确凿的证据。由于缺乏事实证据,调查委员会委员们转而相信起流言了。1917年1月3日,在众议院的议员席上,来自纽约的共和党众议员威廉姆·S. 贝内特(William S. Bennet)首先发难:"我想说……有关流言的事。外面谣传是国防委员会委员伯纳德·M. 巴鲁克先生泄露消息到华尔街。顺便说一下,总统先生的照会对外正式发布30分钟前,巴鲁克先生抛售了1.5万股钢铁业股。谣言在纽约已经传开了。"议员们纷纷鼓掌。

不久,更多的人遭到非议,包括威尔逊总统的私人秘书约瑟夫·P. 塔马尔蒂(Joseph P. Tumulty)、库恩勒布投资银行家奥托·H. 卡恩(Otto H. Kahn)(也是巴鲁克的朋友)、一名华盛顿经纪人也是总统亲戚 R. 威尔默·博林(R. Wilmer Bolling)。巴鲁克的名字在一封来自纽约署名"A. 科蒂斯"(A. Curtis)写给来自印第安纳州的共和党众议员威廉姆·R. 伍德(William R. Wood)的信中又一次被提及。

谁是科蒂斯不得而知。在信中他这样写道：

毫无疑问，巴鲁克早在12月9日即星期六就知道了部长兰辛签署的外交照会的相关信息。照会签署日期是12月11日，12月12日才送出。[他说的日期是错误的。]

至于巴鲁克是怎样得到消息的，我不打算说。但是，我认识的一位绅士确定他在巴尔的摩饭店看见塔马尔蒂先生和巴鲁克先生一起共进早餐，次数约有两三次，时间刚好与外交照会签署以及秘密派送的时间吻合。

我十分确定，巴鲁克是用如下手段重创市场的：

在他的办公室即布罗德街111号，他拥有一个可以接通很多证券经纪行电话的私人电话系统。你必须在他清除这些电话线之前获取一份这些证券经纪行的电话名单。如果他勉强愿意提供这样一份电话名单，我会把它与另一份同样的名单进行比对，我的这份名单是从纽约电话公司和西联电报公司那里获得的，这两家公司提供电报服务。

得到这份名单后，你就可以通过这些证券经纪行获得一份包括所有巴鲁克在这段受质疑的时间内完成的交易的副本。调查不能仅限于巴鲁克的私人账户，还应包括所有经纪人的账册显示由巴鲁克控制或确定受其控制的秘密账户，例如，以数字或假名登记的账户。

如果经纪人拒绝提供信息，国会可以行使权力要求他们提供。证券交易所也有权力要求其会员出示交易账册和账户。而且证券交易所约束其会员商业道德行为的规则覆盖面足够广，又灵活，通过证券交易所的管理层肯定可以得到想要的信息。许多有名望的交易所会员急不可耐地想要帮助你调查这起令人作呕的丑闻的真相。

这是一件超出你想象的事。一旦你采取适当措施，我敢保证你会得到想要的信息。

你忠诚的朋友：A.柯蒂斯

读完此信(记录在案)后，众议员伍德坦承他也不知道谁是柯蒂斯。许多叫柯蒂斯的人否认是此信的作者[星期六早上在波士顿，一个名叫阿伦·柯蒂斯的人被一名中士跟踪，然后被传唤到华盛顿出庭作证；他也否认此事与他有关]。有线索表明，写信者可能是被称为"华尔街狐狸"的大卫·拉马尔(David Lamar)。但是那时拉马尔在亚特兰大坐

第八章 匿名诽谤信

牢,这条线索又断了。谣传巴鲁克凭借此次照会泄露事情狂赚 6 亿美元。

卡恩和塔马尔蒂对诽谤愤怒不已,谴责伍德。巴鲁克冷静看待此事,1 月 5 日他从南卡罗来纳州的乔治敦(Georgetown)发电报给《纽约时报》:"我并没有预先收到任何与总统的和平照会有关的信息,也没有在巴尔的摩饭店或其他任何地方与塔马尔蒂先生共进午餐或会谈。"

巴鲁克是第一次面临公众的诽谤,知道难以应对,因此担忧即将到来的国会询问。在纽约与迈耶谈论起此事时,巴鲁克提到他将聘前美国参议员约翰·C. 斯普纳(John C. Spooner)为私人律师。迈耶告诫他三思而后行,因为斯普纳的政治影响力对任何一个清白的人都非常不利。[显然巴鲁克最终没有聘用斯普纳]迈耶另外向巴鲁克提了一个建议。他对巴鲁克说,如果被问到巴鲁克的职业时,这是无法避免的,巴鲁克应该坦承真相:"就告诉他们你是一个投机商,你按自己的喜好买卖股票。抛售股票后随即又买进同样的股票,或买进股票之后又抛售,这是很平常的事。"

1 月 9 日在华盛顿,出庭作证的日子,由于失眠和体重下降,巴鲁克看起来非常憔悴。看到巴鲁克这副样子,他的敌人们此时肯定很高兴。巴鲁克身边又没有朋友可以安慰他。当巴鲁克站起来的时候,众议院规则委员会(The House Rules Committee)主席罗伯特·L. 亨利(Robert L. Henry)(来自得克萨斯州的众议员)要求巴鲁克陈述自己的名字、地址和职业。迈耶应巴鲁克要求来现场给予他精神支持。此时迈耶在走廊上屏住呼吸,显得十分紧张,不知里面发生的事情。

"伯纳德·M. 巴鲁克,我的办公地址是布罗德街 111 号,至于职业,投资商和投机商。还有其他问题吗?"投机商①一词一定程度上暗含着坦白犯罪的意思。话音一落,席上一片哗然。

巴鲁克诚恳地回答问题,没有一丝怨恨和讽刺。他详细说明在照会泄露时期的交易情况,如实交代他能想到的一切细节。他以平和的语气否认指控,并说明他也不知道谁是柯蒂斯。随即,委员会又把话题引到他曾捐出的一笔 50 000 美元的总统竞选款项。为此,巴鲁克还遭到一名共和党国会议员的取笑:

---

① 但是投机商一词再也普通不过了。1916 年在所得税纳税单上自称"资本家:投资商和投机商"的纳税人比其他任何一种职业的纳税人都要多。1916 年美国国税局(Internal Revenue Service)总共征税 437 036 美元,其中大约 20% 的税收,即 85 465 美元,是由资本家缴纳的,公务员只缴纳了 2 992 美元,不到总税收的 1%。资本家缴纳了 32% 的个人所得税税收,从业人数排名第二的商人只缴纳了 12% 的个人所得税税收。

"如果有人许诺以这样的速度给我们捐款,我们迟早会吸收他成为共和党党员。"

"你们共和党也有这样慷慨捐款的支持者,"巴鲁克说。"但是,越多越好。"

回答问题时,巴鲁克还进一步补充说明了办公设备。他说他拥有两台道—琼斯自动收录器,一台是股票行情自动收录器,另一台是新闻自动收报机,同时有几条直通证券经纪行的电话线(这一点倒是与柯蒂斯的信中所说的一致)。[巴鲁克办公室的墙上贴满了他在摩托艇上的照片,这一点巴鲁克没有说出来。]他说他没有直接在纽约证券交易所交易已有很多年了。巴鲁克表明他没有做中间人业务,也没有以保证金形式购买股票。

他指出他的钱存在五家银行,这五家银行中,他最喜欢的是中央信托(Central Trust)和保证信托银行(Guaranty Trust)。巴鲁克主要通过五家证券经纪行完成交易,分别是弗雷德公司(Fred Edey & Company)、朗斯伯格兄弟(Lansburg Brothers)、豪斯曼公司(A. A. Housman & Company)、巴鲁克兄弟(Baruch Brothers)以及H. 肯特公司(H. Content & Company)。

"他们是有执业资格的吗?"一位国会议员问道。

"他们说有,"巴鲁克冷冰冰地答道。

那个年代做空一直不受欢迎,不只在华盛顿还包括纽约一些非常高傲的金融家都非常看不起做空行为。巴鲁克说就他而言,他认为做空行为没有什么不对的地方,他不同意亨利提出的禁止做空行为的建议。

"相反,主席先生,我相信如果你面对一个没有做空行为的市场,当市场被破坏时——当然,幼苗不可能一夜之间就长成参天大树——当我们看着股价一直在升,股价开始下跌将会导致整个市场暴跌,从而破坏整个市场结构。我再补充一下,看涨股市的人吸引长期持有证券或将会长期持有证券的人的注意力,做空者恰好弥补了这些看涨股市的人的缺陷,你可以用这种手段阻止人们在市场高点买进股票。"

亨利又一次跑题了,他提议为了阻止做空这种投机行为要求在相关财务数据旁边透露交易者的姓名。他以一种恭敬的态度纠正了想法:"可能你是对的,我是错的。"巴鲁克真诚地回答:"你可能是对的,而我有可能是错的。"大家这样相互礼让几分钟后,巴鲁克被准许离开。月底他再次被传唤作证。

同时,挑起这件事的罗森提供了一些有可能参与其中的人的名字,包括联邦储备委员会的一位官员保罗·沃伯格(Paul Warburg)、财政部长麦卡杜以及部长的兄弟马尔科姆·麦卡杜(Malcolm McAdoo)。马尔科姆·麦卡杜扬言他非常希望部长能对着罗森的脑袋猛击一拳。诉讼程序按着罗森这个疯狂的人的意思继续进行。当1月30日巴鲁克再次回来作证时,他的心情轻松多了。当被问及交易情况时,巴鲁克拿出了一本审计过的交易记录,上面记载着在总统照会发布之前完成的所有交易。

在第二次听证会上,一开始委员会就对巴鲁克的金融信息来源非常好奇。委员会的法律顾问谢尔曼·L. 惠普尔(Sherman L. Whipple)问巴鲁克:"除了股票行情自动收录器外你还可以从其他地方获知股票行情吗?"

"没有,先生。"

"你在华盛顿有代理人吗?"

"没有,先生。"

"你习惯在办公室直接发出交易指令还是通过电报发出?"

巴鲁克有听力障碍。"是的,先生。"

"你有利用你熟知的证券经纪行获知这些信息吗?"

"不,我没有关心这些消息。"

"我没有听明白你的意思。"

"我说我并不在意这些流言。"

这些就是这位大师级的投机商对证券经纪行调查的评价了。惠普尔查阅这些交易记录,指出巴鲁克在12月11日买进5 000股美国钢铁公司的股份,日子恰好是在德国总理发表和解讲话之前。12月12日,巴鲁克抛售这些股份,有所亏损。

"我知道我是在23点多的价位买进的(实指123点多)。我记得股票行情收录器的纸带上显示为20.5的时候,我发出卖出指令,最终确认的卖出价为19点多。我对此记得很清楚。"换言之,巴鲁克希望比他经纪人的成交价格更高的价格卖出。巴鲁克带着懊悔的表情小声地说出经纪人的名字:"肯特。"

"那天的交易有损失?"

"是的,先生。有时候总会亏损。"

"引出这件令人难堪的事情,我感到非常抱歉,巴鲁克先生,因为人们认为你从未亏损过。"

"这是这起调查中唯一令人讨厌的事情。"巴鲁克拿自己开涮。

惠普尔又把话题引到巴鲁克抛售钢铁业股票特别是雷铜(Ray Copper)、智利铜业公司(Chile Copper)、古巴糖业公司(Cuba Cane Sugar preferred)股票的事情。巴鲁克说明当时他正与人谈判打算购买一些铁路公司的股票,他听到风声后立即停止谈判。[他没有购买与军火相关的股票,因为他不想连累战备发言人的身份。]

那个时间巴鲁克唯一做空的一只股票是加拿大太平洋(Canadian Pacific),他先做空,随后在某个合适的时机买进。

"我说的是12月12日。"惠普尔说。

"是的,我一直做空加拿大太平洋的股份了。"①

12日,巴鲁克抛售手上持有的股票。星期三,即12月13日,巴鲁克做空了23 400股美国钢铁公司的股份,价值高达300万美元。为了对这笔交易有一个直观了解,巴鲁克解释道这笔交易量占到当日钢铁股份成交量的6%,占纽约证券交易所当日成交总量的1%。也是在星期二做空的,巴鲁克解释道,星期二他大部分时间都不在办公室。他向委员会做出详细说明:

"但是,那时,当我看到递交给德国国会、所谓的冯·伯特曼—赫尔维和平照会(已公之于众,文明时代最大的战争爆发后宣扬和平的照会——至少我是这样想的——我想历史也会铭记它)时,我意识到该照会会对各大国产生影响,特别是商业和金融业方面。我仍然认为迄今为止关注战争的人们也会思考和平,因为这是一个宣扬和平的照会,我想人们也会考虑和平到来时世界会变得怎样。我认为到时我们的商业、贸易和金融条件都会受到影响。我根据我自己的判断得出聪明的人应该立即行动抛售股票,并且对此深信不疑。"

巴鲁克说还有其他原因促使他做出抛售股票的决定。日本人得知德国的行动后加紧停止了股票交易活动,日本人是世界上最聪明的人。他们已经看到和平即将到来。他略带伤感地说,日本是禁止做空行为的。他的悲伤语调引发一阵大笑。

星期四,即12月14日,巴鲁克做空另外1 600股美国钢铁公司股份,这样他的成交量就达到25 000股。成交价约为每股119美元。星期五,即12月15日,他开始回购股票,即为了完成交易买回已做空的股票。他以每股110美元左右的价格买进14 000股,

---

① 巴鲁克的意思非常明显,他是说那段时间他做空加拿大太平洋的股份。但这是一个模棱两可的词。至少有一本刊物解释过巴鲁克总是做空加拿大太平洋的股份。詹姆斯·沃伯格(James Warburg),一位联邦储备委员会委员的儿子,曾引用此例子或类似例子来证明巴鲁克在股票投资上的鲁莽。

第八章 匿名诽谤信

这样这笔交易他净获利126 000美元。从历史角度来看,此行为不妥;但是从市场角度来看,他做了正确的决定。

12月18日,一开盘,巴鲁克就做空了11 000股美国钢铁公司股份。那天,他做空了数千股,但当时股价一直在涨。在股价上涨的时候做空股票,这需要一点胆量才能办到。惠普尔问巴鲁克为什么这样做。

巴鲁克说:"因为我应该得悉另外一件大事,即劳尔·乔治(Lloyd George)(1916年12月7日至1922年10月23日任英国首相)的讲话。我认为通过乔治的讲话可以清楚地了解他对和平照会的答复。"

星期二中午,巴鲁克从新闻收报机获知了有关乔治讲话的一些内容。巴鲁克记得当时他站着,盯着一个个打印出来的字。

"第一部分内容如同人们所想的那样,就是劳尔·乔治不打算接受和平照会,英国在任何情况下都不会考虑接受。随着市场上涨,我做空了一些股票。我一直盯着收报机看,讲话一经公布,股市即暴跌——'但他还是为和平打开了一扇门。'我站在收报机旁边,看完报道后我尽快尽量做空股票。"

星期二收盘前,巴鲁克又做空了28 400股,这样他的空头交易量达到43 400股,市值达470万美元。巴鲁克又被问及是否预先收到有关华盛顿方面对此事的反应的信息。巴鲁克说没有,并提交了有关乔治讲话报道后他完成的市场交易的相关证明。他在星期三即12月20日买进17 900股,恰好是美国政府的照会击垮市场的前一天。

"这是一个非常不幸的判断,"巴鲁克说,"知道照会的人应该一整天做空股份,而不是买进。从10:00到15:00他不应该停止交易。"

12月21日,即市场崩溃的日子,巴鲁克说他回购了剩下的做空股份,同时买进其他一些股份进行补仓。美国钢铁公司股价曾低至一百零几,但他说他没有在此价位买进过。"我从来没有在市场最低点买进过,也没有在市场最高点卖出过。"

现在巴鲁克完全掌控了听证会。他询问委员会是否还想知道他都买进了哪些股票。

"我想委员会对此没有兴趣,至少我没有想到什么,"惠普尔说道。"没有必要说……但是你买了其他股票?"

"是的,先生。市场低迷时,我会买进一些有投资价值的股票。市场下跌时,我会卖出那些从本身特点来看或从技术上分析没有多少投资价值的股票以买进其他有投资价值的证券。"

惠普尔对做空交易闪烁其词,对其复杂性深感惊讶。

"它是非常简单的交易。"巴鲁克说。

委员会多少有点相信巴鲁克是清白的,开始问一些问题以满足好奇心。

"对你来说,这是一笔大交易吗?"

"我做过更大的交易。"

"因此对你来说,在你以前完成的所有交易中,这是一笔重要的交易但不是最大的交易?"

"刚刚适中的交易,但是我已经做了——我必须讲讲以前我做过的?"

"不必了。"

"如果你问我,我一定会认真问答。"

"委员会不太想知道这些。他们会尊重你的个人隐私。"

"我也尊重我的个人隐私,但是我乐意回答任何问题。"

"我们是以私密的方法来处理一件公共大事。"

"我想说我经常做空类似成交量的美国钢铁公司股票。"

"经常?"

"是的,先生。我经常做空相当成交量的股票。但是你也看到了,只有一只股票你可以自由进出。"换言之,巴鲁克可以最大限度地自由买卖美国钢铁公司股票。

还有一个问题许多人都想知道。惠普尔语带恭敬之意,折回话题。

"我不知道委员会是否认为这个利润很重要,即使你乐意说出具体的利润额。但是由于某些方面的原因,可能是为了证明这些通过这些交易获利的人是绅士,我想应该提出这个问题。"

巴鲁克并不反对。他说 476 168.47 美元。[据称,杰西·利维摩(Jesse Livermore)赚的是这个数目的两倍多。]听证会结束之前,委员会两次折回话题,询问巴鲁克之前提起过的一些事。巴鲁克承认他的确给两名华盛顿官员华宝(Warburg)和麦卡杜打过电话,但是与股市或和平照会一点关系都没有。他说他是想推荐一人担任纽约联邦储备银行的董事。现在委员会问是谁建议他打电话的。

"E. M. 豪斯先生。"他笑着说。

第八章 匿名诽谤信

巴鲁克带着胜利者的喜悦离开了听证会。2月1日早上醒来时看到《纽约时报》上有一篇关于他的社论。他登上了《纽约时报》的头版头条:"他不需要内幕消息。"

和平照会事件的真相最后水落石出。威廉·W. 普莱斯(William W. Price)是真正泄露照会消息的人。普莱斯看起来和蔼可亲,有点发胖,是《华盛顿明星晚报》(*Washington Evening Star*)高尔夫专栏作家。作为最早的白宫记者,普莱斯从第二任期的克里夫兰政府开始与联邦政府接触,他还从事另外一份副业,即为芝加哥的几个证券经纪行当新闻记者,月薪 25 美元。流言在华尔街传开的那天早上 11:00,国务卿罗伯特·兰辛(Robert Lansing)向华盛顿记者团通报了有关美国照会的情况,但是要求记者们在午夜之前不要把照会信息发出去。普莱斯并未出席通报会,但是得悉了相关的新闻公报,并把消息告知了芝加哥那边的证券经纪行。[《巴尔的摩太阳报》(*Baltimore Sun*)的记者 J. 弗雷德(J. Fred Essary)同样也向纽约的 E. F. 赫顿(E.F.Hutton)泄露过信息。]国会的调查委员在调查陷入僵局的情况下才得知是普莱斯泄漏了消息。普莱斯的一个小女儿在普莱斯的银行账户上发现有来路不明的资金进账,把这事告诉了另外一位女士,这位女士又把这些事告诉了罗森。普莱斯站在证人席上痛苦地说,"……《华盛顿明星晚报》这样一家大报纸,可能和我在副业问题上持有不同的观点。"《华盛顿明星晚报》是如何理解副业这一问题,我们不得而知。但是同年普莱斯去《华盛顿时报》(*Washington Times*)工作了。

就巴鲁克而言,当他受到公众谴责时,他做了两个决定:一是还自己一个清白,二是再也不碰任何与政治有关的事了。他是如此英明,成功还自己一个清白,以致他决定不管第二个决定了。

第九章

工业巨头

第九章 工业巨头

在麦金利牛市期间,巴鲁克的金融生涯硕果累累;正如金融生涯的成就一样,在第一次世界大战期间其政治生涯也取得了不小的成就。在这两个方面,巴鲁克的时机都是无可挑剔的。在金融方面,股市上涨的时候他手头上有股票。在政治方面,他刚好经历了 20 世纪美国崛起这个过程。

在低税率和有限政府的体制下,巴鲁克在华尔街发了大财,然后他踏足公共领域以帮助建立一个相对高税率和政府管制的体制。当他来到华盛顿为政府效力时,公共债务不到 30 亿美元;个人所得税率很低,几乎无足轻重;国家经济计划与美国国情格格不入。1919 年他离开华盛顿时,公共债务高达 250 亿美元;最高档的税率攀升了 10 倍多,高达 73%;联邦政府对经济的管制已变成一个牢固确立的惯例。

战争就是用武力征服他人。就像在其他好战的国家一样,在美国,颇具讽刺意味的是,政府的日常管理行为与其标榜的自由主义背道而驰。在自由的名义下,美国政府征召军队,检查民众邮件,掌管铁路线和电报线,还制定小麦的市场价格。某天巴鲁克的父亲在家收到一份《纪事杂志》(*The Chronicle Magazine*)寄来的问卷调查,此调查恰好体现出那个时代的特征。该杂志询问巴鲁克医生,作为一名德国移民,他是否愿意效忠美国。如果不愿意,编辑们想要他知道,他们会把他的回答或没有回答这一情况反映给司法部(Justice Department),以便他们采取适当的法律措施。巴鲁克医生毕恭毕敬地再次重申自己的忠诚;在社会场合中,他的太太开始完全否认她父母亲的血统。"我身上完全没有德国血统,"她说话时会昂首并挺直身板以示蔑视。[1917 年 11 月巴鲁克医生夫妇五十周年结婚纪念日的时候,威尔逊总统不计较血统问题了,送了一篮菊花祝贺他们。]美国政府迫切想知道移民、外侨以及政治怪人对美国的忠诚度甚至到了鬼迷心窍的程度,以致成立了一个新闻委员会(Committee on Public Information);该委员会是一个联邦政府机构,主要由著名的进步新闻记者组成;该委员会成立的目的是试图找出"那些散布悲观论调……吵着要和平或者贬低我们为赢得战争所做的努力的人"。

如果撰稿人加入一个机构控制言论自由这事有点奇怪,那么作为投资商和交易商的巴鲁克答应帮助监管自由市场就一点都不奇怪了。1917 年初,巴鲁克这样做了,而且是全职工作;他致力于把资本主义转变为一种战时社会主义。巴鲁克称这次经历是其一生中最精彩的时刻。

巴鲁克身陷和平照会消息泄露调查事件后,他卖掉了纽约证券交易所的交易席位以及手上绝大部分普通股股票[没有卖掉的股票有海湾硫磺、阿拉斯加—朱诺、塞浦路斯矿业和阿托埃拉(是一个钨矿,其股票滞销)],并给博伊尔小姐留下指示,叫她把余下的红利收入捐给红十字会。那时他的财产大约是一千万美元,其中四分之三的钱他都投资了自由债券。巴鲁克只身前往华盛顿,安妮及孩子没有随行;到华盛顿后,他住在肖勒姆酒店。巴鲁克的第一份工作是国防委员会(The Council of National Defense)咨询委员会(The Advisory Commission)下属的原材料和矿物委员会主席。

1917年的华盛顿还是一个小镇;在华盛顿的任何场合中,巴鲁克发现自己通常是里面最高的、形象最好的以及最有钱的人,自然有信心做好原材料和矿物委员会主席这一工作。与政府办事程序有所不同,巴鲁克上任后的第一步是,根据供给和需求设法安排商品生产以满足国防需要。供给方面包括矿主和生产商;巴鲁克与他们中的很多人有私人交情,他把这些人按矿物种类(从铝矿物到锌矿物)分类,组成不同的顾问委员会。需求方面包括各种政府机构,事实证明组织政府机构要难一些。这样,一旦要采取行动,巴鲁克已经组织好供给以满足政府庞大的紧急需求。

在和平年代,在某个价格下供给和需求会自动实现平衡状态,但是在战争年代,巴鲁克认为为了改善民众的生活困境以及防止商人谋取暴利,政府应该进行价格管制。美国政府(总统及其内阁)认为,如果战士和海员冒着生命的危险,那么商人至少应该让出他们的收益。然而,这个观点没能成功应对异议(价格传递信息;价格管制扭曲了经济信息;正如经由审查,曲解政治和军事信息会产生损害作用一样,经济信息扭曲也会导致不利的结果)。尽管第一次世界大战期间美国政府没有实行全面的价格和利润管制,但是在被小尤金·迈耶恰如其分地称为"非自愿的自愿法"的体制下,美国政府一方面猛烈抨击,另一方面强制实行管制。

巴鲁克在其自传中曾描述过一个运用此方法的案例研究。他写道,当时他去参加白宫的一个招待会;一名侍从武官走到他跟前,行军礼后告诉他总统先生想和他谈谈。侍从武官在前面引路,巴鲁克边走边揣测自己是不是做错了什么。侍从武官把巴鲁克带到总统先生面前,行军礼后离开。威尔逊总统开始跟巴鲁克讲一个特别任务,他希望巴鲁

第九章 工业巨头

克来处理这件事。事情好像是这样的：一个私人财团买进了几艘澳大利亚大船，目的是在战争期间卖给美国政府。这个财团这样做也许不是不合理——毕竟要保留供不应求的船只到战争爆发这样不常见的事件发生是有风险的；如果没有发生战争，这些钱就打水漂了——但是他们想从美国政府身上捞一笔的想法惹怒了威尔逊。目前为止，所有意图挫败这个财团的努力都宣告失败。现在，他告诉巴鲁克，"你可以利用所有你认为美国总统拥有的影响力，但是要得到这些船。"如果巴鲁克认为一个投机商被派去挫败另外的投机商是一件具有讽刺意味的事，那他就不会记录此事了。继续他的叙述：

> 晚上 21:58 我离开白宫。回到肖勒姆酒店……我开始打电话给那些拥有这些澳大利亚大船的人。一个船主在华盛顿，其他船主在纽约。那天晚上我打电话给他们时，他们中有几个已经睡觉了，被我的电话吵醒。我极力说服他们，使他们相信政府想要得到这些船只，但不会让财团有机可乘的决心很大。我使他们认为在这件事上与总统先生作对是很不明智的。

> 第二天早晨，我打电话给威尔逊总统。接通白宫电话的时候我看了看我手上戴的表。刚好是 8:58，从我离开白宫到我跟威尔逊总统通话中间只隔了 11 个小时。我告知威尔逊总统我得到那些船只了，没有人从中赚到一分钱。威尔逊总统感到惊讶，称赞我这么短的时间内就办妥了这件难事。

尽管巴鲁克对执行指令有点生疏，但他是一个完美的部下。第一，他时不时流露出兴高采烈的样子；权力挫折（这样的事对忧思的人来说就是一种折磨）——例如，1917 年政府成立了一个独立的煤炭管理局（Coal Administration），这样他任职主席的原材料和矿物委员会就失去了煤炭管理权——并没有打倒他。[面临这样的时刻，巴鲁克很可能会引用鲍勃·菲茨西蒙斯的话，即为了惩罚对手，一个冠军必须能够忍受对手的拳头。] 另外一点，他是一个行动派。记者马克·沙利文曾于 1917 年春天写给一位朋友的信中提到巴鲁克是一个行动果断的人：

> 他总是准备让步，或者改变计划，或者不按常规做事——但是总归要做一些事。他是一个不错的人，想法有点天真，有点急于求成，但是不会得罪他人。他对他所做的事充满火一般的热情；他是一个充满创造力且精力充沛的人，因此他以后可能会大有作为。对他的朋友来说，这是一件正经事，即在他身边围着半打办事非常有条理的私人秘书，这些秘书到处跟着他，帮他解决尚未了结的一些琐事，因为本质上他是一个精力旺盛的人，

容易沉浸于某事……巴鲁克身上体现的非常积极进取的性格以及他从新行业中得到的而易见的乐趣消解了别人对他的敌意。

爱德华·科克伦(Edward Corcoran)年轻的时候,曾受雇于巴鲁克做一些正如沙利文所说的秘书工作。有时候在办公室里,一份文件不见了——原来是巴鲁克没有带文件——科克伦会被派去肖勒姆酒店,在他老板的西装口袋里翻找文件。巴鲁克的犹太人身份对他不利,但他拥有的财富弥补了这一劣势。例如,政府拒绝下拨资金给咨询委员会创建办公室,巴鲁克自己就在曼西大厦租下一个楼层,并嘱咐秘书,如果到时人员增多、情况变复杂,就买下整幢大厦。

政府不愿下拨资金给咨询委员会设立办公室的一个原因在于没有人确切知道该委员会应该做的事。它的职责包括给予陆军部和海军部采购建议、监视商业运作以及帮助配合战时动员。但商业运作通常是自由市场,急需建议的陆军部不愿意把它与民用品区分开来。[休·S. 约翰逊将军(General Hugh S. Johnson)宣称,陆军部的供应服务机构(他也曾在此部门效力过)"恰恰正是一群充满忌妒心、过时的政府部门的集合"。]咨询委员会产生了一些组织上的结果——例如,它成功施加影响从而得以成立航运局(The Shipping Board)、紧急救援舰队(Emergency Fleet Corporation)和食品管理局(Food Administration)——但是它对工业产生的影响微乎其微。

巴鲁克对事情的结果不甚满意。早在1917年5月初,他试图说服总统先生任命一人组织成立一个有效的供应部门。结果是巴鲁克成了这个人,而这个有效的供应部门就是战时工业委员会,但是该委员会主要负责未来国内战场的金融事务,尽管巴鲁克的华尔街职业生涯帮不了多大的忙。

事情发展为,咨询委员会计划增加政府临时税收、必要时扩大货币供给以及通过精心挑选的价格管制措施掩饰通货膨胀效应。广义上讲,抑制通货膨胀的任务落到战时工业委员会的身上。通货膨胀的任务落到新的联邦储备委员会和财政部的身上;从个体来讲,就是落到财政部长以及联邦储备委员会主席威廉·G. 麦卡杜的身上。这种安排的讽刺意味在于麦卡杜还曾帮助巴鲁克在政府机构谋到一份反通货膨胀工作。这样,这两位盟友基于相反的目的真心地开展工作。

在这两位官员中,麦卡杜的工作开展起来相对比较容易,因为通货膨胀已经成为一种受潮汐影响的势力。1916年,大量黄金涌进纽约用以支付盟军的武器和军需品,批发

第九章 工业巨头

价格上涨了37%以上。战争爆发后,财政部通过借贷来填补巨大的财政赤字。1918年和1919年的财政年度里,财政部每天支出4 300万美元,比任何一个参战国的费用都要高,而且这笔支出按照18世纪的物价换算足以资助美国独立战争一千年[此结论由陆军部(The War Department)后来观测所得]。部分资金通过非通货膨胀手段筹集,即通过税收以及民众储蓄借款,但另一部分由联邦储备委员会印发美钞所得。因此,从1917年到1920年,由联邦储备委员会引起的信贷水平上涨了39亿美元,这一水平直到19世纪30年代才再次出现。增加一定数量的货币供给是否会引起通货膨胀依赖于经济活力,正如一定数量的卡路里是否会导致肥胖全仰仗进食者的新陈代谢功能。就第一次世界大战时期的美国而言,额外增发的货币引发通货膨胀,因为民用品产出下降。由于民众手头的钱多了,但可以买到的物品减少了,生活成本上升。因此,1916年零售价格上涨了17%,1917年再次上涨17%,1918年上涨了15%。零售价格上涨幅度有所缓和也许归因于战时工业委员会的非正式价格管制;批发价格上涨幅度也趋于缓和,1917年上涨了12%,1918年上涨了6%[而1916年的上涨率则为惊人的37%]。但是价格管制放松后,物价继续攀升。①

与其说是由于巴鲁克离开华尔街,还不是说是由于他到华盛顿任职,1917年初金融市场像着了魔似地出现衰退现象。例如,1月,长期优质债券的利率约为4%,10月上涨到5%。随后现有债券,包括巴鲁克刚买进的债券,价值下跌。[自由公债运动的主席查尔斯·G. 道斯(Charles G. Dawes)被告知人们认为自由公债4%的利率太低,他建议:"任何人因为这个原因而拒绝认购自由公债,就杀他的价。"]这多少是唯一可料到的,因为自古以来通货膨胀必引起利率上升。令人费解的是股市动向。1917年末,股市与1914年7月30日的股市没什么两样,当时纽约证券交易所休市,以应对欧洲的股票抛售

---

① 战争快结束时,战时工业委员会(由巴鲁克领导)被迫劝诫政府大幅降低生活成本。因此,1918年8月1日发布了一份声明:
   鉴于高昂的生活费用每天都在增加,给工人阶级及其家庭以及一般的民众造成很大的困难;
   鉴于一般必需品的价格不正常上涨引起民众的不安和不满意情绪,将会破坏民众的团结和和谐以及使民众的信心受挫;
   鉴于持续发生动乱和劳工骚乱,它们严重妨碍了国家战争计划(The National War Program)的顺利实施;
   鉴于赢得战争的决定因素在于牢固建立公众信心,这样才能充分获得民众对政府政策的合作和支持;
   因此战时工业委员会应出面解决,我们强烈要求制定出合理的商品消费价格,应该制定出基于这样目的的计划以即刻实现这份决议的目的。

潮。"在美国历史上,以低利率借入的钱以及与之极不相称的工业活动,"《纽约时报》博学的财经编辑亚历山大·达纳·诺耶斯(Alexander Dana Noyes)写道:"伴随着他日象征金融灾难的金融市场。"

熊市的原因之一在于政府企图抬高价格。尽管经济管制不是什么新鲜的事,但是战时政府的管制范围扩大了,投资商受到打击不是源于交易量的考验[贸易成交量如此之大,而且联邦政府机构如此之不协调,以致1917年末东部的铁路交通几乎陷入瘫痪],而是顺便提一下,源于被征税和受限。

自然会想到用战争来反驳批评家,但是第一次世界大战停战后又展开争论;第二次世界大战后,一位经济学家建议一种新颖的体制来取代当时常用的战时控制体制。奥地利经济学派教授路德维希·冯·米塞斯(Ludwig von Mises)开出药方,第一步是尽可能通过税收为战争支出埋单,从而减少民用消费,扩大陆军部和海军部的购买力。因为收入会减少,民用品的需求下降,商人们自然会聚集于快速发展的武器市场。巴鲁克时常说,自动转变过程太慢。冯·米塞斯反驳道,如果价格由市场决定,那么,转变最快的公司会获得巨额利润。基于这样的原因,他继续说,转变快如闪电,产量猛增。因为经济可由市场力量控制,所以没有必要成立政府规划机构(除非保证政府本身了解它的需求);如果战争款项由存款和税收筹集所得,那么发生通货膨胀的概率微乎其微。不过,威尔逊政府反对战时利润原则,开始实行严厉的市场干预措施,决定(如果它可以决定)产出多少,由谁产出,以及产出成本这些问题。

1917年,绝大部分军需品以及军火的生产都是由政府来决定。世界领先的炸药生产商杜邦公司(E. I. du Pont de Nemours & Company)出售炸药给同盟国政府,获取暴利;1916年[那时巴鲁克还待在华尔街]财政部通过一项军火税收议案抵扣军火商的部分暴利。杜邦公司谴责这项税收不公平,而且有追溯效力,然而1916年该公司还是获取了高达8 200万美元的利润,利润额比其1914年的总销售额的三倍还要多。不过,如果说战争使杜邦公司发财,战争也使其管理陷入麻烦;早在1916年,该公司正式请求政府获准在田纳西河边的马斯尔肖尔斯市(Muscle Shoals)建造一座水力发电厂以从空气中提取氮。氮能产生硝酸盐,而硝酸盐是炸药和肥料的基础原料。美国从智利进口硝酸盐,但是德国潜水艇的成功使得杜邦公司计划从国内市场获取硝酸盐。具有专利权的空气回收技术需要水能;由于联邦政府的保护政策,水能在美国是急缺商品。因此,对

第九章 工业巨头

于杜邦公司请求在马斯尔肖尔斯市建造一座水力发电厂的提议,国会不仅拒绝了,而且准备在同样的地点建造一座国有的水力发电厂,从空气中提取氮。正当那时,海军部长丹尼尔同时强调公共火药生产厂与私人火药生产商(主要指杜邦公司)之间竞争的重要性。

引诱杜邦公司上钩的这些事发生在战争之前。美国参战后,政府对它需要的火药数量或多久时间需要这些火药的反应比较迟钝。到 1917 年 7 月,陆军部、海军部和杜邦公司签订的合同中包含的火药总交易量达到 1.23 亿磅,已建成的火力发电厂的生产能力恰好可以满足这份订单。但是到秋天,由于美国的火药需求迅猛增长,政府开始与杜邦公司谈判,要求其提高生产量。谈判进展缓慢。10 月 25 日,杜邦公司和陆军部负责武器供应的长官威廉·克罗齐耶将军(General William Crozier)签署了当时美国历史上最大的政府合同。合同规定,杜邦公司以 9 000 万美元的成本加倍扩大其无烟火药的生产能力,政府的初始订单为 4.5 亿磅炸药,总价约为 1.55 亿美元。由纳税人承担所有的建造成本;杜邦公司每磅火药获取 5 美分的佣金,如果生产成本还可以压缩,那么将获得额外的利润奖励。

巴鲁克记忆中的克罗齐耶将军是一位有才能但脾气略微暴躁的官员——"通常是在晚上,我和他一起坐在战争部工作,制定产量工作时间表,而他太太坐在角落里织毛衣。"起初,克罗齐耶将军几乎没想到巴鲁克或战时工业委员会;事实上,战时工业委员会被遗忘在一旁。7 月,战时工业委员会成立,接替咨询委员会,但其职责还是顾问角色;战时工业委员会第一任主席弗兰克·斯科特(Frank Scott)由于健康原因和遭受的挫折已经辞职。然而,战时工业委员会下面的火药咨询委员会调查了杜邦公司和政府之间的合同,发现其中有误,并向战争部长(The Secretary of War)牛顿·D. 贝克(Newton D. Baker)转达了批评意见。从背景和性格上分析,贝克倾向于支持对杜邦公司的批评。他担任克利夫兰市的司法官时曾支持市政府拥有有轨电车线的所有权;时任克利夫兰市市长时曾支持市政府搞公用事业。在华盛顿,他基本上站在威尔逊总统这边,反对杜邦公司向同盟国政府出售火药所获得的暴利,也支持建造政府所有的军火厂。克罗齐耶递交此合同,预计按照惯例应该会获得批准,但是 10 月 31 日,贝克发电报下达指示取消此合同。

否决权的行使[具体细节有待审查,战争部长说道。]引起一片混乱。战时工业委员会,特别是价格控制委员会的主席罗伯特·布鲁金斯(Robert Brookings)以及原材料委员会的主席巴鲁克,带头反对此合同,而克罗齐耶将军和杜邦公司的总裁皮埃尔·S. 杜邦(Pierre S. du Pont)为合同做出辩护。他们的辩护理由包括杜邦公司已经承受了实质的成本和风险,以及置于讨论的利润数字被夸大了。而争论的另外一方战时工业委员会,布鲁金斯坚称杜邦公司不知不觉就从火药生产中获益。[一次,他做了一番有启迪意义的供述坦白。"如果美国卷入战争,我宁可支付每磅火药 1 美元的价格,只要这个价格无利可图,也不愿意支付给杜邦公司每磅火药 50 美分,而这 50 美分当中杜邦公司可以获利 10 美分。"他说。]

尽管贝克和巴鲁克已准备好[用贝克的话说]"在没有杜邦公司的前提下赢得第一次世界大战",结果真会这样吗？现时的战时工业委员会主席丹尼尔·威拉德(Daniel Willard)对此没有任何把握。威拉德的和解提议由贝克呈现给皮埃尔·杜邦[贝克补充道,如果他可以自主行事,杜邦公司将会被关闭];此和解提议被转给杜邦公司的董事会,但是遭到拒绝。此时杜邦公司提出一个反建议,但最后还是被对方拒绝了。贝克的看法(巴鲁克也持有相同的看法)是,从某种角度看,政府应该自己组织生产火药。巴鲁克说,他碰巧认识这样的人可以完成此事,这个人就是他的采矿工程师朋友丹尼尔·杰克林。巴鲁克把杰克林从外地叫到旧金山圣弗朗西斯酒店的房间后,对杰克林说:"我不知道他们是否会接受你,但是无论如何我都想叫你来这里等等看。"杰克林来到华盛顿；几天后,当贝克要求巴鲁克把他的人带来看看时,巴鲁克说人已经来了。杰克林获得了这份工作。

对杰克林来说,剩下的事就是完成目标——建造工厂,没有世界领先的火药生产厂商的帮助,每天可以生产出 100 万磅火药。一家名为汤普森—斯塔雷特公司(Thompson-Starrett Company)的建筑公司,此前贝克曾与其接触过,告知杰克林,充其量它只能完成一半的工程,尽管那样还是需要杜邦公司的建议,政府的人选是皮埃尔·杜邦;杰克林拜访了皮埃尔·杜邦;杜邦答应提供帮助。但杰克林仍旧需要一名承包商完成另外一半的工程。因为除了杜邦公司,理论上还没有其他更好的选择,杰克林询问贝克他是否可以重新打开与皮埃尔之间的谈判。

原始合同被废除后几个月,国内战场形势恶化。船只、煤炭、有轨车、军装以及火炮统统出现短缺。穿着单薄的战士们住在仓促建成的木头搭建的军营里,遭遇了近几

第九章 工业巨头

年来最冷、雪下得最大的冬季,几乎要被冻死。国会正展开一项调查以便了解第一次世界大战的指挥情况;有人呼吁成立一个负责军火的内阁职位以取代战争部的核心部门材料供应部门或战争部本身。在这种情况下,贝克开始对杜邦及其公司产生好感,认为火药出现短缺,政府肯定会受到民众的指责;不管正确与否,他决定既往不咎,1918年1月,美国宣布参战九个月后,美国政府和杜邦公司签署了一个明确规定建造微利和每磅火药3.5美分(低于5美分)的佣金的新合同,合同规定厂址位于田纳西州纳什维尔地区的附近。

杰克林获得解决火药短缺这份工作时,巴鲁克建议他尽量远离那些穿制服的人以保证行动自由。但是在纳什维尔基地工作的杜邦公司的人(也是穿着制服的人)发现,杰克林严重剥夺了他们的行动自由。一开始,杜邦公司被告知任何参与此项目的人都将被当作政府雇员看待,"……遵守所有与政府雇员相关的规章制度"。另外,联邦政府机构决定所有的购买事宜以及工厂设计的相关事务,甚至具体到钢轨的规格。皮埃尔·杜邦试图消除政府的官僚作风,提出一项建议。3月政府曾要求他建造另外一家新工厂,皮埃尔·杜邦反过来建议无需建造新工厂,扩建田纳西州的原有工厂即可。皮埃尔表示,如果政府能够解救杜邦公司的财务危机并且不干预其日常的生产经营活动,那么他做这些只收取1美元的报酬。双方达成一项交易;没有政府的束缚,皮埃尔声称"事情朝着好的方向发展"。到第一次世界大战停战,任务提前完成,新建的火药生产厂已经制造出3 500万磅火炮弹药。所花费的总成本是129 535 000美元,其中杜邦公司获得的税后名义总利润是439 000美元。从这个意义上讲——尽量缩小杜邦公司想要的利润与实际赚取的利润之间的差距——巴鲁克和他的同事们胜利了,虽然纳税人显然遭受损失。汤普森—斯塔雷特公司一直没有生产出火药,但是比杜邦公司完成同样的工作多花费了1 350万美元(基于单位成本的比较)。基于这些数字,如果原先陆军部和杜邦公司的合同未被废除,为战争所做的准备工作的效果可能还要好;也就是说,如果巴鲁克和战时工业委员会未曾干涉其中,结果会更好。

一份标注日期为1918年2月11日的巴鲁克的工作备忘录显示出他担任战时工业委员会下面的原材料委员会主席的日常工作:

致电麦克罗伯茨上校(Colonel McRoberts)。

您收到今天晚上去参加威拉德的舞蹈班的邀请了吗？如果没有，他们非常希望您能参加。

昨天与您在火车上遇到的亨利·迈耶想求您帮忙，希望您能帮他与战争部长约个时间商谈，他想拿到巴拿马运河(Panama Canal)的委托合同。

海布斯先生(Mr. Hibbs)打电话来说，诺瓦克先生(Mr. Norwalk)带着一封杰克·菲尔德先生写给您的推荐信，现在在他的办公室，他想知道什么时候方便打电话给您，与您面谈。电话是 M. 545。

布兰德先生(Mr. Brand)打电话说，您说今天下午想与他见面；他说他下午 15：00 到。

停战前几个月，巴鲁克担任了战时工业委员会的主席一职，但是此前他在该委员会下面的商品和原材料委员会和其前身的机构默默无闻地整整工作了一年。这是一段令人沮丧的学徒工生涯，因为巴鲁克提出的建议和计划很多，但是，建议未被采纳、计划未被执行。例如，尽管他反复提出硝酸盐出现短缺，但短缺问题还是被听之任之，并且逐渐演变成一个长期问题，如果不是巴鲁克机敏地做了一些工作，否则可能变成非常严重的问题。[直到 1917 年 12 月 17 日，战时工业委员会着手拒发执照给非军事烟火生产厂商。]某天，巴鲁克写道，一名海军情报官员走进他的办公室给他看几封截获的电报，当时他对硝酸盐的短缺情形已经非常失望。电报内容讲智利政府无法从德国运回本该属于它的黄金。"这让我有事可做，"他写道。"不久当智利大使致电给我，开始抱怨控制智利国内的通货膨胀的难度时，我给他提了一个建议。如果智利政府能够没收智利境内德国所有的 235 000 吨硝酸盐，并且把这些硝酸盐卖给美国政府，美国政府会用黄金支付这笔款项。"令巴鲁克感到宽慰的是，智利大使同意了他的建议。①

巴鲁克在他的日记中用一些简单的、断断续续的话表达了他的某些愤慨之情。例如"火烧眉毛之际仍关注琐碎之事"，"所有人无所事事"，关于某次开会讨论镍币的定价问题，但未讨论出什么结果："召开全体委员会议是徒劳无益的，一无所获。"[有关他私人生活的一段独立且有所保留的记录，他这样描述他与家人共度某个星期日："早晨与女儿一

---

① 美国政府否决了战前杜邦公司提出的在马斯尔肖尔斯市建造一家空气回收厂的建议，这是一个令人不舒服的事实。这个令杜邦公司注意美国仰仗智利硝酸盐这事蕴含的战略意义的人不是别人，正是克罗齐耶将军，陆军部派出的与杜邦公司签订最终被废除的火药合同的谈判代表——这是另一个令人不舒服的事实。

第九章　工业巨头

起出去散步[事实上他有两个女儿]……下午与太太和儿子待在一起。"]

1917年末,显然有些事根本就是错误的。"看起来整个战争机器发出刺耳的声音,运转缓慢,快要停下来了。"战时工业委员会的一位历史学家写道。"在当前的供应前提下,帕欣将军(General Pershing)预言春季进攻会彻底失败;东海岸的铁路交通一片混乱,12月26日联邦政府不得不实行管制……"在参议院,一位来自俄勒冈州、具有独立头脑的民主党人乔治·E. 张伯伦(George E. Chamberlain)召开听证会,对战争指挥情况展开调查,结果发现陆军部的供应情况相当糟糕。新闻媒体呼吁成立一个新的军火机构;一位战时工业委员会委员乔治·匹克(George Peek)写信给一位即将去东部的朋友:"等到你到那里时,说不定当时已经没有战时工业委员会了……"经受住外界对战时工业委员会的批评,巴鲁克在张伯伦召开听证会之前轻率地提出成立一个由一人管理的改进后的中央供应机构;好几个月前,他私下就曾提出过这个建议。

尽管巴鲁克并未建议具体的人员名单来管理这个中央供应机构,但他心中的首选是他自己;他也为此而努力着。有人提出了其他人选,他们提议由战争部长贝克来担任此职位。贝克不喜欢巴鲁克或者他过去的华尔街经历,或者基于这样的原因,也不喜欢战时工业委员会;他恰如其分地把战时工业委员会视为对他的供应工作的一种威胁。不过,那时贝克的政治前途逐渐暗淡,而巴鲁克的朋友麦卡杜的政治前途越来越光明。[事实上,麦卡杜曾向威尔逊总统推荐巴鲁克担任战争部长;如果巴鲁克担任战争部长,贝克就出局了。]在白宫的压力下,贝克被迫支持根据巴鲁克的建议成立的更加完善的新战时工业委员会。最后的问题就是由谁来领导这个委员会。

海军部长丹尼尔斯以及其他一些人提议巴鲁克担任此职;巴鲁克起初认为丹尼尔斯是一个"好心的、诚实的、头脑简单的傻瓜"。[后来他修正了自己的看法;丹尼尔斯和他成为朋友。他们的友谊之深厚从1918年春季发生的一件事中就可以看出:当时巴鲁克的大女儿宣布她想要参加海军;巴鲁克太太是一个不愿麻烦陌生人的人,但是她轻松自在地跟丹尼尔斯本人谈及此事。]事实上,巴鲁克是一个对国家忠诚的、经济独立的、经验老到且办事果断的人——1917年西奥多·罗斯福曾称巴鲁克是"内阁中最有能力的人"——但巴鲁克还是遭到一些人的反对。农业部长休斯敦(Secretary of Agriculture Houston)、商务部长雷德菲尔德(Secretary of Commerce Redfield)以及民主党全国委员会主席麦考密克(Democratic National Committee Chairman McCormick)都质疑他的管理能力。一位战时工业委员会委员罗伯特·拉维特(Robert Lovett)也反对巴鲁克;拉维特曾担任过联合太平洋铁路公司和南太平洋铁路公司的总裁。贝克和内政部长莱纳(Interior Secretary Lane)也提出反对意见。美国商会(The United States Chamber of Commerce)的态度不明朗。另一方面,巴鲁克获得了总统秘书乔·塔马尔蒂(Joe Tumulty)[和平照会消息泄露事件中与巴鲁克共患难的人]、记者大卫·劳伦斯(David Lawrence)、美国劳工协会(The American Federation of Labor)主席塞缪尔·龚帕斯(Samuel Gompers),当然还有麦卡杜的支持。

2月,随着任职人选临近揭晓,巴鲁克的情绪起伏较大。2月7日,与威尔逊总统的一次会议中,巴鲁克反复重申一人管理新战时工业委员会的必要性,但给人留下的印象是,合适的人选是爱德华·斯特蒂纽斯(Edward Stettinius)。然而,斯特蒂纽斯是摩根公司的合伙人,共和党人;[至少根据豪斯上校的话]其任职资格甚至比犹太身份还不理想。[巴鲁克自己对犹太问题的看法反复无常。巴鲁克被任命为主席后不久,他告诉丹尼尔斯再任命一位犹太人似乎欠妥,但是1918年末他捐给旨在犹太复国事业的巴勒斯坦复国基金会(The Palestine Restoration Fund)10 000美元。]当麦卡杜搪塞仍在反对巴鲁克的贝克的时候,巴鲁克焦急地等待结果。迈耶建议巴鲁克不用担心;巴鲁克告诉他的朋友们,如果他没有得到这份工作,他可能会加入铁路管理局(The Railroad Administration)。与此同时,麦卡杜认为巴鲁克很适合战时金融公司(The War Finance Corporation)的一个职位,写信给威尔逊总统询问他的意见。不过,威尔逊总统有另外的安排。"我亲爱的麦卡杜,"威尔逊总统回信,"我感到很抱歉,我不赞同巴鲁克加入战时金融公司。现在他还要在战时工业委员会锻炼一段时间,直到他从头到脚完全熟悉所有的工作;只要国会不会有太大的反对意见,我将任命他担任战时工业委员会主席。这事完全保密。"1918年3月4日星期一——盟军在战场处于最不利的形势,俄国从前线正式撤军后的某一天,也即德国发起一次主要进攻的三周前——威尔逊总统召唤巴鲁克进白宫,正式任命他为战时工业委员会主席。威尔逊总统递给巴鲁克一封信,信上详细列举了战时工业委员会主席的职责以及改组后的战时工业委员会本身的职责。巴鲁克接过信,轻轻地放进口袋[生怕丢失],走出白宫;外面正下着雨,天气有点冷。巴鲁克离开白宫的时候,他对自己说:"现在开始你必须说到做到。无论做什么,你必须自主决定,不要有延误或摇摆不定。你必须拿定主意。"

第九章 工业巨头

以前巴鲁克从未担任过什么领导或主席之类的职位,即使在家里和办公室也不例外。在家里,安妮操持家务;在办公室里,他的秘书玛丽·博伊尔帮他打理一切。巴鲁克未成立过一个机构,也未曾在某个机构工作过很长时间,因此,他对日常行政领导工作可以说是没有经验的。他是一个天生有决断力的人,但是他在华尔街打拼时所做的那些决定通常只涉及市场、他自己或一些合伙人。他曾担任过纽约证券交易所管理委员会的委员。他如此胜任领导工作以致他的下属开始称他为"头儿"。[丹尼尔·维拉德辞去战时工业委员会主席后留出的空缺就由巴鲁克填补;许多年后他写信给他的继任者巴鲁克:"即使我担任咨询委员会主席的时候……你是其中的委员之一,你是所有委员中,甚至包括主席在内,最有影响力的委员……"]

巴鲁克是一位讨人喜欢的人;商界期待巴鲁克任职战时工业委员会主席这段时间将会是一段令人愉悦的时光。例如,《华尔街日报》适宜地将他的价格辩护与煤炭管理局所作的价格辩护进行比较;煤炭管理局所作的价格辩护疏远了矿主,引起煤炭短缺。"巴鲁克先生的方法,"《华尔街日报》报道:"就是站在政府的立场,与行业领先者一起商讨来控制价格。巴鲁克也不是让厂家自由定价,但是在会上当价格确定下来时,各个行业的厂家非常感谢巴鲁克对它们做出的让步。"巴鲁克就任战时工业委员会主席还有其他方面的优势。作为一名股票交易商,他习惯从整体来考察经济,探寻事实,[采取行动后]会思考事实是否已发生变化。他的财富赋予他一种智慧的形象;他的金钱和外表展现出巨大的魔力。例如,当他把利兰·萨默斯(Leland Summers)(一位工程师,曾为摩根做过咨询工作)带到霍布考,想聘请他担任战时工业委员会的某个职位,萨默斯发现他的主人、当时的环境或者提供的工作是如此吸引人,以致他自动提出不要任何报酬。

作为战时工业委员会主席,巴鲁克的权力很宽泛,同时他的任职时期是短暂的。[准确地说从他被任命到停战是253天。]巴鲁克被委任的权力包括了解政府供应的方方面面,不行使任何干预,除非有必要才干预价格或优先事项问题。引用威尔逊总统给巴鲁克的任命信中的话:

战时工业委员会主席的职责是:

(1)为了政府所有供应部门的共同利益和各自的利益而努力。

(2)不再变更已经成功实施的措施,尽可能少干预目前几个部门正常的购买程序和配送程序。

(3)需要指导或协助的时候做出指导和协作。例如,在合同分配方面;在任何方式抢先获得原料方面;或者在披露供应来源方面。

(4)就供应问题,如果部门之间出现竞争方案或利益纠纷,由主席做裁定。例如,中间供应不充分,要决定需求优先权或配送优先权;或者出现几家同样产品的生产商或供应商竞争的情况,或者签订的合同未能充分释放出国家完全的生产能力。

(5)出现上述第三条和第四条的情况并需要提供帮助时,跟进合同和配送的情况以了解哪里需要帮助。

(6)为了尽可能明确地为商界提供规划展望和机会,预先考虑到政府的几个供应部门的未来需求以及它们尽可能提前进行的可行调整。

简而言之,他应该充当工业领域所有供应部门的统领角色。

战时工业委员会委员人数最高曾达到 750 人,根据原先的咨询委员会下面的工业委员会的设计思路组建成立。巴鲁克担任主席期间,战时工业委员下面还有价格制定部门、优先配给部门,以及一个总顾问办公室;总顾问办公室由艾伯特·C. 里奇(Albert C. Ritchie)负责,此人后来担任过马里兰州州长。里奇提出一个饶有兴味的基本想法,那就是,巴鲁克做事超出法律权限,因此那些因他的决定而遭受损失的人很容易对他提起诉讼。巴鲁克从来不是一个适合做律师或草拟合同的人,他对此建议毫不在意[他在法庭上的潜在损失已经超过他的财富]。但他还是采取了一些防备措施,劝告那些因政府业务而打交道的商人把他们的律师留在家里。他们基本上照做,巴鲁克在战时为政府效力期间未陷入什么法律纠纷。

作为一名临时政府官员,巴鲁克会谨慎选择为他效力的人。他选的人通常都不是各自专业领域拔尖的人才,但是战争爆发时这些人迅速获得巨大的成功。比如里奇,几乎坐上总统的宝座[1932 年,曾在海军部工作过的富兰克林·罗斯福在民主党总统候选人竞选中击败里奇]。亚历山大·里雅各(Alexander Legge)曾是一名牛仔,担任过巴鲁克的业务总负责人,后来担任国际收割机公司(The International Harvester Company)的总裁。战时工业委员会一流的速记员比利·鲁斯(Billy Rose)后来去写歌,当百老汇剧演员,而且累积起 350 000 股美国电话电报公司的股票。

巴鲁克的主席办公室里有三位高级雇员,分别是公用事业行政长官哈里森·威廉姆斯(Harrison Williams)、投资银行家克拉伦斯·蒂龙(Clarence Dillon)以及新闻记者赫

第九章 工业巨头

伯特·贝雅德·斯沃普。斯沃普和巴鲁克很合得来;当巴鲁克被任命为主席时,斯沃普在《纽约世界》撰文对巴鲁克表示热烈的祝贺:"他深受总统的信任已被人所知有段时间了;他担任主席实至名归,受到人们的普遍欢迎,甚至包括那些反对他的人。"斯沃普在文中如此讨好巴鲁克的一个原因是,早些日子,巴鲁克曾写信给他,表达了对他的欣赏之情:"我经常看到你对我的一些赞美之词。我认为你有先入之见,正如我认为我们彼此很了解对方,我们见面后一定会立即变成朋友的,我这样说可能有点唐突。我相信未来我们见面后我们的友谊一定会长存。"事实上,斯沃普成了巴鲁克的密友。

就是在战时工业委员会形成了一群对巴鲁克忠心耿耿的人,以致后来人们一直把这些人称为"巴鲁克的人"。其中就包括约翰·M. 汉考克(John M. Hancock);汉考克是一位做事深思熟虑、喜欢嚼香烟的投资银行家,在第二次世界大战期间以及接下来的原子弹谈判中他也帮巴鲁克做事。

另外,还有一个人是乔治·匹克;他是一位农具经理,在巴鲁克思想和财政支持下,战后一直为捍卫美国农民的福利而努力。在这个圈子里立场最摇摆不定的人是休·约翰逊将军,一位西点军校的毕业生;他不愿意担任战争部驻战时工业委员会的代表这一终日伏案工作的职位。刚好在休战前,命令下达让他去法国,把他从伏案工作的状态中解放出来,但是因为他染上流感,本来要去新泽西州的霍博肯(Hoboken)跟随一艘部队运输船去法国,最后放弃了。他辞去这一职位后,和匹克一道做起农具生意。然后又跟随巴鲁克做起作家和证券分析师。1933年,他被升为国家复兴委员会(The National Recovery Administration)(新政时期战时工业委员会的变体)的主席。

"非巴鲁克的人"中一个有趣的案例是小尤金·迈耶;他是巴鲁克在华尔街的同辈,比巴鲁克富有,可能在原材料方面比巴鲁克知道的还多。此前尤金建议巴鲁克,铜业生产商应该以一个优惠价格把铜出售给陆军部和海军部,以向民众表明欧洲战争不是为了富人的利益而开打的,那时巴鲁克还是一位初出茅庐的咨询委员会委员,迫不及待地接受了此建议,但他想知道铜生产商对此的意见。令他惊讶的是,约翰·瑞安和丹尼尔·古根海姆也就接受了此建议;双方以不到总运费一半的价格达成交易。接下来,巴鲁克还收到一封海军部助理部长富兰克林·罗斯福的感谢信以示祝贺。

1917年4月美国政府宣布参战,迈耶开始想在华盛顿谋求一份工作。他自然向他的华尔街老朋友寻求帮助。不过,巴鲁克表现冷漠,没有提供什么实质帮助;最后迈耶谋得的工作是制鞋和棉粗布领域的一个咨询职位。迈耶对此很不满意(因为他的特长是金属制品,这个职位与之相差甚远),再次会见巴鲁克;这次是正面面对。迈耶的自传这样描述两人的这次会面:"巴鲁克没有问他为什么来,也不打算让他留下来;不管怎样迈耶留下来了,但是他没有被委任什么特别的任务。"

迈耶自己找事做,比如接听电话,整理文件,不时派遣科克伦到肖勒姆酒店去巴鲁克的房间寻找不见的文件。虽然迈耶决心为国家效力,但是他可能对于事情的转变,即到巴鲁克的办公室任职临时文员,感到奇怪和不满意。"尤金,"一天巴鲁克说,"你非常讨厌。你总是不停地抱怨。你为什么不能跟我一样多笑笑呢?"

迈耶尽量平和地回答。他说,鉴于那些生产新闻,没有什么可令人开心的事,如果巴鲁克知道得更多,他就不可能像现在这样笑了。他对此作了详细说明:"你在这里有一份好工作。所有人都在谈论你,说你是一个奇迹,你的发迹就像一个充气的气球那样快。我是你唯一的朋友,因为我时不时往这个气球插一枚大头针,让太过膨胀的气球漏掉一点气。事情进展得不是很顺利的时候,我不会告诉你好事,我会告诉你不好的事。如果你不喜欢,告诉我你不需要我,我会乐意去找其他的事做。"迈耶继续在巴鲁克的办公室待了一段时间,最终得到一个负责有色金属咨询委员会之类的职位,但是,1918年初,他又辞去此职位,去战时金融公司的董事会任职。在参议院召开的、有关任命迈耶到战时金融公司董事会任职的听证会上,巴鲁克对迈耶满口溢美之词,以致听证会会主席冷冰冰地询问巴鲁克迈耶是否已过世。随着时间的推移,巴鲁克认为迈耶的战时政治生涯是迈耶自己努力的结果,但是战后巴鲁克到处违背事实地跟别人说(令迈耶非常生气)最初是他把迈耶带到华盛顿。

巴鲁克总是称赞下属[以及他自己挑选下属的英明];下属对他很忠诚,巴鲁克同样对下属也很忠诚。例如,战后他接受了杰出服务奖章(Distinguished Service Medal),但是坚决要求他的助理官员也应该受到同样的表彰;1918年夏季来临时,他催促那些过分操劳的部门领导人出去休假一到两个星期。战时工业委员会的前成员组织——战时工业协会(War Industries Association)1938年召开成立20周年纪念大会的时候仍然彰显出巨大的实力,当时有145位会员到会来听巴鲁克的时事演讲,观看喜剧演出[票由巴鲁克资助],观看演出后到萨沃伊广场饭店(Savoy-Plaza Hotel)参加派对[东道主是巴鲁克。巴鲁克看到他们并与他们频频举杯畅饮。战时工业协会的秘书长霍华德·英格尔斯(Howard Ingalls)随后说:"主席被深深感动了。我知道这也许是他最重视的东西,其意义比其他任何我们可能已经给予他的东西都要深远。"

毫无疑问,巴鲁克被战时一起工作的兄弟们的感情所感动,但是他对他自己的外表也有着一种不同寻常的爱慕之情。怀着对自己的敬畏之情,他自然试图向别人解释巴鲁克现象。恰好在战后,一位女记者询问他一个问题,巴鲁克坦承他也不知道该怎么回答。

然后[她写道]他跟我谈了两个多小时他自己的事。他告诉我他刚做文员的时候,他只有3美元的周薪,但他仍然觉得在精神世界里他是一个富有的人;遭受失败时你应该如何面对它,失败势不可挡的时候就接受它,然后重新出发;他对社会的看法是如此豁达和先进;他是多么配合,准备接受财产税,认为财产税可能是帮助受到战争重创的世界走出困境的最好方法;他对待雇员和仆人的态度是如此民主。所有这些似乎令他感到惊奇,好像他是在讲别人的事,或者这些事就像发生在昨天一样。

巴鲁克对其虚荣心如此直言不讳,常常使人惊叹,而不是遭到别人的嘲笑,但是有些人对此和他本人都表现出麻木不仁的态度。例如,罗伯特·布鲁金斯抱怨巴鲁克从白宫回来或准备参加白宫紧急会议所留给人们的印象。豪斯上校于1917年在他的日记中这样写道,"我不相信美国会乐意接受这样的事实,即赋予一位在华尔街搞投机的犹太人这么大的权力,"据称他在战时工业委员会安插了一个人暗中监视巴鲁克。据爱丽丝·罗斯福·朗沃斯(Alice Roosevelt Longworth)所说,军队情报人员曾在一位漂亮的女士家中安装一台窃听器,他们怀疑这位女士把消息透露给敌人。不出所料,一天巴鲁克拜访了这位女士,他们的谈话内容被录下了。朗沃斯在接受情报官员的审讯时,回忆道,"我们听她问伯尼有几台机车被运到罗马尼亚或其他类似的事。在双方相互亲吻问好的时候他们聊了几句,她曾说了这样一句话,即'你是一个胆小鬼,你不敢看'。"

在任何情况下,巴鲁克手上掌握着大量信息,并且拥有投机商的能力,即运用所知道的信息来采取行动。威尔逊总统把具有如此信息风格的巴鲁克称为"事实博士",1918年当需要一位能够实现目的的人时立即想到了巴鲁克。当时,美国政府已经决定派一些捷克军队远赴俄国,以支援那里的盟军一道反对布尔什维克。国务卿罗伯特·兰辛正努力安排用船运输设备和御寒衣物到俄国以应对西伯利亚寒冷的冬天,但是计划被战争部所阻挠。他直接向威尔逊总统求助,强烈要求总统任命一位有能力的人来负责此事。9

月2日,威尔逊总统答复他:"我想和你开个会,好好讨论一下有关巴鲁克先生来负责此事的相关事宜,不知您的意见如何?以前我和他谈论过此事,我发现他对战争部的储备情况相当熟悉。他掌握的信息以及他的建议应该可以帮助我们实现最终的目的。"①

第二天又出现新证据,从而进一步支持了巴鲁克的崇高地位,当时威尔逊总统开始征用私人财产之前,带领政府部门的头头们与战时工业委员会的主席接洽。这个决定不仅拓宽了巴鲁克的势力范围——他已经是威尔逊总统的八人战争内阁成员的其中一员,也是价格制定委员会(The Price Fixing Committee)的当然委员——而且也简化了他的公函。此命令下达前几个月,他曾写信给约瑟夫·丹尼尔斯(Josephus Daniels),表达了他对一家颇具争议的公用事业工厂的极度失望之情:"正在征用任何特殊电厂的海军部将一无所获,因为你将要与陆军和航运局(The Army and Shipping Board)的征用权相抗衡,它们对这些地方也非常感兴趣,你们非常感兴趣的其他地方它们同样很感兴趣。"

尽管巴鲁克成功打开瓶颈,缓和了联邦政府供应线的混乱程度,但是并不是政府所有的战时经济目标都实现了。例如,1917年5月总的行业生产量达到顶峰,战争期间逐渐下降。尽管远征军征召的兵力多达200万人,这些人训练后被派往法国,可是他们投入战斗的火炮中,每2 250门火炮只有100门真正产于美国,据称能够涂黑欧洲上空的航空舰队基本上拥有3 227架德—哈维兰DH4(De Havilland)侦察和昼间轰炸机,其中只有1 885架曾穿越大西洋。不过,1918年,美国政府成功削减了公司利润,从而从思想上抚慰了人们对短缺的失望之情。由于宣传力度不够,战时工业委员会认为自己有必要告知民众他们应该如何使用自己的钱财才能实现避免浪费以及提高效率的目的。接着,它获得了一些成功:汽车轮胎型号从287种减至32种,钢犁从312种减至76种,马车轮从232种减至4种,游泳帽从69种减至1种。巡回推销员出外旅行带更少的箱子,批发商减少配送次数,这已是盛行的现象。当四个相互竞争的百货商店合作实行一项配送计划,巴鲁克和该委员会报道,总共节省了21名司机、14名马车服务生、29匹马、2名马夫以及21辆货车或配送马车。1918年9月,巴鲁克告诫《女性家庭杂志》(*The Ladies' Home Journal*)的读者做自己分内的事,不要坚持鞋子的颜色与衣服的颜色相配:"尽管在和平年代这种挑剔可能无伤大雅,然而,在战争年代这与女性气质严重不符。"

---

① 1918年的圣诞节,捷克外交部长爱德华·贝奈斯(Eduard Benes)在巴黎向美国大使报告,2万件美军大衣显然已在运输途中,但是他质问4万件衬衣、4万双靴子、3万条打底裤以及4万双袜子的下落。

第九章 工业巨头

正如从全体志愿者中挑选有意愿的公民一样，战时工业委员会被形容成自我管制业务的交流中心。这样的视角多少有些是真实的——美国钢铁公司战争初始反对联邦政府的管制，停战后实际上也反对联邦政府放松管制——但是不是所有人都会默默支持，或者不会反对一下。当巴鲁克恐吓一位思想独立的木材加工厂的厂主，想征用其财产时，这位厂主询问巴鲁克他是否认为政府能够真正经营好这个工厂。巴鲁克承认这将是一件困难的事，但是他补充道："……等到我们强征这些工厂的时候，你将成为被家乡的人们蔑视和嘲笑的对象，你将没有脸继续待下去。如果你执意这么做，你的同胞们将称呼你为懒鬼，孩子们会呵斥你，士兵们可能会把你赶出镇。"与美国钢铁公司主席加杰·加里(Judge Gary)的争吵中，巴鲁克也表达了同样的看法。巴鲁克再次承认联邦政府缺乏管理复杂的工业公司的能力，但是补充道，他总是惹一个少尉发火。加里是一位共和党人，但是，战时工业委员会也与几位显赫的民主党人交涉过。纽约市长约翰·海兰想支出 800 万美元用于学校建设，在收到一封署名为巴鲁克的信[实际是由斯沃普草拟的]时，他感到十分惊愕；信上提到"当今的民用规则：谁最节省就是最好的"。学校建设被搁延直至战争结束。

不管有没有发生战争，福特和道奇一直在生产汽车，占用钢材和劳动力，政府相信如果把这些钢材和劳动力资源用到战争中将会取得更好的效果。战时工业委员会向底特律方面提出抗议，但是，前巴鲁克委员会力量不够强大，而汽车需求强劲。1918 年政府和产业之间的冲突仍在继续。1918 年 3 月 4 日，巴鲁克当上战时工业委员会主席的第一天，双方达成协议，在 1918 年到 1919 年的样本年减少 30%的轿车产出。但是，协议瓦解，5 月又召开另外一次会议来解决此事。此次会议上，道奇兄弟汽车制造公司的总裁约翰·道奇对战时工业委员会一方说出了如此一番无策略的话："在我看来，你想要一个大老板把这些部门整合起来，重组它们，完成目标。"正如道奇可能意识到的一样，巴鲁克正是这个大老板，最终巴鲁克恐吓道："我知道如果我们关闭汽车业，你将会接受教训。"然而，除了多次召开会议以外，巴鲁克的恐吓并未兑现什么。随着夏季临近，战时工业委员会负责优先权的埃德温·帕克(Edwin Parker)主张切断汽车业的钢铁和煤炭供应；巴鲁克建议还是小心为妙。接着在 8 月，底特律方面建议减少 50%的产出[无论如何汽车销量在下降]。双方立刻重修旧好，但是战时工业委员会决定发表一项声明，宣布到 1919 年有必要实现减少 100%的产出。基于此，美国的汽车零售商们团结，起来反抗；接着第一次世界大战停战,此事悬而未决。战时工业委员会的一位学者这样评论委员会对底特律的影响,内容如下所示:"我们有充分的理由相信,按照其自身的目标和市场条件的判断,汽车业完全朝着自己的方向发展。"1920年,道奇在纽约的某段时间,巴鲁克凑巧在其所住的酒店大厅里见到他。这位汽车公司的高层对他在谈判期间所说的一些话感到抱歉,他走向巴鲁克,与他热情地握手,邀请巴鲁克去他的房间喝一杯。巴鲁克幸亏找借口推托了。随后道奇生病去世;报纸上说死于肺炎,但巴鲁克有理由相信真正的死因是那天他喝了不干不净的禁酒。

如果说战时工业委员会没有完成所有该完成的目标,那么其中肯定不包括最后一任主席缺乏献身精神这一项。战后,有消息传出,即该委员会被派往伦敦与同盟国政府商谈有关价格和联合采购问题。1918年7月,一个12人的战时工业委员会团队召集成立,他们准备坐船去伦敦,正在那时巴鲁克接到负责此项任务的利兰·萨默斯(Leland Summers)的电话。萨默斯说,政府无法为此次旅程拨款,也没有其他途径可筹到钱。巴鲁克干脆叫他去他的秘书博伊尔小姐那里;博伊尔小姐开了一张支票。萨默斯代表团拿到款项,立即前往伦敦。他们设法从英国人那里以较低的价格买到了黄麻和木材。他们又用硫酸铵与西班牙人交换骡子[帕欣将军需要用骡子来牵引火炮];他们意欲让同盟国政府集体从美国购买硝酸盐,与大不列颠政府具体负责此战略性商品采购的官员温斯顿·丘吉尔讨论此事。巴鲁克此行的实付费用总计63 752.25美元[他拒绝政府偿还此笔费用];作为萨默斯的一项工作结果,预计为纳税人省下的钱高达几百万美元。

巴鲁克战时为政府效力期间的另外一件事也被透露出来。战后战时工业委员会解散,它的文职雇员,特别是几百名年轻的单身女士,在华盛顿漂泊。巴鲁克对此忧心忡忡,他雇了一位保姆与每位女士会谈以改变她们的想法,让她们觉得应该回家乡去,而不是"走在华盛顿的大街小巷找工作"。[引用另外一位勇敢的、后来变成反动的南方人詹姆士·F. 伯恩斯(James F. Byrnes)的话。]巴鲁克又抛出一个离开华盛顿的诱饵:一张回家的免费火车票[不管去任何地方],即一张普尔曼式卧铺票,所有费用已支付。完成此任务的成本总共是45 000美元。当这些年轻的女士登上火车,每人都收到一张明信片,并被告知如果她们到达安全的港湾后就把这张明信片寄给巴鲁克。巴鲁克保存了这些明信片,还保存了一个赠送给他的可爱的杯子,杯子上刻着几行字:"送给美国战时工业委员会的主席伯纳德·巴鲁克,以表达信任和爱戴之情。来自那些在巴鲁克的领导下

第九章 工业巨头

为战争获胜做出了一丝贡献的战时工业委员会的成员,华盛顿哥伦比亚特区,1918年11月25日。"

20年后,一位游客到巴鲁克纽约的家中参观,他注意到巴鲁克办公室里唯一的书籍就是绿色皮面装帧的战时工业委员会的会议记录和信件[以及随后在凡尔赛宫召开的和平会议的会议记录和信件]。

第十章

直言不讳的外交官

第十章　直言不讳的外交官

1919 年元旦的黄昏,伯纳德·巴鲁克登上 S.S. 乔治·华盛顿号(S.S. George Washington)的头等舱;解缆开航的时候巴鲁克心中百感交集。他在思考此次巴黎和会之行的前景,也在担心冬季渡海不可避免地会遇到大风大浪。也许对于将要肩负的新职责,他认为自己能力一般,唯恐不能出色完成,为此感到一阵歉意。他被任命为威尔逊总统的顾问,参加美国代表团进行和平磋商。第一次世界大战停战后不久,他辞去战时工业委员会主席一职;辞职后不久,他又拒绝接替麦卡杜担任财政部长一职。他的借口是自己是犹太人,又是投机商,这样的身份会使美国政府陷入尴尬的境地。总统先生几乎肯定地指出,巴鲁克担任战时工业委员会主席的时候,这些同样所谓的污名并没有使任何人难堪,但是巴鲁克坚持自己的看法,最后由来自弗吉尼亚州的众议员卡特·盖拉斯(Carter Glass)担任财政部长一职。

乔治·华盛顿号上前往法国的还有 50 名陆军文员,由两位官员指挥;2 000 麻袋的陆军邮件;价值 200 万美元的黄金,也是陆军部的;海军部副部长罗斯福(Assistant Secretary of the Navy Roosevelt);许多墨西哥、中国和拉丁美洲的和平代表(例如,中国代表陆征祥,陪同其前往的有太太、家人和仆人);查尔斯·施瓦布,是钢铁业巨头以及战时航运官员。当华盛顿号驶出港口,行进在灰白的海浪(1 月的海浪总是如此)中,巴鲁克独自黯然神伤。听说巴鲁克不舒服,施瓦布前去问候,询问巴鲁克此刻对威尔逊总统的"海洋自由原则"的看法。百万富翁对百万富翁,巴鲁克有力气回答,施瓦布可能会对它们产生浓厚的兴趣。

华盛顿号到达布雷斯特(Brest)后,巴鲁克乘坐专列去巴黎,开始了配套设施齐全但无所事事的生活。巴鲁克原本打算带太太和一个女儿一同前来,但后来改变计划;他在里茨酒店已经订了一个含三个卧室的套房。[2 月安妮和贝尔来巴黎,3 月 17 日与一位名叫汤普森小姐(Miss Thompson)的女佣一同坐船返回美国;巴鲁克的秘书玛丽·博伊尔留在纽约,但是巴鲁克还是会在必填表格里"紧急联系人"一栏匆匆抄下她的名字。]他的贴身男仆拉塞跟在他身边,或许不久也要坐船返回美国;巴鲁克自己已租下或刚要预订位于巴黎郊区圣云的一幢房子度周末。美国国内有谣言说巴鲁克会是下一任美国驻法国大使(这是假的),以及他已被纽约州长阿尔·史密斯(Governor Al Smith)任命为一个由 36 人组成的、研究纽约州战后问题的委员会委员(这是真的)。但是在巴黎巴鲁克没有被指派任何工作。他试图禀报总统参谋长豪斯上校(Colonel House),但是(正如巴鲁克写的):"要见到豪斯上校不是一件容易的事……我在房间里坐了好几天,一直在思考征召我到巴黎的原因。我清楚地记得上校的随行人员并不是很欢迎我的到来。"不过,巴鲁克并不是没有资源和条件——除了其他方面的因素,他是总统先生的朋友;1918 年民主党全国委员会捐款最多的人;以前也曾来过欧洲,可以说是有经验的人——不久巴鲁克进入赔偿委员会(The Reparations Commission)工作。赔偿委员会的其他美国代表还有美国高级财务顾问诺曼·H. 戴维斯(Norman H. Davis)和万斯·麦考密克(Vance McCormick);麦考密克是战时贸易委员会(The War Trade Board)的主席以及前民主党总筹款人。

1 月的巴黎云集了政治家以及他们的助手,还有各种工作人员,外加表面上在争取和平的各类人。历史上最恐怖的战争已经结束,但是停战带来了动荡、流感以及布尔什维主义。整个欧洲一蹶不振:德国在闹饥荒,法国北部被毁坏,所有人都厌倦战争。伍德罗·威尔逊大步走上这个简陋的舞台,面向各国政府首脑讲话,承诺实现"没有胜利者的和平"。威尔逊总统的发言令人激动不已,人们的反应也使威尔逊总统非常兴奋,因此,对大西洋两岸的不同利益方来讲,和平意味着截然不同的事情,一开始这一事实被忽略了。在欧洲,既有人赞赏威尔逊总统,对他提出的"十四点原则"和国际联盟持宽容态度,但是也有人强烈谴责战胜国实质上是在分配战争赃物。当人们在巴黎高呼"威尔逊万岁"的时候,人们打出这样的标语牌——首先让德国赔款。在法国下议院(The Chamber of Deputies),财政部长路易—卢西恩·克茨(Louis-Lucien Klotz)对法国战争贷款融资问题置之不理;他过于自信,认为届时战争赔款就可以填补这一窟窿,完全不需动用税收。英国出现这样的政治口号:"不停地挤柠檬直至听到柠檬发出吱吱声为止"。美国介入第一次世界大战的时间比较晚,伤亡人数相对要少,成为欧洲各国的债权人;美国声明它不想为自己谋什么利益。它要求同盟国支付一笔固定和合理的战争赔款[相对于当时英国和法国要求同盟国支付无限的、不合理的战争赔款要好很多]。接下来巴鲁克、戴维斯以及麦考密克就要在赔偿委员会中代表美国提出这一观点。

巴鲁克还有其他很多任务。他被指派进入赔款支付方式委员会(Committee on

第十章　直言不讳的外交官

Form of Payments of Reparation)以及控制和保证措施分委员会(Subcommittee on Measures of Control and Guarantee)工作。他是最高经济委员会(Supreme Economic Council)的委员以及和平预备会议美国代表团(American Delegation to the Preliminary Peace Conference)的代表。他还在粮食、信贷和原材料特别委员会(Special Committee on Food, Credit and Raw Materials)、经济条款委员会(Committee on Economic Clauses)、赔偿委员会(Committee on Reparations)(专门负责奥地利、匈牙利和保加利亚的战争赔款问题)以及经济起草委员会(Economic Drafting Committee)效力过。特别指出的是，起草工作有可能是一项既严苛又艰巨的工作。巴鲁克总是主张需要充足的技术援助，他开始召集一批工作人员。战时工业委员会巴黎办公室成立，任巴鲁克差遣。2月，巴鲁克给美国国内打电话要求增援，5个人立即从美国来法国帮助其做事。情人节的时候，威尔逊总统交给他150 000美元，此笔款项用于"创建和维护伯纳德·巴鲁克认为有必要成立的这样一个机构，协助美国和平谈判委员会(American Commission to Negotiate Peace)推进其他工作"。①

作为一名顾问，巴鲁克自己又召集了很多顾问人员，自然需要办公室。巴鲁克筹划拿到波凯街10号(No. 10 Rue Pauquet)的三个楼层当办公室，这里先前已指定为精悍的救济专员赫伯特·胡佛(Herbert Hoover)的办公地点。因为美国代表团的大本营在克里伦酒店(Hotel Crillon)，酒店与波凯街10号之间还需要交通工具代步。刚好美国国务院集中调度了一批汽车，从中移交了三辆汽车专供巴鲁克和他的工作人员使用。[那年春季，巴鲁克的随行人员也被合并进克里伦酒店的大本营，巴鲁克收到一张国务院行政助理约瑟夫·C. 格鲁(Joseph C. Grew)的便条；便条内容简明扼要，格鲁要求巴鲁克交还之前拨给他使用的汽车。]

巴鲁克是参加巴黎和会的美国五名经济顾问中的一位。其他四位是胡佛、麦考密克、戴维斯以及亨利·M. 罗宾逊(Henry M. Robinson)；罗宾逊是一位来自加利福尼亚州、脸胖乎乎的银行家。托马斯·W. 拉蒙特(Thomas W. Lamont)——摩根的合伙人，那个日后把著名的"黑色星期四"轻描淡写地说成"证券交易所的销售情况有点不容乐观

---

① 到底两人谁欠谁这笔钱，有点混淆。钱德勒·P. 安德森(Chandler P. Anderson)，一位共和党律师，记得威尔逊向巴鲁克借了150 000美元，用以垫付在欧洲的各种正式费用，直到国会可以授权从国库集中支付。如果是这样，对巴鲁克来讲，150 000美元可能只不过就是免除了总统先生的债务。巴鲁克自己说总统给他的是150 000美元，他只花了其中的24 128.64美元，而且这些费用都用于公事支出。

177

完全是一副外交官的派头：参加巴黎和会那年的巴鲁克（1919年）

（合众国际社(UPI)/考比斯—贝特曼尼摄）

……"的人——回忆起巴鲁克,在拉蒙特的记忆中,巴鲁克是那种巡回大使,从事许多工作,受到威尔逊总统的完全信任。几乎不可避免的是,这五个人(或者六个人,算上拉蒙特)竞相争取威尔逊总统的关注;巴鲁克证明自己是一个机智的竞争者。一天,在不寻常的气氛下,巴鲁克把自己置于与胡佛相斗的境地。两人相斗的那天,巴鲁克与海军少将加里·T. 格雷森(Cary T. Grayson)和伊迪丝·埃尔姆(Edith Helm)一起搭乘一辆汽车;格雷森是威尔逊总统的海军助理和私人医生,埃尔姆是威尔逊夫人的社交秘书。当时威尔逊总统及其夫人与比利时国王和王后巡视比利时被战争蹂躏的地区;他们的车排在巡视车队的第五或第六辆。根据礼仪规定,皇室的车在巡视车队的前面,初级官员的车跟在后面。巴鲁克和格雷森乘坐的汽车前面一辆车上刚好坐着胡佛。埃尔姆夫人这样描述:

> 我们的车开得飞快——以前的汽车开起来没有现在的汽车这样平稳。我们的车子急驰的时候,巴鲁克先生靠向司机,在他面前拿出一张一百法郎的钞票,然后说,"如果你能超过前面那辆车,然后保持领先,那么这一百法郎就是你的了"。
>
> 当然,一百法郎足矣。我们飞速向前冲,几乎碾碎路边的一条狗;我们超过了前面那辆车。由于某些奇怪的原因,胡佛先生显然认为我应负责任,因为那天晚上的国宴结束后,他过来询问我的官阶。我回答我没有任何官阶——我只有一个威尔逊夫人的文书职位。他没有再说什么……

在巴黎,巴鲁克和胡佛打交道的机会很多,但是这样的接触没能使两人相互深入理

第十章 直言不讳的外交官

解对方。在另外一个晚宴上,巴鲁克看到胡佛两边都坐着漂亮的女士,但是他心烦意乱地盯着餐盘。巴鲁克不愿意浪费吸引异性的机会,就如同这位救济专员(胡佛)不愿意浪费食物一样;他后来问胡佛怎么做到对如此迷人的女士置之不理。胡佛似乎没有听懂这个问题。

虽然野心和个性不同必然会发生冲突,但在巴黎和会召开之前美国人还是联合起来商讨基本经济问题。关于战时经济管制问题,他们力劝政府全面放宽管制,重新实行类似自由贸易的措施。["尽可能地排除所有经济壁垒……"事实上是威尔逊总统提出的"十四点原则"中的第三点原则。]巴鲁克战时鼓吹全面管制,第一次世界大战停战后宣扬自由市场。12月他呈交给威尔逊总统的一份备忘录中,他从个人角度阐述了自由贸易观点:"公正、持续的和平应该包括公正、平等地在全球范围内获取原材料和生产设备的机会,因此应该取消关税优惠措施。没有一个国家,包括中立国,被允许加入经济同盟以及损害其他国家的利益……因此,每个国家的人民有机会通过创造力和适用性来拯救自己。"

巴鲁克在委员会会议中坐得越久,就越相信政府政策,特别是对德国(依旧被国际社会封锁)的政策,正在使世界陷入瘫痪。随着挫折感加深,他的话音里渐渐出现一种不圆滑的尖刻调子。例如,这样的语调在4月16日最高经济委员会下属的原材料讨论小组召开的一个会议(巴鲁克恰巧主持此次会议)中就可以听到。福煦将军(General Foch)向委员会转呈了德国想要运输36吨木材的请求。这批木材应该用船运送吗?如果是,是否还要制定一个多余的惯例用以指导运送其他商品进德国的情形?"我们都在讨论36吨木材,"巴鲁克说。"你可以把它放在一边。有什么理由要讨论36吨木材这件事呢?"讨论还在继续。最后,就煤而言,巴鲁克说:"我再说一次,我认为,煤和交通情况是摆在我们面前最重要的问题。我们已成立了委员会,但是没有做什么事。如果我们什么都没有做,全世界的人们将永远不会原谅我们。只有大家互相自我牺牲才能办成事;如果大家都守着自己的利益不放,那么将一事无成。这件事要全心全意地做;我不会给那些不能为所有相关方的共同利益着想的国家一分钱。"

一位英国代表说他赞同此看法。随后,话题转入对德国的封锁问题,有人建议委员会向其他委员会咨询向德国运输货物问题。巴鲁克难以遏制愤怒,脱口而出:

"整个问题已经提出,有人建议我应该成为那个委员会的委员,我拒绝讨论此困惑直到我们正式决定我们将解除封锁以及取消可怕的、完全没有必要的邮件管制等；但是现在还没有做到，只有我们采取某些措施来制止这些事，我才会加入某个委员会来讨论这些事情。他们没有邮件服务，没有电报服务，没有与外界进行交流的渠道；如果他们拥有世界上所有的钱，他们不会这样做。我们有权力停止这一切，但是我们什么也没做。"

有人建议在楼上开会的对德封锁委员会可以决定此事。巴鲁克未受到任何鼓励。

"我来这里已有90天了；我们决心做一些事，接着一遍又一遍地改变计划。我们说，我们应该畅谈封锁问题等，然后我们没有做到真正的畅谈。我说：让我们集中精力解开这个困惑，而不是讨论此困惑以及想问题的对策……如果在这些巴尔干国家你可以允许人们自由交流，那么工业本身会发挥所长，比我们的政府做得还要好。我们的政府使所有事都陷入瘫痪，使人寸步难行。"

几分钟后，一位名叫哈里斯（Harris）的英国代表与巴鲁克针锋相对：

哈里斯：我希望巴鲁克先生自己组成一个委员会。

巴鲁克：如果你赋予我所有政府的权力，我会这样做，而且我可以向您保证此事。

哈里斯：没有一人委员会。

巴鲁克：如果世界曾经需要独裁者，那么现在也会需要一个一人委员会。

在战争年代，巴鲁克曾是一名独裁者，尽管是一名有所约束的独裁者；在和平年代，他感到有些失望。另外一次会议讨论硝酸钠的交易问题；事实上，他对硝酸钠享有至高无上的权威。现在的问题是只有等金融讨论小组（The Finance Section）意见一致才能用船运送到波兰。"在战争年代某些适当的时候，我们可以命令别人做这些事；但是在平静的和平年代，我们不能这样做，"巴鲁克说，"我想要采取一些行动。"

有时候无法达成共识，英国或法国想要采取行动，巴鲁克和美国倾向于一种宽厚的忽略态度。例如，约翰·梅纳德·凯恩斯提出一项计划——政府出售债券来资助战后重建，但是遭到美国的反对。不久凯恩斯（巴鲁克讨厌他）就收拾行李，坐船回国；回国后他发表文章强烈谴责巴黎和会以及最终签订的合约。英国提出的另一项建议，即为了压低物价保留各种战时商品采购联营形式，也遭到美国的反对。原材料委员会6月初的一次会议记录记载了巴鲁克思想的核心，内容如下："他说遵循供应和需求定律并且伴随尽可能少的政府管制将是最好的解决办法。"

尽管巴鲁克可能要比大多数在巴黎的代表适应晚礼服和顶级酒店。[他在写给小女

第十章 直言不讳的外交官

儿勒内的信中这样说:"……请代我问候所有的仆人。"]他没有接受过外交辞令方面的训练;他直白的话语常常使外交官同事们感到恐慌。例如,报到后过了几个星期,巴鲁克说他想翻看在凯·道塞(Quai d'Orsay)召开的一些秘密会议的记录。当这一情况呈报给美国国务院的时候,一位在巴黎的初级助理克里斯汀·赫特(Christian Herter)写信给格鲁说:"我私下建议,如果巴鲁克先生向法国方面提出查阅它们的机密会议记录,易招致一些不愉快的事,也许可以非常谨慎地将这些文件传达给他。"但是法国人没有赫特这么警觉;巴鲁克和他的同事们终究私下翻看了这些文件。巴鲁克很会和一些外国代表打交道;2月,有人告诉《纽约世界》的詹姆士·M.图奥(James M. Tuohy),巴鲁克是赔偿委员会的主导人物。4月,在一次原材料讨论小组会上,巴鲁克以完全非外交辞令的方式与罗伯特·塞西尔勋爵(Lord Robert Cecil)进行交流:

巴鲁克:四号在名单的下面。战时股票委员会的工作进度报告(Progress Report of Committee on War Stocks)。至今有人抛售吗?

罗伯特勋爵:没有人有钱买。

巴鲁克:他们都在等美国人拿钱给他们。①

巴鲁克认为美国政府对外国政府的贷款应该有所节制,只有在外国政府答应实行自由贸易的前提下才能贷款给它们。巴鲁克解决经济问题的一贯做法是提倡人们必须工作存钱的基本概念。[他在家里和一些国家委员会中都宣扬过这一教条。他从巴黎给他17岁的儿子写信谈论工作的治疗功效;他的儿子在密尔顿学院(The Milton Academy)上学:"即使和平协议签订后,为了使世界恢复正常,我们仍旧面临许多困难,因为世界必须回归原位。工作可以治愈所有的事;如果对于学习和不断的工作,你没有什么目标或抱负,我会感到很难过,我知道你也会。"]尽管这从来不是一个令人吃惊的观点,但是在1919年,这个观点很中肯,因为劳动产出相对很低,并且政府爱管闲事。

《路易斯维尔信使报》(Louisville Courier-Journal)派驻在巴黎的一名年轻记者阿瑟·克劳克(Arthur Krock),想要采访这位金融家(巴鲁克),请他谈谈对经济形势的看法。某天,他被赫伯特·贝雅德·斯沃普拉到里茨酒店;斯沃普曾在战时工业委员会工

---

① 正如塞西尔在他的日记中表明的那样,巴鲁克也并非是个坦率的人。巴鲁克和他曾讨论过对欧洲的经济援助问题,但巴鲁克主要是在谈他自己。塞西尔写道:"巴鲁克谈了一大段他做生意的方法,当时我认为这些只不过是一些无关痛痒的谈话内容,但是从后来我听到的一些事中,我认为,他说这番话意在暗示可以采用相似的方法来处理欧洲经济问题。"

作过,后来又回到《纽约世界》工作。克劳克和斯沃普找到巴鲁克的时候,巴鲁克还在梳洗打扮:一位美甲师在为他修剪指甲;一名侍者在服侍他穿鞋;一名理发师准备帮他理发;他的贴身男仆拉塞站在旁边听候差遣[克劳克记得当时的场景大约就是这样]。巴鲁克优雅地起身迎接客人,认真倾听克劳克的提问(之前斯沃普建议克劳克向巴鲁克提这个问题):

"现在你对美国人民有什么话要说吗? 他们已拯救了欧洲和全世界民主。"

"是的,"巴鲁克回答……"他们必须工作存钱。"

我突然大笑[克劳克写道];巴鲁克感觉到这番老生常谈的话与当时说话的环境不协调,随即也跟着大笑。①

作为在巴黎最富有的代表之一,巴鲁克大肆铺张地请客;他筹办的一个特别晚宴——很可能就是那次 5 月 22 日在里茨酒店举办的四十人晚宴,万斯·麦考密克曾在日记中披露了此事——甚至令他自己也吓了一跳。哈罗德·伊克斯(Harold Ickes)(罗斯福执政时期的内政部长)在他的日记中写道,晚宴的餐盘清洗干净后过了 23 年,即 1942 年,巴鲁克还在吹嘘此事。巴鲁克自己对另外一个聚会记忆犹新。他说,当时他正与一位漂亮的英国女士在跳舞,他的朋友加里·格雷森不合时宜地抢走了他的舞伴,他只好与一位法国女士跳舞;整个晚上这位法国女士使他黯然神伤。不久她搬进里茨酒店,与巴鲁克住在同一楼层;一天她带着一份证券名单出现在巴鲁克的客厅。不过,拉塞面对这样的意外早有准备,他忠实地站在主人这边;这位法国女士走出房间;巴鲁克怀着厌恶说起此事。

格雷森是一位很聪明的恶作剧演员[巴鲁克写道]。当他实施诡计想要欺骗某人的时候,他说谎就像池底的老鳝鱼,从未露出一点马脚。不过有一天他说:"帕欣将军和我想知道那天与你一起跳舞、脚踝戴着一条金链的那位法国女士后来怎么样啦?"他的眼睛闪了一下。我把他逼到一个墙角,然后说,"你这个坏蛋!你完全瞒过了我。"然后他坦白一切。格雷森说,他坐在这位女士的旁边,当时她问那位高个的男士是谁;格雷森回答,"你不知道? 那是巴鲁克先生。"她说,"巴鲁克先生,那位美国人? 透露一点他的信息给我。"

---

① 克劳克喜欢说起这件事,且喜欢程度远胜于巴鲁克想听此事的程度。在霍布考,某个晚上,克劳克向大家提起此事,或许中间添油加醋了一些,巴鲁克尖叫:"阿瑟,你是一个肮脏的骗子。"

第十章 直言不讳的外交官

格雷森问她想知道的事。她说,"他聪明吗?"他说,"从金融方面来讲,他是美国最聪明的人。有时他一天就赚好几百万美元。他对女士们非常大方。"他说她冲到舞池的中央,坚持要与我一起跳舞;他说,"当然,我不得不与你的舞伴跳舞。"

正如富有、坦率以及长相好的人通常面临的情况一样,在巴黎巴鲁克成为各种八卦的对象。传出各种流言:巴鲁克是亲德国派;他赞成把尤梅(Fiume)[现在叫里耶卡(Rijeka)]归还给奥地利,而不是意大利,因为他拥有一条奥地利航运线的股权。谣言称巴鲁克曾帮助资助俄国革命(The Russian Revolution);这可能是由于巴鲁克声称容忍了沙皇暴政的文明世界曾帮助挑拨布尔什维主义所引起的。[1919年是一段工人不断反抗、政治动乱的时期。巴鲁克说,他准备缴纳很大部分的个人所得说以避免剩余财产充公。与当时很多人一样,他赞成工人参与企业管理。]

有人从柏林发了一份神秘的电报给华盛顿的陆军部;这有可能是由严重的误会引起的,或者是有人想要为难巴鲁克。这份电报称巴鲁克为财政部长,巴鲁克喜欢吹牛说他曾拒绝出任财政部长。电报上只有署名西格玛瑞斯(Siegmarious),内容如下:

请你所在城市的美国当局发电报通知美国财政部长巴鲁克:他和巴鲁克兄弟们的昔日代理商——柏林的斯坦哈特(Steinhardt)想要立即与他会面,也是为了呈送我的财政建议。麻烦美国财政部长巴鲁克通过你告诉我具体的时间和地点。斯坦哈特先生希望跟他谈。斯坦哈特先生提议在不久在科隆(Cologne)召开的会议上碰面。

这份电报被陆军部转呈给财政部,又由财政部呈交给国务院。6月,国务院转寄此电报给巴鲁克,随附一封意思不太明朗的电报:"财政部的意思是你可能会感兴趣。"巴鲁克回电报:他从未听说过斯坦哈特或西格玛瑞斯,他对他兄弟的生意也一无所知;不管这位电报的发送者是谁,他都没有兴趣见他。

怀疑巴鲁克是亲德国派的其中一个可能的原因是,他与其他美国人一道,赞同一项赔偿计划;人们认为此项赔偿计划比英国或法国提出的赔偿计划宽厚多了。巴鲁克的信念是这样的:德国应该支付它有能力支付且根据停战条款必须支付的赔款,但是赔款总额应该固定,这样德国纳税人能够看到事情的尽头。3月或4月,巴鲁克写道:"我不希望以任何方式表现出我对德国的同情,也不想减轻它的负担;它应该支付它能够支付的赔款,并且应该充分认清它对文明犯下的罪;但是,如果条约一方让协约国已经负担过重的纳税人认为他们的赔款永远付不清,这将是一个很大的错误。"巴鲁克和他的美国同事说,如果德国人民要承担过重的赔偿条款,他们会拒绝工作或者移民,到时战胜国什么都得不到。约翰·福斯特·杜勒斯(John Foster Dulles)随后阐述了相关的法律论据;杜勒斯年仅31岁,是美国国务卿兰辛的夫人的侄子。杜勒斯说,停战协议中最关键部分用威尔逊总统的话说就是,德国必须"就其通过海陆空占领同盟国对同盟国造成的人员伤亡以及财产损失"做出赔偿。接着他又说,德国无须赔偿军事支出,因为停战前的原则中从未提及这些,因此,承认的战争赔款数额是有限度的。

英国人、法国人和澳大利亚人提出反对意见。实际上,法国甚至否认有这样的条约。克茨说,德国已经投降,就是这样。至于美国的提议,即制定一张固定数额的账单然后交给德国——这么多房子被破坏,这么多人致残,这么多工厂的设备被拆卸,生产陷入瘫痪——劳尔·乔治表示反对;他认为制定某个确定的数目将会有可能独占一个依旧很高的总数,从而证明这变成一项政治义务。巴鲁克猜想德国需要支付120亿美元到150亿美元的赔款;凯恩斯认为没有这么多。这些都是保守的估计,甚至在一些代表眼中,这些数额太少了。在一次会议中,前英格兰银行行长坎利夫阁下(Lord Cunliffe)提出1 200亿美元的赔款;对此,巴鲁克说:"让我们都去月球旅行吧。"法国提出2 000亿美元的赔款。

赔款问题是最伤害同盟国之间和谐的问题。当美国人竭力主张威尔逊总统的"十四点原则",同盟国想要更多的赔款。即使战争费用本身还不可接受的时候,同盟国又开始要求赔款应包含与有形损害同价的养老金和家庭津贴。南非的贾恩斯·马茨(Jan Smuts)辩解道,用以援助退伍的士兵或者服役士兵的家庭的公共费用实际上也典型地反映了"对平民造成的损害的赔偿",因此此项支出必须由德国支付。巴鲁克、杜勒斯和其他美国人认为马茨的方案有点强词夺理,与威尔逊总统的"十四点原则"不符,但是威尔逊自己认为他相当赞同马茨的方案。4月1日在克里伦(Crillon),威尔逊总统通知他的顾问们,他不同意他们的看法,反而支持马茨的方案。但问题还是没有解决。威尔逊总统对各方难以达成妥协感到非常失望,以致4月7日他命令乔治·华盛顿号停靠在布雷斯特,以防哪天他突然想远离这些乖戾的欧洲人。

最终达成的妥协方案与美国人最初提出的建议有些相似。各方将成立一个赔偿委员会,该委员会的职责是评估德国的赔款能力并监督赔款筹集。直到1921年才确定具体的赔款数额。当然,最后,赔偿委员会失败了;德国国内发生恶性通货膨胀,纳粹主义开始蔓延,其支付的赔款只有50亿美元,其中25亿美元还是向美国借的。

与凯恩斯(建议未被采纳就辞职了)不同,巴鲁克继续坚持,致力于专利权和煤炭问题,仍然争取[徒劳]固定的赔款数额,另外时常与格雷森和斯沃普一起到隆尚赛马场(Longchamps)观看比赛。4月初至5月,在纽约,巴鲁克的父亲——一位78岁的老人,由于染上肺炎,又有严重的心脏病,生命垂危。巴鲁克完全可以提出这个令人信服的理由坐船回美国,但是他仍然坚守岗位。

6月28日,他穿上常礼服和条纹裤,戴上大礼帽,在凡尔赛宫的镜厅(Hall of Mirrorsat Versailles)见证了《凡尔赛和约》的签订过程。接着6月29日,他再次登上乔治·华盛顿号,与总统一行人一起返回纽约。7月5日,天气晴朗,午后他有资格造访威尔逊总统的沙龙,聆听威尔逊总统阅读有关《凡尔赛和约》的演讲稿;威尔逊总统计划在国会上发表此演讲。麦考密克、拉蒙特、戴维斯和其他一些人也在场。威尔逊总统读完演讲稿后,询问大家的意见。巴鲁克认为内容过于羞怯,但是性格使然,他保持缄默直到有机会偷偷告诉威尔逊总统他的意见。在他的自传中,他解释道,他不想在别人的面前表现出吹毛求疵的样子。那天晚上,麦考密克、戴维斯、加里森和巴鲁克在船长室里吃大餐。8日早晨,离桑迪·胡克(Sandy Hook)20英里的地方,一个海军护航舰队,包括40艘驱逐舰、5艘战斗舰、10架海上飞机以及一艘软式飞艇,进入人们的视野。巴鲁克与威尔逊总统一起站在舰船的桥楼上,向人们挥手问好;21门礼炮在水上响起来。午后,在霍博肯(Hoboken)河街的人群的一片欢呼声中,乔治·华盛顿号停泊靠岸。总统代表团登陆,一些内阁官员加入其中;他们乘坐特别渡轮渡过哈得逊河来到西23街,接着,乘车一路接受人们的欢呼,然后来到卡内基音乐厅(Carnegie Hall)发表讲话。尽管巴鲁克被安排坐在7号车(排在总统先生和内阁官员的车后面),但是他的车排在加杰·加里的车前面;加里是巴鲁克的战时对手,他坐在8号车。赫伯特·胡佛(早先巴鲁克与其曾发生过口角)仍旧留在欧洲。巴鲁克上岸后不折不扣地游说《凡尔赛和约》——他早已做好一份有关《凡尔赛和约》经济要点的摘要准备在码头分发——三周后,在参议院外交关系委员会(The Senate Foreign Relations Committee)的一个听证会上,他作为最初的见证者捍卫了《凡尔赛和约》。坚持支持《凡尔赛和约》立场的艺术在于不伤大雅地承认《凡尔赛和约》存在不足,还有待改进。对赔偿问题的盘问特别激烈,参议员们支持不固定的赔偿数额以及提出未来由赔偿委员会监督赔款支付的问题,而不是固定的赔偿数额。

在听证会上，巴鲁克向参议员澄清第237条一段令人烦恼的译文中的一个法语用法，驾轻就熟地开始辩护。他陈述如何开展经济工作以及由哪些美国人来做。一位来自加利福尼亚州的共和党参议员海勒姆·约翰逊(Hiram Johnson)询问《凡尔赛和约》包含的所有经济条款是否都是由英国人草拟的，巴鲁克回答道："不是，先生；除非你认为我也是英国人，先生。"他坦诚地对莱茵河航运中央委员会(The Central Rhine Commission)和赔偿责任[如果有的话，梅梅尔(Memel)、但泽(Danzig)和石勒苏益格(Schleswig)领土划归问题]不甚了解。巴鲁克在巴黎的最后一分钟还在为获得一个具体的赔款数额而努力，现在决定向参议员证明，因为无法预测战后的经济形势，所以没有办法说出德国应该支付多少，因而没有达成具体的赔款金额。总体而言，他说："条款苛刻且严厉。但是，我认为他们非常公正，我会公开表明这是一个可行的委员会[赔偿委员会]。这是切实可行的安排。"

参议员约翰逊以为他发现了一个疑虑。

"你说这些的时候心中没有疑惑吗？"

"没有，先生，"巴鲁克说。

"不过，这要留待日后才知道答案，不是吗？"

"我对未来充满信心。"

在共和党人掌权的参议院，《凡尔赛和约》遭到抵制：起先其在来自马萨诸塞州的亨利·卡伯特·洛奇(Henry Cabot Lodge)的领导下采取了消极的态度。洛奇是外交关系委员会的主席；他花了两周的时间来看《凡尔赛和约》，他在有时空旷的委员会会议室里大声朗读《凡尔赛和约》，又花了六周的时间进行听证[随后形成了一份前所未闻的参议院审议条约]，1919年8月19日，威尔逊总统在白宫接见洛奇的时候，他又花了3个小时斥责总统。正如威尔逊总统曾在欧洲各国首脑面前演说的那样，现在他不得不通过参议院的领袖请求美国人民。9月3日，威尔逊总统坐火车出发，一路演说；直到9月25日晚上到达科罗拉多州的普韦布洛(Pueblo)，整个行程结束，历时22天。赶回白宫的途中，10月2日，威尔逊总统中风瘫痪。威尔逊总统既不是殉道者也不是一个健全的人；他躺在床上仍为《凡尔赛和约》在作抗争。他不见内阁成员，与众议院和兰辛决裂，只接见小部分的密友，其中就有巴鲁克。在巴黎，威尔逊已做出让步，现在他拒绝妥协。特别是，根据《凡尔赛和约》第10条规定，国际联盟的成员国必须保证尊重和保护所有成员国抵

第十章 直言不讳的外交官

御外来侵略的领土完整权和政治独立性,威尔逊总统认为此条不可触碰。共和党人提出反对,如果"保护"一词意味着一切,那么成员国会诉诸武力对付侵略,但是根据宪法只有国会才能发动战争。

前总统塔夫提出一项清楚指向唯一的宪法程序的修正条款;只有通过该宪法程序,美国才能准备对外宣战。刚刚卸去财政部长一职的卡特·盖拉斯(Carter Glass)试图劝说威尔逊接受或至少不讨厌此修正条款,但是失败了。1920年2月,在盖拉斯的命令下,巴鲁克拜访了威尔逊总统,劝说其接受。他也失败了。根据威尔逊夫人的回忆,巴鲁克离开房间的时候,威尔逊总统咕哝道:"连巴鲁克也来劝我。"但是不久,威尔逊改变了想法,他说:"你知道,巴鲁克是一个真实到极点的人。他告诉我他相信的事,而不是那些他知道我想让他说的事。告诉亲爱的巴鲁克,我想让他出任财政部长,那样我就放心了。"

自从1919年7月以来,不断传出消息说巴鲁克将出任邮政署长、美国赔偿专员以及商务部长。1918年,巴鲁克就已经拒绝过财政部长这一职位。但是,他提起此事的时候说,第二次邀请他出任财政部长的时候,他心中动摇过;他回家把这一想法告诉安妮,想试探一下安妮的口风。不过,安妮要求他回到她和孩子们(那时已成年或即将成年)的身边;他说,他答应了,尽管他从来不是一个把家庭放在第一位的男人。

不过,巴鲁克仍旧竭尽全力宣扬《凡尔赛和约》。1920年初,正当参议院准备第三次投票决议时,在巴黎遭受挫败的英国顾问约翰·梅纳德·凯恩斯出版了一本书,《和平的经济后果》(The Economic Consequences of the Peace)掀起激烈的辩论,即刻把矛头对准威尔逊和国际联盟。凯恩斯在书中写道,威尔逊是"又聋又瞎的堂吉诃德(Don Quixote)"以及"不信奉国教的牧师",他思想腐化,其交际手腕缺乏"敏感性和谋略"。他对斯马茨有关赔偿问题的说法的屈服剥夺了他的道德权威。巴黎和会快要结束的时候,英国首相劳埃德·乔治突然主张采用温和的态度对待德国,"他在五天的时间内不能够纠正总统先生的错误观念,因为五个月的时间内总统先生认为他的观点既公正又合理。毕竟,要再次迷惑这位长老很不容易,因为这将挑战他的信仰和对他自己的尊敬。"

坚决反对《凡尔赛和约》的参议员威廉·博拉(William Borah)兴高采烈地引用书中的话;《和平的经济后果》出版后不久,参议院再一次也是最后一次,没有通过决议。巴鲁克对参议院的投票结果感到震惊,认为凯恩斯应该对此负一定的责任。他写了一本书,书中直陈这些观点。巴鲁克花 10 000 美元找人代笔,他不是作家的缺陷暴露无遗。基于 10 000 美元的报酬,约翰·福斯特·杜勒斯答应担任巴鲁克的主要代笔人。1920 年秋季,《凡尔赛和约的赔偿和经济条款的形成》(*The Making of the Reparation and Economic Sections of the Treaty*)———本书名朴素的小册子——问世。

表面看来,传说中的作者本人似乎与这本书没有任何的关系。这本小说出自别人之手,书中有关他自己的事业和成就的典故不是一般地少。不过,人们通过仔细阅读会发现这本书还是深深地打着巴鲁克的烙印。第一点,书中有充分的事实和文献,还有一章有关"人为因素"[巴鲁克很喜欢的一个表述]的情景模拟的内容。这章内容的要点在于战时情感对缔造和平的影响如此深远,以致妥协是不可避免的,以及在这种情况下,美国人会尽自己最大的努力。叙述方式不偏不倚、客观,而且非常巧妙。尽管巴鲁克鄙视凯恩斯对威尔逊的攻击行为,但是他从不会谩骂任何一位对《凡尔赛和约》以及威尔逊总统的立场发表看法的最重要的评论员,或者不会堕落到对他人进行人身攻击。[许多年后,巴鲁克比较客观地写道:"有人说'凯恩斯写了一本非常有趣但毫无根据的书,巴鲁克写了一本非常无趣但全是事实的书'。"]凯恩斯在书中吹捧威尔逊总统的顾问,但巴鲁克不觉得荣幸,他忠诚地站在威尔逊总统这边。这从养老金问题就可以看出。与凯恩斯一样,巴鲁克反对将养老金列入赔偿条目中。但是因为威尔逊总统决定在这个问题上让步,巴鲁克忠诚地放弃自己被抛弃的"尽可能地尊重法律"的立场。"人要么无知,品行不端,要么就是不切实际的理想主义者,"巴鲁克发了点牢骚,"为了在上述情况下宣扬此理念,巴黎和会已经找到一个合理的、具体的解决德国赔偿问题的方案,这是人力所能办到的;此方案将会获得批准。"当然,恰恰在此之前他还在为此奋斗。

1920 年总统竞选前夕,巴鲁克的书出版,受到好评。《民族报》(*The Nation*)把此书赞颂为"无价之宝"。在《新共和国报》(*The New Republic*)上,前战时工业委员会委员阿尔文·约翰逊(Alvin Johnson)说他的前上司为制定出一个可行的赔偿计划而竭尽心力,但是称巴鲁克已经在巴黎洋洋得意地为美国辩护。伦敦的《目击者》(*Spectator*)把巴鲁克描述成"巴黎和会上最公正的人",称巴鲁克的书"……短小而精悍,但是就某些方面而言,它对于我们已看到的《凡尔赛和约》具有最大的启示意义"。

在这些称赞的评论中,其中料想不到的是来自约翰·梅纳德·凯恩斯的评语。在《曼彻斯特卫报》(*The Manchester Guardian*)上[在纽约《纽约邮政晚报》(*the New York*

Evening Post)的《为学评论》(The Literary Review)上]他看了一眼此书的用途,把此书界定为机密文件,对赔偿委员会表示怀疑,屈尊俯就地对待行文风格。["如果表现手法更加艺术化,它就不会告诉读者这么多东西。它有力地照亮了历史,揭示出人性的秘密源泉……我想知道巴鲁克先生是否知道他在书中披露了多少内容。"]但是他承认巴鲁克在巴黎所发挥的重要作用,称赞巴鲁克这本书的真实性。凯恩斯最精辟的评语是"人为因素"论题不是单纯针对巴黎和会说的。事实上,它体现了巴鲁克的世界观。巴鲁克书中的一段话——"尽管从个人来讲,和平代表是有能力的、高智商的人,但他们被束缚于国家目标而不能大展拳脚"——引起了凯恩斯的注意;他强烈要求读者好好研究这段话。他写道:"……'有能力的、高智商的人'通过环境的影响,可能成为促成不停地追求能力和高智商这些被误导的、灾难性的热情的重要因素,这是巴鲁克先生的人生哲学中最重要的学说。事实上,或许他们应该如此默认才能证明他们的能力和高智商,因为它或许可以给予他们一个不引人注目的热情降温的机会。"

巴鲁克基本相信这些。在股市,他倾向于减少损失。因此在公众生活中,他通常小心翼翼,不会以荣誉或信念为代价固守注定失败的立场。在巴黎,再次引用凯恩斯的话,他拥有较高的期望,他"会尽全力坚持……[尽管不会以生命为代价]"。他与一个完全不同的人也可以融洽相处,从中可以看出巴鲁克超强的交际能力。他持续拜见伍德罗·威尔逊;最后威尔逊欣然被全体船员接受。1923年,威尔逊过世前几个月,这两人还在一起交谈过。威尔逊把瘫痪的手臂放在他旁边的一张桌子上,故意说:

"或许我中风瘫痪是老天爷安排的。如果我身体健康,我应该已经实现国际联盟计划了。事实显示,各国还没有准备好。它将会失败。像法国、意大利这样的国家对国际联盟这样的组织不感冒。时间和险恶的实情可能最终会使它们相信有必要实行这样的计划。但可能不是我提出的这个计划,而是其他计划。不过现在我看到我的计划还不成熟。该计划所处的世界也还不成熟。"

这样的感伤使巴鲁克语塞。"威尔逊先生,你做了你认为是最好的事,"他说,并且后悔没有多说几句。

第十一章

农业、金钱和麦卡杜

第十一章　农业、金钱和麦卡杜

1919年夏季,在巴鲁克49岁生日到来之前,他借访问白宫之机讨论了他的未来计划。他并未直接表明该未来计划,而是告诉《芝加哥论坛报》的记者他不打算做的事。

"我对各类政治活动完全失去了兴趣;我厌烦公众生活,将不再担任任何职位,以免让人以为我借军工委员会主席和负责为盟军进行军事采购的便利窃取机密。

不,先生,我将不会让任何人有机会诋毁我,让他们以为我通过军工部的任职谋私利。对我来说,帮忙打败匈奴,为国效力,带来的快乐已是莫大的奖赏。

[他强调不会回到华尔街重操旧业。]

绝对不会。我曾经是投机商,而且很多年来,我一直是纽约证券交易所的会员,但是我已经厌倦了。"

巴鲁克真正计划要做的事是一个谜。同年10月,在总统的要求下,他主持了一个关于劳工冲突的会议。当时美国劳工冲突不断,在这次会议延期后,情况依旧没有改善。1920年初,有消息称巴鲁克正在资助麦卡杜竞选总统;他否认了这一说法[麦卡杜本人也否认自己参加总统竞选,结果此事不了了之]。一位共和党议员指控巴鲁克战时仅靠为政府采购铜就从政府那里牟取了5 000万美元。巴鲁克否认这一指控,同时还否认曾秘密地取代生病的威尔逊总统执掌白宫。同时,亨利·福特家族名下具有强烈反犹太倾向的《迪尔伯恩独立者报》指控巴鲁克为"美国的犹太领袖"、一位"拥有超级权力的犹太人"。当记者要求巴鲁克对这些报道发表评论时,他尽量和蔼地回答:"那么,孩子们,你们不希望我否认这些指责,是吧?"

他的对手们或许没有想到,巴鲁克当时已将资产消耗殆尽。1916年他的净收入达到200万美元。战争爆发的第一年,即1917年,他的收入为695 137.57美元。到了1919年,他的收入减至37 745.34美元。收入减少,一方面是因为他赚得少而且在政府事务上花费巨大,另一方面是因为资产的账面价值缩水。战前,为了防范利率波动,他卖掉了手上大部分的股票,并买入债券。战时,他的资产组合(显然并非全部)包括530万美元的自由公债以及价值均超过100万美元的铁路债券和免税债券。巴鲁克还喜欢持有大量现金,这一部分没有算进他的债券资产名录。然而,随着战时通货膨胀加剧,利率提高;

利率升高，债券价格下跌。1920年春天，当时利率升至最高点，债券价格跌至谷底，债券账面价值大幅缩水，巴鲁克损失惨重。当时他的财产从1916年的1 500万美元左右缩至1 000多万美元。到了1921年秋天，他以为慈善事业做贡献为由辩解，用有钱人的夸张说法讲道："我破产了。"

正是在资产大幅缩水创下历史新低的时候，巴鲁克遭到福特的攻击，也是在这个时候，阿瑟·克劳克开始为他辩护。阿瑟·克劳克回到家乡路易斯维尔，开始重新掌管《信使》和《路易斯维尔时代报》。他于1920年5月写了一篇支持巴鲁克的社论。巴鲁克回了一封热情洋溢的信给克劳克：

"第一次见到你时，我就'喜欢'上了你。在社论中，你对我的溢美之词使我无法用言语表达我的感激之情。我的感激和喜爱之情难于安放，也不会轻易流逝。我已经经历了几次残酷的派别斗争——华尔街的财政与工业、政治上的战争与巴黎和会。我不得不说，今年8月我即将迎来自己的五十大寿，此时我对于人性和美国同胞的信心都增强了。"

另外一个信心来源是那年夏天收到的一封信。堪萨斯州农业委员会出乎意料地邀请他去调查小麦农场主遇到的市场难题。这个时候出具农业建议极富挑战性：20年的农业繁荣时代终结，生意难做，股市行情下跌。战时农场主着力借贷扩大生产，然而战后遭遇通货紧缩和国外市场萎缩，土地和商品价格滑落，债务负担沉重。巴鲁克并无实际的农业生产经验，但是[正如堪萨斯州的人们所认为的那样]他对整体经济状况有深刻的见地。他的父亲——刚刚度过八十大寿的巴鲁克医生，是一位业余的农学家。巴鲁克欣然接受邀请，于8月底9月初启程前往堪萨斯州。

他的访问行程始于在堪萨斯州首府托皮卡召开的州议会。访问伊始便受挫。在欢迎会上，一位官员向与会人员介绍巴鲁克，称其为"华尔街的狼"。其实，"华尔街的狼"指的是罪犯大卫·拉马尔。

巴鲁克定了定神告诉东道主们，他要了解情况后才能给出建议。至于投机买卖，巴鲁克说"我没有参与任何市场合谋。我孤军奋战；我在华尔街的受欢迎程度几乎与我认为的华尔街在你们心中的受欢迎程度一样高。"接下来，巴鲁克花了大约一周的时间与当地的农场主、农产品经销商、银行家、贸易商和报纸编辑进行会谈。然后，他回到纽约，梳理他听到的各种信息，写信给威尔逊执政时期的最后一位农业部部长E.T.梅雷迪思，希

第十一章 农业、金钱和麦卡杜

望获取更多的信息。[巴鲁克写了一封政治意味浓烈的感谢信,确认部长的回复收悉:"下届议会我将尽我所能为您效劳。"他对政治的抵制也就到此为止。)他整理好材料,在共和党赢得总统竞选的一个月后提交了一份长达 17 页的报告。

巴鲁克认为世界各地的市场是相互依赖的,基于这一观点形成的报告认为美国农业的繁荣依赖于世界贸易的恢复。因此,他认为第一件要做的事就是跟德国算账;然后要建造更多的仓库和谷仓,这样农场主能够在市场行情不好的时候储存谷物,进而在更公平的基础上和消费者议价。巴鲁克认为,应该由私有资本为农业生产提供尽可能的资金支持,而公共基金提供必要的支持。巴鲁克还提到,投资者可以农户存储的谷物作为担保物向农户提供贷款。[正是农产品期货市场发挥了从农户和中间商身上转嫁资金风险给投机商的效用,但是巴鲁克这位曾经的专业投机商却并未提及这一点。]尽管巴鲁克的报告会偶尔出现一些平民论调,譬如应将"适当部分"的国债分配给农业部门,这份报告基本上还是体现了保守审慎的风格。"总而言之,"巴鲁克写道,"我们既不能在阿拉丁神灯里也不能在任何戏法中找到这一重要问题的解决办法。我们所需要的是立法,赋予农场主平等的机会,使农产品的销售和生产合作路径更为宽广。"

巴鲁克的这份报告以题为"置于现代商业基础之上的农业"的小册子再版。这份报告使得巴鲁克在农业合作方面具有发言权。来自加利福尼亚州的年轻律师阿伦·萨比罗(是消费合作社运动的领军人物);他支持巴鲁克;美国小麦种植者协会为巴鲁克提供了一个职位[他拒绝了]。① 他的农业激情四处迸发:在肯塔基州他帮助成立了一个烟草生产合作社[他获得克劳克的老板、也就是《路易斯维尔时代报》和《信使》的出版商罗伯特·W. 宾汉德的资助];在南卡罗莱纳州他捐给一个州立棉花生产资助计划 50 万美元,投入几十万美元帮助那些以农田担保形式提供贷款的村镇银行;在中西部,他几乎设法促成阿马尔粮食公司(the Armour Grain Company)与农场集团之间的生意。1923 年国会通过一项法案,旨在建立中期信贷银行,以鼓励商业银行为农业提供信贷支持。美国农场局(American Farm Burean)在华盛顿的主要说客格雷·斯立夫认为,没有巴鲁克于

---

① 《展望》于 1923 年发表了一篇题为"一位受到农场主信任的、在三个城市长大的犹太人"的文章,向包括巴鲁克、萨比罗在内的三人表示敬意。另外一位是尤金·迈耶。迈耶认为这篇文章在极力讨好巴鲁克而轻视了自己,生气之极他写了一封信给巴鲁克。

"我不相信你自己也想要重复文章中的错误观点,"迈耶写道,"但是从你那里获取信息的这些作者所写的这篇文章以及其他文章都给人造成一种深刻的印象,似乎我所知道的和我所做的所有事情都是来自于你的灵感和建议。事实上,我和你并不是同一类人。"但是,他并未寄出这封信。

1920年发表的那些有关农业发展的言论，就不会有这项法案。为了庆祝这些新银行的成立，巴鲁克购买了这些新银行发行的价值110万美元的债券。

完全是出于对土地的感情，巴鲁克投资了另外一个项目：购买价值约5万美元的北达科他州债券。他购买这些债券的时候，在北达科他州掌权的力量是无党派联盟，这一组织鼓吹放弃华尔街的机制并实行公有制。1919年，无党派联盟宣布要成立一家州有银行和一家州有谷物公司，并计划发行1 700万美元的债券为这两项计划提供资金支持。但是一个纳税人组织认为这一做法超过了该州的承受能力，于是提请法律诉讼要求阻止债券的发行。最终，这批债券在1921年发行上市。华尔街不愿接受这批债券，但是巴鲁克出于对无党派联盟的良好祝愿自己出资购买了一些。

巴鲁克同情农场主，有时对于有些怪异的计划，仅因为是与农业有关的，他就会给予支持。但对于20世纪20年代一项关于农业问题最具深远影响的提案，也就是所谓的关于农业均等化的麦克纳里—豪根提案，他却拿不定主意了。这项提案的立论基于关税政策在各行业间发挥的作用是不等同的。制造业者的产品市场获得保护，免遭他国竞争，然而，农场主的产品市场却未得到保护，要接受全球市场竞争决定的价格。麦克纳里—豪根提案提出的解决办法是拓宽关税的覆盖范围。首先由政府判断是否是由于某一种农产品(比如说小麦)的产量过剩导致整个农产品的世界市场价格被过度压低。如果是这样的情况，就收购过剩的农产品向国外抛售。这样在美国市场上小麦的价格就会上涨，而这一高价格将得到关税的保护。政府需要做的是向国外市场抛售，而农场主通过一项特殊的"均等化"税收对这一计划提供资金支持。从农场主的角度看，从这一计划获得的收益高于成本。

麦克纳里—豪根提案是20世纪20年代美国农业萧条的结果，尤其是莫林犁具公司遇到的问题。这家公司的总经理乔治·匹克战前在迪尔公司做得非常好。1918年他与休·约翰逊将军在军工委员会共事。1919年他和约翰逊一起去莫林，打算重新振兴一家他们认为前景良好的公司。但是，公司的客户即那些农场主却没有钱去购买他们的产品，莫林犁具公司面临破产境地。匹克和约翰逊前往华盛顿；他们写了一本小册子——"平等对待农业"，希望通过解决农业过剩问题来拯救现状。

巴鲁克不置可否。他认可这项提案的目的，也同意实行税收均等，由此农场主一定会在这种非自愿性的自愿方式下进行合作。他敬重匹克和约翰逊。但是，作为一名支持

第十一章　农业、金钱和麦卡杜

低关税政策的民主党人士，他不同意他们的保护主义思想。1922年他对这一提案持保留意见后，1924年他支持该提案，向麦克纳里—豪根提案方提供了5 000美元，并帮助在民主党论坛写入一项政纲条目，要求"建立一家出口公司或委员会，不能因某种农产品的出口剩余影响整个农产品市场的价格"。但是当时处于卡尔文·柯立芝执政时期，柯立芝两次否决了麦克纳里—豪根提案。胡佛政府采纳了匹克的部分想法；富兰克林·罗斯福执政时期这一提案又以一种不同的方式再次出现了。

民主党的赞助人以及美国农业的朋友，戴着平顶宽边草帽的巴鲁克
摆好姿势拍照（1923年）

（合众国际社（UPI）/考比斯—贝特曼尼摄）

　　无须顾及这些公共事务时，巴鲁克就会去打理他的财富。通常他会在欧洲度过夏天，有时会返回萨拉托加观看赛马，或者找他的赛马合伙人加里·格雷森代为赌马。他秋天待在纽约，到霍布考过圣诞节，整个狩猎季节也会时不时地去霍布考。春天他又返回纽约。

　　他对于旅游具有明确的看法。时间一年一年地过去，他发现自己越来越怕冷，所以他喜欢阳光。他喜欢有宽敞的地方搁脚，海上航行时尽量少感觉到颠簸。因此，他会选择晃动力度最小的中部船舱，而不是华丽的特等舱。1924年7至9月他待在欧洲，他按照描述给他的朋友勒奈·德·劳杰蒙特伯爵（Count Rene de Rougenmont）听的那样准备了出行用车和司机："我希望，"巴鲁克讲道，"车篷要能打开，因为旅途中人要沐浴在阳光下。如果车篷还能折叠，那就太棒了。你会看到不仅车尾有一个后备厢，车身两旁也有，这样我们就不必把所有的包都放在车里了。"

尽管城堡惹人注目,且众所周知里面很潮湿,1923 年巴鲁克还是租了一座城堡。这座城堡名为福特鲁瑟(Fetteresso),位于苏格兰东海岸,距离石头港村约一英里。城堡里有门厅、餐厅、画室、吸烟室、台球室、图书室、14 间卧室、仆人卧房、7 间浴室和一间供仆人使用的浴室。城堡的主人认为所有来这里度假的人都想要与外界取得即时联系[这种想法在巴鲁克这里是不准确的],所以刚刚装上了一部电话。这部电话的通话范围可达大约方圆一万英亩,每一季的费用为 15 000 美元。另外,城堡租赁费和食宿费用约为 10 000 美元。巴鲁克乐于支付这笔费用。"我一直希望能到苏格兰或英格兰打猎,"他写信给他在伦敦的经纪人,"我总期待花费能更少。"1923 年 8 月 11 日,当巴鲁克和格雷森的赛马在萨拉托加完赛并赢得奖金,他们马上支付了这笔费用中的2 600美元。

作为一个有时间又没有多少固定的工作做的有钱人,巴鲁克有时很难找到人陪自己游玩。"我困在苏格兰的一座城堡里,"1923 年他命令霍布考的常客——阿肯色州的参议员约瑟夫·罗宾逊,"你得跟我待在一起……你要和我一起打猎,你需要一支 12 口径猎枪。别弄错了。"但是罗宾逊走不开,于是巴鲁克又叫上了马里兰州的州长艾伯特·C.里奇。从 8 月 13 日到 9 月 8 日,巴鲁克和里奇两人总共捕获了 1 只雌鹿、2 只雷鸟、4 只珩科鸟、13 只山鹑、216 只野兔和 1 662 只松鸡。回到纽约后,巴鲁克为里奇的连任竞选活动捐赠了 2 500 美元,"因为",正如他写道,"……你无疑是一位好州长,而且作为我的朋友,我爱你,尊敬你。"

令巴鲁克感到高兴的是,接受捐赠的人对他表示感激。但是为了保护自己,巴鲁克在做一些慈善事业时是匿名的。巴鲁克通过一位朋友捐给南卡罗莱纳州一位穷人 25 美元,他不让人告诉这笔钱的来源:"请不要告诉她这笔钱是我给的,因为我经常接到这类请求。如果我都答应这样的请求,我会用光我所有的钱,即使我像人们认为的那么有钱,我也会倾尽所有。"当参议员乔·罗宾逊打算公开阿肯色州一项征文竞赛[主题当然是农业]的资助者是巴鲁克时,他赶忙以同样的理由发电报给罗宾逊。另一方面,那些接受他捐赠的新闻记者和政客清楚地知道应该感谢认识他。1920 年,霍布考的来宾包括著名金融新闻记者加雷·加勒特、《纽约世界》发行商拉尔夫·普利策以及同样是来自《纽约

第十一章 农业、金钱和麦卡杜

世界》的赫伯特·贝雅德·斯沃普。① [对斯沃普来说,这是一次不寻常的逗留;斯沃普24 小时都需要电话,而电话也是霍布考所缺的几项便利设施之一。]1921 年参加的人有密西西比州的参议员拜伦·P(Pat)·哈里逊和罗宾逊;1922 年参加的人有加勒特、马克·沙利文、罗宾逊和加里·格雷森;1923 年的来宾包括拉尔夫·普利策和他的哥哥,《圣路易邮报》的发行人约瑟夫、《纽约世界》的查尔斯·迈克逊、《巴尔的摩太阳报》的弗兰克·肯特,以及马里兰州的州长里奇。尽管在威尔逊、哈丁和柯立芝执政时期都会本着无党派精神将新近宰杀的鸭子运送到白宫,在巴鲁克有生之年只有富兰克林·罗斯福总统到访过霍布考。25 只霍布考水龟送给了法国前总理乔治·克列孟梭,他说他觉得这些水龟很有趣,不舍得吃掉。克列孟梭的门生安德烈·塔尔第欧 1925 年寄给巴鲁克19 000美元,他解释道:"我希望这些钱能够大量繁殖。"巴鲁克大方地忽视了他强加给自己的不予管理他人钱财的规则。他的好意近期有一个先例。至少自 1923 年以来他一直在帮助处理约翰·帕欣的私人事务。

对于显然没有那么多钱的新闻记者而言,巴鲁克的财富激起了他们的希望:或许有一天他们可以为巴鲁克办的报纸工作。大卫·劳伦斯将他经营的《美国日报》的一小部分股权卖给了巴鲁克,但 1922 年巴鲁克与《纽约晚间邮报》的交易并不成功。1923 年阿瑟·克劳克带着妻儿从路易斯维尔市搬到了纽约,在电影制片人联合会临时任职,并开始为《纽约世界》兼职写社论。到了 1924 年,阿瑟·克劳克成为《纽约世界》发行商的助手,同时也是巴鲁克公共关系顾问。克劳克需要钱,巴鲁克需要影子写手,两人都欣赏对方,因而他们的友谊迅速发展。1926 年 3 月,巴鲁克向《世界晚报》的煤炭市场自由化基金捐赠了1 000美元,这样做的原因,正如在巴鲁克写给克劳克的信中提到的那样,"你让我这么做"。当年 8 月克劳克在《纽约人》上署名发表了一篇赞扬巴鲁克的文章。

1925 年底或 1926 年初,巴鲁克无意间使克劳克陷入困境,迫使克劳克离开《纽约世界》;克劳克的离开虽不是不可避免的,但也算是明智之举。当时,狄龙—理德联合公司(Dillion,Read & Company)打算并购道奇兄弟汽车制造公司,他们委托金融界名人查尔

---

① 1926 年来宾们重聚在霍布考,此间普利策为巴鲁克献上了一首打油诗:
主人中的佼佼者
这位伟大的农学家是一位大胆、勇敢的猎人;
这位政治经济学家奉行的格言是:工作、节俭!

斯·施瓦布和莫顿·施瓦布兄弟办理此事。巴鲁克认识施瓦布兄弟[在贝尔蒙特草坪俱乐部的会员座区,查尔斯·施瓦布的位置是 42 号,莫顿是 43 号,斯沃普是 44 号,巴鲁克是 45 号],他让他们找克劳克负责这宗交易的公共宣传事务;这样做可能会引起争议。克劳克答应帮忙[正如他在自传中写的那样]"……无论什么时候这个要求都不会有损职业责任,也不会使《纽约世界》卷入其中。"但是,社论版的编辑沃尔特·李普曼却认为这违反了职业责任。一天他碰巧路过克劳克的办公室,当时克劳克正在和查尔斯·施瓦布通电话。李普曼认为他听到的对话内容与社论有关。李普曼就此事写了一篇新闻报道但并没有发表(他曾要求发表),他谴责了对道奇兄弟公司的收购。李普曼将此事告诉了普利策,普利策要求克劳克做出解释。克劳克坚持认为这是一个误会,此事被李普曼误解了,但这件事总归令人不愉快。1927 年巴鲁克告诉克劳克,《纽约时报》的发行人阿道夫·S. 奥克斯有意雇用他。巴鲁克安排两人见面,克劳克在 1927 年 5 月 1 日加入《纽约时报》,在社论版工作。

当时,在纽约的新闻界中只有斯沃普的财力貌似与巴鲁克相当,主要是从花费上看两人不相上下。1909 年斯沃普开始在《纽约世界》当记者,周薪 42 美元,外加版面费。1921 年,39 岁的斯沃普已是这家报纸的责任编辑,每周 1 000 美元,另外可分得《纽约世界》和其周末版利润的 2%。除了斯沃普的生活水准,几乎从任何相关标准来衡量这样的收入都算很高的。在被提拔为责任编辑后,斯沃普和妻子搬到了西 58 街 135 号的 5 楼一套宽敞的公寓。由于感觉狭窄,他们将楼上的公寓一同打通,总共有 28 间房、8 个浴室、12 部电话,还有足够大的储物间放置斯沃普平时穿的大约 25 套衣服。夏天,巴鲁克去了欧洲——斯沃普曾要巴鲁克帮他从巴黎带一打白色羊毛袜回来——斯沃普和妻子在位于长岛北海岸的大颈(Great Neck)租了一套维多利亚风格的 3 层公寓,可以俯瞰曼哈西特海湾。林·拉德纳的住所离他们有 100 码,但是仍然可以听得到他们家的动静。

[他讲到]一直工作几乎是不可能的,而且睡眠仍旧不好。而《纽约世界》的斯沃普先生的生活就是这个样子,他家的家庭派对几乎没有停止过。许多其他邻居也是这样;总有许多宾客在这里进进出出。显然有时候他们自己都迷糊了,不知道自己正待在谁的家里,因为他们总是在寻求新鲜和娱乐,碰巧在这个时候谁的家离得最近就去了。

斯沃普一家经常一个星期的食品支出就要花掉 1 000 美元,这正好是斯沃普一个星期的收入。

第十一章　农业、金钱和麦卡杜

正如作家兼漫画家佩吉·巴顿所描述的那样,斯沃普金钱上的需求与他本人的样子完全吻合:

高高的个子像百货商店似的、具有建筑意味的头,如番茄浓汤般的面色,一头浓密整洁的金发。前额窄小,额骨成方形突起。鼻子尖尖的,呈梨状,就如嵌在面部的一座桥,两边契入一双三角眼,戴一副眼镜,眉毛有一英寸长。鼻子打着呼噜声,一副轻蔑的神态。在如早期殖民者样子的上唇下,嘴巴就像裁剪考究的纽扣孔,硬朗的下巴带些肉。大步流星的姿势:男人们一贯的风格。声音如同晚饭的钟声。高傲、生硬、刻板、易起皱纹。如同最后一只渡渡鸟一样以自我为中心。激情四射,是一个极受欢迎的人。拥有旧时的纽约精神。

为了存钱,斯沃普参与了股票市场投机,起初只是随便玩玩,但是后来瘾很大,以致股价暴跌前他的投资组合账面上总计达到 1 200 万美元。他赌得很大。阿诺德·罗思坦是他的赌友之一,这人是一个名声败坏的职业赌徒,1928 年被刺杀,当时身上装有 6 500 美元[对于罗思坦而言这并不是一个大数目,有时他身上会装着 10 万美元]。1923 年 2 月,斯沃普在佛罗里达棕榈滩参加了在石油商乔舒亚·科斯登的有轨车上进行的一次长达两天的扑克赌博。科斯登输了 443 100 美元,他输得起。巴鲁克在军工委员会时的钢铁业代表伦纳德·里普洛格尔赢了几十万美元,齐格菲歌舞团的老板弗洛伦兹·齐格菲尔德输得比伦纳德·里普洛格尔赢得要多一些。起初斯沃普输了 15 万美元。他最终赢了[虽然最后一分钱也没存起来]470 300 美元。

斯沃普继续去找科斯登和另一位石油业的百万富翁哈里·辛克莱。1926 年,哈里·辛克莱邀请斯沃普观看了登姆普西和滕尼的首次较量,1927 年斯沃普又带科斯登观看了两人的第二次比赛。他们告诉斯沃普股票市场的信息,斯沃普又告诉了巴鲁克。1923 年斯沃普得到消息,石油股票是好东西。商量之后巴鲁克和斯沃普都买了,但这些股票的价格却跌了。那年 9 月斯沃普说,辛克莱依然看涨,而且他依然持有这些股票:"我仍然全部持有辛克莱和科斯登推荐的股票,"他写信给巴鲁克。"我没有再买入一些股票,虽然我想那么做。为了清理一下我的账户,我卖掉了所持有的阿奇逊公司、南太平洋公司、麦克卡车公司(包括优先股票和普通股票)、底特律爱迪生公司、联合天然气公司的股票。我认为我的账户配置合理,尽管损失惨重。"

斯沃普所写的报道内容广泛,其中包括有关萨拉托加的季节特色;辛克莱要去俄国寻找石油的消息,这对于石油股票市场而言属于"内幕消息";弗兰克·芒西打算卖掉《纽约先驱报》的传闻("我们可以将耳朵贴近地面去倾听发生的事情"),对于巴鲁克声称与其在船上发生口角的年轻女士名字首字母的猜测[B.G., 婚后名字为 H.:"我一点也想不起来"];以及奉承巴鲁克的消息,称巴鲁克想要多少股票市场的工作职位就会有多少提供给他,但是,斯沃普补充说明,他觉得巴鲁克对这些并不感兴趣。附上的还有《纽约世界》题为"巴鲁克谴责挑衅国际联盟"的剪辑报道,其中还包括对墨索里尼侵略希腊的谴责。这次斯沃普曾在福特鲁瑟征求过巴鲁克的意见。

斯沃普的信暗含一种追讨的意思;巴鲁克感受到这种意味,回信表示愿意帮助。他询问:"我要对你账户中过户到我这里的 3 000 股辛克莱负责……其中已损失了 12 000 美元,另外还需 10 000 美元或 12 000 美元补仓。因此,我需要帮你解决的是这个数。我接管这些股票原因在于我现在说的话,它给我上了一课,即使只有指尖在别人的嘴里也不要睡去,即要小心谨慎。如果此时股价没有到 22 或 23 左右[股价已跌到 18.675 美元],我们应该逃离。我告诉博伊尔小姐抛售这些股票,股价为 24.875 美元的时候卖掉 1 000 股,那时我头脑中所想的就是这些。我对石油股不是很了解,不交易任何石油股,但是我对如何避开石油股有充分的了解。"

几个月后,新的损失进一步证实了巴鲁克的想法,斯沃普又对巴鲁克表示了感谢。由于巴鲁克是《纽约世界》发行商的朋友以及实际上为其执行编辑管钱,人们自然认为他对该杂志的新专栏施加了某些影响。不过,斯沃普的传记作者小 E. J. 卡恩(E. J. Kahn, Jr.)认为没有。

至于巴鲁克[卡恩写道],当人们毫无疑问地认为他在乎的任何公开声明都可以在《纽约世界》的专栏里找到一个避难所的时候,1926 年春季斯沃普竭力全力维护巴鲁克,他给一位助手寄了一份备忘录,上面写着:"请告知体育部在提及巴鲁克先生的时候不要称呼其为'伯尼'。"他的名字是伯纳德·M. 巴鲁克,提到巴鲁克先生请写全称或 B. M. 巴鲁克。

当威廉·麦卡杜(巴鲁克曾选举其为 1924 年民主党总统候选人)对《纽约世界》对他的一些不友好报道感到非常恼火,他要求巴鲁克代表他出面与斯沃普调解。不管巴鲁克有没有对斯沃普说过此事[巴鲁克告诉马克·沙利文,他对此无能为力],《纽约世界》从

第十一章 农业、金钱和麦卡杜

未较宽容地对待过麦卡杜。

因为成本并不比维系与斯沃普良好关系的成本高,巴鲁克可能已经支付一份中等规模的日报的定金。但是正如加雷·加勒特指出的那样,当巴鲁克那么容易就能上其他报纸的头版时,他就没有必要去购买一家报纸。上报纸容易,但是有时候让它看起来是出于非强制的有些困难。

例如,1925年,当巴鲁克捐赠给约翰·霍普金斯大学的沃尔特·海恩斯·帕杰国际公共关系学院(Walter Hines Page School of International Relations at Johns Hopkins University)250 000美元用于"从战争中获利"项目的研究,整个"舞台布景"工作需要付出不同寻常的努力。巴鲁克喜欢指出这是他的观点。他认为,如果紧急情况下政府对公司追求超额利润有所管制,那么战争也许可以避免。或者,如果战争爆发,经济的中央调度遵循战时工业委员会提倡的观点可以帮助促进胜利。他的朋友帕欣将军同意批准此计划,克劳克负责计划的宣传工作。有一封信寄给巴鲁克,此信显然是克劳克写的或编辑的,但署名是欧文·D.扬格(Owen D. Young),沃尔特·海恩斯·帕杰国际公共关系学院理事会主席。信的内容如下:

我亲爱的巴鲁克先生:

在1921年3月3日身为战时工业委员会主席的您向总统所作的报告中的第六章的结尾,你说:

"人们应该想到,在类似的紧急情况下,应该不单单是人力动员,还应包括物资和资金的动员。"

这是第一次定义战时工业准备和管理制度的具体含义;1918年第一次世界大战结束时该体制在战时工业委员会的领导下已投入实施,其经验告诫人们,在下一场战争来临之前如果政府想要充分发挥效能,我们应该完全实行该体制。针对这个想法,您有时间再另外补充两点:

(1) 由战时工业领袖实行的"资金和物资的动员"可以"从战争中获利";

(2) "从战争中获利"也许可以显示出对未来和平的超强影响力。

从阻止战争的立场来说,这些建议无疑值得研究和发展。沃尔特·海恩斯·帕杰国际公共关系学院对所有这些措施很感兴趣。通过"从战争中获利",我们知道您的意思是,您会通过规则来控制利润,以防止暴利。当然,利润缺失往往会抑制鼓励战争的主战论，即使战争爆发，也会缩减战争持续时间，而不是延长战争持续时间。

在沃尔特·海恩斯·帕杰国际公共关系学院看来，如果一些国家的某些特定学院仔细研究此计划（在战争末您已实际投入实施此计划，并多次阐述过此计划，譬如在战争学院的演讲中、报纸文章上、国会的听证会上以及写给别人的信中），它将会成为制止侵略战争或偶尔发生的战争的最好武器。因为如果任何地方的战争利润被剔除，那么在任何地方，发动侵略性战争的图利动机也肯定会被消除；如果在人力动员的基础上同样实施物资和资金的动员，那么，多国参与的战争就会少很多。

作为沃尔特·海恩斯·帕杰国际公共关系学院理事会主席，我想请您集中美国对此问题的研究。决定之前，此想法还要呈交给帕欣将军，您可以从他的回复（我随附的一个副本）中看到，他同意我讲的所有观点。

帕欣和扬格可能已经同意，但是沃尔特·海恩斯·帕杰国际公共关系学院理事会[包括其他重要人物，其中就有富兰克林·罗斯福]提出异议。他们的反对理由是，公开信件会给人造成一种错误的印象，即国际公共关系学院没有致力于和平事业，反而承担起战时管理事务。这使巴鲁克受到伤害，他撤回了建议。接着国际公共关系学院理事会重新考虑此事。双方达成和解；一项公开发表的声明通过广播穿越大西洋发送到巴黎里茨酒店的巴鲁克那里。此声明包括对他提供的优厚捐赠以及提出的此信件将会立即转给报纸的条件的感谢。《纽约时报》头版刊登了巴鲁克提供捐赠的新闻，新闻内容以巴鲁克与扬格之间的通信中的长篇节选结束。

当然，利润是战争原因之一的命题是一棵社会主义常青树，它证实了对巴鲁克的保守批评，即他头脑有点简单。["从战争中获利"观点的优缺点是什么，废除了私有财产权的苏联在第二次世界大战中向芬兰(Finland)和波兰出兵，而严重束紧财产权的纳粹德国向所有国家出兵。]事实上，巴鲁克既不偏左也不偏右，他采取折中的态度。休·约翰逊将军曾说一个画师对在画布上捕捉巴鲁克表示绝望，"因为易变的脸上常常是千变万化的表情"。他在政治上也是多变的。总体而言，他忠于人们和党派，而不是原则，但是他可以做到对诽谤完全置之不理。例如，20 世纪 20 年代初，当亨利·福特提出一项计划开发马斯尔肖尔斯市的水力发电潜能，来自内布拉斯加州的参议员乔治·W. 诺里斯(Senator George W. Norris)予以反击，提出一个与之竞争的政府发展计划，巴鲁克[在这个问题拥有丰富的战时经验]基于它们对民众的好处来考虑这些建议。他选择了福特（一个使巴鲁克痛苦的人）的提议。他能够同时支持奉行保守主义的里奇和奉行极端自由主义的威廉·麦卡杜，因为他认为他们两个人都是好人。尽管赞成更少的法律约束和更多的自由，许多年后他仍旧是一位狂热的禁酒党党员。① 虽然他曾援助过提倡向富人征收重税的无党派联盟（Nonpartisan League），但是，他不赞同对公司红利双倍征税，认为33.33%最大所得税率可以鼓励企业生产。

紧随沃尔特·海恩斯·帕杰国际公共关系学院事件，1925年春季巴鲁克职业生涯中他的思想又发生了很奇怪的转变。此事发生在凡尔赛一个不显眼的旅馆；在那里，苏联当时的外贸代表利尼德·克拉辛（Leonid Krassin）安排会见巴鲁克，向他提出一个特别建议。克拉辛告诉巴鲁克战时工业委员会取得的成就令克里姆林宫印象深刻。"我们一直指望你，巴鲁克先生，"克拉辛说，"能在和平年代为我们做事，做那些你在战争年代为你自己的国家所做的事。"他请求巴鲁克担任代表顾问之类的工作，并让巴鲁克出价。

尽管他说他不会索取任何报酬，巴鲁克[在他的自传中提及此事]同意了。他对一种情况进行干预；他提出，与重工业相比，苏联人民的饮食、交通和住房需求应该优先发展。这个资产阶级表现出来的多愁善感也使克拉辛感到忧愁，克拉辛有一位英国太太，是一位开明的人。两人的对话戛然而止。此次与苏联共产主义小接触后不久，巴鲁克出借一些全美最佳的律师给民主党全国委员会主席科德尔·赫尔（Cordell Hull）。"我真希望，"巴鲁克说，"民主党人不会与那些不管是较为左倾的或左派的家伙结盟，或只是因为某人比其他人更为成功而反对他。"②

整个战争期间以及20世纪20年代中期，在巴鲁克的政治生涯中除了威尔逊总统和他自己，另外一个最重要的人就是总统的女婿，威廉·G. 麦卡杜。麦卡杜想当总统，也想成为有钱人，但是后一个雄心阻碍了前一个雄心。麦卡杜于1863年出生在乔治亚州

---

① 他没有倒掉他地窖里的藏酒，也不能说是太狂热。1916年，地窖里藏有1箱白兰地、3箱科涅克白兰地、22箱白葡萄酒、34箱苦艾酒、51箱杜松子酒（戈登）（Gordon's）、11箱黑麦威士忌、45箱苏格兰威士忌、35箱混合干红、12箱香槟酒［包括5箱1909年的宝禄爵（Pol Roger）以及5箱1907年的干磁极（Dry Monopoles）］、各式甜酒、白兰地酒、雪利酒以及一瓶牙买加朗姆酒。有关他在家里是否遵守第18条修正案的证据不明。巴鲁克自己是一个轻度酒徒，约翰·贝拉格瓦纳思（John Baragwanath）记得，20世纪20年代在霍布考，提供的食物都很棒，但是餐桌上并没有供应酒。他说，晚餐前，客人们带着自己的饮料，在自己的房间里举行喧闹的鸡尾酒会，巴鲁克假装没有看到。不过，当1929年霍布考的老房子着火时，来自内华达州的参议员凯·皮特曼（Senator Key Pittman）那时刚好去霍布考做客，勇敢地重新冲进着火的房子，救出一桶玉米酒。

② 与此同时，1920年的红色恐慌期间，当时《纽约世界》成立了一个众议员政府基金（Representative Government Fund）以捍卫纽约州众议院的五名正式选举上的社会主义成员，这五位的众议员席位被立即否决，巴鲁克捐了100美元。

的玛丽埃塔(Marietta);那时当地非常贫困,他也经历了这一切。1877年,他与他的六个兄弟姐妹一起搬到田纳西州的诺克斯维尔(Knoxville),因为他的父亲,一位前南方联盟官员,受雇于田纳西州大学,担任英语课和历史课的兼职教授,年薪为1 500美元。年少的麦卡杜在查塔努加(Chattanooga)读法律,通过房地产投机交易积累起25 000美元,但是在诺克斯维尔街道铁路公司(Knoxville Street Railroad)的通电化工程中遭受失败,不仅把这笔钱输掉了,还赔进去更多的钱。

为了寻找一个用武之地偿还债务,1892年麦卡杜搬到纽约。他在华尔街开了一家法律事务所,但是没有客户,他试图买卖铁路债券。为了每天省下10美元,他从家里(位于西87街的一座装修过的、无电梯公寓的五楼)走路去华尔街上班,晚上又走路回家,全程大约10英里。1901年,当时经历了7年初级职务的巴鲁克已经是一位百万富翁,麦卡杜设想出一个计划,要在曼哈顿和新泽西州之间的哈德逊河建造一条铁路隧道。到1909年,时任哈德逊—曼哈顿铁路公司(Hudson & Manhattan Railroad Company)总裁的麦卡杜建起了四条隧道["麦卡杜隧道"],并提出"让公众满意"的公司口号。所有这些为他带来了成功,使他受到公众的尊重,但令他十分失望的是,没有为他带来财富。在哈德逊河属于新泽西州的一边,他遇到了州长伍德罗·威尔逊,于是参与1912年威尔逊的总统竞选活动,让自己变成无价之宝,以财政部长的身份进入内阁。战时,他身兼数职,包括财政部长、铁道部总干事、联邦储备委员会主席、农业贷款委员会主席(Farm Loan Board)、战时金融公司总裁、国际高级委员会(International High Commission)主席,不知怎么回事他还有时间在政府内阁替巴鲁克说好话,在战时工业委员会中捍卫自己的领地。巴鲁克永远不会忘记这样的善意。

1918年,麦卡杜辞去财政部长一职以充实自己的财政状况。也许1920年要不是他的岳父直到竞选季节末才拒绝第三次总统连任,他早被提名为总统候选人了。在洛杉矶重新开始,他忙于挣钱和政治事务,1912年经历一个忙碌的开端之后就不工作了。巴鲁克喜欢上麦卡杜这个人,刚开始时为他筹得50 000美元,1923年称麦卡杜"在所有被谈

第十一章 农业、金钱和麦卡杜

论的人中是出类拔萃的"。① 接着在 1924 年 1 月 24 日，爱德华·L. 多黑尼(Edward L. Doheny)，一位身材修长、留着大胡须的石油业的百万富翁，向一个参议院调查委员会承认，海军在怀俄明州的迪波特多姆(Teapot Dome)以及加利福尼亚州埃克山(Elk Hills)进行油田租约谈判期间，他向时任哈丁(Harding)(美国第 29 任总统，任期为 1921～1923 年。——译者注)政府的财政部长艾伯特·B. 福尔(Albert B. Fall)寄了一个黑色小挎包，里面装有 100 000 美元的钞票。几天后又有一件事揭露出来：威廉·麦卡杜曾担任过多黑尼的律师。

如此，国家政治遭受当头一棒，但是重新站起来了。哈丁政府的腐败一被曝光，民主党最重要的总统竞选竞争者麦卡杜就被证明从一个推定的共和党罪人那里预先收受了 50 000 美元。

风暴来临的时候，威尔逊已处于弥留之际。在洛杉矶，麦卡杜和他的太太，即威尔逊总统的女儿埃莉诺(Eleanor)已经登上火车去看威尔逊最后一眼，但是在他们赶到之前，威尔逊就去世了。在华盛顿，麦卡杜心烦意乱地悼念。他抵御多黑尼相关的暗讽，召集代表[在这种情况下，给他的岳母留下难以忍受的不良印象]，要求在参议院委员会中恢复名声。弗兰克·肯尼特写道，麦卡杜加入民主党的历程中，

> 他做得相当漂亮……他澄清，埃克山油田租约事件中，他不仅没有提供任何法律服务给多黑尼先生，而且对这些租约一无所知。这些租约遭到质疑的时候，他已经断绝了与多黑尼先生之间的法律关系，终止相关法律业务。任何时候，他与多黑尼先生的关系

---

① 私底下的巴鲁克做事有所偏袒，而公众生活中的巴鲁克做事考虑周到，正如早在 1924 年 1 月《华盛顿星报》就曾带有讽刺意味地指出：

伯纳德·巴鲁克先生，知名金融家，一如既往的和蔼可亲的人，没有透露半点风声，昨天悄悄来到华盛顿，在肖勒姆酒店登记入住。拜访他的老朋友前总统伍德罗·威尔逊后，他当天去安纳波利斯(Annapolis)参加一个纪念马里兰州长里奇的晚宴。

巴鲁克优雅地同意接受访问。读者们可以从下面的对话中判断巴鲁克先生对世界形势以及目前美国的政治和经济形势的看法。

"巴鲁克先生，你对欧洲形势有何看法？"
"……但是，请不要引用我的话。"
"国内的形势又如何看呢？"
"……但是不要引用我的话。"
"为什么你认为民主党将会提名？"
"……但是看在老天的份上，不要转引我的话。"
"你认为总统的机会有多大？"
"……不过，这些话不要转引。"
"你看起来气色不错，巴鲁克先生！"
"你也许是说在生活中我从未感觉很好。今天真是精彩的一天？我是——"但是那时伯纳德·巴鲁克疾步前行，进入电梯，电梯门关上后从里面清晰地传出一句"这话不能引述。"

207

都是清白的、光明磊落的，他自己无论是作为一名律师还是一个人都是正直的。他做的声明很清楚、有说服力，但是此声明丝毫没有对他被指责为"多黑尼的律师"的事实起到帮助。

很久以前，巴鲁克就建议麦卡杜，如果他想当总统就要避开富有的客户。现在他建议麦卡杜做有意义的冒险。他催促麦卡杜下台，这是一个回旋策略，他认为这样可以赢得公众的同情，消除敌意，最终挽救他的候选人资格。一份辞职声明已草拟好——克劳克从《纽约世界》被征召来草拟此声明——但是麦卡杜拒绝在上面签字。一段时间巴鲁克暂停对麦卡杜的经济支持。麦卡杜仍旧工作，实际上看来获得支持力量；不久巴鲁克再次支持麦卡杜。4月，巴鲁克对参议员哈里森说："当然，只要麦卡杜需要我，希望倾尽其所能，我将继续站在他这一边支持他……无论何时乌云笼罩着我，不管它的大小，我都不会以任何可能的方式质疑他的信仰、信念以及积极肯干的精神。"

对于他的候选人，无论是出于个人信任还是出于忠诚，当时的巴鲁克展现了集体主义者的某个方面。他坚定地支持禁酒，用进步的隐语讲话。他为约翰·戴维斯提供市内宿舍和好意的帮忙；戴维斯是一位保守的企业律师，他出人意料地把大会的最终结果也计算在内。"我也很想见到你，与我的朋友们保持联系，"巴鲁克写道，"为了防止任何反动主义者获得提名，我认为我们将会有中坚力量来制止此事。"

麦卡杜自己绝对不带偏见，与威廉·詹宁斯·伯伦(William Jennings Byran)的思想一致。在巡回演说中，他偏爱使用"影响"、"特权"、"险恶的影响"这些词，他用这些词来代指华尔街、公司管理、铁路业以及像《纽约世界》这样充满敌意的东部报纸。无疑，麦卡杜认为华尔街是个险恶的地方，部分原因在于他在华尔街没有赚到什么钱[与巴鲁克不同，尽管他曾获得过摩根本人的风险投资的青睐]。他是一个高高瘦瘦的人，长鼻子，一对可怜的眼睛，头发中分。与大多数野心很大的人一样，他不会过分谦虚；他曾对巴鲁克提起："我不安定的内心以及冒险精神。"

自1922年以来，麦卡杜就一直为总统宝座努力着，并成立了一个分布广泛的竞选机构；即使是在多黑尼事件后，他仍被相当明确地视为民主党的领跑者。经过他的敌人斯沃普不懈的努力，纽约被选为1924年民主党全国代表大会的举办地点；6月19日，麦卡杜从宾州火车站下车，受到人们的欢呼，人们帽边的缎带上写着"Mc'll Do"。音乐家们列队奏响了《向统帅致敬》(Hail to the Chief)，麦卡杜乘坐汽车前往范德比尔特酒店

第十一章 农业、金钱和麦卡杜

(Hotel Vanderbilt)的一个套间,此套间曾住过恩里科·卡鲁索(Enrico Caruso)。

在那些纽约反对派成员中,其中一个显著人物就是来自亚拉巴马州的参议员奥斯卡·W. 安德伍德(Oscar W. Underwood);安德伍德以前担任过众议员,当时是参议院的领袖,反对禁酒和妇女参加普选,企业界的一位朋友。这是可预测的,也令人奇怪,即安德伍德的朋友就是麦卡杜的敌人;反之亦然。自相矛盾的是,三K党反对这位保守的南方人安德伍德;它支持来自加利福尼亚州的进步分子麦卡杜。

在那个年代,三K党在美国政治领域中是一股有分量的力量。它自然不会针对黑人,但它的主要宗旨是反天主教、反犹太人、排外以及禁酒。1923年在哈德逊所作的一次演讲中,安德伍德曾勇敢地攻击了三K党,因此三K党称其为"犹太人、监牢、耶稣会"的候选人。麦卡杜也不支持三K党,但是谨慎地看待随后安德伍德在南方和中西部的失势,忍着不表态。他对宗教偏见问题做出修改,拒绝谴责三K党,因此受到三K党的支持,同时也遭到三K党敌人的反对。巴鲁克站在中间立场。他在《纽约世界》的朋友反对麦卡杜。他自己也曾建议麦卡杜不要对三K党的支持保持沉默态度。但是由于此建议没有被采纳,他也对此采取沉默态度。1924年5月,斯沃普请求巴鲁克就民主党和共和党是否应该公开表明反对三K党的观点发表一个简短声明。至少在这个场合,巴鲁克拒绝在《纽约世界》8月版公开表明自己的观点。

6月24日在麦迪逊广场花园(Madison Square Garden)召开的民主党全国代表大会是那时为止民主党历史上最长的(16天)、最吵的、最具毁灭性的一次大会。此次大会中,候选人第一次放弃尊严,在议员席中指挥他们各自的势力。此次大会也是首次进行广播报道的全国代表大会。美国民众通过设置在客厅的收音机可以收听到天主教徒和三K党成员的辱骂声,麦卡杜的敌人发出的"石油!石油!石油!"的口号声,以及大会官员试图恢复礼仪的马后炮["闭嘴,你这个大笨蛋!"]。旁听席完全是纽约州长埃尔弗莱德·E. 史密斯(Alfred E. Smith)的;史密斯是一名天主教徒、反禁酒者同时是坦幕尼派成员。因为这些罪名,史密斯被逐出麦卡杜的阵营;史密斯的势力讨厌麦卡杜。

会议召开的第一天,借助通风机,国旗和彩旗飘扬,一片庆祝的场面,平静的气氛中可以嗅出一丝迟缓撤离的马戏团的气味。当参议员哈里森在他的主题演讲中无害地提到美国需要的是一个当今的保罗·里维尔(Paul Revere),大会基调确立下来。忠诚于坦幕尼派的人士误以为听到"冰镇啤酒"的叫声,发出了一阵喧闹的欢呼声。

大会的准备工作就绪后,双方就政纲进行了自相残杀式的斗争。一个支持国际联盟的政纲条目被否决,一项指名道姓谴责三 K 党的提议也被投票否决。尽管麦卡杜获得名义上的胜利,他赢得了三 K 党的选票,但是弄巧成拙使得反禁酒的人以及天主教徒反对他。

6 月 30 日,总统候选人提名投票表决的第一天,显然,除非有妥协,否则没有一位候选人可以当选。麦卡杜获得 431.5 票(当选至少需要 732 票),史密斯获得 241 票,安德伍德获得 42.5 票。7 月 4 日第 69 次投票中[代表们被认为已经友好解散的一两天后],麦卡杜获得的选票增至 530 张,而史密斯获得的选票为 335 张。为了打破僵局,巴鲁克和另外一位提供竞选资金给麦卡杜的托马斯·L. 查德博恩(Thomas L. Chadbourne)在独立日拜访了埃尔弗莱德·史密斯,请求他退出,但是这位纽约人拒绝了。在第 87 次投票中,饱受折磨以及衣服未熨烫过的民主党人举荐史密斯。7 月 8 日,第 100 次投票后,麦卡杜被迫放弃,但是那时史密斯的支持力量[主要是反对麦卡杜]也变弱。最后,7 月 9 日在第 103 次投票中,约翰·戴维斯得到的选票超过了 732 票。

几乎没有人真正需要戴维斯。戴维斯曾担任过圣·詹姆士法院(The Court of St. James's)的代表,是一位杰出的辩护律师,用威廉·詹宁斯·伯伦的话说就是"摩根的律师",但是当代表们在筋疲力尽的事后考虑提名他和蔼可亲的弟弟、内部拉斯加州长查尔斯·W. 布莱恩(Charles W. Bryan)为副总统候选人时,所有人都没有提出反对。史密斯和年长的布莱恩忠诚地参加总统候选人竞选活动。麦卡杜循例发表了一项声明,然后坐船去欧洲。

7 月 9 日,巴鲁克坐船出去旅行,开始每年一度的假期;巴鲁克称赞了战败的麦卡杜,也称赞了史密斯,第二天又发了一封无线电报给戴维斯,表示会支持戴维斯。[《纽约世界》社论版报道了他的出行情况,该版页通常为才华横溢的评论而预留版面。]他不反对戴维斯——他认为,麦卡杜至少被一个好人击败——但是他被民主党所抛弃。1922年,巴鲁克曾说过如果他可以动摇"不成为一个领导人"的愿望,如果他不是一位犹太人,他可能会谋求民主党主席的职位,以准备 1924 年的总统选举。1923 年,巴鲁克私底下称当时在位的民主党领导人为"懒鬼"。1924 年夏季在福特鲁瑟反省期间,巴鲁克认为他的领导素质在某种程度上衰退了。巴鲁克认为民主党鄙视他和他的观点,现在想要他的钱。

第十一章 农业、金钱和麦卡杜

他决心拿出比他平素捐赠要少的钱,不再讨论任何与民主党相关的问题。他一反常态向克劳克诉苦:"赫塞·琼斯(Jesse Jones)向我要钱——我喜欢把他归类于你的朋友,麦克、罗斯福、布伦南、马什和考克斯……你的那些预言我会离开民主党的朋友——不要忘记乔·塔马尔蒂(Joe Tumulty)以我跟他之间的友谊以及我跟你其他伙伴之间的友谊为荣——还没有一分钱……"①

在维希(Vichy),巴鲁克泡温泉;在苏格兰,他帮忙杀掉了1 724只松鸡。在城堡里,他发电报给玛丽·博伊尔,让她给美国小麦种植主联合会(American Wheat Growers Associated)会长乔治·C. 朱伊特(George C. Jewett)捎口信,以表示他的忠诚之心:"彻底忠诚的戴维斯会接受任何停止伤害约翰·卡尔文·柯立芝(John Calvin Coolidge,美国第30任总统,任期1923~1929年。——译者注)的承诺。"他还阅读《纽约世界》。9月23日,巴鲁克和太太、儿子乘坐雄伟号(Majestic)返回纽约后,他否认了小巴鲁克[他这样称呼他长大成人的儿子]将会迎娶好莱坞电影明星洛伊丝·威尔逊(Lois Wilson)的传闻。"我能说的是,非常遗憾,传闻不是真的,"这位父亲说。他只有22岁的儿子脸红了。②

巴鲁克一家回到家,就遇到了麻烦的政治情形。民主党内部出现不和,戴维斯使得竞选活动的原则性如此强,以致他的一些朋友对他感到绝望。麦卡杜闷闷不乐,巴鲁克退缩了,民主党的首席筹款者赫塞·琼斯也是如此。巴鲁克回到纽约一个星期后,琼斯给巴鲁克写了一封长达5页的信,信开头回顾了民主党为巴鲁克带来了很多东西,而巴鲁克为民主党所做的太少了。

[琼斯中肯地称巴鲁克为天赐的人才]你已经发迹,积聚了大量财富,有上百万上千万的钱财;我想知道你是否如你应该做的那样好……你指责来自西弗吉尼亚州失溪(Lost Creek)的民主党全国委员会主席克莱姆·L. 沙夫(Clem L. Shaver)不是一个好的管理人员,他没有选择你进他的智囊团。你质疑委员会的这个或那个行动,或质疑委员会缺乏行动。不管是金钱还是努力上,你应该比任何美国人捐赠的都多,应该多几倍;你

---

① 纽约代表团团长诺曼·E. 麦克(Norman E. Mack);富兰克林·罗斯福;来自伊利诺伊州的老板乔治·布伦南(George Brennan);1920年的旗手詹姆士·M. 考克斯(James M. Cox)所有这些人都反对麦卡杜。

② 不知是否存心,巴鲁克有宠爱其儿子的方式。在参加巴黎和会的时候,他写信给在密尔顿学院上学的儿子:"很多人说你看起来是一个非常好的男孩子,想要知道你是否也是一个聪明的人。我总是回答,我对于我的儿子只有一件事是肯定的,即他不会说谎或者不会做不光彩的事。"

在英国租了一座城堡,坐船去那里度过了一个愉快的、放纵的夏季,没有对总统候选人或民主党全国委员会留下什么建议。回来后除了批评和一张小额支票外其他什么都没有做。

不——你说为了我们的选票,你将支出 120 000 美元。如果你的心在约翰·戴维斯的总统竞选和我们最终赢得选票的胜利上,而不是你自己的颂扬上,你会问委员会你意欲捐出的 120 000 美元的用途。为什么不向委员会和候选人建议,不询问他们,在他们看来你的 120 000 美元如何使用才能发挥最大的效用?为什么没有这样做?为什么不让民主党来实行你提出的宣传活动?这是一个大人物的职责。

琼斯以一个精神上带点侮辱意味的提议结束:"……每天晚上你应该感谢上帝……感谢你的机遇、特别恩典;另外,你应该请求上帝赐予你让人类强大的谦恭行为。"

巴鲁克义愤填膺,感到十分震惊。在他自己看来,他已经是一个不同寻常的人了,这从他的思想已经在市场上开花结果的事实中就可以看出。赫塞·琼斯的观点获得民主党的认可了吗?另外,在民主党内,他即使不是捐赠最多的人,也是捐赠最多的人之一;即使是在 20 世纪 20 年代初的困难时期,他也捐出了不少。琼斯的信中产生一种令人无法形容的愤怒的内容是民主党准备漠视巴鲁克,认为它有权利拿他的钱[应该理所当然地拿他的钱]。在克劳克的帮助下,巴鲁克寄出了一封带着敌意的回信。巴鲁克在信的开头中提到唯一有关 120 000 美元的话就是应该精打细算地花,对此,巴鲁克对琼斯的能力表示怀疑。"你的信如此无缘无故地气人,令我不安,"巴鲁克说,"但是它并非没有价值,因为它将为我们的关系画上句号,减轻双方的尴尬。"

在总统大选日,戴维斯遭受到比预料的更惨重的失败[或者比巴鲁克预言的还要惨;他为此输给查德伯恩 3 000 美元]。几天后,巴鲁克用一笔 5 000 美元的捐款与麦卡杜那位血气方刚的敌人埃尔弗莱德·史密斯重修旧好;几年内,他再次谦恭地与琼斯通信。总统大选结束后,他暂时对政治产生反感,但是到非选举年的 1926 年,他又开始对政治感兴趣。他捐给民主党参议院竞选基金 46 500 美元[包括特别标记捐给肯塔基州的阿尔本·W. 巴克利(Alben W. Barkley)的 5 000 美元];巴克利后来成为哈里·S. 杜鲁门(Harry S. Truman)(美国第 32 任总统,任期为 1945~1953 年。——译者注)执政时期的副总统,另外,从托马斯·F. 瑞安夫人(Mrs. Thomas F. Ryan)那里募集到 20 000 美元,竞选结束后又捐出了 5 000 美元用于帮助填平参议院的赤字。他至少捐出 10 000 美元给众议院的民主党候选人,寻找机会下赌注在纽约的参议员小詹姆士·W. 沃茨沃思(James W. Wadsworth, Jr.)的身上,沃茨沃思是一位共和党人,他与罗伯特·R. 瓦格纳(Robert R. Wagner)竞争;当然,沃茨沃思和巴鲁克输了。同年,他被纽约报纸称为潜在的参议院人才。这条消息有参议员罗宾森转寄给在福特鲁瑟的巴鲁克,罗宾森认为巴鲁克通常不会对这种事感兴趣;那时的确如此。麦迪逊广场花园的考验使得巴鲁克做出并保持这样的决定:永不再参与任何总统普选;从今以后,他就没有自己的候选人,只有民主党的候选人。在政治方面,他已放弃投机,倾向长期投资。

至于麦卡杜,他回来挣钱,没有取得多大的成功。1924 年末,他试图引起巴鲁克对一项铁路风险投资的兴趣,1925 年向巴鲁克借了一笔钱进军佛罗里达州的房地产市场。1928 年,牛市发烧期间,巴鲁克恰巧提到,前威尔逊政府成员丹尼尔·洛帕(Daniel Roper)对他撒了谎,令巴鲁克感到遗憾的是,他曾经借给了洛帕很多钱。麦卡杜对此表示同情,接着转移话题。

我认为[麦卡杜写给巴鲁克]你借给洛帕这么多钱,对他够好了。好朋友之间这样帮助是应该的。我很希望,如果你看到有利可图的机会,你也可以告诉我,让我也赚些钱。随着年龄的增长,根据法律施展个人才能变成一件非常讨厌的事;这些微小的成绩在更加有限的专业和商业舞台可以获得。想一想,如果可以,且不会给你造成太大的麻烦,那就拉你老朋友一把。你是如此好心,贷款给我;如果一切进展顺利,我会在未来六个月内偿还。

一条内幕消息立即透露给麦卡杜,为此麦卡杜想要表示感谢。"我以 30 美元的价格买进 500 股极峰(Acme)——非常感谢,"他写道。"有时候我想买进 5 000 股……"但是 1941 年 77 岁的麦卡杜去世,他留给埃莉诺·威尔逊·麦卡杜只有 800 美元,埃莉写信给巴鲁克说她需要一份工作。巴鲁克感到沮丧。他问威尔逊时代的伙伴约瑟夫·丹尼尔斯(Josephus Daniels):"这是不是太可怕了?"

第十二章

"我会按兵不动"

第十二章 "我会按兵不动"

亲爱的先生：

得知您对毛皮生意感兴趣，所以冒昧地向您提出，在我看来非常不错的一个建议。我相信对此您一定会颇感兴趣，说不定还会发电报告知公司成立您想认购多少股票。

公司的主体是在奥克兰市或其附近经营的一家大的猫饲养场。在这里，经营一家牧场买块土地的价格非常便宜。

一开始，我们可以喂养，比如说100 000只猫。一只猫年均可生产12只小猫。一只白猫的皮毛售价为10美分，一只纯黑猫的皮毛售价为75美分。这样，一年内将有12 000 000张皮毛，平均一张皮毛的售价为30美分，从而每天的毛收益将为10 000美元。①

一个工人一天能够处理50张毛皮，工资为2美元。整个饲养场的经营需要100个工人，因此每天的净利润可以达到9 800美元。

我们计划用老鼠喂猫。我们可以在附近建立一个老鼠饲养场。老鼠的繁殖能力是猫的四倍。如果一开始我们喂养100万只老鼠，那么每天有4只老鼠喂1只猫，对于猫来讲，已经足够了。

然后，我们可以用已剥离了皮毛的猫来饲养老鼠，一只老鼠可分得1/4只猫尸。

可见，这是一个自给自足、自动运行的生意。老鼠喂猫，猫喂老鼠，而我们从中得到的是猫的皮毛。

相信您一定会珍惜我们提出的这个能够让您快速发达的机会。期待您尽快回复！

此致

敬礼！

西蒙·古根海姆致以诚挚的问候

猫咪毛皮有限公司

派恩·布拉夫(Pine Bluff)

阿肯色州

---

① 这里有明显的计算错误，这封信本身即是不靠谱的人的异想天开。——译者注

伯纳德·巴鲁克

1928 年 10 月 1 日

卡尔文·柯立芝击败了对手戴维斯,给共和党带来了无限的安慰,也带来了一轮牛市。巴鲁克很快就意识到了这一点并利用它大获其利。在总统大选结束后的第二天,加里法官发表了获胜宣言。这一宣言将柯立芝与伟大的亚伯拉罕·林肯总统相媲美。因为那天是星期三,所以并没有引起人们的注意,但就在那天,巴鲁克购买了 3 000 股联合天然气公司的股票。在星期四又购买了 8 100 股巴尔的摩—俄亥俄铁路公司的股票、7 500 股美国冶炼公司的股票、8 000 股美国钢铁公司的股票、5 000 股南方铁路公司股票和 5 000 股国际制镍公司股票。两天内购买了价值大约 170 万美元的普通股票。在月底之前,他又购买了 31 800 股,价值 210 万美元,包括 3 000 多股联合天然气公司股票、4 900 股斯洛斯—谢菲尔德公司(Sloss Sheffield)股票、7 000 股美国钢铁公司股票、4 100 股海湾国家钢铁公司股票、12 000 股北方矿石公司(Northern Ore)的股票和 800 股大西洋海岸线铁路公司(Atlantic Coast Line)的股票[这还未包括他在选举前已经购买的 1 600 股的瑞丁铁路,价值 100 万美元]。正是因为市场的强势和巴鲁克较为正确的预测,他的这番操作在 1925 年获得了 1 424 309.57 美元的净收益。虽然也存在操作失误导致亏损,但与其所获利润相比仍在可接受的范围,带来的损失仅为 416 768.50 美元。这两个数字令其在《大西洋月刊》(Atlantic Monthly)撰写那篇"从战争中获利"文章的稿酬 150 美元显得那么微不足道[很明显该文又是克劳克代笔]。

巴鲁克的自传给人们的感觉是当他进军公共领域之后,他已无暇顾及股市。从某种意义上讲,这是事实。至少从地理位置上讲,这是真实的。战争结束之后,巴鲁克把办公室从金融区搬到了麦迪逊大街 598 号[在 1928 年的牛市时又向市中心靠近了一点]。另外,股市中获得的成功并没有让他满足也是事实,所以他还希望在铁路管理上找到出口。为此他曾向巴尔的摩—俄亥俄公司提出建议,但并没有得到公司总裁丹尼尔·威拉德的响应。

巴鲁克在写给自己的好朋友、巴尔的摩—俄亥俄公司的董事约翰·R. 莫伦的信中提到:"我今年 55 岁,我应该对纽约中央铁路公司(New York Central)比对任何其他公司都感兴趣。因为我认为它就像一个金矿,它的股东得到的并没有他们应该从中得到的多……我真的应该对此认真起来,在这一领域,我应该逐渐地培养更多的个人兴趣。"

第十二章 "我会按兵不动"

其实,近期巴鲁克在纽约中央铁路公司的股票交易中已经损失了 9 万美元。作为投资,他只留了 1 500 股,但是在 1925 年的 10 月,当其略有赚头时,他又卖掉了,从而也放弃了对铁路公司的任何希望。

对于巴鲁克,如果说股市不再是其全部的生活,但它仍是其生活中相当重要的一部分。他关注它,并且交易活跃[支持他兄弟的股票经纪人业务]。他从中获得的不仅是快乐,还有金钱。即使在股市震荡的 1926 年,他仍竭力维持了 457 597.04 美元的净交易利润,而且还在得克萨斯州海湾硫磺公司的投资中获得了不少于 193 666 美元的长期收益。

突如其来的牛市,后世把它与情绪高涨、盲目轻信和财富联系起来,也成了职业交易员之间不信和损失的来源,即使他们知道投机的大树不可能永无止境地疯长。从 1906 年到 1924 年,道—琼斯平均指数一直在 50～100 之间摇摆,柯立芝赢得总统大选的结果使得这一上限被突破了。1925 年底,道—琼斯指数达到了 157 点,1926 年略有下滑至 135 点。经过这段盘整之后,也许人们会认为这一指数应该回归正常,但是 1927 年却仍保持了上扬的趋势,该年的 12 月 19 日,道—琼斯指数高达 200 点。到 1928 年,价格几乎垂直上涨,在新年前夜竟然突破了 300 点的大关。这样的势头一直持续到 1929 年的 3 月,当时道—琼斯指数达到了 381.17 点。然而,在随后的三年里,它下跌的速度正如它上涨时的速度,直到 1932 年 7 月 8 日才停止下跌,当天这一指数为 41.22。

这一空前绝后的大震荡不仅蚕食了人们的净利润,而且还吞噬了他们的信心,即使是极有远见的投资者也难逃此劫。后来,小弗雷德讲述了事情的发生经过:

总有一些空头,他们本质上是"死脑筋"。他们在交易日里对什么都充耳不闻,而他们中有些人却在已经太晚的时候开始看好市场转而买进。而另外一些人,虽仍是看空,但在股市大崩溃之时又补进太快[然而谁又不是这样做的呢?]。然后,在股价跌到让人难以置信的低点时,他们又买进了股票[然而谁又不是这样做的呢?]。但是之后,如果他们是以保证金的形式购买,他们就破产了。"破产者"是他们的同行投机者早些时候恢复起来的一个虚构的机构。然而这些"破产者"却并不是排外的俱乐部,至 1932 年,每一个曾经作过投机的人都是他们的成员。

前面说过,巴鲁克在 1924 年牛市刚开始时就进入了股市。正如大家所知,在 1929 年股市的最高点时,他又慢慢地退出了市场。但是,在这期间,他也时常心存疑虑。他认为公众介入股市过多,股价也已远超出其实际的价格,所以应该在跌之前卖出股票。结果在1927年,他抛空了通用汽车的股票。

在19世纪20年代,通用汽车的显赫地位可与60年代的IBM公司相媲美。在1920年至1921年的经济衰退期,通用汽车险些被人们遗忘,而到1928年,却一跃成了全国最大的汽车制造厂商,也令曾经红极一时的福特公司黯然失色。1929年股市崩盘之前,它的股价高于1925年最低点的1 000%。这一上涨速度令那些看空者大跌眼镜。1926年的夏天,J.P.摩根公司的合伙人托马斯·科克伦做出了一番不同寻常的言论。他认为:"通用公司现在的股价完全被低估了,它应该并且将会比目前的价格高出100多点。"这应该是一些重要人物之间或者即使跟记者们讨论也不会对外公开的言论。但如果这些言论被公开了,而且以摩根公司合伙人的名义发出,那就不得不引起人们的关注[虽然一些看空者怀疑这一消息的可信度],其股票自然也就会一路攀升。

这件事情发生在8月。10月,一场轻微的衰退开始了。11月,巴鲁克开始第一次的做空,经由他弟弟的公司——塞林·巴鲁克合伙公司,以每股150美元的价格卖出了3 000股的通用汽车。之后在1927年1月又以每股155美元的价格做空了120 000股。

作为一个空头,巴鲁克时刻期待传来股市下跌的坏消息。但在2月股市却迎来新一轮的上涨。巴鲁克不得不承认自己看错了,所以他以每股160.25美元的价格购买了8 000股。他又出击做空了7 000股。

3月,股市更加乐观,股价再次创历史新高。3月中旬,巴鲁克重新开始买进——补进做空的股票,减少损失——但是在月底他又改变了主意开始再次抛售。他以每股176美元的价格抛出了26 000股。而市场却偏要与他作对,无奈他又以更高的价格买进股票。

做空,期望股价下跌,但最终又以更高的价格买入,这种循环操作一直持续到7月,直到他以213.5美元的高价最后一次买入为止。与上一年的11月他第一次做空的股价相比,要高出63.5美元。在这一轮行情中,他的损失高达405 432.50美元。3月时,他曾经跟潘兴将军承认:"我之前跟你讲过,我已经跟不上市场的步伐,直到现在我还没有踏上市场的节奏,所以我也不可能再给你任何有意义的建议了。"

1928年5月,平均指数直线上升。秋季,当总统大选的准备工作正在进行时,巴鲁克把自己的办公室搬到了市中心。同时,他的家却从离第五大街不远的西52号街搬到了

第十二章 "我会按兵不动"

第五大街与86号街交汇处——也就是离市中心更远了。[曾经有段时间,他和太太安妮一直考虑把家搬到那个街区;在1909年,他们曾经在86号街的北面买下了两块地,但又在1915年把它们卖了。]他在华尔街的新办公室位于布罗德街120号公正大厦第31层。他所担心的是这个地址会不会让公众误解,认为他的职业生涯将从公共领域回到投机活动。巴鲁克面临着一个公共关系难题:如果一个人主要进行现金交易,不以保证金进行交易,那么他可以避免参与像集合投资那样让人眼花缭乱的投资,但是他又进行长期和短期投资而且拥有26个不同经纪行的账户(巴鲁克正是这么做的),那么这样的人是否称得上"市中人"呢?[分散投资很可能是想要保守秘密。H. 汉兹合伙人公司的领导是他的哥哥赫尔曼·巴鲁克,他曾经为这个公司介绍过很多生意。该公司工作人员对伯纳德·巴鲁克的名字绝口不提,以免引起市场谣言。内部工作人员如果想提及他,常常用他的账号19来替代。]巴鲁克并不希望公众对此提出异议,所以他主动说出一个半真半假的说法,他是来赚钱的而不是来投资的。但《纽约时报》直接指出:"巴鲁克无意到交易所里做生意。"

的确,巴鲁克已不再是一个看得见的交易员。他早已辞去纽约交易所的职位,而且摆出正在从事公共事务的姿态。自1927年11月以来,他一直是巴尔的摩—俄亥俄铁路公司董事[至少威拉德一直希望这样]。作为董事,当西蒙·古根海姆在1930年的春天邀请他加入美国冶炼公司(American Smelting & Refining Company)董事会时,他认为他有义务加入。

正当57岁的巴鲁克最终进入了企业生活时,46岁的赫伯特·贝雅德·斯沃普离开了这种生活。1928年秋天的一天,这位执行编辑突然对他的夫人讲:"我不想再当打工仔。"随后,这位富有的新闻编辑就辞去了《纽约世界》的工作。股票交易曾让斯沃普发了大财,他也并不是一个忘恩的人,会诽谤或诋毁股市。早在1929年,当托马斯·查德波对股价太高表示担心时,斯沃普安慰到:"不要自寻烦恼,我们将有一个愉快的旅行,应该赶快爬到驾驶座上。"斯沃普与汽车租赁巨头黄包出租车(The Yellow Cab)约翰·赫兹、广告人艾伯特·拉斯克和巴鲁克共用一个股票账户。斯沃普主要的股市交易财富都是他认识的人。最开始与他的弟弟、通用电气公司总裁热拉尔,之后又与一些知名企业家,包括约翰·拉斯科布、查尔斯·施瓦布和沃尔特·克里斯勒等等。1929年的春天,虽然他没有投资一分钱,但以上提到的后面三位还是很热心地提携他一起在美国无线电公司联合基金的操作中赚了一笔。由于这种互惠互利的形式,斯沃普养成了用他朋友的名义进行大手笔交易的习惯,并且只到赚了或是亏了才告诉他们。斯沃普在桑茨波恩特长岛购买了占地13亩的房产,备有七个车库、全天候的网球场地、1/4英里的海滩[周围用钢铁栅栏围位,这些是他从伯利恒钢铁总裁尤金·格雷斯那里直接订购的],另外还有一个海水游泳池,旁边还安装了电话。

1929年,斯沃普并没有什么正式的工作,但这样却能让他专心于股市的交易。如果一直这样下去,炒股倒是一个有利可图的业余爱好。在去棕榈滩过冬之前,他给秘书海伦·米拉尔的指示是每天中午向巴鲁克和莫顿·施瓦布了解最新股市行情,然后有任何重要的信息就要告诉远在佛罗里达州的他。2月,巴鲁克曾发电报向他表示自己的担心,电报中讲道:"知情人[也就是 J.P. 摩根公司]认为股市完了,个人以为应静观其变,因为我认为联邦储备委员会并不了解目前的形势,我仍对我的工业复兴计划有信心。"有时斯沃普也会向巴鲁克发消息,例如,1929年3月21日那封令兴奋不已的电报:"真正的知情人透露高盛投资公司的股票将再上涨50美元。消息可靠,只想让你知道。致以问候,赫伯特。"虽然那天高盛投资公司的股票确实上涨了1.375美元达到119美元,但是第二天的开盘价却更低了。7个月后,股票跌至32美元。3月22日,斯沃普再次发电报给巴鲁克:"最新消息,通用电气一季度利润将增长40%以上,绝对震惊,令我不得不买一些他们的股票。想念你,赫伯特。"尽管这一消息是绝对权威的,但之后,杰拉德·斯沃普宣布的数字证明他哥哥的消息扩大了公司的业绩,实际利润仅上涨了23%。

就在巴鲁克得知斯沃普钟情通用电气的那天,他在报纸上看到纽约联邦储备银行正在为过度的银行信贷和繁荣之后可能存在的不景气而担心。纽约联邦储备银行的这种警示使巴鲁克感到一股冷气。首先,他认为1927年夏天(正是他准备抛完通用汽车股票的时候),美联储将贴现率从4%下降至3.5%的决定,应对促使投机上涨负主要责任,而现在对由其推动而引起的狂热局面进行谴责实不应该。几天后,国家城市银行(National City Bank)总裁查尔斯·米切尔重申了他们银行的政策,即不管发生什么,他们都将贷款给股票经纪人、投资者以及投机商。这一消息正对巴鲁克的胃口。他给米切尔的信中讲

第十二章 "我会按兵不动"

到,下调贴现率的决定是"错误的和不明智的"。他还批评了美联储里亲英派的主张①:"也许,我这样说有点过分。我认为联邦储蓄制度没有权利与外国当局就黄金的买卖达成协议,因为这是私人银行和银行家的事情。"

尽管心存疑虑,偶尔也有不合时宜的做空操作,但是对于交易,巴鲁克基本上持乐观态度。从 20 世纪 20 年代开始,他就认为"工业复兴"即将到来。他曾讲道:"如果赔偿难题可以解决,自由贸易能够得到捍卫,那么将会带来巨大的繁荣。"但实际的结果是赔偿问题一直没有得到解决,贸易保护主义仍在阻碍着商品的自由流通。而巴鲁克对此视而不见,仍然坚持他的观点。早在 1929 年,弗兰克·肯特拜访霍布考时,获知了一些有关工业复兴理论的主要思想,之后经过他的提炼加工形成了一系列有关该理论的专栏文章。正如在肯特文章中提到的,巴鲁克持乐观看法的直接原因是美国代表团即将访问德国。由欧文·杨格和 J.P. 摩根率领的代表团将清算德国的欠款数额,并寻求国际社会资本的援助,从而帮助德国偿还债务。他们想通过发行债券,将所得收益用于偿还德国所欠前同盟国国家的债务。这样,前同盟国国家可以偿还他们所欠美国的债务。

肯特的文章中讲道,金融权贵们估计,这一计划的成功将引发"以前任何工业兴盛都无法比拟的工业繁荣"。其实正如文章提到的,股市仅仅是预期到了这一点。同时他进一步解释了巴鲁克的观点:"杨格和摩根能够胜任这一工作,这正是大人物们的希望,结果也将会是这样。他们认为事情已经搞定,相信市场正在不知不觉地朝着工业复兴的方向走",这是一个一言九鼎的人对它的看法。巴鲁克和其他像他一样的人看到的前方是比过去的五年更加兴旺繁荣的情景。②

---

① 英国在 1925 年回归金本位制,但由于当时估价的汇率过高,导致了黄金流失,出口剧减。1926 年英国经济遭受了全面打击。英国有两种不同的货币贬值选择:一是降低国内商品价格,从而使本国商品在国际市场中更有竞争力;二是拒绝将英镑兑换成黄金。正在这时,美联储的行为为其找到了出路。随着贴现率的下降,利率也开始下降。这样,伦敦变得比纽约更具有投资价值。大西洋两岸一度完全西行的黄金终于又开始向东旅行了。

事实上,联邦储备局执行的是一种竞争性通货膨胀政策。1927 年 6 月,在这一政策执行的一个月前,美联储拥有 3.98 亿美元的财政债券,而在 12 月,它的资产增加到 6.06 亿美元,6 个月增加了 52%。这不仅为银行体系本身提供了新的资金,也为经纪人提供了新的贷款来源。结果,1927 年下半年的信贷增长超过了正常的商业需要。那时,美联储的高管阿道夫·米勒严厉谴责了这一政策:"……过去 75 年中,这是美联储或其他任何银行系统所付出最大代价的错误。"

货币历史学家并不同意这一观点。而米尔顿·弗里德曼和安娜·施瓦茨同意巴鲁克的这一观点"……1926 年 6 月至 1928 年 6 月银行资产的充分增长是 1927 年放松银根的结果,而信贷的增长事实上仅用于投资和证券市场。"

② 除了给肯特提供写作材料,巴鲁克也不忘记管理自己的投资。这篇专栏文章刊出后,巴鲁克告知肯特有 900 美元的交易利润。巴鲁克说:"这的确不是一个'大人物'应该做的,但是,你可以称它为内部人士赚得的一点小钱。"肯特承认这确实是他得到的最轻松的一笔小钱。

3月下旬,股价(也就是,道—琼斯30种工业股票价格平均指数)停止上涨,突然从320点跌至300点。之后的4月和5月,市场基本保持平稳。6月,正当市场再次开始向上时,巴鲁克发表了在那段时间里最不灵验的预言。在与评论员布鲁斯·巴顿的谈话中,他强调不远的将来即将解决的赔款问题对牛市具有重要意义,同时也赞扬了世界范围内的货币政策的有效执行。

这是人类历史上第一次[巴鲁克讲],我们有充分的理由相信世界将存在一个长期的和平时期。这是第一次,全球商人获得统计信息,一起了解经济运行的法则。这是第一次,所有国家都建立起完善的集中的银行体系,并加强了彼此的紧密合作。正因为所有这些有利因素,正因为全球人民对我以上所提到的渴求,我坚信工业复兴一定会来。在美利坚合众国,我们已经看到它蠢蠢欲动。

1929年6月下旬,巴鲁克已经开始了他一年一度的欧洲度假。他是通过斯沃普了解市场的趋势。当时,斯沃普坐在家中密切关注股市的动向,并同时建立起一个传递各种消息的群体。摩根将要合并一个名为标准品牌(Standard Brands)的汽水公司的消息传到了巴黎;一个透露阿莫尔合公司的消息飞到了卡尔斯巴德。8月初[地点不确定,也许是在费特莱索],巴鲁克收到一封持乐观态度的信。这封信使他相信,前一段纽约联邦储备银行提高贴现率(从5.5%提高至6%)将不会对市场造成伤害。信中讲道:"绩优股安然无恙。联邦储备系统并不了解公众的心理。这一措施可能会影响交易量,但并不会影响实际的交易价格。9月,在巴鲁克乘坐"伯伦加莉亚"(Berengaria)回国的途中,他发给斯沃普一封简短的电报:"新上市的利哈姆是一只好股票,代向玛吉问好。"这里的利哈姆是指雷曼公司,一个共同基金,与其同名的投资公司正在筹备上市;玛吉是斯沃普的夫人玛格利特。

从巴鲁克的自传来看,他预测到了股市大崩溃的到来,及时抛出了所有的股票,从而避免了套牢的厄运。一个传记作家对巴鲁克什么时候以及怎么样把股票卖出的并没有表明任何立场,但是指出,与其他任何事情相比,1929年巴鲁克在股市上所表现出的过人洞察力,最有助于提高他在经济事件方面所享有的声望。

可以肯定,股市崩溃之后,他看起来并没有受到任何损失。1929年11月初,在第一次大震荡后,巴鲁克曾向参议员乔·罗宾逊建议,为了避免严重的失业,政府应该着手建立一个公共建设项目。在此之前,他曾拿出1 000美元作为乔·罗宾逊的竞选赞助费[支

第十二章 "我会按兵不动"

票寄出日为10月29日,当天道—琼斯指数下跌30点,华尔街上的经纪人正在接听或者正在拒绝接听询问利润的电话]。12月,他又拿出10 000美元捐赠给纽约市犹太人联谊会。如果不考虑他的收入,这确实是一笔大数目。实际上,在1929年,他的总收入是1 986 995.63美元,包括他在股市中的利润收入615 786.31美元。

大崩溃发生数年后,巴鲁克一直没有明显受损的迹象。在夏天,他依旧出国度假,依旧资助有意义的事业、依旧进行慷慨的政治捐助。1930年8月的第一个星期,他正在英国拜访温斯顿·丘吉尔①,9月的第二个星期他已经回到国内。[道—琼斯指数已降至243点而且还要继续下降;失业率大约为9%且还在上升。]他曾开出一张35.26美元的支票寄给了河滨冰公司(The Riverside Ice Company),一张594美元的支票寄给了大都会歌剧团;他还向民主党参议院竞选委员会捐助了40 000美元,并且他还是民主党人的避风港——杰斐逊群岛俱乐部的主要支持者。1931年,他向南卡罗来纳州食品研究委员会额外资助了13 000美元,支持他们开展一项有关他家乡土壤和农作物含碘量的调查。他非常慷慨地借钱给他的朋友和亲戚们。有时即使人家并不需要钱,他也要硬塞给人家。他的侄女曾为了朋友来向他借钱,之后,他每个月给他侄女100美元。[虽然她曾抗议她自己并不需要这笔钱,但她每月仍能收到钱,直到玛丽·博伊尔自作主张停止寄钱为止。]另外,他还向由温斯顿·丘吉尔的一个朋友建立的基金捐助了100英镑。这个基金的目的是为了能够给未来的首相购买一辆"能够购买到的最好的劳斯莱斯"。波士顿红袜的老板汤姆·亚基是他在南卡罗来纳州的邻居,他们经常一起给霍布考附近的穷人发放食物。1932年,时值总统大选,为保住他在民主党民意调查中心的职位,巴鲁克花费了大约86 716.07美元。1932年7月18日,距股市触底后不到两周,他的太太安妮·巴鲁克向银行家信托公司(Bankers Trust Company)申请了一张价值25 000美元的信用证,以备夏天去欧洲旅游和购物之用。

从所有的这些旁证可以得出巴鲁克确实具备了他自己所说的远见卓识的结论。正如他讲的和其他人不断重复的那样,他在苏格兰度假时,了解到市场并非一切顺利后,就

---

① 巴鲁克在第一次世界大战后的凡尔赛和会上结识了丘吉尔。他一直希望把他们的友谊保持在讨论重大事件的高度。他回到美国后,以一种地理政治学的口气发电报给丘吉尔,对他在英国所受到的款待表示感谢:
在英国的那周给我留下了美好回忆,我将永远珍藏。我十分了解英国以及她的人民和传统。真心希望繁荣和幸福将会降临给她。她将像长久以来一直在做的那样,继续为整个世界做贡献。我相信两个国家会一起共同承担摆在我们面前的重任。我同意道威斯将军的观点,拯救人类文明和自由的诺亚方舟深藏于对英语国家的更深入了解之中。请向所有人致以我的谢意和问候。

立刻回国,卖掉了所有的股票,静候不可避免的结果。

如果能够知道在1929年的夏天,当无数家公司停业清算,每个月他都持有哪些股票?在股市处在最高点和最低点时,他所持有股票的市值是多少?在这一轮行情中,他的资产又是如何分布的?这些问题的确有趣。但是很可惜,并非所有答案都可以唾手得到。虽然我们可以得到他1925年、1926年和1929年的所得税申报表的副本,但是却得不到1927年、1928年、1930年以及以后若干年的所得税申报表的副本。虽然他留在证券经纪行的交易记录较广泛而且之前也没有公布过,但很明显,1930年到1932年的交易记录是不完整的,而且1929年的成交记录也可能是不完整的。

即使不能获得全部的数据,但是仍可以对他的言论提出异议。一些有力的证据仍支持了他并没有及时卖掉所有股票的论调。一方面可能是因为一个彻底的工业复兴乐观者,低估了大崩溃随后几个月形势的严重性,从而推迟了股票抛售。[这一推迟实在太晚了,以至于他1929年的所得税申报表只显示了他股票交易的利润所得,仍没有显示他的损失。]另一方面,可能也是因为他尽量从"破产者"的角度考虑,并没有过分增加保证金,在清算开始之前他尽量克制了大量购买股票的欲望。在美元贬值之前,他又极有先见地购买了黄金和金矿股。因此,他并非"传奇巴鲁克"。然而,这可能是他唯一名不副实的称号。

让我们重拾故事的线索:1929年8月下旬,巴鲁克在苏格兰度假。他脚蹬结实的靴子、身穿毛衣,披着斜纹软呢大衣,手握一把猎枪,在沼泽地边仔细地找寻着他的猎物——野鸟。但打猎的收获却一般——他认为这里将会有1 600对松鸡,他和他的朋友仅猎获了360对——其实他并不能集中精神,因为各种财经新闻分散了他的精力。然而,他心里对市场仍抱有乐观态度。通过电报他进行多头交易。8月16日他购买了700股的马里兰州硅胶股份,股价略低于30美元。3月和4月两个月内他也购买了这只股票,当时的股价高达45美元。事实上,他已注意到,大盘指数的强劲掩盖了小公司和交易不甚活跃股票的弱点。[的确,从更广泛的角度或者从上涨与下跌股票比例来看,从1928年5月以来,市场已经开始下滑。]巴鲁克感觉自己已经远离市场,需要真正的"市中人"的意见。于是他发电报给国家城市银行的主席查尔斯·米切尔,征询他的建议。

巴鲁克曾与米切尔打过桥牌,曾邀请他到费特莱索做客打猎,并且认为他才是真正的银行家。巴鲁克对他的尊重由来已久。但这一尊重令他在1927年的投资损失了一百万美元。他对古巴糖厂的风险投资失败了,而这正是听从了米切尔的建议。米切尔的脑子就像一个巨大的杂货铺,行为则像一个创造万物的救世主。他从在银行门口销售证券开始,慢慢地,公司职员从4个人发展到1 400个人,分支机构遍布50个城市。他的发展向人们灌输了这样一种理念:推销员最具有发现未来投资者的慧眼。在大崩溃之前,人们称其为"查理大帝",之后被嘲讽为"阳光查理"(Sunshine Charlie)。他的信仰与巴鲁克一样。两人都对美国的未来充满信心,相信伟大复兴的潜力。只是米切尔更加狂热地相信这些,并以此来投资。[虽然可敬但并非明智之举。他在大崩溃时几乎所剩无几,但仍然拒绝申请破产,最终自己偿还了所有的欠债,而且还创建了新的产业:布里斯合伙公司。]因此,当8月21日巴鲁克收到米切尔发来一封相当乐观的电报时,并没有感到惊讶:

> 整体形势看起来都还不错,除了极少数(如橡胶)的状况不是很好。请相信,从实际来看,贴现率的提高并没有使信贷市场受到太大的影响。相应地,货币疲软也不会持续很长时间,月底应该能够恢复强劲势头。股市中,股价高集中于几个强势股票,其中,有些股价过高,但也有一些股票,例如,铜、汽车、某些铁路等,价格低得不甚合理。我怀疑是否存在一些事情,它们并不会影响到企业但却可以影响到股市,而它们就是经济繁荣的风向标。请相信,目前的状况并没有你走时那样令人悲观。

巴鲁克应该是立刻回了一封电报,除了表示感谢还向他询问了一些细节问题。因为第二天,米切尔又发来电报告知汽车行业一直看起来都不错,森蚺公司(Anaconda)股票"即将"上涨。[米切尔曾是这家公司的董事长,而且他的银行对这家公司产生了极大的投资兴趣。]

当巴鲁克认真考虑这一信息时,他正在郊外与帕欣将军一起散步。将军曾经拜访过他并与他一起打猎,这次拜访是因为将军即将离开去法国。[就在下月,亚历山大·沃尔科特在纽约播报了一则新闻,从表面上来看,帕欣将军是被巴鲁克在费特莱索的另一位客人理查德·里顿的猎枪误伤。巴鲁克讲道,如果发生了这种事情,他一定会知道的,而事实是他根本没有听说过,说明绝无此事。]后来,巴鲁克讲述,他与将军一起散步时,一种不祥之感突然向他袭来。他在传记中写到,当时他准备立即回去,并且比原计划提前回到纽约。是否他是在城堡时或在回来的"伯伦加莉亚"号的甲板上,突然开始看跌了呢？但是并没有相关的记录可以证明这些。9月5日——是道—琼斯工业平均指数从最高点开始下跌的第二天，也是巴鲁克准备坐船去南安普敦的前二天——他还买了5 400股美国辐射、1 000股贝瑟汉姆钢铁、1 300股联合股份，共计价值整整50万美元的普通股票。

此外，不知道他是意外、临时地离开了苏格兰，还是因为有了不祥的感觉。9月18日星期三，他要参加巴尔的摩—俄亥俄公司董事会的例会；而"伯伦加莉亚"号是星期五，即9月15日，停靠到纽约港。就在巴鲁克到达纽约几天后，米切尔乘船去了欧洲。巴鲁克只是发电报祝他一路平安。电报的内容如下：

窗外银行的小伙子们在高唱着欢送的歌曲，哦，是否是我们快乐的查理出发了，希望他迷失在海上的迷雾中，不知身在何处。

巴鲁克回到家中后不到两周的时间，就购买了5 000股的雷曼兄弟，还做了一次引人注目的做空：他卖出了他与斯沃普联合账户中的20 000股的美国广播公司股票，总价值200万美元。虽然美国广播公司的股票是股市蓝筹股的顶梁柱，但是他与斯沃普认为，即使没有它，他们的投机大厦仍然屹立。[在那之前，斯沃普多次向欧文·伯林推荐这只股票。不过，斯沃普的服务还是很周到的，在他卖出这只股票的当天晚上，他毫不掩饰地向这位作曲家透露了一些信息。]然而，并非只有美国广播公司的股票，而是大部分股票的价格都在下跌。9月27日，道—琼斯指数下跌了11个点，达到345点。相对而言，这一幅度并不算大，但相比9月3日的最高点依然下降了9%。此时，巴鲁克决定卖出一部分美国极峰（Nation Acme）；他以每股33美元的价格卖出了1 300股，与他8月购买时的价格相比，大约低了3个百分点。

至此，他停止了谨慎抛售。在致命10月到来的第一天，他在伦敦交易所购买了1 400股名为罗得西亚及刚果边境（Rhodesian Congo Border）的铜矿公司，同时又做空3 000股的美国广播公司股票。10月3日，道—琼斯平均指数狂降14点多，直到330点，这是一个不祥的征兆。这一下降趋势一直延续到4日。此时巴鲁克认为指数应该要上升了，于是买进了2 600股米切尔一直看好的股票之一"森蚰"，美国冶炼7 000股。同样是因为看涨，所以巴鲁克为了冲销他和斯沃普的空头头寸，又补进了2 700股的美国广播公司股票。

10月8日，他以8 000美元的交易利润幸运地卖出了"森蚰"，同时以略微的损失卖出了美国冶炼。不过,他继续做空美国广播公司。15日,米切尔从伦敦发来电报:"现在的美国市场大体上仍在健康运行。"而在16日,耶鲁的经济学家欧文·费雪大胆提出一个很快被证实的不朽预言:"股价已经达到最高点。"如果说当时巴鲁克并不完全同意那些观点,但他也没有强烈地反对它们。10月21日,黑色星期四到来之前的最后一个星期一,他与斯沃普买进了17 700股的美国广播公司,从而结束了他们的做空操作,每人获得净利润100 584.22美元。在股价到93美元时,他们几乎卖出了所有美国广播公司的股票。然后在跌到83美元附近他们一路买进。虽然巴鲁克曾经警告过斯沃普,他们的购买或者说补进毫无疑问是太早了,但他可能并不知道他们到底是早到什么程度。11月13日,美国广播公司的股价是28.75美元,1932年跌至最低点3.625美元。

10月22日,星期二,帕欣将军从巴黎发来紧急电报:"机密。您对目前的总体形势是如何看待的?您打算卖出还是买入'森蚺'。如果卖出,您将要买入什么股票?请回复。"立即的回复是:"我会按兵不动。巴鲁克。"巴鲁克自己买进了1 800股的美国冶炼和1 400股的华纳兄弟。

根据他以往的华尔街经验,股灾的前兆是货币出现问题或者是显而易见地要发生破产。至今还没有这些征兆。其实,正如纽约股票交易所的副总裁也是以后的正总裁理查德·惠特尼所观察到的,这次大崩溃的奇特之处就在于,货币市场并不存在严重的问题,好像也没有非农业的破产,因为国家城市银行就算到1929年12月了,他们还信心满满地讲道:"这里并不存在重大的破产,好像也不可能会有。"

巴鲁克本人的改变并不小于美国经济形势的改变。第一次世界大战前,作为一个投机、冒险的资本家,他顶多就是他自己的经纪人。然而,到了1929年,他已经是一个全面的权力机构的要员:公司董事、前政府高官、政坛中举足轻重的公众人物。他是这样一种人:能够使得哥伦比亚大学的校长尼古拉斯·墨里·巴特勒愿意邀请其加入五人委员会,来制定该大学未来发展的人。1929年12月,巴鲁克向温斯顿·丘吉尔透露了有关罗得西亚铜矿所有权的内情,因为两人手中都握有它的股份。在信中,巴鲁克讲道:"……现在正是需要一些人能够领导大企业走上不断发展的道路,大幅度的安适、财富和繁荣的创造正是基于这个目标,而非一些人的某些私人目的。"这里包含的意思是仅仅为了赚钱并不能称得上是一个开明的企业家。巴鲁克,作为一个有社会责任感的商人,天生具备一种积极向上的乐观主义。这样的结果是,他并没有觉得10月23日的星期三与昨天的星期二有太多的不同,可以肯定的是星期四的交易特征将不会进一步恶化,以至于这天之前与之后会判若两样。

星期三,市场变得异常疲软。美国广播公司的股价为68.5美元,跌了11.75点,而"电信"为272美元,跌了15美元。100股的亚当斯特快(Adams Express),一家投资信托公司,正如公众所感觉到的,它的前途在前24小时并没有明显的改变,但这一刻它的股价却下降了96美元,跌至每股440美元。道—琼斯指数下跌了21点,这个下降幅度相当于一只股票从5 000美元的高度下落了300美元。实际上,这比第二天、也就是臭名昭著的星期四的下降幅度还要大。但是在星期四,一切有序的伪装都被撕掉,人们陷入了无限的恐慌。可以看出他们已到了歇斯底里的程度。午后,一群银行家来到了摩根在华尔街23号的办公室。他们的目的是为了计划以什么样的姿态来支持市场。几分钟后,这群银行家离开了,新闻记者被召入办公室。拉蒙特·托马斯,曾参加过巴黎和会,现在是摩根财团的形象代表,他故作轻松地向记者们发表了评论:"股市有点紧张,不过我们已经与几大财团的领导人会面并对目前的情况进行了讨论。"但他并不愿意对此作详细说明。但是,在下午13:30时,理查德·惠特尼,摩根首席场内经纪人[也就是接替阿瑟·豪斯曼担任这一角色]大步进入场内对银行家们账户进行了大量的购买操作。他做得那么神气和自信,好像彻底的溃败已被阻止。巴鲁克非常冷静地进行着自己的买卖,他买入了2 000股的"森蚺"、400股的华纳兄弟和1 000股的美国冶炼。[这是在1931年11月6日前他最后一次购买"森蚺"股,当时的股价为9.5美元,而他在黑色星期四的买入价是104.5美元。]那天道—琼斯指数以低于300点收市,但与300点相差不多,比星期三降低了6个点。此时再回想起星期三,真是恍如隔世!

星期五早上,华尔街日报的头版头条是一篇有关股市的社论。[与它紧挨着的是有关贝瑟姆钢铁公司收入增加的报道;而它的正下方是一篇有关激励棉花种植者的文章"种植最好的棉花"]该社论的标题"潮流逆转"颇有预兆性。这篇社论解释了星期三工业指数的疲软注定了下星期一铁路股票的下跌。依据已故理查德·H.道的理论,熊市已经开始了。文章倒数第二段,隐去作者姓名的编辑威廉·汉密尔顿评论道:"华尔街的投资者以及全世界的投资者都还没有经历过真正的熊市。"而且,这次他们还要经历进一步的不快和吃惊。巴鲁克并不是一个初出茅庐的乐观主义者,但即便如此,他还是选择买进，买入了他所熟悉的美国冶炼。星期五，他选择购买 5 500 股，从而他对该股票的持有量达到了 8 500 股，粗略算来价值 835 000 美元。

股市在星期五略有上涨而星期六又略有下降。星期天，布罗德街两旁停满了经纪人的车，是平时的两倍，他们涌进办公室并发出补仓电话。[在这一刻，新纪元仍是未受损伤的。坏消息的传播者还有能力开车上班。]对银行家们会出来救市的信任依然很高，而且已经开始有一种星期一股市将重整旗鼓的说法。

但事与愿违，并非重整旗鼓，而是灾难性的下跌。当天，道—琼斯指数暴跌了 38 点，也就是下降了 13%，以比 260 略高一点的价格收盘。巴鲁克出售了一些股票——3 000 股的标准品牌公司、2 500 股的美国冶炼和价值 23 000 美元的法国国债。相应地，他在伦敦交易所购买了一些"罗得西亚与刚果边境"铜矿公司的股票。当天晚上，他在第五大街的家里为温斯顿·丘吉尔举行了一场盛大的派对。当时，丘吉尔正在访问美国，同时也正承受着他在股市中的损失。斯沃普、赫伯特和杰拉德也被邀参加这次派对，还有国家城市银行的米切尔、大通国民银行董事会主席阿尔伯特·威金、贝瑟汉姆公司总裁查尔斯·施瓦布、"森蚰"总裁约翰·赖安、尤金·迈耶和托马斯·莱蒙特。巴鲁克另外一个银行家朋友、第一家国家银行董事会主席乔治·贝克显然并不在场。据《纽约时报》估计，由于那天仅贝克持有的三只股票——他自己的银行、电信和钢铁——的暴跌就使其损失了 14 737 000 美元，俨然变成了穷人。

当晚晚些时候，米切尔发表了一个诙谐的祝酒词，敬"我们曾经的百万富翁们"。之后，他们转向一个严肃的话题——如何救市。斯沃特在写给他的同事约翰·赫兹的信中记述了那一群人在当晚的判断：

我相信自己有能力看清市场的变化，所以我将尽最大的努力坚持持有手中的股票。相信你也会这么做的。参加巴鲁克家派对的银行家们的一致观点是那些顶住重压、坚持持有股票的人们并不是在孤独地履行着公共责任，而且他们还会得到相应的回报。当股市复苏时，无论过去牌价是高是低，但是，毫无疑问，其价值将会远远高于目前的价格。大家已经开始安排集合基金的运作了。这里有几件重要的事："西部联盟"明天可能开始具体行动；集中购买力的计划可能在今晚或者明天开始执行。因为这些原因，还有你也愿意我这么做，所以我要求哈里斯·温恩罗普暂时保留我"西部联盟"的股票不动。从今晚可以看出，形势有所好转。大家开始谈论如何赚钱而不是总亏钱。

巴鲁克的座上客对股市形势的判断还为时过早。也许除了威金一个人,他恰好没有持有自己银行的股票,所以在股灾中他反而有既得利益。第二天,也就是10月29日星期二,股市出现了史无前例的交易量,道—琼斯指数又暴跌了30点。"森蚺"又下降8.5美元,跌至每股85美元。美国冶炼跌至每股84美元,下跌了6美元。至于场外交易市场中,金士及萨厅贸易公司的股票也下跌了25美元,收盘于35美元,而在头一年3月,这一股票的价格是119美元。当时斯沃普透露出还会上涨的内情。巴鲁克感到他看到的这一切正是卖出的高潮[或许他并没有看到,因为股票行情自动收录器的纸带要晚两个半小时出来],于是他购买了1 000股的冶炼和5 000股的钢铁。[毫无疑问,施瓦布在巴鲁克家,又重复了他上星期五在美国钢铁学院演讲的观点,主要的意思是"在钢铁行业这么长时间,我都不曾这么有信心地相信这个行业将会比目前的状态更加稳定和更加有希望"。]星期五,斯沃普通知赫兹:"我相信,最坏的情况已经结束。"结果,两天后,这位前编辑的净利润竟缩水到-2 345 000美元。

巴鲁克也认为一切都在好转中。大概就是那时,他在与雷曼公司的其中一个董事谈话时讲道,现在的股价相当便宜,罗伯特·雷曼有责任把钱投到普通股票上。[值得庆幸的是,雷曼公司并没有听从这一劝告。]10月30日,巴鲁克向他的朋友乔治·阿姆斯比,一个加利福尼亚商人建议道:"我们已经下定决心,也只有当股票的价格下降到一定的程度,我们才能有信心去做生意。也许在接下来的60天内,生意会很糟糕。但是这种情况在这个国家不会持续太久。对我们来说,正好有足够的时间去建立一个完善的投资市场和投资环境。"

那段时间,在巴黎的帕欣将军已经坚持得心神不宁了。11月6日[10月22日,巴鲁克要求他要有耐心。那时,道—琼斯指数已经下跌了29%],他发电报给巴鲁克,询问他的保证金是否可以得到保障。巴鲁克给出了一个肯定的答复。第二天,当价格从早期的损失中有了一定的回升时,巴鲁克很兴奋地发电报给约翰·莫伦,并预言道:

看起来,一切技术上的和被迫的清盘都已结束。唯一令人不快的事情就是目前和未来商业衰退。但这种衰退有可能会存在,也有可能是被言过其实了,正如我们夸大了六个月前的牛市一样。现在的生意人是那么疯狂,他们不管你还有其他人是如何去评判他们。但是,商业在这个国家不可能一直这样。

丘吉尔怀着异常沉重的心情回到了英国。11月15日,巴鲁克发他给一份电报:"可

第十二章 "我会按兵不动"

以肯定金融风暴已过去了。"

1929年的圣诞节,霍布考的主屋失火了,当时巴鲁克和太太、三个孩子,还有两个朋友理查德·里顿和参议员基·皮特曼正在那里度假。虽然人员还有一些财物安然无恙,但是老种植园的主屋却被大火彻底毁灭了。1930年,巴鲁克下令用砖瓦和钢铁建造一座新房子。但是11月的另一场大火耽误了进程。这些坏运气仿佛喻示金融危机并没有过去。虽然一座崭新的房子可以很快在霍布考建起来[十间卧室,每间都有独立的卫生间和火炉,水管多得正如别人在玩笑中讲到的,比别的南卡罗来纳州管子的总和还要多],但是,股市之火看起来是那么难以熄灭。清除余火,宣告冷却,但仍会有火焰爆发出来。换个比方,大崩溃中的价格像下冰雹一样。在随后长期接踵而至的清盘期,它们就像秋天的叶子在地面上飘舞,久久不愿消失。看着它们,人们已被毁灭。

11月中旬,因为股市曾被短暂地拉升,所以巴鲁克在给丘吉尔的电报中讲到危险已经结束,这一点是正确的。1930年4月,道—琼斯指数几乎上升到300点,但是到6月底,该指数又跌到了212点。大约一年后,道—琼斯平均指数就跌到了128点。而此时,约翰·莫伦又遭遇了信贷银行(Kreditanstalt)的投资失败。因此他请求巴鲁克:"您是否愿意利用您的影响力帮我在您的门前摆一个苹果摊?"就像当时的惯例,一段短暂的强劲和乐观之后,只能是更低的价格。1931年12月中旬,道—琼斯平均指数下降至74点,而到1932年的7月8日,这一指数只有41.22,达到最低点。与大崩溃之前的最高点相比,下降了89%,而且这一牌价也是自1897年6月5日以来的最低点。回想那时巴鲁克还不到27岁,在美国炼糖公司上赚得盆满钵满。

此时,他已经60岁,富有、睿智,而且两者完美地结合在一起。他的职业生涯已经结束。也许是以在美国股市历史上最大的一场动荡中的失败而结束。他的失败并不在战术上,而是在战略上。因为他确实通过巧妙的操作获得一些成功。[例如,在1930年的小幅上升中,他和迈耶通过对2 200股的南加州爱迪生股票的操作,获得了每股4美元的收益。]打定主意坚持下去,直至等到更好的机会,而结果却是一天比一天糟。在之前的危机中,他往往通过从过度恐慌而急于抛掉股票的人手中购买股票而获利。而这次却不同,那些大惊小怪、没有耐心的人才是对的。

需要强调的是,现有的1930年及以后的交易资料是不完整的。但至少它们表明了交易量锐减,做空交易很少甚至根本没有。① 这与后来胡佛政府对其称颂的谣言恰好相反。1930年3月,乔治·阿姆斯写信给巴鲁克寻求购买股票的建议,因为阿姆斯需要一笔钱来支付他已故母亲欠下来的医疗费。巴鲁克表示愿意帮忙,并向他透露了一个内部消息:美国冶炼的营业收入是1929年的60%,但是如果该股票的价格跌到70美元以下,他打算购买。[当年,该股票的价格低到了37.5美元。]在1930年6月,他利用加里·格雷森的账户大量买进股票,包括"基恩广播"(Radio Keith Orpheum)、新泽西公共服务公司和可口可乐公司。9月,他抛售了1 000股的西屋(Westinghouse)和2 000股的通用电气。另外,在1930年更晚些时候,他还购买了由地铁快运公司发行的债券,价值100 000美元(面值),而且还购买了3 700股的沃伦自来水公司(Warren Pipe & Foundry)。10月24日,他写信给丘吉尔表示股市已经达到最低点。1931年1月21日,在巴尔的摩—俄亥俄公司的董事会上,巴鲁克提出支持提高总裁薪金的建议。

巴鲁克坚忍地承担着损失,只是对他的几个朋友坦言了他的遭遇。1930年11月,他写信给乔·罗宾逊参议员。信中坦言:"我想告诉你,我在股市上的损失相当严重。但我仍能活得像以前一样舒服和平静。然而,我却不能像迄今之前我所做的那样,帮助解决各个方面的困难。除非这艘船可以在即将到来的涨潮中重新远航。当然,在将来的某个时候它会这样做的。"②显然,这场缓慢的潮汐运动促使了一些反思。在巴鲁克的文件中发现了一份投资和投机备忘录,时间不详,只是标注了1930年。

个人素质

1.自立。必须独立思考。切忌情绪化,去除一切可能导致非理智行为的环境因素。

2.判断力。不要放过任何一个细节——沉思片刻。千万不要让自己希望发生的事情影响自己的判断。

3.勇气。当一切都于你不利时,不要过高估计你可能具有的勇气。

4.警戒心。善于发现一切可能改变形势的因素或者可能影响公共舆论的因素。

---

① 在巴鲁克自传的草稿中,巴鲁克称他已经做空了——在我的操作中,我马上通过做空弥补我持有和抛售的证券萎缩所造成的损失——其实直到1930年春天,他才开始做空股票。相关记录并不支持巴鲁克在自传中的说法。另外,在其他回忆录中,巴鲁克也有自相矛盾的地方。1933年10月,《财富》杂志报道,巴鲁克是一个大空头,他通过玛丽·博伊尔的账户进行他的做空操作。但是并没有相关的证据可以说明这一点。

② 对这一预言巴鲁克并不十分确定。例如,1931年9月他在给一个朋友的信中写道:"肥料生意跟别的生意一样,人们首先必须吃、穿、住、行;只有想办法先满足这些,生意才能好起来。"

5.谨慎。灵活或者不要太保守。当股市于你有利时,要谦虚。当自己认为价格已经达到最低点便着手买进,这不叫谨慎;最好再等等看,晚些买也不迟。执意等到价格升至最高点再卖出,这也不叫谨慎——太快脱手大概更安全。〔如果购买使得你的保证金小于85％,那就不要购买,或者当它跌至80％以下就不要持有。在一些特殊的情形下,如"晴空无云"的情况下,也没有什么"但是"和"如果",可以降低自己的保证金到75％～80％。〕

6.灵活性。将所有客观事实和自己的主观看法综合起来考虑、再考虑。必须彻底摈弃固执己见的态度——或是"自以为是"。执意在某个时间段内赚进某个数额的想法会完全破坏你自己的灵活性。一旦决定、立刻行动——不要等待、观望股市走势。

客观事实

(a) 能够预测未来的因素

货币市场、债券市场、储蓄基金存款、已售保险。

联邦准备金率及其操作,商业贷款,比较包括和不包括"优惠认购权"的股票收益与债券收益和定期存款收益。

新发证券量,用于股票交易的贷款与股票价格的比率,股票的成交量。

商品价格走势(密切关注黄金的供应和信贷措施);

农作物的相关情况;

国际和国内的政治形势;

银行结算;

铁路运输:——大萧条后相当长的时间内,运输量都未曾下降,虽然运输量的递增预示着经济的复苏;

订单:——建筑许可和合同允许的;

钢铁生产订单;

汽车生产订单;

零售量——百货公司和连锁商店。

就业人数;

对外贸易。

(b)历史因素——存货单和分期付款购货单

生产状况：制造业的产量，包括电力；

矿产量；

收入状况。

(c)公司个体的因素

它是否是发展中的标准企业［并非试运行的］；

行业竞争是否太激烈；

它是否是主导企业；

它是否乐于创新；

对这些事实情况，必须做到了然于心。

投资和投机必须具备的心理素养

几乎每个人都会受到自己情绪的影响：他们要么过于乐观、要么过于悲观。当你掌握了客观事实及形成自己的观点之后，请静观潮流。对市场应该发生什么事有了自己的判断后，不要误认为这就是市场将会发生的。公众对股市介入得越多，其力量越大。一方面，不要试图跟散户对着干，但是另一方面，当市场过激时也不要盲目跟随。如果是牛市当然不要做空，可是，如果有逆转的可能或者手握股票令你烦忧不已，便不可久留；反之亦然。

股灾发生时，最好的股票也不可能在任何价格下都畅销。密切注意所有令公众鼓舞或惊恐的事情。在股价爬升时，谨防考虑它会爬得更高的事情，要考虑相反的可能性，要切记历史。当股价下落时，也是同样的道理。注意主流趋势，但不要过分依附这些趋势。

"停止亏损，让盈利继续"。

总体而言，动作要快。如果你不能坚定地这么做，请减少介入。一旦心有疑虑，就减少介入。然而，当你下定决心之后不管市场如何反应，都应该立即行动。尽管如此，在制订计划时，你还是要考虑市场动向。

拿目前任何的情况与之前的事实作比较之前，要做到充分了解两者的情况，这样可以在心理上做好充分准备。过激的行动往往带来过激的反应。

不可预知的成分：总要为"机会"留有余地，随时为此做好资金上、精神上以及体力上

第十二章 "我会按兵不动"

的准备。

"总体而言,动作要快。"最初由于不清楚应该从哪里开始动手,所以巴鲁克并没有很快地退出市场。但是至少在1931年,他还是做了几笔重要的抛售。可以肯定的是,他仍然缺乏对全国情况的了解。1931年8月,休·约翰逊结束了全国性的调查工作,他看到了"明显'营养不良'的迹象"。他讲到房地产业停滞不前;农具产业比1921年时的情况还要糟糕;建筑业、汽车业和铁路运输业几乎没有前途可言。谈到他与巴鲁克共同投资的汽车地毯生意,休·约翰逊这样写道:"在地毯公司前景很好时[与其他产业相对而言],打算卖掉它,这是件令人遗憾的事。但是我已深刻地认识到大萧条仍在不断地延伸,深刻到以至于我很难下定决心。"11月的第三个星期,巴鲁克让博伊尔小姐把财务报表拿给他。①

数百万人失业、英国金库亏空、银行关门,同时投资级债券也在随着股票的下跌而下跌。比许多公司境况要好一些的美国铅业公司每股多分配了25美分的"紧急救济"红利,希望它的股民可以把这些红利转付给周围的穷人。1931年11月11日,前战时工业委员会委员们重聚,乐观情绪是必需的。巴鲁克在他曾经的股市指导老师讲述之后,讲道:"……我们已经中断了悲观的延续。"但他所做的并没有像他所讲的那样乐观。11月18日在巴尔的摩—俄亥俄铁路公司的董事会上,他已加入同事们的阵营,同意董事费用减半。

在这个阴云密布的时刻,博伊尔小姐清算了巴鲁克的股票、债券、现金以及他给他朋友们的贷款。博伊尔小姐把这份详细清单拷贝在一张黄色的纸张上。内容如下:

股票:3 691 874.50 美元

债券:3 067 465.00 美元

现金:8 698 000.00 美元[包括地下室里的 557 000 美元;分布在 7 家银行的存款,7 141 000美元,数额最大的一笔存款为 3 400 000 美元,存在第一银行,以及面值为 100 万美元的短期国库券。)

贷款:551 560.00 美元

---

① 11月25日,巴鲁克申请取得了一张持枪证。很明显,这一举动是因为新的枪支管理法的出台,与股市没有任何关系。如果说1931年,他为自己的人身安全担忧,那么早在几年前牛市的后期他已经考虑过这个问题。1927年,有报道称,有182名美国人的寿险保额达到或者超过100万美元,而巴鲁克就是其中之一。

总资产:16 008 899.50 美元

这需要具备怎样非凡的技能,才能够在 1931 年的大崩溃中拥有 870 万美元? 从这里可以很明显地看出,巴鲁克确实从股市中转出了大量的资金。然而,坦率地讲,他还是承受了一定的损失。1929 年股市最高点时,他的资产也许已经达到了 2 200 万到 2 500 万美元。①

以下的股票清单读起来颇为有趣。这里不乏耳熟能详的名字:布鲁克森曼哈顿长街区运输公司、巴考克斯 & 威尔克斯公司、凯利工程股份有限公司、联合汽油公司、麦乳公司、麦克洛商店、联合饼干和韦森食油公司。但是还包括了很多已经破产或者处境很困难的公司,例如,电子渡轮、默克尔银行(Mercur Bank)[始创于奥地利,在匈牙利、波兰、罗马尼亚都有分支机构]、加拿大奎蒙特采矿有限公司、里威尔铜业公司、巴希亚股份有限公司、联合艺术家演出公司以及米萨比钢铁公司[总裁是丹尼尔·杰克林,赫尔曼·巴鲁克和汤姆·查德伯都是董事]。博伊尔小姐发现总共有 114 563 股的股票市值为零。这里并没有那些蓝筹股,譬如新泽西标准石油公司、通用电气、通用汽车、美国制罐公司、西尔斯—罗巴克或者美国钢铁。他仅持有了 200 股的美国冶炼和 165 股的巴尔的摩—俄亥俄铁路公司。

博伊尔小姐已注意到了巴鲁克的债券投资组合的亏损。自大崩溃开始到 1931 年的夏天,利率下降,相应地,债券价格确实上升了。但是,随着 9 月 21 日英国放弃金本位制,美联储为了阻止外国人把美元换成黄金,从而也提高了利率。与此同时,美国人开始从银行取出现金,那么银行为了满足取现需求,开始销售债券。巴鲁克拥有面值 500 000美元的铁路债券,在这次危机中,受到了沉重的打击。到 1931 年夏天,有一种传言说是要将这些债券从合格证券中除去,以免纽约州银行、保险公司和信托基金可以合法投资债券。

从面值上看,巴鲁克的债券投资组合价值 4 177 000 美元。但是其现行报价还不到它的四分之三。他拥有的最大一笔债券是总面值为 811 000 美元的地铁债券——由因特伯勒捷运公司发行。1929 年初期,每张债券的价格 78 美元,在博伊尔小姐清算时,价

---

① 据推断,1929 年,巴鲁克申报股利收入为 585 811.81 美元。假定当年平均股利回报率为 3.47%,那所持股票的票面价值约合 1 700 万美元。同理,如果他申报的利息收入为 307 002.26 美元;若按平均利率是 5%计算,他所拥有的债券和银行存款约有 480 万美元。若按 4.5%计算是 530 万美元,这样可以得出 2 200 万美元。1934 年,《时代周刊》上的数据是 2 500 万美元。1926 年,阿瑟·克劳克在《纽约客》杂志中猜测这个数字应该是在"3 000 万到 5 000万美元之间",看来是高估了。

第十二章 "我会按兵不动"

格已经跌至 52 美元。1932 年 8 月,在快要跌到破产管理线以下时[最终归属市政府所有],它的价格仅为 44 美元。另外,巴鲁克还持有面值 148 000 美元的曼哈顿高架铁路债券,它是 IRT(Interborough Rapid Transit)的一个亏损子公司;还有面值大约为 50 万美元的纽约铁路公司,该公司经营小车及巴士的运行,前身是"都市铁道公司"。最后,这一债券的价格是 5 美分对 1 美元或者更低。

作为巴尔的摩—俄亥俄铁路公司的董事,他更关心公司的信贷。在 1927 年,他刚加入这个公司时,公司虽是赢利状态,但却落后于时代,需要提高硬件设施。因未曾预料到大萧条发生,公司选择了扩张而不是去巩固市场。公司具备庞大的董事会阵容,可谓一个威尔逊集团,包括前战争部部长牛顿·贝克、原联邦储备委员会董事保罗·瓦尔堡以及前战时工业委员会委员威拉德和巴鲁克。1929 年,公司董事会投票决定,投资 2 000 万美元,把两条短途铁路线合并起来,从而建成一条从纽约直通芝加哥的新线路。但那时并不是做这件事情的好时机。1932 年 3 月,由于股市暴跌和操作失误,董事们竟然省去分配优先股的红利,这是自 1900 年以来第一次发生这种情况。为了缓解资金短缺的压力,他们批准了一项向重建金融公司贷款的申请。这是一个为核查破产申请而刚成立不久的公司。[胡佛政府曾邀请巴鲁克加入这个公司,但被他拒绝。]到 1932 年 8 月,巴尔的摩—俄亥俄铁路公司成了重建金融公司最大的铁路业债务人。其所欠数额远远超过其他 65 家处于困境中的小铁路公司。也许正是因为联邦政府的援助,才使得巴尔的摩—俄亥俄铁路公司逃脱了破产的命运。另外,也正是因为危机中巴尔的摩—俄亥俄铁路公司发生的这一切,才使得巴鲁克选择担任美国国家运输委员会副主席。该委员会由政府组建,旨在为解决铁路危机提出政策性建议。委员会及时提出了一些建议,但却并没有起到明显的作用。委员会曾建议合并某些相互竞争的铁路线,从而在联邦政府的保护下建立一个统一的国家铁路系统。当时,巴鲁克由于痛风而卧床休养,为此,委派约翰逊代表参加讨论。①

博伊尔小姐也清算了自己的资产。1929 年,她的股票交易净利润不少于 229 825.06 美元,而且收到了 32 883.66 美元的利息和红利收入。[她的工资收入大约只是她所得税

---

① 董事生活并不令人满意。巴鲁克辞去董事一职的数年后回忆说:"它占用了我一半的时间,而我也没有从中学到更多有关铁路的知识。董事会上,要么提出政策建议,要么报告大宗交易。他们总是行色匆匆,如果某人提的问题过多,就会招人厌烦。对一个睿智的人来说,如果他不懂得所有的细节知识,我并不认为他做铁路公司或其他大机构的董事有什么意义。……董事或多或少都是有名无实的傀儡,不过小机构除外。"

报表上的总收入的四分之一,为 57 028.88 美元。]在股市最高点时,她的收入最多时可能有 50 万~75 万美元。但是到 1931 年 11 月 20 日,她仅持有 12 万美元的现金和不到 29 000 美元的证券。然而,她并没有失望到不佩戴珠宝首饰去上班和不参与投机活动的地步。就在她为自己清算资产的当天,她仍然有 15 000 美元的棉花期货被套。

11 月,约翰逊将军曾请巴鲁克为其选择几只看起来相对便宜的股票。但并没有记录表明巴鲁克自己立刻购买了这几只股票(这三只股票是:美国安全剃刀、加拿大干啤和商业信贷)。或者说,并没有看到股市已经触底从而应该大量购买的记录。而事实是,在 12 月中旬,当道—琼斯指数再创新低时,他卖掉了价值 187 482 美元的股票和债券而购买的证券只有 13 378 美元。有据可循的是,他对黄金的兴趣复苏了。

从个性上讲,巴鲁克对黄金和货币的观点(不是指采金业,而是指黄金具备货币的功能。)是一种直觉而并非逻辑分析。他从没有参加讨论过类似 1925 年英国恢复的黄金兑换率是否太高的问题,或者目前最流行的、被称为"金本位"的战后货币体系是否可能引起通货膨胀——因为它竟然允许两个不同的国家把各自的货币储备以相同的金条计算。相反,巴鲁克在 1929 年却对布鲁斯·巴顿讲,现存的"集约化"的中央银行结构是世界经济繁荣的壁垒。

1931 年之前,所有人都不这么认为。价格下降,货币的购买力相应地提高了。通货紧缩使提供资金的债权人获得了意外的收获,但对于债务人却是一种损失。在 1929 年,抵押贷款对双方来说都是易操作的。但是在 1931 年,在很多方面这种操作就显得非常麻烦。破产的企业越来越多,为使货币变得充足和便宜的政策也越来越多。实际上,这意味着减少或者消除货币的黄金支持。1931 年 9 月,英国放弃了金本位制。在此之前,阿根廷、奥地利、乌拉圭、巴西和德国已经这么做了。而印度、挪威、瑞典、加拿大和日本也紧追英国之后放弃了金本位制。相对于世界流通的新纸币,黄金的价值提高了。

依据这一消息,巴鲁克决定谨慎地为自己存贮一些黄金。他决定从购买黄金矿业的股票开始。1931 年 11 月的存货清单表明,他当时持有的最大一只股票就是阿拉斯加—朱诺,那时的股价是 15 美元。1927 年的成交价仅为 1 美元。[然而"联合金田"并没有那么令人振奋,博伊尔小姐购买了 40 050 股,当时场外的每股叫价只有 12.5 美元。]购买黄金是一个需要慎重考虑的决定。因为一般而言,这里有太多不应该购买黄金的理由。购买黄金既没有利息收入也不可能得到分红,还要支付储存黄金的费用,而且如果政府采取严格的通货制度——胡佛政府和随后的富兰克林·罗斯福政府都立誓这么做——它更没有什么价值可言。

19世纪30年代,当时的财政部长以官方的身份质询巴鲁克为什么私自购入黄金。因为在1933年,投资购买黄金是违法的,甚至可能被罗斯福政府猜疑成反动行为。当时,他的回答非常简练:"……因为我已经开始怀疑现行货币。"实际上,在1931年末1932年初时,是没有理由不对此产生怀疑的。当时,马尔科姆·马格瑞奇写道:"货币生病了,它的朋友们都匆忙地跑到它的枕边来挽救它。"1932年2月通过了一个这样的法案:联邦政府授权美联储以财政部发行的国债为抵押发行美元。在此之前,只有黄金和商业票据可以作为合法的抵押品,而黄金正在流向欧洲,萧条的生意使得一些银行根本没有合适的票据可以用。这样的结果是美联储发行货币——就是它的期票——以财政部的票据为后盾,形成一种以一个债务支撑另一个债务的局面。为了避免麻烦,美联储开始发行简易信用证,并很快得以流行,这成了财政债券货币化的一种权宜之策。3月,美国钢铁暂停分配公司的红利。大资本家伊娃·克罗伊和乔治·伊士曼自杀了。6月,联邦政府以27亿美元的财政赤字结束了上一财政年度的结算。这也是第一次世界大战后出现的最高赤字水平。

种种迹象使得巴鲁克对财政状况保持了高度的警觉。因为在他看来,预算平衡是商业和投资信心恢复的先决条件。除非联邦政府减少支出、提高税收,否则失业和贫困将永无止境。1932年1月11日,他以低廉的价格卖出一些证券后的一个月,也就是他开始购买金条前的大约一个月,他向《纽约邮政晚报》详细地阐述了这一观点:

政府信用是经济复苏和进而增加就业的基础。除非美利坚合众国能够立即行动,且能够制定出令人信服的措施以实现预算平衡,否则,一切都是徒劳。虽然这意味着政府支出的减少和繁重的税收,但我们所得到的却是信心的恢复和商业的复苏。

货币是商业的基础,是政府对支付的承诺。它代表着美利坚合众国的信誉。它的价值是由世界对这一信誉的信心决定的。我们的货币好得毋庸置疑,但是如果我们的政府允许财政预算不平衡,我们的公众和世界各国都将继续徘徊在阴影中。此刻起,财政赤字就可能成为信誉降低的"红灯"。在这个风声鹤唳的世界里,我们的赤字已经开始损害我们的信誉了。成千上万的人疯狂抛出了代表他们毕生存款的投资,转向了他们认为有价值的黄金。虽然证券投资的价格已经低得空前绝后,但他们还是宁愿大量持有现金而不愿意购买证券。

最后,巴鲁克请求政府尽快恢复正常的金融秩序:

停止财政支出是达到预算平衡最稳妥、有效和快速的方法。联邦政府无节制的开支状况是从1914年爆发的战时通货膨胀开始的。在此之前的13年内,平均每年的财政支出是6亿美元。1923年,除去公共债务,财政支出已经上升至18亿美元,1931年这一数字又上升至28亿美元,是战前的4.67倍。几乎所有的经济指标,比如商品价格和产量的经济指标,都回到了战前水平。无须经济学家告诉我们,我们就知道我们最需要的就是减少支出,这是唯一通向预算平衡之路。我们需要的是大刀阔斧的而非简单修剪的措施。

我们必须通过巩固我们的信任机制来刺激消费从而提高生活必需品的价格,而不是自欺欺人地通过货币贬值来提高价格,破坏公众对政府信任的基础。

从1932年4月2日到1933年早期,巴鲁克地下金库收到了一批又一批的黄金。到1933年2月,虽然并不知道巴鲁克从英国购买了多少黄金,但我们却知道他从"阿拉斯加—朱诺"公司收到了66块金块。[为了检测产品的金块,巴鲁克提炼了其中的3块。]其实,由于金块未被提炼,且形状也不规则,所以很难知道从"阿拉斯加—朱诺"公司巴鲁克确切的购金量。然而,根据1933年该公司卖出的类似金块,巴鲁克购得的黄金量大概有72 000盎司。当时的金价是一盎司20.67美元,所以72 000盎司黄金总价值大概为1 500 000美元。政府调查巴鲁克购金行为之际,当该公司的总裁菲利普·布拉德利被问及为什么巴鲁克购买黄金时,他简短地回答道:"出于对黄金价格上涨的预期。"但是当金价确实上升时,巴鲁克并没有从中获利。因为1933年4月,罗斯福政府下令,所有美国人以通行黄金兑换率即每盎司20.67美元的价格卖给政府。但是在不到3个月的时间内,世界金价就已经上升至每盎司29美元。

1932年7月,股市终于止跌,开始大幅度的上涨。9月7日,道—琼斯指数已达到最低时的两倍。巴鲁克在低点时选择进入的时机要比在高点时选择退出的时机好。9月下旬,丘吉尔发来电报,感谢巴鲁克在跌停回升时让其大获其利。其实在6日,他自己曾卖了一些股票,例如,以5.5美元的价格卖出了700股的"欧文风笛"。1929年他购买这只股票的价格是37.875美元。

后来,就在那年秋天,巴鲁克应邀为新版《大众的异常妄想与群体疯狂》(*Extraordi-*

第十二章 "我会按兵不动"

nary Popular Delusions and the Madness of Crowds)作序。这本书的作者查尔斯·麦凯研究了这种注定带来厄运的异常热情,例如南海泡沫和郁金香热潮。巴鲁克赞扬这本书为人们研究所有各种经济活动中的心理因素提供了启示。他在序言中写道:"我总是在考虑,在1929年,当糟糕的新经济理论达到高潮,股价疯涨得让人目眩时,如果我们总能不断地重复2加2仍是4的话,那么大多数噩梦都可能会避免。同样,即使在惨淡的年景,正如现在,许多人开始想知道这种下跌是否会永远持续下去的时候,那么最合适的驱病符可能就是:"是的,它总是这样。"巴鲁克并没有提及他的工业复兴计划,甚至也没有拐弯抹角地讲到它与"新经济理论"的区别。然而,在股市低迷的情况下,他是对的。但是从股价来看,衰退已经结束。

第十三章

与罗斯福打交道

第十三章 与罗斯福打交道

在战时工业委员会的每次聚会上斯沃普都会讲到"巴鲁克大象"的故事。这是一种大象,当它打算走过一座竹桥时,首先会用它的两条前腿试探一下,看看是否安全,然后叫一些涉世未深的"小象"先通过这座桥。作为持有谨慎态度,曾投资得克萨斯湾硫磺的风险资本家,作为凡尔赛和会上勇敢善战却差点不能全身而退的代表,作为一个决心不选择偏向任何候选人而只做政党拥护者的政治家,作为一个一再提醒自己不要试图在最低点购买股票而要"等等看看,以后再买"的投资家,巴鲁克的确是十分小心谨慎的,所以当巴鲁克听到这个故事时,并不否认,而是以自我认知为乐。

在国家经济危机达到低谷时,人们一般认为下届的总统将会在在野党中产生。1932年,在芝加哥,民主党全国代表大会召开之前,激烈的争权夺位就已经开始了。一位华尔街人士首先看清了当时政坛的走向,早早地将一部分钱捐给时任纽约市市长的富兰克林·罗斯福。然而,巴鲁克仍坚持一贯的谨慎小心。虽然心里偏向纽顿·贝克、阿尔伯特·瑞奇和艾尔·史密斯,反对罗斯福,但他在表面上仍表现出一种中立的态度,等待悬而未决的民主党全国代表大会的选举结果。因此,民主党的代表们指出,巴鲁克投向罗斯福阵营是为了"下山分享胜利果实"。

保守的民主党人,当今很少见,但在当时却很普遍。作为他们中的一员,巴鲁克也清楚地看出了影响选举胜利的因素:经济节约型政府而不是肆意浪费型政府;提高薪金而不是降低薪金;自由型经济而不是政府干预型经济。更加清楚的一点是,罗斯福是财政和货币教条的候选人,而胡佛却是喜欢尝试冒险的候选人。[例如,1932年,财政赤字达到27亿美元,而重建金融公司的积极性也达到了前所未有的高度。]1930年,巴鲁克详细列举了他的政治信条:

我是一个民主党人,理由如下:我认为政府应该致力于管好自身事务。我认为对公众干涉最少,就是对他们最好的管理。不能通过禁令而使公众更听话,也不能通过设置税收高墙使企业更加繁荣,因为如果这样做我们的企业就会因为国际竞争而被驱逐到其他国家,例如通用汽车和福特公司已经开始雇用其他国家的劳动力而并非我国的劳动力。我认为制定一些临时性经济措施,从而试图去激发那些靠自力更生而发展起来的人的力量，并不是政府的事情。它只会像《禁酒令》那样以失败告终。公众应该有充分的自由去解决自身所面临的问题。政府唯一能做的就是给予每一个人平等竞争的机会。在我们国家的历史上，还从未像现在这么远地偏离了民主政治和共和政治原则的轨迹。现在我们的政府什么都想做，而结果是他们除了践踏我们的法律之外，什么也没有做成。①

随着经济环境的不断恶化，自由市场经济的观点已不适合当时的经济形势，而中央计划经济的思想开始慢慢得到人们的认同。1931年，巴鲁克谈到了为了抑制"由于赚不到钱的竞争而导致的过度生产和损失"，可以设置一个"高级商业法庭"准许在合适的地点和合适的时机建立起一些卡特尔。其实战后他已经提出过这个观点，而今他希望能够进一步向前推进。1931年，战时工业委员会重聚时，巴鲁克曾讲道："通常，政府的一些肤浅的权宜之策会让我担心，但是我认为，我们可以尝试协调和稳定工业的实验。毕竟，只有反复的实验，不断地发现错误和漏洞，才能使我们在前进的道路上不断进步。"

政治分类学家对巴鲁克失去了信心。因为在政治问题上，他的观点会非常轻易地改变，就像他在股市上改变他的投资观点一样。他是自由经济的忠实信奉者，但是如果一个偶然的左翼计划恰好符合他的口味，他也会毫不保留地提倡这一观点。[他本来与马克思主义划清了界线，但在20世纪30年代时，当所有人都开始研读马克思主义时，他也开始费神研究，甚至在巴黎里茨这种与马克思主义完全不协调的高级酒店内阅读马克思的著作。他曾在寄给斯沃普的明信片上写道："我不能理解马克思主义。我认为那些理解它的人都是在假装内行。从目前我阅读马克思著作来看，他主张如果你不能理解他，不能理解他的逻辑，你就是一个庸俗的资产阶级。好吧，也许我就是这样的人。"]对于知识分子界，政治观点是有生命的。对于巴鲁克，政治观点却远没有权力、政党、朋友那么逼真。他随时都可能为了权力、政党和朋友而放弃他的政治立场。

在那个时期，大多数情况下，他总是支持那些经过实验已被证实的观点。在罗斯福就职前，他鼓励降低政府支出，追求预算平衡，提高政府的公信度。他认为只要政府能够引导人们把手中握着的货币拿出来消费就会有足够的财力来恢复金融状况。总的来说，在1932年以前，他一直支持民主党提出的政治纲领。这些政治纲领中，首要的政治观点就是"通过取消不必要的委员会和政府职位，大幅度地快速削减财政支出"。第二个观点

---

① 1927年，巴鲁克在写给法兰克·凯特的信中讲道："如果基督是凡人，那他肯定是一个民主党人，而绝不会是个共和党人。"巴鲁克这样讲并不是想表达他的幽默感。

第十三章 与罗斯福打交道

是"保持每年财政预算的平衡以维护国家的信誉"。

由于巴鲁克在罗斯福胜券在握的时候才匆匆加入罗斯福的阵营,所以罗斯福圈内人士对他总有一些怨言。再者,由于他的富有,他与新闻界和国会都保持着联系,所以也不免引起别人的嫉妒。罗斯福智囊团的元老雷蒙德·莫利曾当面对他讲:"伯尼,你真是一个聪明绝顶的人。"巴鲁克非常客气地回应了这位新政拥护者的猜疑。1932 年 12 月,巴鲁克忍受着痛风的折磨,在一篇文章中不无怒气地指责了那些在新当选总统周围的大学教授:"带着角质架眼镜,围在富兰克林旁的家伙们……他们没有什么领导力,也没有提出任何有建设性的政策建议。"然而,结果是他们不乏领导才能,也提出了一些建议性的政策建议,只是这些并不是巴鲁克所愿意看到的。

总统大选结束后的一段时间内,巴鲁克似乎要回到核心人员之中。唐德纳斯从巴黎发来电报,他断言巴鲁克一定会当选财政部部长。肯尼迪也曾对沃尔特·李普曼讲,他认为巴鲁克正在谋求国务卿一职。然而,并没有什么职位降临到巴鲁克头上。1933 年 1 月,巴鲁克认为,虽然从政治上讲他是离开了,但他仍处于经济事务的核心地位。2 月,他在参议院财政委员会前阐述了——释放人们的消费欲望与保持政府财政政策和货币政策的完善——这两者的必要性。随后,他与罗斯福对此交换了意见。之后,他便与安妮一起去巴尔的摩,参加约翰·霍普金斯大学授予他名誉学位的仪式。[丹尼尔·威德拉是该校理事,也是理事会执行委员会的主席。]在宣布授予学位和巴鲁克的演讲"纪念日"前,雅各布·赫兰德尔教授的颂词中,对巴鲁克在道德上、精神上以及物质上所作的贡献给予了高度的赞扬。[在物质方面的赞扬,显得含糊其辞,并没有提及他参与股票交易和投机活动。]赫兰德尔教授还讲到了他在政治事务上的突出表现——尤其在新政府开始执政前夕——多位总统曾经向他征求意见。后来,罗斯福并没有请巴鲁克进入内阁,而且很少向他征求意见。正因为此,赫兰德尔教授的这番讲话被蒙上一层讽刺的意味。巴鲁克以一篇有关中央集权制的弊端和国家法律不可侵犯的演讲,给出了针锋相对的回答。演讲的题目是"依靠政府":

在政府的权力不断扩大,以致连土地、空气和水源在某种程度上都被当局控制时,我们与生俱来的权利也在一点点地被不断蚕食。地方政府的权力丧失,商业隐私无法受到法律的保护,个人行为也在联邦政府的严格监视之下。权利法案规定的权利几乎都没有得到保障。这种愚蠢行为的后果是,政府每年开支 40 亿美元,是战前政府的 6 倍,但在很多方面的建树却还不如战前水平。这是对联邦政府信誉的最大威胁,也是工业复兴的最大障碍。我们根本支付不起这种近乎奢侈的花费。

演讲中他还多次表达了他对战前自由的向往之情。他充满感情地谈及"当时的政府是通过打破阻碍团结的壁垒,而不是通过神奇的魔力使所有的力量凝聚在一起的"。他回想起,当时的民众也做出了一些牺牲,但他们是愿意牺牲的。结尾时,他鼓励听众应该大力支持即将承担很大压力的新任总统。他讲道:"我们的民众,不是为了罗斯福本人,而是为了人民自己和整个世界。这些要求罗斯福能够得到每个人的全力支持,而不论这个人的偏好、党派还是利益如何。"民众将会知道,谁不这么做,谁将会对危险麻木不仁或者在国家危难之时不愿履行作为一个公民应尽的神圣职责,这样的人将会受到民众严厉的惩罚,正像对待那些在战争中临阵脱逃的士兵。

这可谓是讽刺中的杰作。这次演讲之后不到几周内,巴鲁克——赫兰德尔教授口中的"多位总统的顾问"——开始谴责一个根本没有向他咨询过的立法。罗斯福总统在3月4日正式任职。

巴鲁克出现在富兰克林·罗斯福就职典礼的《名利场》(Vanity Fair)的演出中
(巴鲁克一头白发,戴着眼镜,站在一群海军军官的前面;1933年3月4日)
(出自普林斯顿大学图书馆古籍特藏部的伯纳德·巴鲁克文件)

6日罗斯福总统就颁布了银行休假日。20日,罗斯福总统又签署了《经济法案》,降低了联邦政府公务员的薪水,对其他政府储蓄也有所影响。这是最早,回想起来也是最

第十三章 与罗斯福打交道

没有特色的立法,却是最令巴鲁克震惊的新政措施。就在当月晚些时候,查尔斯·E. 米切尔因逃税被起诉。同时,已经破产的美利坚银行的前总裁伯纳德·K. 马库斯和前副总裁索尔·辛格也先后被送进新新监狱(纽约州一州立监狱)。4月5日,一项新的行政命令禁止囤积黄金,命令所有的美国人,把自己持有的金块、金币和黄金券全部移交给就近的联邦储备银行。4月19日和20日,总统又宣布允许美元对外币贬值,作为提高本国商品价格的新举措。之后,针对《农业调整法案》的《托马斯修正案》被提交国会商议,该条法案允许总统减少美元中的黄金含量,最多减至原来的一半。接下来颁布了《紧急农场抵押法案》、《田纳西州河流管理局法案》、《证券法》、《个人住房贷款法案》和《全国复兴法案》。最后一个法案的目的是想通过和平时期的战时工业委员会来提高国内价格。6月5日,又通过了一项废除所有合同条款中,要求具体的支付形式以黄金或者与黄金同价值的纸币的条款,不管是公共合同还是私人合同。与此同时,参议院的法律顾问费迪南·德佩科拉(小时从西西里岛移民过来)正在质问J. P. 摩根的合伙人及另外几个次要的金融名人。他们都曾是上一轮经济繁荣时华尔街中的活跃人物。

这一系列疯狂改革令巴鲁克大吃一惊。4月5日,他私下里跟参议员基·皮特曼坦言:"现在的立法太多了,而其中有很多立法我都不是很赞同,但我也不想落下蓄意破坏新政的坏名声。"10日,他曾草拟了一封写给罗斯福总统的贺信[包括一些评论,例如"民众非常清醒地看到,他们正在见证一个奇迹,他们新当选的总统正逐步实现他的诺言"]。但是,这封信并没有寄出。不管结果是好还是坏,正如詹姆士·瓦尔堡所观察到的,他们的总统先生正在很好地推行着一条社会主义道路,而不是一条民主主义的道路。

巴鲁克对当时事态的发展所做出的反应还是相当温和的。他的朋友参议员卡特尔·格拉斯在1932年曾经草拟过一份政纲,在这份政纲中,民主党宣称"要不惜任何代价保持货币的稳定"。而事实却并非如此,所以格拉斯公开谴责"民主党允许美元贬值的法案违背该党的主张,使美国遭受一次国耻"。巴鲁克本身对黄金政策深感不安,但作为股票交易者他感觉趋势正在发生变化,已无意抱怨股票行情[1]。作为一个美国公民,他又十分关心总统的政策。而且他又是一个有可能成为总统顾问的人,所以新政令他十分沮丧。

---

[1] 巴鲁克个人的金融利益是多方面的。作为一名黄金持有者,他不得不以每盎司20.97美元的价格交出黄金。持有金矿股都将会从美元的贬值中获利。结果,阿拉斯加—朱诺于1934年开始以每盎司35美元的价格收买黄金牟利。

罗斯福政府的劳工部部长弗朗西丝·珀金斯揣摸到巴鲁克当时的思想状态。后来，她讲道：

当你不认为自己有罪时，但你有时又会感到有一点莫名的负罪感，巴鲁克也有这样的感觉。你觉得自己并没有做错任何事情，实际上他也没有，但你们仍会感到有种负罪感。凭着你的判断选择放弃货币而持有黄金并没有什么错。但是如果你的黄金要被交出，持有黄金的人又被称为囤积者，而且如果不交出还会受到法律的惩罚。当这些人被冠以恶名时，他开始感到有一种负罪感。虽然这种负罪感并不是来自一般意义上的犯罪，而"只是因为我站在了不受欢迎的一面，但我并不希望是这样的"。

这一分析可能颇为深刻。珀金斯又提到一次内阁会议中有关反对黄金投资者的讨论。当时，参加会议的副总统约翰·N. 加纳非常热衷于这一政策。

当时[她讲道]，加纳开始抿嘴笑，脸开始变红，并且说："当然，总统先生，这一措施会使很多人陷入极为尴尬的境地。"

总统先生很严肃地回答道："我并不这么认为。我认为任何人只要他在做一件这个国家认为正确的事，他就不会因此而感到不安。"

在此之前，我们讨论过，关于孩子们从祖父手中得到的价值10美元的金制小饰物是否需要上交的问题。

加纳听了总统的话后，讲道："你们知道的我们最伟大的朋友之一拥有大量的黄金。"

听到这句话后，我和在座的其他人大声问道："是谁？"

"巴鲁克，我了解到他手中的金砖量相当于一家银行的储备。"

5月下旬，佩克拉委员会上偶然暴露出的一个内幕也表明了新政拥护者对巴鲁克的怀疑，虽然珀金斯并没有提及这件事。调查表明，摩根公司曾列出一个"首选人士"的名单。名单上的人都是摩根公司普通股票的直接持有人，而巴鲁克的名字就在这个名单上。与他一起上了这个名单的人都异常显赫，包括约翰·拉斯克伯、查尔斯·林德伯格、卡尔文·柯利芝、查尔斯·米切尔、威廉·麦卡杜、约翰·潘兴，还有罗斯福政府的财政部部长威廉·伍丁。1929年，摩根公司为这些人提供了一家或多家新上市公司的股票。摩根公司有一个原则，不承销新证券，但有时也会破例，以至于它拥有的股票比它想要得到的股票多。不考虑卖给一般民众的做法——这并不是摩根公司的作风——它会把超出额卖给它的朋友和熟悉的人。

第十三章 与罗斯福打交道

摩根公司曾用这种方式分配过"标准品牌"公司的股票,那是由几家生产酵母和小苏打企业合并的公司。巴鲁克曾经持有合并之前的一个子公司,弗莱施曼的股票,所以他自然地就成了合并后"标准品牌"公司的股东。摩根公司给他和其他人的优惠条件是他们可以在 1929 年 6 月下旬合约购买这些股票,支付可以推迟到 9 月下旬。这种交易方式也没有什么特别的,虽然它跟委员会的想象不符,但对于购买者来讲,它也不是没有风险的。如果正如佩克拉预测的那样,上涨是不可避免的,那他们会从中获利,但如果恰好股票价格下跌,那他们同样也要承担损失。巴鲁克以每股 32 美元购进 4 000 股。交易纪录显示巴鲁克在市场崩溃时,还以 32 美元的价格卖出了 3 000 股,并没有获利。一年后,他在摩根公司的账户里有 300 股,而当时的价格为 15.75 美元,也没有什么利润而言。〔当然,对于巴鲁克来讲,说他一定从摩根公司得到了很多好处的说法也是无稽之谈,他认为,摩根公司在铁路业和硫磺业中一直在跟他作对。〕当佩克拉委员会的重大新闻在 1933 年 5 月被披露时,斯沃普写了一篇长篇文章,漫不经心地抨击了该委员会,但结尾处巧妙地提到巴鲁克与这篇文章并无关系。

在那段时期,巴鲁克一次又一次地被新闻媒体描写成幕后操纵者。虽然他并没有那么大的能量,但那些故事却说他可以一手遮天。有的报道讲到,他把自己最得力的助手安排到政府部门,因此可以通过他们来操纵政府。在这些所谓的"巴鲁克的人"中,较为引人注目的包括:农业调整管理局官员乔治·匹克、全国复兴总署署长休·约翰逊,当然也包括斯沃普。虽然在参加世界货币和经济会议的美国代表团中,斯沃普并不是很起眼,但他的作用也是有目共睹的。

虽然故事听起来生动有趣,但事实并非如此。其实,在匹克任职农业调整管理局前,这一职务本来是提供给巴鲁克的。但由于他认为即将生效的法律很难执行,所以婉拒了这一职务。该法律想通过补偿不种植农作物的农民来提高商品的价格,巴鲁克认为这是不可行的。匹克顾虑重重地接受了这一职务,但不到 7 个月就被辞退了。之后匹克担任了贸易特别顾问,直到 1935 年辞去这一职务为止。〔当匹克被农业调整管理局辞退时,芝加哥《每日新闻》对巴鲁克在国会的势力到底受到多大的影响颇感兴趣:"匹克的离开意味着除去了新政拥护者中'莫林犁工程'最后的残余分子。但这是否也表明了总统们的老朋友伯纳德·巴鲁克也从此失去了他在政坛中的影响力呢,我们拭目以待。"〕如果说确实存在一个人是巴鲁克的助手,那这个人就是约翰逊。然而,约翰逊当上全国复兴总署的署长并不是因为巴鲁克。相反,巴鲁克曾提醒弗朗西丝·珀金斯,约翰逊并不胜任这一职务,必须让罗斯福总统知道这一事实。珀金斯认为,巴鲁克并不会亲自向罗斯福总统说明这一点。因为巴鲁克仍在为囤金被抓住而备感愧疚。结果是,约翰逊能够参与推行新政不是因为巴鲁克而是因为摆脱了他。

在某种程度上,全国复兴总署确实把它的成立归功于巴鲁克,至少它从巴鲁克曾主持过的战时工业委员会的成功方法中得到一些有益的借鉴。正如约翰逊看到的,在1933年的大萧条中,工业界把领导权交给了政府。他对他提出的萧条理论深信不疑。他曾写道:"大萧条到来了,因为实业家被法律判决为未经审核和无序的竞争者。法律认为他们不能做到相互之间协商,他们不能把每一个行业看作一个单位,不能把一个国家看作一个整体,而其中的每个公民都有自己的利益所在,每一个工人都有应履行的责任。"

如果正如约翰逊所认为的,反垄断法阻止了企业间有可能的相互协商(确保了疯狂竞争、过度发展和必然破产),那就到了应该制定新法律的时候。在华盛顿,约翰逊已经开始着手草拟国家工业复兴法案,并喜欢将其称为工业的"自我约束章程"。因此,在这一法律下,企业将制定一个"准则",来规定每个行业的最长工作时间、最低工资以及在法律允许的范围内进行的商业活动包括价格制定等。为了国家的利益,所有这些"准则"的制定都要在联邦政府的监督下进行。

对于这一新法案,巴鲁克心里极其矛盾,一方面主张自由竞争市场,而另一方面又主张战时社会主义。随着"百日新政"的不断推进,战时的巴鲁克走到了前面。他对战时社会主义的倾向在3月20日布鲁金斯学会上的一次演讲中表现得最为突出。这篇讲话是为了纪念战时工业委员会的建立和它的创始人之一罗伯特·布鲁金斯。在演讲中,他首先对三个月前约翰·霍普金斯提出有关商业隐私丧失的说法深表遗憾,然后极力主张制定允许企业在政府管制下开明合作的新制度。他把目前的经济危机比作一场战争,它的紧张状况不亚于1917年到1918年的"一战"时期。[被称为"一战""最危险的时刻"。]这样的比喻是为了表明新的国家复兴项目同样可以胜利完成。在演讲中,他还附和了约翰逊的观点,认为《谢尔曼法案》阻止了竞争企业之间的有效合作。目前需要的是企业在"法律约束"下进行自愿的协商合作。当工资和成本增加时(理性计划的结果),商品价格也将会上升，但这可能也意味着新的隐患。巴鲁克指出："商品价格普遍提高是一个危险的信号，政府需要制定预防价格普遍提高的措施。欢迎这一措施的企业家也必须清楚地看到，这一措施可能会使他们承担由于政府限价而产生的成本。工业界当然会赞同政府这样做，但这意味着企业的行为总是受限于政府批准。"

巴鲁克继续谈到，在新政实施期间一定会出现一些顽抗者。对此，他建议政府建立生产经营许可制度，限制不合作者的行为。但是，如果公众能够在心理和物质上都做好充分的准备，那么这一问题也将不难解决。最后，巴鲁克讲道："如果大家都能认识到，所有愿意合作的人都是我们勇敢的战士，正在与我们共同的敌人作战，而那些无视国家法案的人，就是我们的敌人，那么，就不会有人退缩不前。政府批准的标志将会悬挂在企业的大门，出现在企业的信头和发票上。1918年，我们成功地使用了这一方法。它是一条战斗和获得民众支持的捷径，如果不这样，国家复兴法案是不可能成功执行的。"正如巴鲁克建议的那样，国家复兴总署的标志"蓝鹰"诞生了。

作为国家复兴总署的行政长官，约翰逊在美国工商界掀起了一场革命。他起草了最低工资和最长工时法，禁止剥削劳动力和使用童工，创立了劳资双方代表的谈判机制。所有这一切改革都大刀阔斧地进行着。正如约翰逊就职时所讲的"开头看是放烟火，后来是放冷箭"。但巴鲁克对此过激的行为感到了几分担忧。H. L. 孟肯（H. L. Mencken）曾这样描述这位将军的过激行为，在听取了各行业规则制定的执行情况时："汗流浃背的他脱掉大衣，大嗓门经由麦克风让周围的人震耳欲聋。"可以想象，这位将军的做派与当时主持战时工业委员会的巴鲁克是完全不同的。

因为巴鲁克并不赞成国家复兴法案严格的管理政策，所以他并没有像别人所期望的那样，对国家复兴法案产生那种父亲般的骄傲。他认为企业家去华盛顿卑躬屈膝地请求政府的批准与企业家自愿屈服是不同的。1933年，他发表了对约翰逊的反对意见："整个工业都在执行政府强加给他们的各种法律法规。换句话讲，政府正在试图直接领导整个国家的工业命运，即使这一行为并不是国家复兴所必需的。"最令约翰逊担心的反对者是卡特·格拉斯。他是弗吉尼亚几家报纸的发行商，认为国家复兴总署的新闻法规完全是对出版自由的粗暴践踏。格拉斯对约翰逊说："将军阁下，我只是想告诉您，你们的那只蓝色怪鸟不会从我的那份报纸上飞走的。"但是，直到1933年底，格拉斯和约翰逊这两个观点截然不同的人都认为巴鲁克赞同自己的观点。可见，巴鲁克的政治手段是多么老道和圆滑。1934 年秋天,约翰逊准备辞去国家复兴总署的职务时,巴鲁克是他唯一前去寻求建议和帮助的人。在此前一年,也就是 1933 年,他还从巴鲁克那里贷款 6 000 美元。可见,他对巴鲁克是多么的信任。1935 年,在《从诞生到消亡的蓝鹰》一书中,约翰逊把巴鲁克称为"他见过的最忠诚、亲切和体贴的人"。他对巴鲁克的尊敬一直持续到他 1940 年去世为止。约翰逊临终时,巴鲁克一直守在他的病榻前,并支付了照顾约翰逊的护士的工资。

巴鲁克并不喜欢意识形态上的思考,他的政治策略更加符合实际。他并不愿意成为白宫当政者的敌对派,所以他经常可以很灵活地改变自己的政治观点。在罗斯福宣誓就职前,巴鲁克认为通货膨胀就如恶魔一般百害而无一利。当新政开始实施之后,私下里,他也是这样对别人讲的。但他并没有蠢到让自己在白宫失宠。1933 年春天,在政府决定召回黄金并签署了允许美元贬值的《托马斯法案》后,巴鲁克委托别人向罗斯福总统建议:在伦敦即将召开的世界货币和经济会议开幕之前,应采取相应的措施。

世界货币和经济会议的主要目的是使得以黄金结算的国家与以纸币结算的国家看齐,或者是后者向前者看齐,总之要重新确立一个固定的价值来稳定世界货币体系。这次会议定在六七月。2 月,巴克鲁被委任美国顾问团主席。他的敌对派认为,之所以委任他来担任这一职务,主要是因为他没有被邀请加入内阁。而又因为他太聪明、太富有、在国会又太有影响力,所以政府不得不考虑他,也算是一种补偿。会议临近时,一起无伤大雅的政治小贿赂引起了詹姆士·瓦尔堡的警觉。詹姆士一直认为巴鲁克过于自负而其实什么都不懂,并且一定会利用职权获得重要的信息从而为自己的生意谋利。实际上,确实有一些事情可以证明詹姆士的怀疑不是毫无道理的。早在 1 月,罗斯福曾对他的司法部长荷马·卡明斯讲,巴鲁克从"苏里—大西洋铁路"债券中获得了 100 万美元的利润。可以看出,这一利润所得是因为他得到了重建金融公司的一项贷款内情。再者,他获得了以规定的价格购买银矿股份的权利,而银价是这次会议议程的一部分。

到 5 月,又有消息称巴鲁克不会去伦敦,而是作为白宫的联络人待在国内。在瓦尔堡看来,这纯粹是拿巴鲁克开玩笑。因为在会议召开期间,总统先生正在外度假,那么谁又需要巴鲁克的联络呢。6 月,罗斯福总统委派国务卿莫利赴伦敦视察代表团的工作,因为她与巴鲁克的关系一直不错,所以同意去伦敦时带上斯沃普。

第十三章 与罗斯福打交道

对那些担心绝密信息会被某些人滥用的人来讲,斯沃普的到来让他们深感不安。缅因州波特兰市一个名叫霍华德的人在6月22日曾特地发电报提醒罗斯福总统,当心有些人会利用内幕信息而大谋私利。众所周知,巴鲁克和斯沃普的经济关系非常密切。斯沃普这次来到伦敦很有可能是向巴鲁克透露市场动向。[罗斯福曾听过一个名叫路易斯·M.豪的白宫助手不屑地讲道,斯沃普不过是大富翁巴鲁克的一个小兄弟,但罗斯福并不赞同,回答道:"不过,我倒喜欢斯沃普这个人。"]当莫利和斯沃普到达伦敦后,又出现了巴鲁克和斯沃普两人进行内部交易的新证据,那就是他们之间的电话交流过于频繁。他们之间的通话都比较长(巴鲁克的电话账单达到了432美元),而且几乎每次斯沃普都能接到电话,除此之外,这些年来,他们通过其他一切可能的渠道在交流。最特别的一次交流是1931年的某一天,巴鲁克一天之内竟然写了4封信给斯沃普。的确,斯沃普总能使巴鲁克了解到最新的市场信息。也就是后人所说的特权。例如,作为巴鲁克在克林·曼哈顿捷运公司董事会的代理人,斯沃普会定期把公司的收益和分红透露给巴鲁克[还有其他人,包括约瑟夫·肯尼迪],而公司其他股东只能从之后的报纸上获知相关信息。不难想象,斯沃普也会从伦敦给巴鲁克发来一些会议内幕。另外一方面,斯沃普也听从了巴鲁克的建议在去伦敦之前卖掉了几家公司的股票。这些公司一般是从事采矿或者是国际贸易的公司。这样做是为了避免表面上的利益冲突。巴鲁克曾经经历过"和平照会泄露"调查和大量对他在主持战时工业委员时假公济私的指控。那么作为经历过这么多教训的人,为什么在他62岁时还会冒着名誉受损的风险而在市场上急转向呢?这实在太令人费解。

对于美国代表团的领导,国务卿孔代尔·赫尔来说,比斯沃普跟什么人经常通话更为重要的是,斯沃普和莫利在会议上的表现如何。从一开始,会议进行得就不是很顺利,令各方都感到十分失望。以黄金结算的国家代表法国迫切要求英国和美国迅速恢复之前的黄金兑换。而美国出于自身利益的考虑,并不赞成任何立即恢复货币稳定的措施,且对之前的盟友拒付战时借款而深感恼火。从美国代表之一的詹姆士·M.考克斯和法国代表之一的乔治斯·波内特之间的交锋,我们可以看出这一谈判的主要矛盾。

波内特:我们决不愿意看到由选举产生的货币委员会的领导来自一个刚刚脱离金本位制的国家。

考克斯:美利坚合众国也不愿意看到由选举产生的货币委员会的领导来自一个拒付

欠款的国家。

美国人内部也发生了激烈的矛盾。支持赫尔的代表团成员参议员基·皮特曼曾在克莱利奇饭店的大厅拿着一把猎刀追杀任职国务院的赫伯特·菲利。还有一次,在阿斯特家的一次晚宴之后,皮特曼竟把阿斯特的夫人南希女士放倒在地。与会期间,皮特曼只关心白银的问题,而赫尔基本主张实行低关税。但倒是有一点让美国代表能够达成一致意见的,那就是:他们都希望在未来某个日子,美国能够回归金本位制。

6月20日,在莫利带着斯沃普登船去英国前,莫利曾对记者透露,在自己外出期间,巴鲁克将顶替自己在国务院的职务,同时,这些记者可以如其所望地经常见到巴鲁克。别人对这件事情的重述,又一次夸大了巴鲁克的作用,正像上次夸大了他在"百日新政"时期所能起到的作用一样。一封给"伯纳特·巴鲁克,美利坚合众国的非官方总统"的电报被送至国务院。发电报者是一位来自马州塔尔萨市心怀良好祝愿的人。这份电报只是简单写道:"祝贺您,没有人比您更适合这个工作了。"正如后来赫伯特·菲利[与皮特曼的交锋中险些丧命的那位]所写的那样,真的很奇怪,莫利为什么会选择巴鲁克顶替他的位置。因为他是一个金本位制的捍卫者,而这正是罗斯福总统想要摒弃的。其实,派莫利和斯沃普去伦敦就是希望他们能够与金本位制的国家抗衡。

然而,莫利当时并不十分清楚总统先生想要的是什么,也许,罗斯福总统自己也并不十分确定想要什么。无论如何,6月20日,当巴鲁克接听了莫利从伦敦打来的电话后,还是十分兴奋的。因为在电话中莫利告诉他,大会已草拟了一份黄金和国际货币体系的宣言。这一宣言在伦敦已被接纳,罗斯福总统的批准是维护这次会议的必要条件。该宣言的措辞令人充满希望,定会维护各国货币的稳定;建立金本位制;各代表团以国家的名义做了一个不是很明确的誓言,合作阻止各国可能出现的货币波动。之后,巴鲁克联合财政部长伍丁和副部长迪安·艾奇逊一起来说服罗斯福总统批准这一宣言。

然而,罗斯福总统拒绝批准。相反,在他视察美国军舰印第安纳波利斯号时,在路易斯·豪和小亨利·摩根索尔的协助下,起草了一份拒绝声明。这在当时以及以后都引起了轩然大波。新政的经济目标是提高价格。成立国家复兴总署和农业调整管理局的目的是想通过立法和诱导的方式实现这一目标。黄金法案是想通过货币贬值来提高商品价格。与摩根索尔和豪经过一番详细的讨论之后,罗斯福总统对为了一个国际公约而放弃国内行政自由的主张非常不满。他措辞强烈地致信豪:"维护国内经济运行的稳定比保

第十三章　与罗斯福打交道

证本国货币与外国货币兑换比例稳定更为重要。……因此,所谓的国际银行家的老信条——努力保持本国货币的世界稳定——将被新的信条所替代——努力保持本国货币实际购买力的持续和稳定,以满足现代社会发展世界贸易和经济需求。"

会议下一步将如何发展不得而知。对于美国代表团来讲,总统观点转变的政治影响是极其深远的。莫利因为支持总统的反对宣言而退出了代表团,而曾经在与莫利的对立中处于劣势的豪却名正言顺地进入了代表团。当然,赞成金本位制的也都退出了代表团。作为其中的一员,瓦尔堡随即辞去了代表团职务。当时瓦尔堡讲道:"我们正在进入一片海域,但我们却没有这片海域的海图,因此,我感到自己是一个极其不胜任的导航员。"

作为比瓦尔堡资格更老、经验更丰富的老"导航员",巴克鲁的导航技术更加灵活,他并没有坚决反对总统的做法。7月中旬,去欧洲看望太太和女儿的前一周,他给约瑟夫·丹尼尔写了一封信,信中提到:"风险一直伴随着我,但是,有些老朋友间的风险就像一剂极强劲的药,我不得不吃。"他在信中告诉丹尼尔,他将要动身去维希,因为温泉"可以除去我思想体系中所有邪恶的东西,我也真心希望如此"。斯沃普发来电报,祝他一路顺风,并希望他的婚姻生活能够继续维持"牢固的根基"。同年夏末,巴鲁克在捷克斯洛伐克遇到了卡特尔·拉格斯和弗兰克·肯特。他们都是与巴鲁克在同一战线的老民主党人。一个捷克伯爵同时邀请了他们。他们一起打猎,一起庆祝了巴鲁克63岁的生日。[克拉克也收到了邀请,但因故并没有出席。在他看来,他的缺席使得肯特成了美国政治失意专栏作家协会在欧洲度假的唯一代表。]也许,在欧洲,巴鲁克尚存残余听力的右耳充满了反对新政的思想,所以当其回到纽约时,他的政治立场仍然不够坚定。

何去何从？巴鲁克曾对莫利说,为总统竞选活动,他已经拿出了20万美元,而且竞选中和竞选后,他都曾为总统出谋划策。在总统就职宣誓的前一个月,他曾在参议院财政委员会之前,提出预防通货膨胀的警告——货币的全面贬值。之后,《星期六晚间邮报》还邀请他撰文来归结所有相关的论据。他答应了。这篇文章很快就写好了,也发给《星期六晚间邮报》了,预计在11月底刊登。

但是随着刊登临近,该文的作者巴鲁克却也被推到了风口浪尖。虽然该文没有忘记赞扬罗斯福的"伟大的劳动者",但是他已提到了人们对货币贬值的担心有可能会阻碍经济的复兴。其实,早在几个星期前,十月发行的《财富》杂志就曾质问:"这是巴鲁克政府吗?"作者的回答是否定的。而且作者还引用了一些巴鲁克极其保守和极端的谈话,例如:"脱离了金本位制,我们就会变成一个鼓励债务人背弃债权人的国家。"又如:"提高价格只是为了那些只占人口不到20%的人,那些失业者、负债者以及那些无能的蠢人的利益。"最后,"你不是在播种财富,而是在播种贫困"。

对民主党的忠诚和在党内可能会遭受排挤的担心一直困扰着巴鲁克。1933年11月6日,他开始出来为自己辩护。他在给罗斯福总统的信中讲道:"大约在去年3月,我应朋友的请求,写了一篇反对通货膨胀的文章,在《星期六晚间邮报》上刊发了。如果当时我知道您会做到总统的位置,我是绝对不会发表这篇文章的。因为虽然我不赞同您的所有作为,但我也不愿意在公开场合发表与您意见相左的言论。"之后,巴鲁克对这封信的措辞进行了一番考究,在"我们不同意"之间加入了"可能",把"您的所有作为"改成了"您所做的一些事情"。但是,最终巴鲁克并没有寄出那封信。

20世纪30年代是一个多事之秋,各个领域的有识之士就某些问题进行了多次的口舌之战。在金融界,争论最为激烈的问题之一就是如何处理那些以黄金支付或者以黄金等值的货币支付的合约。因为担心发生19世纪90年代的那场通货膨胀,所以借贷人通常的做法是在合约中规定偿还的货币必须与当时的借款具有相同的含金量。财政部在1933年5月发行债券也是这样规定的。据估计,当时总共有价值1 000亿美元的私人债券和国家债券,都涉及了黄金条款。这一数目是相当惊人的。

在新政推行前期,一项国会联合决议取消了合同中的黄金条款。然而,在1934年1月31日,货币贬值了。借款人的负担一下子减轻了,但与此同时,贷款人的资产却缩水了。因此,愤愤不平的债券持有人涌入法庭。他们控告国会取消黄金条款违背了宪法,与强盗没有什么区别。其中一个名叫诺曼的诉讼当事人,曾经购买了1 000美元的巴的摩尔—俄亥俄铁路公司的债券。铁路公司承诺半年一次分期支付4.5%的年利息,以"美国金币或者与金币同纯度同含金量的其他形式(1930年2月1日起执行的标准)"进行支付。规定1934年2月1日要支付的息票实际价格为22.50美元。但是由于美元含金量的减少,那么按照合同规定的股息的实际价格应该上升。因此诺曼想要得到38.10美元,而不是22.50美元。由于政府取消了黄金条款,所以巴尔的摩—俄亥俄铁路公司拒绝了诺曼的请求。

第十三章 与罗斯福打交道

1934年,黄金条款的问题一直争论不休。旨在缓解债务人的还款压力,从而来提高商品价格的政府是否真得有权利取消合同条款呢?作为巴尔的摩—俄亥俄铁路公司的董事,巴鲁克当然也参加了公司对诺曼的承诺以标准黄金的美元来支付股息。因此,至少从感情上讲,他应该愿意减轻公司的债务负担。然而,他又是民主党人,当然也要支持该党的行政管理和行政政策。但是,对于巴鲁克,他还有另外的一些考虑。政治应该从群众的利益而不是个人利益出发,因此只要是为了整个国家的利益,他愿意拥护联邦法律,即使是待决的联邦法律[白宫律师严重警告,如果恢复黄金条款,就会爆发新一轮的经济灾难。沉重的债务负担将毁掉一切]。1933年,巴鲁克在《财富》杂志发表了文章,表达了对脱离金本位制所带来的不公平和所感到的不满。他在文章中讲道:"我们已经变成了一个鼓励债务人背弃债权人的国家。"1934年下半年,当诺曼状告巴尔的摩—俄亥俄铁路公司的案子和其他同样涉及黄金条款的案子被辗转送至最高法院时,巴鲁克主动写信给当时的财政部长小亨利·摩根索尔[此时,伍丁由于身体欠佳已经辞职]。在信中他建议,如果政府败诉,恢复了黄金条款,那么财政部应该因货币的贬值所产生的利息溢出为由,向诺曼和其他人征税。他建议税率为100%,对于债券持有人来讲,这真是一种令人费解的公平。结果,这一建议并没有得以发挥的机会。1935年2月18日星期一,最高人民法院以5:4的投票结果支持了政府的观点。原因是政府在界定和重新界定货币价值上拥有至高无上的权力,这一权力高于私人合约中规定的法律权力。詹姆士·麦克雷诺兹对这一判决结果十分恼火。他涨红了脸、操着南方口音,厉声说道:"宪法对于我们许多人来讲意味着很多,但是我们大多数人所理解的宪法已经不存在了。在此之前,宪法旨在为阻止滥用职权提供保障,但是现在,这种保障已不复存在了。"股市也随着货币贬值和债务负担减轻而开始攀升。巴鲁克让秘书玛格丽特·莱汉德向罗斯福总统发去了一份贺电。他对莱汉德说:"告诉总统先生,股市的好转令我的喜悦之情无以言表。"

但是,这并不能表明,巴鲁克此时已开始扭转他意识形态上的指南针。他仍然继续支持美元回归金本位制。1937年在与丘吉尔的谈话中,他大胆预测,所有由政府操纵的货币是没有生命力的,很快将会消失,而六千年来,唯一真正的货币仍是以黄金或者白银为基础的。据一位见过巴鲁克很多次的女士回忆,在伦敦的那个晚上,巴鲁克和丘吉尔非常激动地谈论着黄金。她讲道:"我们所有的人都坐在壁炉前面的长沙发上。巴鲁克和丘吉尔都显得异常兴奋,丘吉尔站起来表达一个观点,巴鲁克也会立即站起来进行反驳。巴鲁克可能胜过了丘吉尔。我记得壁炉上面有一个很大的镀金镜子,当他们谈话时,每一个人都会把胳膊靠在壁炉上,经常偷看镜子里两人的表情。"

赫伯特·斯沃普可谓是巴鲁斯"交响乐团"多年来的"首席小提琴手"。他曾经这样评价既是朋友又是老板的巴鲁克:"他对公共事业充满热情,但是即使这些公共事业引起了人们极力的赞赏,他仍说他并没有做什么。有时我也怀疑这些声誉是否值得,或者是否他也像我们大多数一样,有时也会表现出虚伪的一面。"

要无愧于这种近乎神话的显赫名声,的确并非易事。[看来这在很大程度上要感谢斯沃普。]在公众心目中,巴鲁克富有、睿智、审慎而能力非凡。阿瑟·克拉克应该是一个更加了解巴鲁克的人,但1932年,他在文中对巴鲁克的评价仍让巴鲁克大吃一惊。文章中讲道,巴鲁克是这个国家最富有的人[其实他并不是,即使在大崩溃之前]。另外,罗斯福总统曾当着雷克斯福德·截格维尔的面称巴鲁克至少"拥有"60个国会议员和参议员。对于巴鲁克的睿智,我们从海伍德·布朗发表在《纽约客》的文章中可以窥见一斑。那是一篇有关"完美大师"的文章。在文章中,布朗写道:"总之,人们不了解的大师其实是巴鲁克、比彻、唐·胡安、霍迪尼、门肯、区艾德·怀恩六个人的组合体。"[巴鲁克回想起在股市大崩溃到来前一段时间,一天他在布朗、克拉克和亚历山大·伍尔凯特的陪伴下,在大西洋城一条马路的人行道上散步。当大家把话题转向股市时,巴鲁克建议大家购买债券。]巴鲁克另外的一个公众形象是"一个未被救赎的华尔街犹太人"(亨利·福特、参议员修·朗和一些对威尔逊战时政策不满的各式各样的批评家想象的巴鲁克)。1934年在纽约上演了由辛克莱尔·刘易斯的小说《多德斯沃斯》改编的一部百老汇歌剧。在这部歌剧中可以看出巴鲁克的发展轨迹。在该剧第二幕中,一个来自中西部的汽车生产商多德斯沃斯,为了打压"国际银行家"阿诺德的嚣张气焰,他说了这样一句台词:"这个犹太人也许正如他所说的,他是一个具有国际影响力的金融家,但他又不是伯尼·巴鲁克。"

对于巴鲁克来讲,他当然更喜欢被人们看成是一个睿智和审慎的美国政治家。而如何让这种印象能够在报纸和杂志上体现出来,令他十分头疼。他努力与新闻界保持良好的关系,尽量给他们留下和蔼、平易近人的普通人的形象。纽约《美国客》航运信息的专

第十三章 与罗斯福打交道

栏编辑哈里·阿克顿曾经不无感激地写道:"巴鲁克非常慷慨。有一次巴鲁克竟然愿意为了帮助我找到可能的新闻线索,费神浏览了所有的客户名单。而之前他也曾经多次帮助过我。而且,他还说,我可以在任何时候在我的专栏中报道他的任何新闻。"巴鲁克办公室的政策是,任何友好的社论都要以巴鲁克个人名义向作者表示真诚的感谢。为了处理大量的友好评论,他专门雇用了前纽约《全球》(*World*)的记者查尔斯·S. 汉德,代表自己给新闻界的朋友写信致谢。

作为大师级的人物,巴鲁克的很多举动都可能被当作预示某种趋势发生的象征,从而往往会被视为"重大新闻事件"。1928 年巴鲁克把自己的办公室搬到了市中心,就是这样一则"重大新闻事件"。1934 年夏天,当华尔街的办公地址不再受推崇时,巴鲁克又宣布搬回市郊。他对外宣称,这样做是因为他已经决定退出金融界,然后计划写三本书——《一个美国之子的自传》(*The Autobiography of an American Boy*)、《铺在美国年轻人前面的道路》(*The Way That Lies Ahead for the Youth of America*)和《人对自然的征服》(*Man's Conquest of Nature*)。虽然他已经聘用了曾因撰写安德鲁·杰克逊的传记而赢得普利策奖的马奎斯·詹姆士替自己撰写自传的初稿,但是他仍说自己将完成书稿,不会找人代笔。这不能说不是一个令人震惊的弥天大谎。《时代》在有关他职业生涯转折的报道中讲道:"他在华尔街出现的机会减少了,但公众听到他声音的机会增加了。"

巴鲁克的财富不仅使新闻界炫目,而且偶尔也会成为急需用钱的新闻记者们的资金来源。《商务周刊》(*Business Week*)的撰稿人卡特·费尔德在经济萧条时曾向巴鲁克借钱。后来他以恭维的口气为巴鲁克出版了一本自传。像他一样接受巴鲁克的援助、然后向巴鲁克献媚的还有戴维·劳伦斯和撰写辛迪加专栏的乔治·索考尔斯基,当然还包括斯沃普。这里没有克拉克是否向巴鲁克借过钱或者委托巴鲁克帮助他管理财产的记录。与以上几位不同,弗兰克·肯特却可以使自己不受巴鲁克的建议左右。例如,1937 年,巴鲁克曾向他推荐沃伦缩管 & 铸件公司(Warren Pipe & Foundry),认为这是一只不错的股票,但是他并没有完全听从巴鲁克的建议,只是购买了一点。还有一次是在 1949年,当时肯特因为身患关节炎而身体虚弱,所以他向巴鲁克提出能否让他住到巴鲁克家,当巴鲁克下次去市中心参加沃伦董事会时(当时,肯特也是该公司的董事),能不能让他坐巴鲁克的车去。最后,巴鲁克和巴尔的摩的专栏作家肯特一起旅行,并一起相互打针,以此作乐。另一个被大萧条弄得难以为继并接受巴鲁克援助的是亚特兰大的奥格尔索普大学(Oglethorpe University)。为了表达对巴鲁克的感谢,他们为巴鲁克挑选的几个候选人颁发了名誉法学博士学位,其中包括肯特和肯尼迪。肯特参加完学位授予仪式之后,收到了他的赞助人巴鲁克的一封近乎挖苦的贺信,信中讲道:我一想到你被授予荣誉学位时那副庄严的神情,差点没笑死。"巴鲁克在信中这样说,"你可怜的太太!你那可怜的太太!"

虽然巴鲁克给予肯特的帮助不计其数,但两人在公众场合仍是各走各的路。两人的关系,与其说肯特是巴鲁克的人,还不如说他们俩是相互独立的。的确,在很多事情上他们的观点确实都是一致的。比如,他们都不赞成新政,他们都很敬重和怀念伍德罗·威尔逊。但在两件事情上,巴鲁克却让这位专栏编辑大失所望。第一件事情是,肯特对罗斯福的不满是坦率的和坚定不移的,但巴鲁克总是表现得谨慎而摇摆不定。1936年7月,肯特当面质问巴鲁克:"你打算做民主党内的老好人吗?你明明相信这不是你的目标,你还会为此而努力,你明明不相信或者不喜欢这个人,你还会做一些对他有利的事情。你到底是一个什么样的人,还有赫伯特,还有我们所有人。这真是一个虚伪的世界。"另外一件事就是他们对待罗斯福夫人的态度。

对于肯特来讲,总统夫人就是一个女版的总统,他们一样感情脆弱、爱对别人的事情指手画脚。但巴鲁克却喜欢这位总统夫人,而总统夫人也喜欢他。巴鲁克是总统夫人慈善事业的最大赞助人,同时也是她最信任的好参谋。而总统夫人对他也总是和蔼可亲,不仅是巴鲁克在白宫的"情报员",也是他与总统先生的联络人。1934年1月,总统夫人有一次曾称他为"巴纳",但这个称呼并不恰当,因为巴鲁克更喜欢别人叫他"伯尼"。之后,她又开始尊称他"巴鲁克先生"。他们对对方都会发出由衷的赞扬。巴鲁克对她的工作给予了热心的支持。1934年,他资助总统夫人25 000美元用于雷德斯维尔家园工程。1935年,他又一次为雷德斯维尔家园工程资助了43 500美元,而且还资助了10 000美元用于阿瑟代尔工程。[同年,艾尔·史密斯代表布鲁克林动物园,请巴鲁克资助他们1 250美元用于购买一对黑豹。但巴鲁克却以没有钱和政府新政对他的挤压为由予以回拒:"你也知道,政府惩罚完我们之后,我已经所剩无几了,如果你能告诉我哪里可以得到1 250美元,我一定会为你拿到那笔钱的。"]1936年,他又为雷德斯维尔家园工程和阿瑟代尔工程追加了57 000多美元的资助。此外,当一名生病的佛罗里达州孕妇无力支付住院费用,并梦想着第一夫人能够向她伸出援助之手时,他又匿名为其捐助了200美元。

第十三章　与罗斯福打交道

1937年,当罗斯福夫人对纽约市一所中学的发展感兴趣时,巴鲁克和他的弟弟赫尔曼立即承诺要为她买下这所学校。

巴鲁克对总统夫人的帮助是有一番用意的。巴鲁克希望能够通过她把自己对一些公共事务的看法传到总统办公室,同时,也希望从总统夫人那里得到总统的一些想法,从而帮他缓解由于新政出台而产生的焦虑心情。当对政府不满的人们与政府对簿公堂时,总统夫人曾写信安慰巴鲁克道:"对于宪法,富兰克林怀着与你一样的心情。"

即使有斯沃普、肯特、克拉克这些专栏编辑和休·约翰逊的支持和帮助,巴鲁克还是难以维持他完美的公众形象。经济大萧条是一个妒忌和反犹太盛行的时期,巴鲁克自然成为了主要的攻击对象。加上他又没有公开表明他对新政的态度,这使得政治舞台上的新派和反新派都有理由抨击他。同时,国内外的激进派也将他作为攻击对象。在参议院中,他经常也会被休伊·朗当作政府背后的操纵者来加以抨击。其实,以朗来看,巴鲁克还操纵过胡佛总统。朗曾讲道:"我们认为我们用罗斯福换掉了胡佛,其实我们只是用巴鲁克的另一个代理人换掉了巴鲁克的代理人。"底特律电台的"教父"查尔斯·E. 考夫林甚至指责巴鲁克为"美利坚合众国的事实总统"、"华尔街的无冕之王",并且声称巴鲁克的中间名根本不是曼恩斯(Mannes)而是"玛拿西"(Manassech)。"玛拿西"是犹太王国邪恶的暴君,人们对他根深蒂固的印象是惯用妖术,杀人如麻。他远离市区的住所收到过无数封充满仇恨的信件。1935年,他竟然收到一封手写的充满反犹太主义情绪的信。信的最后,写信人要求他:"请帮美国一个忙吧,找个僻静的地方把自己一枪崩了吧。"

对巴鲁克的每一次攻击都会给攻击者带来更多的公众曝光率。因为这时巴鲁克众多著名的朋友中总有一个或几个会站出来为他辩护,所以免不了一番争论。例如,1935年克拉克对朗的攻击进行机敏的反驳。克拉克认为,巴鲁克并非像某些人在漫画中勾画的巴鲁克那样无所不能。实际上,他在华尔街和华盛顿都遭受重创。华尔街已经不能使巴鲁克实现拥有一条铁路的梦想。而在华盛顿,巴鲁克的许多建议都遭到了冷遇。针对一份巴黎报纸把巴鲁克画成是"罗斯福总统最重要的金融顾问"、"犹太人政策在美国的半官方首领",约翰逊写道:事实上,巴鲁克对政府的财政政策持反对态度。有时,最好的反驳就是保持沉默。例如,1936年对于考夫林的攻击,斯沃普就主张坚持一言不发,以表示对考夫林的蔑视。[对于这位总统法律顾问的攻击,斯沃普只是写了一篇有先见之明的有关生产太阳镜而不是拍立得相机和胶卷的小公司——宝丽来公司(Polaroid Corporation——的报道)。他写道:"这个太阳镜看起来非常不错,清晰得让我吃惊。"]明尼苏达州参议员少尔曾指控巴鲁克通过一些有损美国国家利益的渠道投资国外债券。被告巴鲁克很快联系他的好朋友阿肯色州参议员乔·罗宾逊(Joe Robinson)帮其构思出一个辩护。巴鲁克与罗宾逊关系十分亲密。过去只要巴鲁克受到攻击,他都会很忠诚地站在巴鲁克的立场进行反驳。罗宾逊建议他保持沉默,巴鲁克风趣地同意了罗宾逊提出的建议。他写信给罗宾逊:"假使我们很认真地回复少尔,反倒证明了事实存在。"

1935年,有人试图证明巴鲁克在担任战时工业委员会主席时曾以权谋私。结果,控告人自食其果,而被控告人却因此证明了自己的清白。这个法庭是一个特别参议委员会,1934年由哈罗德·P. 奈召集成立,目的是对军火工业进行调查。在一位名为阿尔杰·希斯的年青白宫律师的协助下,奈准备调查上次战争时合作赢利的范围。然后弄清楚商人的赢利行为在多大程度上影响到政府,以避免同样的损失在下次战争中再次发生。因为资本家的贪婪是侵略战争发生的根源。一条通往和平的大道是对战争利润的抑制。巴鲁克就是许多被传唤的证人之一。

巴鲁克其实是一个潜在的友好证人。这些年来,他一直提倡"从战争中获利"。1934年12月,罗斯福总统曾委任他为高级联邦小组组长,这一组织的目的就是起草一些法律为从战争中获利提供法律依据。后来,巴鲁克还把由政府控制军火企业的建议告诉了总统夫人埃丽诺·罗斯福。巴鲁克认为,这样做不仅能使国家在战争来临时及时做好准备,而且还可以使相关的制造设备产生最大的"社会价值"。

然而,很显然,这一特别委员会从一开始就对巴鲁克不怀好意。虽然直到3月,巴鲁克都没有作为证人被传唤,但是从1月开始,参议员詹姆士·F. 伯恩斯就开始收集资料,准备为巴鲁克辩护。果然,传唤巴鲁克作证的传票确实包括了一些非常不友好的要求。他们要求巴鲁克出具1916年到1919年间所得税申报表副本和他在那个时期所持有的证券清单。此时,有消息传出巴鲁克的报税单在财政部的档案室里消失了。[其实是被档案室例行清除旧时文档时销毁了。]但给人们的印象好像是证人自己为了销毁证据而偷走了文件。

奈和希斯低估了他们的对手。巴鲁克不仅对他们怀疑的罪名感到无辜,而且还为此做好了充分的准备。在出庭作证之前,他已上交了自己1916年和1917年报税单的副本、1918年和1919年两年报税单的传真件、他所持有的证券清单[主要是自由公债]以及

第十三章 与罗斯福打交道

他在战时向各种教会组织捐助的清单,例如,哥伦布骑士会、基督教青年会(YMCA)、犹太青年协会(YMHA)和救世军(The Salvation Army)。另外,他还很平静地承诺,愿意进一步提供详细的个人材料,"我也能够配合你们的工作,因为我知道你们找我是为了调查军火工业"。

3月下旬,巴鲁克和他的小团队一起并肩作战。他的小团队包括:他的贴身男仆拉塞、每天要处理很多文件的秘书阿黛尔·布赫女士和为此专门搬至华盛顿卡尔顿酒店的斯沃普。巴鲁克和斯沃普一起用两天两晚的时间排练对答、整理证据资料和计划对策。斯沃普提醒他,他参议员的朋友会在委员会门口等着他和他握手,到时他会尽量延长他们见面问候的时间。[斯沃普还建议他晚几分钟露面,对于斯沃普来讲,拖延是他一生受用的策略。]斯沃普忠告他,准备的个人陈述时间越长,委员会提问的时间就会越少,这样第二天新闻标题强调巴鲁克而非委员会的可能性就越大。第一天,所有一切都按计划进行。第二天,虽然没有个人陈述这一项,但是,一心想定巴鲁克罪的检察官希斯在听巴鲁克的回答时,还不得不应付卡特·格拉斯对他的提问表示的不满:"从出生到现在,我都没有听过这么无聊和愚蠢的问题。"最后,参议员伯恩斯站起来讲述了几个故事证明了巴鲁克在战时的慷慨精神和爱国情操,特别提到,巴鲁克在战时免费为战时工业委员会的女同事提供回家的普尔曼车票。说到这里,斯沃普大声问委员会的记录员:"你们都记下来了吗?"当记录员回答"是的"时,他又转向巴鲁克说:"看那些混账还有什么好说的!我们再也不用浪费口舌了。"事情的结果也确实如此。

第十四章

"他的专长在于冒险"

第十四章 "他的专长在于冒险"

1938年1月11日星期二,安妮·格里芬·巴鲁克染上了肺病。仅过了四天,也就是星期天下午,安妮在纽约的家中病逝。然后于下周星期二举行了一个私人葬礼。讣告这样描述安妮:她是一个性情温和、如慈母般的女人,资助艺术和歌剧,收集古玩银器和古董家具,远离丈夫的聚光灯;享年65岁。

"我不知道他为什么想要我去参加葬礼,"当巴鲁克邀请埃丽诺·罗斯福参加葬礼,她这样对她的一位朋友说道。"安妮活着的时候巴鲁克并没有真正关心过她。"他们的婚姻已经名存实亡,巴鲁克可能出于罪恶感和以前的爱,对安妮的去世感到伤心。巴鲁克一直追逐年轻漂亮的女士,而安妮身材肥胖,同实际年龄一样苍老。巴鲁克热衷于权力经纪、选股、捕猎鹌鹑以及其他兴趣,而安妮对这些毫无兴趣。对巴鲁克的攻击使安妮惊恐万分,安妮一直为没有第三代伤心难过。1936年秋天,巴鲁克和安妮的第一个孙子在斯沃普斯(Swopes)出生,安妮向巴鲁克发电报祝贺:"你有孙子了。我再也不用受别人的嘲笑了。"

安妮去世后一个月,前白宫医生加里·格雷森去世。巴鲁克受到的打击不小。以前在哈丁执政时期,共和党人曾恶意想把格雷森派到菲律宾,凭格雷森的才能应该举荐给威尔逊总统。听到这个密谋后,巴鲁克出面阻止了。格雷森和巴鲁克是赛马搭档,对他们俩来说,相距13 000英里都不是问题。"我们经历了很多磨难,一起冒险,"巴鲁克曾这样回忆格雷森,"我们的友谊变得坚不可摧,为生活增色不少。"巴鲁克对他和乔·罗宾逊之间的友情也是这样看待的。由于参议院繁重的工作,罗宾逊于1937年7月去世。

密友或配偶的死亡容易让人联想起自己的死亡,但是就巴鲁克来说,那时就想起自己的死亡显得有点过早了。当时巴鲁克还不到70岁,差不多还可继续活25年,他还要为肯尼迪总统出谋划策,为世界大战、两次局部冲突和原子弹奔波。巴鲁克如此关心健康的一个原因在于他的疑病症。作为一个富有的、个人至上的医生的儿子,照顾好身体是轻而易举的事,包括他的密友和亲戚,专业的医疗保健是从来不缺的。他注重饮食,泡矿泉浴,举轻哑铃锻炼身体。安妮死后,他雇了一个看护住在家里,时刻照顾他。

不管身体健康与否,巴鲁克都把自己当成病人。他严格遵照处方,对医生开出的账单从来没有异议,大把吃药(包括维他命)。在巴鲁克的医疗团队中,有一位医生为巴鲁克开出了巨额账单,原因很简单,就是巴鲁克能够随时召见他。"如果有医生叫巴鲁克去月球,他也会照办。"这位医生如实说。

尽管巴鲁克悉心照顾自己的身体,但是随着年龄的增长,他的健康每况愈下。1932年巴鲁克深受痛风的折磨,随后的十年痛风又反复发作。1935年痛风使得巴鲁克只能靠T型拐杖走路。1936年他又患上了关节炎,那一年在东57号大街,巴鲁克与人发生争执,他一拳就把对方击倒在地[当时事发后一个在场的警察问巴鲁克有什么需要帮助,巴鲁克嚷嚷着:"把这个婊子养的扶起来,我可以再次击倒他。"]1939年,巴鲁克的前列腺和肾脏都出现了问题,动了一次乳突炎手术。左耳也听不见了,但是1939年8月,巴鲁克宣称现在他的身体比以前十年还要健康,据他说,他的医生们已经诊断他只是轻度的感染,以前未诊断出,现在基本可以确定。

那时第二次世界大战将要爆发的局势日渐明朗化,巴鲁克不想待在家里,想要出去为世界大战奔波,也想让别人相信他的身体状况绝对可以应付。自20世纪30年代中期以来,他就预言世界大战一定会在不远的将来爆发,并试图唤醒同胞们的警觉性,以便未雨绸缪,做好准备工作。就像他自己指出的,他是经济动员的活权威。自从第一次世界大战停战以来,他就不断发表演讲、写文章,说服国人相信战争又会爆发。据巴鲁克的一位密友透露,当失去筹码的时候——他的专长在于冒险,巴鲁克喜欢被需要的感觉。除了喜欢分忧解难的强烈愿望以外,他还是一名爱国者,把国家看得比任何事情都重要,甚至比他自己的荣誉都要重要。[在霍布考主要会客室里挂着一张快乐的阿尔戈(Happy Argo)照片,快乐的阿尔戈是巴鲁克的冠军马驹,曾赢得1927年在贝尔蒙特公园(Belmont Park)举办的盛装舞步马术比赛的冠军。骑师身穿红、黄、蓝相间的绸制赛马服,上面印着巴鲁克赛马克肖的名字。]战争爆发初期,巴鲁克俨然成了全职的无薪公仆。

巴鲁克在政治和经济事务上持折中主义,他在军事事务上也是折中主义。早在1935年,他就断言希特勒是世界和平的最大威胁。1938年他捐给亚伯拉罕·林肯营(Abraham Lincoln Battalion)11 060美元,亚伯拉罕·林肯营在西班牙同共产党人协同作战,对付法朗哥。① 上述两件事情证明巴鲁克的思想具有进步的一面。1939年,巴鲁克称希特勒和斯大林是"亲兄弟"——右派观点。1941年他竭力主张控制工资、物价和

---

① 巴鲁克说这笔钱用于帮助受伤的美国人回家。

第十四章 "他的专长在于冒险"

利润,从而支持了新政理论家的观点,他们主张不管是和平年代还是战争时期政府都应该有所作为。[1936年,巴鲁克提出的全球最低工资的说法,超越了那些新政理论家。1937年他写道:"我认为,如果必须践行社会和经济改革的商人能使自己和他们的律师遵循政府的管制,而不是反对管制,我们将取得比以前更快、更确定的发展。"]但是对待平民和军队的争论,他通常站在军队这一边。巴鲁克理论的一贯性在于极力推动国防建设。他呼吁原材料储备、武器扩充(特别是飞机制造)以及复兴类似战时工业委员会这样的机构。

1938年,也就是巴鲁克(每年夏季都会出去度假)要去度假的前夕,罗斯福总统赞成这个建议,认为这样明显的动员计划会对希特勒有所震慑,并同意巴鲁克担任国防协调委员会(Defense Coordination Board)的主席。国防协调委员会将在9月(即巴鲁克已度假回来)召开会议,12月对外发表报告。与此同时,巴鲁克被委任去考察欧洲的军事情形,兴致勃勃地坐船去了。在英国和法国,看到它们的无准备状态,巴鲁克震惊了,因此在8月19日即他的生日当天,他打了一个远洋电话给白宫,表示他会立即回美国着手战备计划。罗斯福,既要赢得总统大选又要保卫国家,对巴鲁克着手战备计划的急切性可能会同意,也可能不会同意。罗斯福不能容忍的是那个失策的建议,即巴鲁克早些时候在《新闻公报》上透露新委员会委员包括休·约翰逊(Huge Johnson)和乔治·匹克,约翰逊和皮克是战时工业委员会的成员,与新政意见相左。新委员会从来没有召开过任何会议。

尽管如此,巴鲁克还是登上了玛丽皇后号(Queen Mary)轮船,这使人相信他又将开始1918年停止的事业。温斯顿·丘吉尔也是这样的看法。丘吉尔与巴鲁克道别的时候,这样跟巴鲁克说:"好戏即将上演。你在美国是这出戏的主角,而我在这里只是配角。"[他们可能还讨论了股票。几年前,他们还一起去过布鲁克林—曼哈顿地铁公司(Brooklyn Manhatan Transit Company),1937年10月,巴鲁克建议丘吉尔大量购进该公司的股票:"考虑一下美国的谈判筹码。"就像他对其他朋友所做的,巴鲁克很有可能警告未来的首相不要爬得比他的职位还高。]

1938年,罗斯福对吉米·伯恩斯(Jimmy Byrnes)说,巴鲁克热衷于军事事务。当然,巴鲁克对此事是非常真诚的。战争部副部长刘易斯·约翰(Louis Johnson)提到由于尚缺300万美元的拨款,战争部无法购买到许多重要的武器装备,巴鲁克表示他可以私人先垫付这笔款项。约翰拒绝了巴鲁克的好意。[然而,早在1941年,乔治·C. 马歇尔将军(General George C. Marshall)就收下了巴鲁克赠送的一副蔡司(Zeiss)望远镜。]巴鲁克对所有的军事事务非常感兴趣,看成是自己的家事一样,讨好所有等级的官员。他经常去美国陆军战争学院(Army War College)和陆军工业学院(Army Industrial College)演讲。一次,他调查一起西点军校的一个犹太学生与校长发生争执的事件,当时那个学生即将毕业。巴鲁克怀疑其中存在反犹太主义。他联系了总统的新闻秘书斯蒂芬·艾里(Stephen Early),随后艾里要求陆军部查清此事。校长的意见被驳回,那个犹太学生如期被委任为少尉。① 1940年海军再次委派帕纳号(Panay)的船长去负责一艘油轮,此事促使巴鲁克向总统秘书埃德温·沃森提议巡洋舰或战列舰非常适合用做顺利完成轰炸日本军事任务后返航的英雄飞行员的宿营地。[巴鲁克对战列舰的信心超过了海军军方。"有被飞机摧毁完蛋的军舰吗?"1940年他问斯沃普,"存在由于飞机的干涉未能完成任务的军舰吗?"]

巴鲁克持有的股票通常与军方紧密相关,紧密性超出了与总统先生的联系。据历史学家约旦·施瓦茨(Jordan Schwarz)记载,罗斯福拥有两条经验法则来对付巴鲁克和战备政策。第一条就是从不与巴鲁克或巴鲁克式的人分享权力。就像莫利说的,巴鲁克光芒四射,别人容易活在他的阴影下。第二条就是决不允许利用战争紧急动员的契机成立能与白宫分庭抗衡的权力机构这样的事发生。"换言之,罗斯福否定了巴鲁克在第一次世界大战期间采取的效果明显的、至关重要的措施,即实施国内战场一人负责制的必要性。

1939年8月,战时资源委员会(War Resources Board)成立,负责呈报战时动员的相关情形,巴鲁克致力于战时动员问题已有20年。巴鲁克的名字没有出现在战时资源委员会的委员名单中。他也没有被吸收进其他的政府战时规划机构(Administration's Successor War-planning Agencies),包括1940年成立的国防咨询委员会(Advisory Commission on National Defense)和生产管理办公室(the Office of Production Management),1941年成立的价格管理和民用产品供应办公室(Office of Price Administration and Civilian Supply)和供给、优先权和配给委员会(Supply, Priorities and Allocation

---

① 这个年轻人一直在军队服役,后来成为英雄。第二次世界大战在欧洲战场,他指挥步兵营,被授予紫心勋章(Purple Heart)和银星勋章(Silver Star)。1955年他退役时已是上校。"在我看来,"被问及此事时他这样写道,"如果没有伟大的伯纳德·巴鲁克先生的努力,我将不能毕业。"他要求不要公开他的名字,因为他的家人对此事并不知情。

第十四章 "他的专长在于冒险"

Board)。

那个时期的历史学家们这样写道,巴鲁克在这些战时动员委员会中的实际影响力远比他看起来的要大。因此,例如,巴鲁克的一个长期盟友约翰·汉考克(John Hancock)被委任为战时资源委员会的委员,战时资源委员会的一项日常工作就是"与战时工业委员会的主席磋商"。同样,实业家小塞缪尔·R. 富勒(Samuel R. Fuller, Jr.)被委任为生产管理办公室的顾问,也是巴鲁克的朋友。一次富勒随总统的访问团出访德国,得到希特勒的觐见,当时提了巴鲁克的名字。富勒向巴鲁克说到元首勃然大怒,巴鲁克感到很好笑。此外[历史学家们也记录下来了],巴鲁克对莱昂·亨德森(Leon Henderson)和价格管理和民用产品供应办公室的一些年轻的新政经济学家都非常友好。出于对巴鲁克建议的认可,总统先生从1941年2月开始时常与巴鲁克共进午餐。

巴鲁克一定会跟总统先生或其他人说的话或多或少是可以推断出的。巴鲁克宣扬完全的联邦政府管制。首先,他说,为了满足国防需求,政府应该接管工业交通。例如,飞机应该获得高级别的政府优先权,打蛋器赋予较低级别的政府优先权,这样就可以运输稀缺的钢铁到最紧缺的用途上,避免浪费在不重要用途上。1941年春天,一名推销员向巴鲁克提供了一家新的洛克西德北极星(Lockheed Lodestar)客机,这使得巴鲁克怒火中烧。在巴鲁克的优先权体制下,即使他想要买飞机也是没有途径买到的,飞机都在陆军和海军那里。他继续说,从逻辑上讲,价格控制也非常重要,因为如果价格不受控制,自由飙升,富有的买方仅仅通过多支付钱就可以利用国防产品占有原材料。另外,他坚持价格控制应该涉及方方面面,不只限于某些产品。[巴鲁克对通货膨胀和抑制通货膨胀的政策的讨论很少涉及货币。在1941年3月《哈佛商业评论》(*Harvard Business Review*)的一篇文章中,他提到需要控制货币供应,但他分析的重点仍是非货币措施。1940年秋季,当时的美国布鲁金斯学会会长哈罗德·G. 莫尔顿(Harold G. Moulton)在巴鲁克发表有关价格控制的文章或声明中找不到谈论银行或金融方面的通货膨胀的证据,巴鲁克发表的价格控制文章或声明数量还是很可观的。]为了抑制过度的消费支出以及在战争年代有更多的资金支援战争,巴鲁克还主张提高税收。一个拥有最低的成本和价格结构的国家将赢得最终的和平。

1941年政府与巴鲁克一直保持着一定的距离,阿瑟·克劳克把巴鲁克誉为"国防界的苏格拉底",专栏作家乔治·索科尔斯基(George Sokolsky)呼吁再次任命巴鲁克为新战时工业委员会的主席。弗兰·肯特在他的专栏中声称"局势已经一团糟,巴鲁克是唯一能够找到解决办法的人"。1941年的格里迪隆晚宴(Gridiron Dinner)中,华盛顿的新闻团把生产管理办公室的两位联席董事威廉·S.努森(William S. Knudsen)和悉尼·希尔曼(Sidney Hillman)描写成孪生兄弟,用《哦,苏珊娜!》的曲调写了一首歌,以此来嘲笑生产管理办公室的无能:

希尔曼:问题再麻烦,

也有可能侥幸解决,

我们直接向富兰克林·德拉诺·罗斯福报告——谁又相告于巴鲁克呢?

两人(轻声合唱):生产管理办公室,我们的事,

我们将求助于巴鲁克,拯救民主党!

巴鲁克之所以成为如此成功的自由评论家,其中一个原因是他乐于助人,另一个原因是很多都非常感谢巴鲁克。例如,索科尔斯基、肯特和克劳克对他的态度都非常友善;1941年3月,肯特给巴鲁克寄了一篇他写的盛赞巴鲁克的经济动员思想的专栏文章,随附一封同样热情洋溢的感谢信,感谢巴鲁克出钱帮小弗兰克·肯特弄到几张船票。在华盛顿的派发礼物计划中,巴鲁克送礼物给所有人,从总统及其夫人到总统的军事助手沃森将军(General Watson),以及众多的参议员和众议员,还有白宫新闻办公室的工作人员[1941年圣诞节每人收到50美元的现金]。新闻秘书斯蒂芬·艾里本人是巴鲁克的好友,也是时常收到巴鲁克贵重礼物的人。1940年12月他收到一套镶金西服,1941年5月收到一笔现金,用于购买纱窗,以使艾里的房子免受华盛顿蝗虫的袭击。据说一次艾里袭击一位纽约市警察后,巴鲁克暗中斡旋帮助艾里免受法律制裁,为此,艾里写了封感谢信给巴鲁克。"我深谙乱世时期你的那些暗中进行但非常有效的做事方法,"艾里写道,"我非常感激。"

因为罗斯福与巴鲁克时常发生争执,艾里偶尔也被卷入进来,由于职业原因站在他的雇主罗斯福的一边来对付他的资助人巴鲁克。1941年10月,罗斯福和巴鲁克发生了争执,事发原因是巴鲁克给威廉·伦道夫·赫斯特(William Randolph Hearst)寄了一封信,信上高度赞扬了出版商赫斯特在军事防备方面的爱国立场:"我将铭记您为战备计划所作的巨大努力,感谢您的报纸对像我这样强烈主张战备计划的人的支持。唉,我们的努力无济于事。"罗斯福在纽约《美国杂志》(Journal American)的头版看到这封信,非常

第十四章 "他的专长在于冒险"

生气。罗斯福口授艾里以艾里的名义给巴鲁克发了一封电报,内容如下:

总统先生现在海德公园(Hyde Park),但是非常想知道今天刊登在纽约《美国杂志》头版你写给赫斯特先生的那封信是不是真有此事。

巴鲁克给艾里匆匆写了一封回信,让艾里相信那是他写的信,而且他会继续不顾一切地表达自己的真实看法。但实际上巴鲁克并没有回这样的信;斯沃普回了。起码艾里认为这是一个非常不错的工作。

不是所有总统身边的人都需要巴鲁克。哈利·霍普金斯(Harry Hopkins)有可能是总统先生最亲密的顾问,就是他使得巴鲁克无法为战争效力[巴鲁克是这样想的]。霍普金斯是一位专业的社会工作者,体弱且患有慢性病,他是公共事业振兴署(Works Progress Administration)的署长,后来又担任商务部(Commerce Department)部长,战争时期支持罗斯福,是罗斯福智囊团的规划者和战略家。巴鲁克对新政忽冷忽热,但他对霍普金斯的联邦救济计划倒是保持一贯的看法。他认为公共事业振兴署降低了个人主动性,因此无法改善失业状况。他也这样对霍普金斯提过。有时候他坐在公园的长椅上,看到鸽子他会想到霍普金斯,或者是霍普金斯的观点使他去注意鸽子。他貌视性地把鸽子叫作公共事业振兴署的员工。

然而,巴鲁克并不是不谙世故,有意与某些政府高官为敌。出于政策和个人本能原因,巴鲁克是在栽培他们。战争一触即发,巴鲁克尽量避免处理国家事务时掺杂私人恩怨。此外,巴鲁克巧舌如簧,他对埃丽诺·罗斯福慷慨大方,对待弗兰克·肯特小心翼翼,因此,他就可以在罗斯福面前表现出亲霍普金斯,在霍普金斯的政治对头伊克斯面前表现出他是强烈反对霍普金斯的。在危机状况下,巴鲁克还是持反对霍普金斯的立场,指责他在指挥战争过程中犯下了不必要的、代价惨重的疏忽。但是1946年2月霍普金斯的遗体在巴塞洛缪教堂(Bartholomew's Church)下葬时,巴鲁克是名誉护柩者之一。

不管怎样,由于性格使然,战前和战争前期巴鲁克对霍普金斯还是非常大方的。他在霍布考款待过霍普金斯,使他成为杰弗逊群岛俱乐部(Jefferson Islands Club)的终身会员。1938年又非常体贴地帮助霍普金斯解决了一起私人麻烦。霍普金斯在他众多的女朋友中,非常喜欢多罗西·多诺万·海尔夫人(Dorothy Donovan Hale)。海尔夫人是一位漂亮的但一贫如洗的寡妇,偶尔出去跳舞和表演,长期陷入债务困境。海尔夫人认为霍普金斯会娶她,但是霍普金斯并没有这么做。她对此事伤心欲绝,又加上她的那些债务危机，致使她更加心灰意冷。巴鲁克作为海尔夫人的一个朋友，建议她不要盯着发展事业，关键是找一个有钱的老公。巴鲁克给了她一张支票，让她好好打扮自己。一个晚上，海尔夫人参加一个聚会后回到家，坐在打字机旁边，写遗书给她的朋友们[她给巴鲁克的遗书中说，她没有采纳巴鲁克的好主意，感到非常抱歉]。天还未亮，她从位于中央公园南路的新罕布什尔州众议院十六楼的公寓跳下来，结束了自己的生命。接下来发生的事情就不得而知了。根据已故的托马斯·G.科克伦的说法，霍普金斯认为巴鲁克动用关系，对媒体施加压力，使得海尔夫人的自杀事件没有被媒体深挖。① 科科伦追述，他还通过秘密渠道向巴鲁克转达了霍普金斯的感谢。四年后，霍普金斯再婚。巴鲁克在卡尔顿酒店(Carlton Hotel)为霍普金斯和他的太太举办了一个自助晚宴，邀请了六十位华盛顿市的名流来参加。晚宴为到会的女士准备了香水，为所有到场的嘉宾提供香槟酒，晚宴的菜单有晚宴主人的手臂那么长。晚宴的铺张与霍普金斯和其他政府官员提倡的战时节制消费主张不相符，从而为媒体提供了丰富的报道素材。反罗斯福的新闻媒体准备抓住这点，好好地利用来攻击罗斯福政府。回答"华盛顿时报"——《时代先驱报》提出的不友好问题时，巴鲁克向《时代先驱报》发行商埃莉诺·帕特森(Eleanor "Cissy" Patterson)声明，晚宴提供的食物都可以在该酒店的菜单上找到，他只支付了吃掉的那部分食物的账单，每人的成本还不到 5 美元。他还特别关照酒店的侍者要间隔一段时间才上菜，晚宴的香槟是他的私人藏品，十几年前别人送给他的，再不喝掉就要变味了。霍普金斯的传记作家写道，这事是十足的大丑闻，说来很奇怪，霍普金斯受到的指责要比巴鲁克多。奇怪之处在于巴鲁克或斯沃普的公共关系意向只失灵了一个晚上。此事对巴鲁克的负面效应只持续了很短的时间。一个星期左右后，巴鲁克又以正面的形象出现在报纸上。巴鲁克宣称，他花了 100 万美元去购买圣诞礼物，送给美国六个盟国的战时救济机构的官员们。

巴鲁克还遭遇过另一起与霍普金斯有关的晚餐尴尬事件，此事被哈罗德·伊克斯留意到，并在他的日记中披露。日记写于 1942 年 2 月 1 日：

在白宫，巴鲁克和我在讨论晚餐，此时罗斯福夫人转向巴鲁克，用尖锐的声音说道："巴鲁克先生，我认为你是世界上最聪明的人。"在这样的特殊场合说这样的话，巴鲁克不

---

① 《纽约时报》在 1938 年 10 月 22 日星期六版的第 34 页中报道了海尔夫人的自杀事件，报道结尾提到了她跟霍普金斯之间的友情，但是没有提到她给巴鲁克的遗书。

第十四章 "他的专长在于冒险"

认为这是对他的褒奖，因此，他设法保持沉默，没有做出回应，但是罗斯福夫人又再次强调。据说同年巴鲁克向罗斯福夫人提过征收所得税的建议，罗斯福夫人采纳了巴鲁克的建议。伯尼说总统先生看起来不是很高兴，哈利·霍普金斯脸色阴沉。

巴鲁克完全可以想象如果希特勒打赢战争他会有怎样的下场。事实上，第二次世界大战结束后，巴鲁克的名字出现在纳粹分子的一份通缉名单上。1940年一次初步对纳粹宣传进行的猛烈抨击抛出这样的问题："谁将受益于战争？"它的回答是，在很大程度上是巴鲁克，战争使巴鲁克成为世界上最富有的犹太人之一和极受罗斯福总统信任的顾问。

当别人说起巴鲁克是犹太裔美国人的话题时，巴鲁克的一贯反应就是声称自己是美国人，而不是"归化的外国公民"[这是伍德罗·威尔逊对那些把移民前的祖国的繁荣昌盛看得比美国的强大还要重要的外国移民的藐视性称呼]。对称谓的敏感可以看出巴鲁克介意自己的犹太人出身。他没有宗教信仰，认为犹太人、特别是东欧的犹太人是不讨人喜欢、刻板的形象。与此同时，在他身上也有犹太人顽强坚韧的性格，正是这种性格帮助犹太人在逆境中奋发图强。

还有一些私人麻烦。在德国，巴鲁克仍然有一些亲戚，他尽自己最大的努力帮助他们逃离险境。[1938年一位自称是伯纳德·巴鲁克的德国公民写信向财政部长摩根索尔求助；这位巴鲁克先生宣称是伯纳德·M. 巴鲁克的亲戚，由于纳粹宣传的影响，他错把伯纳德·M·巴鲁克当成是摩根索尔的前任。]1939年12月，一位德国妇女要求巴鲁克资助她去英国，帮助救出关在集中营的丈夫。1940年6月，巴鲁克的两位德国阿姨不顾九十多岁的高龄，亲自来巴塞罗那(Barcelona)感谢巴鲁克和红十字会。

1938年10月，巴鲁克陷入了财务危机和道德困境。塞浦路斯矿业公司(Cyprus Mines Corporation)在塞浦路斯的地中海岛(Mediterranean)拥有铜矿，一直与德国人频繁做生意。巴鲁克持有该公司的股票已有25年。尽管巴鲁克不会建议决定把铜卖给谁，但他个人很不愿意与第三帝国(Third Reich)做生意。由于没有公开市场可以交易该公司的股票，他写信给董事会主席哈维·S. 马德(Harvey S. Mudd)(在得克萨斯海湾硫磺公司认识的西利·马德的儿子)，想把股份卖给马德或者他的家族。

马德回复，现在出售股份，实在是很可惜。塞浦路斯矿业公司刚刚开始恢复声誉，未来红利颇丰，现在也很难说巴鲁克持有的股份值多少钱。马德解释说可考虑看看另外一种可行的建议。在欧洲,唯一一个能处理该公司矿石的冶炼厂坐落在汉堡。

巴鲁克坚持自己的观点,1939年3月,马德又换了另一个理由来劝说:

对于出现的情况,我也感到很痛苦和难过,但是我不想违约,由此出现的任何一种后果都是我不愿见到的。公司的股东可能不会反对,但是在塞浦路斯将有成千上万的工人会失去工作,工人们才是遭受损失最大的人。就像对股东负责一样,我要对这些工人负责。我们可以拒绝向德国人提供铜精矿和黄铁矿,德国人将会找到新的卖家,但是没有人会替我们解雇的工人找到工作。

根据该公司的史料记载:"这样的说法显然打动了巴鲁克。"

面对重大的麻烦,巴鲁克总有办法解决。20世纪30年代晚期,巴鲁克建议为欧洲犹太人和各种宗教难民建立一个新国家。他把这个国家定名为非洲美国(The United States of Africa)。

为解决巴勒斯坦(Palestine)问题,巴鲁克不倡导犹太复国主义计划。他不是犹太复国主义者,他想要有一个开明的而不是完全犹太式的解决办法来帮助无家可归的人摆脱困境。他认为,中非一大片土地应该按照英国的摄政政体划拨,由拓荒者带着现代工具来此定居。男人先去,开着推土机,带着杀虫剂和建筑材料,拓荒出可以立足的地方。以前依靠斧头和明火枪需要几代人才能完成的事现在依靠新技术在相对短的时期内就可以完成。适当的时候妇女和孩子可以跟过去。开拓殖民地将有私人筹款资助。犹太人可以自行捐款,比如巴鲁克可以捐出300万美元。

在霍布考,巴鲁克把这个想法告诉了纽约的共和党议员汉密尔顿·费什(Hamilton Fish),费什为了"推销"此观点,于1939年夏天去欧洲,力争从英国和法国那里争取到更多的利益。在巴黎,费什会晤了法国外交部长乔治·邦尼特(Georges Bonnet)和殖民地大臣乔治·曼德尔(Georges Mandel)。他概略地提到定居地建议在乍得湖(Lake Chad)的南部和西部的一块区域,并提到他已就此问题与英国的外交大臣爱德华·哈里法克斯勋爵(Lord Edward Halifax)进行了会面,将要去见希特勒。费什指出巴鲁克是此想法的提出者,援引巴鲁克可能会捐出1亿美元。所有这些动作经由伦敦的美国大使馆报告给罗斯福。罗斯福把大使馆的报告转交给巴鲁克看,随附一张罗斯福本人的便条。

"……我十分确定,"罗斯福写道,不是所有的事情都确定,"你和我,看重实践胜过理论,从没有委任尊敬的汉密尔顿作为我们的代表或为我们说话。我想要这位伟大的身兼公私数职的先生重新回到哈佛,在足球队担任抢断对方球员的球一职。他非常胜任那个职位。"据费什所说,法国人对此想法表现出浓厚的兴趣,但是在付诸实施此想法之前,战争爆发了。

1941年5月末,为了避免战争进一步扩大,希特勒对美国的态度还是循规蹈矩的,不敢轻举妄动,两条官方指令被德国媒体曝光。第一条是5月23日报道的,暂缓对罗斯福总统的袭击行动,第二条是5月30日报道的,别管伯纳德·巴鲁克。

不管巴鲁克在罗斯福的白宫中所处地位如何,总有一些人,包括他的朋友和敌人,认为巴鲁克在白宫的地位是相当高的。赫伯特·胡佛(Herbert Hoover),可以说是巴鲁克的朋友,认为巴鲁克至少是民主党任职官员。1941年11月末,前总统胡佛带着巴鲁克一起接见了一位律师拉乌尔·E. 德斯弗奈因(Raoul E. Desvernine)。德斯弗奈因的任务非常紧急,就是阻止美国与日本交战。

德斯弗奈因的客户名叫来栖三郎(Saburo Kurusu)。来栖三郎是日本特使,曾参与了与美国国务卿科德尔·赫尔(Cordell Hull)的重要会谈。来栖三郎认为赫尔的立场不太友好,而赫尔认为来栖三郎闪烁其词。德斯弗奈因是自由联盟(Liberty League)的成员,因而缺乏接近政府高官的机会,想方设法替来栖三郎找到一条绕过赫尔直接接近罗斯福的渠道。12月1日或12月3日[胡佛的便条上写着12月1日,而巴鲁克记得是12月3日]在五月花大酒店(Mayflower Hotel),巴鲁克、德斯弗奈因和来栖三郎坐到了一起。

与来栖三郎不同,巴鲁克不愿意走非正式的官方渠道。他请示了沃森将军,想知道白宫的看法。沃森请示罗斯福后,告诉巴鲁克继续进行会面,巴鲁克遵照执行。巴鲁克询问来栖三郎的看法。

这位日本特使解释道,日本天皇祈求和平,罗斯福的直接表态可以让日本国内的好战分子闭嘴。来栖三郎提了一些笼统的建议,包括部分日本军队从中国撤走[美国曾要求日本军队完全从中国撤离]以及解禁先前7月实施的对美国的贸易禁止令。然而,巴鲁克、来栖三郎或者德斯弗奈因所不知道的是,这一切已经太迟了。12月1日,日本召开内阁会议,日本天皇参加了此次会议,宣布对美国宣战。

与其他无数美国人一样，巴鲁克是星期天在家里阅读报纸时知道此消息的。但是与大多数美国同胞不一样的是，当时巴鲁克身着晨服，就是他那身在星期天早上经常穿的衣服，第五大道公寓的二楼起居室里从私人护士口中听到了这则新闻。[也许当时他打开报纸翻到金融版块，看一眼国际电话电报公司的股价，他已推荐他的朋友们购买该公司股票；星期五以每股 2.25 美元收盘，星期六上涨到每股 2.375 美元]电话响了，他的护士希金斯小姐接起电话听了一会，然后向巴鲁克转述了这个惊天大新闻，日本轰炸了美国的珍珠港。巴鲁克一下子从椅子上跳起来，说："我告诉过他们。"——据希金斯小姐后来回忆，巴鲁克此言的意思是指他预言战争会爆发，明确告诉过政府要为战争做好准备。随后他接到一连串来自华盛顿官员的电话，咒骂、建议、鼓励的都有。他致电政府，特别是罗斯福总统。然而，他似乎并没有对罗斯福总统提起 12 月 7 日日本偷袭珍珠港事件。

有相当长的一段时间，巴鲁克充当国内战线的长官们的义务顾问和个人士气官。战争爆发的当月，巴鲁克花整月的时间考察了纽约和费城的大炮生产情况["我看到这里的生产一片死寂，加紧生产迫在眉睫，我想您会找到克服的办法……"他给罗斯福总统的信中这样写道]，并提交了一份包含五位候选人的名单，来管理新战时生产委员会。这五人名单可以说是老战时工业委员会的再现。罗斯福没有让巴鲁克担任他的老职位，更不用说委任巴鲁克推荐的候选人了。罗斯福选择了唐纳德·M. 纳尔逊(Donald M. Nelson)。纳尔逊是供给、优先权和配给委员会的领导人，供给、优先权和配给委员会是一个不太引人注意的机构。与平常面对这些情形一样，巴鲁克表现得非常大方。纳尔逊来新战时生产委员会上班的头一天晚上，巴鲁克请他一起出去吃晚餐。

巴鲁克是一名好战士。国家危难之时尽管没有用武之地，他只对两件事提出反击。一是有关他是总统顾问的说法，二是有关他推动美国卷入战争的荒谬的纳粹宣传。他告诉克劳克，后一项指控挫伤了他的职业自豪感。["当然，纳粹分子扑灭了我身上所有的好战和反犹太主义火苗，因为他们不想看到像我这样提出战备计划的人与他们作对。"]巴鲁克献身于工作，也鼓舞其他人振作。他是唐纳德·纳尔逊在技术和组织问题的长期顾问。巴鲁克为内政部长哈罗德·伊克斯提供金属、战略矿产以及自我激励方面的建议。巴鲁克告诉伊克斯每天两次站在镜子前面，抬起下巴，重复说："当然，我可以。"阿瑟·克劳克开始觉得自己作为政府评论家不称职，巴鲁克不断地鼓励他。某次，巴鲁克写了一张便条捎给沃森将军，解释他出现在华盛顿的原因："我昨天来华盛顿，此行的目

第十四章 "他的专长在于冒险"

的是安慰和鼓励那些软弱和动摇不定的人。"

每个星期巴鲁克总要花几天待在华盛顿。离开纽约之前(他通常搭乘星期一 16:00 的火车离开纽约,如果有特等卧室的票的话他就买特等票),他会给一长串的华盛顿高级官员发电报,告诉他们他即将去华盛顿。这一长串的高官包括战争部的罗伯特·皮特森、海军部的詹姆士·佛瑞斯塔、最高法院的詹姆士·伯恩斯、陆军参谋长(Army Chief of Ordnance)小李文·H. 坎贝尔将军(General Levin H. Campbell, Jr.)、科德尔·赫尔(Cordell Hull)、陆军部供给办公室(the War Department Service of Supply)的莱昂·亨德森(Leon Henderson)、经济战争委员会(the Board of Economic Warfare)的米洛·伯金斯(Milo Perkins)以及战时生产委员会的路德·古利克(Luther Gulick)教授。在华盛顿,巴鲁克租下了卡尔顿酒店的一个套间,每月租金 1 000 美元。他与男仆拉塞共享此套间,每人一个房间。巴鲁克对《纽约客》的杰弗里·赫尔曼(Geoffrey Hellman)说,他不怎么外出就餐,大部分时间都在房间里吃饭,有时候会与唐纳德·纳尔逊或其他政府官员一起就餐;如果他的医生允许,早餐他可以吃掉一块牛排和一打鸡蛋。"记者先生,"巴鲁克说,"在华盛顿,我从不出去逛,因为我要在晚上 19:30 准时吃晚饭,否则我会发脾气,而且我是一个乏味的人。我不喝鸡尾酒,我讨厌晚上 20:00 之后还坐在外面或看到其他人在喝酒。我把自己锁在家里。每天 23:00 上床睡觉。"①他告诉伊克斯他每天上床入睡前都会阅读《赛马消息报》(Racing Form)。

最终巴鲁克从事的工作就像是为他量身定做的,不管是从性格还是身体方面来考虑,同时又带有戏剧性色彩,他可能是自己委任的,事实的确如此。1942 年,美国的橡胶供应出现严重短缺现象。几年前巴鲁克就看到橡胶供应存在短缺现象,一直敦促政府要未雨绸缪,提前做好橡胶的储备工作。作为投资者,巴鲁克知道橡胶灌木中的银菊胶对扩大橡胶生产的巨大作用。橡胶供应短缺和由此引发的政治斗争使巴鲁克感到气愤。但是巴鲁克的高尚品格使得他不可能去指责政府的不作为。7 月初,巴鲁克向他的朋友艾里提出了一个建议,即总统先生应该委任一个德高望重的人去调查橡胶供应短缺的缘由,然后发布相关调查报告以便下一步采取正确的应对措施。

---

① 《纽约客》直接转述了巴鲁克的原话,巴鲁克知道(读到或被告知)后有点不悦。早上 8:00 文章见报,巴鲁克打电话给赫尔曼,要他做出解释,并威胁说他会将此事告诉《纽约客》的发行人拉乌尔·弗莱舍曼(Raoul Fleischmann)。"你直接引用了我的原话,"巴鲁克说。随后赫尔曼再次引用了巴鲁克的话,"我从来没有直接引用。"

橡胶供应短缺现象日益严重,而且如果人造橡胶无法尽快投入大规模生产,国内经济就会崩溃,所以行动迫在眉睫。巴鲁克的建议呈现给总统先生之前,国会自己正在策划一个解决方案。6月,国会提议成立一个新的橡胶机构,负责建立工厂,以谷物为原料人工合成橡胶(当时有两个候选的人造橡胶生产方法,这是其中之一)。另一个人造橡胶生产方法的原料是石油。因为农民的人数总比石油工人的人数多,以谷物为原料的人造橡胶生产方法引起了巨大的争议。

然而,罗斯福不想实行以谷物为原料的人造橡胶生产方法。罗斯福考虑投反对票,他给巴鲁克寄了一封信:

亲爱的伯纳德:

因为"在遇到麻烦的时候,你总是随时能提供帮助",你会再次这样做吗?你比整个高等法院的人加起来都要强!我想与你见一面,到时萨姆(罗森曼)会通知你。

永远的朋友

富兰克林·德拉诺·罗斯福

罗斯福给高等法院的推荐信表明,当时巴鲁克只是罗斯福的第二位候选人,当时罗斯福首先考虑的人选是高等法院首席大法官哈伦·斯通(Chief Justice Harlan Stone)。巴鲁克仍然接受这样的提议[他不会仅仅因为自尊心受伤而拒绝此提议]。两天后,即8月6日,巴鲁克的橡胶委员会宣告成立。

巴鲁克的主席一职既是实际执行任务的职位又是一个荣誉职位。巴鲁克在橡胶委员会的同事包括麻省理工学院(the Massachusetts Institute of Technology)院长卡尔·T. 康普顿博士(Dr. Karl T. Compton)和哈佛大学校长詹姆士·B. 科南博士(Dr. James B. Conant),这两位委员的职责是斟酌取舍科学证据。同时巴鲁克还紧急召集了25名技术人员,分派到全国各地向相关人员了解情况并进行实地考察。未来的政治分析家以及巴鲁克的战时助手塞缪尔·吕贝尔(Samuel Lubell),被任命为橡胶委员会的秘书。

橡胶委员会的职责是探明真相,调查人造橡胶生产方法的优点以及处理棘手的汽油定量配给问题。同时橡胶委员会还要决定是否有足够的丁二烯以支撑以石油为原料的布纳橡胶生产计划,如果有,到何种程度,因为生产更多的布纳橡胶意味着更少的高辛烷值飞机用汽油。

首先,橡胶委员会没有办公地点。委员们在卡尔顿酒店集合开会,或者天气好的话,

第十四章 "他的专长在于冒险"

直接穿过白宫在拉斐特公园(Lafayette Park)开会。"我像个游手好闲的人,"巴鲁克在解释这些户外集会地点时这样说,"如果可以,我就在太阳底下召开会议。"有一段时间,橡胶委员会还在敦巴顿橡胶园(Dumbarton Oaks)的室内或草坪上办公。随后,他们在拉萨尔大厦(LaSalle Building)有了办公室,那是政府为他们租下的办公室。那时橡胶委员会已基本上完成工作。橡胶委员会对以石油为原料的人造橡胶生产方法施加压力,并起草了一份汽油定量配给和每小时限速 35 英里的方案。石油储备很充足;该方案是为轮胎养护而策划的。

在技术问题上,巴鲁克遵从他的同事们(专家)的判断,但是在政治和行政事务上,他会坚持自己的观点。① 巴鲁克已奉行战时工业一人负责制 25 年了,因此他坚持新的橡胶行政官员须向战时生产委员会的唐纳德·纳尔逊报告。还有另外一件事,他说,应该依靠工业本身而不是政府来实现人造橡胶生产计划。他曾提醒一对在新泽西比标准石油公司从事橡胶切割的工程师要排除无谓的政府干涉。他说政府要为他们做什么须有他们自己决定,他还要求他们不管是否开始这样做都要勇敢面对挑战。其中一位工程师弗兰克·A. 霍华德(Frank A. Howard)在巴鲁克的面前信誓旦旦地说,他一定会照做的。他生动地回忆起巴鲁克的临别赠言:"我知道你能做到,如果你做不到,我会剥了你的皮。"

巴鲁克的报告直言不讳,直陈事实,必然公之于世[巴鲁克把报告分发给国会会员、日报、1 800 个高校图书馆、6 000 个公共图书馆、1 500 个专业和商务图书馆以及 230 个法律图书馆]并最终赢得了公众的信任。橡胶委员会发布报告前,全国汽油定量配给(作为轮胎养护的一个措施)方案只有 49%的民众支持率。9 月中旬报告发布后,民众支持率上升到 73%。战争末期,就像巴鲁克说的,汽车刮擦事故造就了一个 10 亿美元产值的行业。

这个行业奇迹出现之前,事实上也是在橡胶委员会的报告发布之前,巴鲁克担任橡胶委员会主席一职受到热烈的欢迎。反罗斯福的电台时事评论员小富尔顿·刘易斯(Fulton lewis, Jr.),高度评价了此事。巴鲁克过完 72 岁生日的第二天,《华盛顿邮报》发表了一篇热情洋溢的社论。该社论部分内容如下:"成千上万的美国人看到一个 70 多岁老人坐在公园长椅上的照片,将会产生怎样的信心,这是一件令人好奇的事。

---

① 作为橡胶委员会最引人注目的委员,巴鲁克总会收到公众主动提供的建议。一位自称是罗特希尔家族以及是巴鲁克的前曼哈顿邻居的人大胆建议:"尽管由于身体状况较差,我本身也不喜欢参加社交活动,但是不久前我造访了几个大酒店和俱乐部,发现这些酒店和俱乐部门口的地上放着许多可以摒弃的橡胶垫子。"巴鲁克回复,他知道这些门口擦脚的地垫没有多少利用价值。

但是我们敢说,罗斯福总统要求伯纳德·巴鲁克主持一个三人委员会调查橡胶供应短缺现象,广大美国民众的信心确实增强了。"[巴鲁克开玩笑地对《华盛顿邮报》的发行人小尤金·迈耶说,这篇社论更像是写给去世的人。迈耶似乎也意识到这点,立即把巴鲁克的形象从一位 70 多岁的老人转换成一名国会议员,为此巴鲁克还就此事好好感谢了迈耶。]据索普的一位朋友报道,报告发布后,据说在纽约,一位观众看到出现在新闻短篇中的巴鲁克后热情鼓掌。

因为巴鲁克十分中意自己充当自由评论家和解决麻烦问题能手这样的角色,可以自由支配时间,受人称赞且不用承担日常职责,而且他早已经发迹多年了,所以巴鲁克成功解决橡胶短缺问题后,政府准备提供一些全职工作给他,对此巴鲁克还颇有微词,当然这也是可以理解的。至于反通货膨胀的职位,则是另外一种特殊情况了。他从政府的财政委员会中听到一种反对的声音,原因不仅在于政府的税务长官即财政部部长小亨利·摩根索尔不想交出权力,而且他不需要巴鲁克。巴鲁克试图说服摩根索尔,但是没有成功。1942 年 12 月 15 日早晨,巴鲁克恰好打电话给摩根索尔商讨战时公债捐赠事宜。电话两端的两个人都十分客气地讲话。

摩根索尔:你好!

巴鲁克:早上好,部长先生。我是伯纳德·巴鲁克。

摩根索尔:噢。

巴鲁克:我不想加重您的负担——我知道您压力很大。

摩根索尔:没有。

巴鲁克:……但是我不想让您觉得我没有兑现我的捐赠承诺。

摩根索尔:哦。

巴鲁克:我已经履行了,但是我认为公开表示捐赠引起公众注意,不是明智之举,因为毕竟富人捐点钱再平常不过了,基于这样的想法,我通过常规渠道悄悄捐赠了。

摩根索尔:嗯。

巴鲁克:……我不想……

摩根索尔:你没有必要特地打电话来解释此事,但我还是很高兴你能打电话来。我相信以你现在的名誉和地位,如果你说你会做,不管有没有公开,你都会做的。

巴鲁克:我不喜欢——我想它是——我想一个被认为有点钱的人,或称之为富

第十四章 "他的专长在于冒险"

人……

摩根索尔:是的。

巴鲁克:……谈论捐出100万美元有些不妥,您知道,他们想要公众……

摩根索尔:嗯。

巴鲁克:……因为我认为数额太大了,还有其他一些原因,公开捐赠有些不妥,我想您能理解的。

摩根索尔:我——我相信无论你做什么决定都是对的。

巴鲁克:非常感谢,我将处理这些债券——

摩根索尔:很好。

巴鲁克:我以前说过的,捐出这些债券,我会悄悄捐出,没有人会知道,至少我希望别人不知道此事。我很抱歉,打扰您了,我只是想……

摩根索尔:没有打扰。

巴鲁克:再见,先生。

摩根索尔:欢迎随时打电话给我。

巴鲁克:谢谢。

政府提供给巴鲁克的第一份全职工作是担任新经济稳定办公室(The new Office of Economic Stabilization)的主任。1942年9月,总统助手萨缪尔·罗森曼提议巴鲁克负责新经济稳定办公室,称新经济稳定办公室主任是一份很好的工作。经济稳定办公室主任主要负责实施工资价格法律,重新振兴不得人心的法规,协调政府的反通货膨胀政策。然而,由于对财政政策不甚了解,缺乏信心,巴鲁克拒绝了这一提议,推荐了詹姆士·伯恩斯。

与第一份全职工作相比,巴鲁克的第二份全职工作更加保密,更具戏剧性,更加不合常规。巴鲁克第二次接触到全职工作发生在1943年的2月,那时人们对战时生产委员会以及主席唐纳德·纳尔逊的不满情绪日益高涨。陆军部抱怨纳尔逊缺乏决策力,不能胜任,而纳尔逊的朋友们反击,可能是纳尔逊做事倾向于深思熟虑,但起码纳尔逊成功避开了国内战场的军事控制。战时生产委员会有亲陆军部一派和反陆军部一派。领导反陆军部一派的当然是纳尔逊,而亲陆军部一派中最引人注目的人物当属费迪南德·艾伯斯塔德(Ferdinand Eberstadt)。艾伯斯塔德在其华尔街生涯巅峰时期成立了化学基金,现在监督[他的朋友们认为,没有比这更英明的决定了]战时生产委员会的优先权执行情况。巴鲁克属于中间派。他尊重艾伯斯塔德,对陆军部的态度也非常和善,但是他也向纳尔逊献策献计,即使他认为陆军部在某些事上弄巧成拙也不愿批评陆军部。2月初,伯恩斯提出了一个解决战时生产委员会窘境的办法,那就是让巴鲁克取代纳尔逊。"您将失去机会,"伯恩斯写信给罗斯福谈及巴鲁克,"他比战时生产委员会里的任何一个人都更了解战时生产委员会。去年,他每星期花四五天时间待在华盛顿,许多部门的头头纷纷去找巴鲁克,寻求帮助。没有任何权力,巴鲁克创造了奇迹,理顺争议,确保生产商之间的合作。"伯恩斯指出,巴鲁克的上任将受到国会和媒体的欢迎。[1] 他会妥善应付各方对战时生产委员会的批评。毫无疑问,他非常忠心。"您任命的不仅是一个最适合此职位的人,还是您的一个好朋友。"伯恩斯适时补充道:"哈里·霍普金斯让我转告您,他强烈支持我的建议。"

罗斯福同意伯恩斯以他的名义给巴鲁克写信征求巴鲁克对接替纳尔逊工作的意见。伯恩斯写好信后,罗斯福在上面签名,然后伯恩斯亲自把信送到卡尔顿酒店。巴鲁克打开阅读此信:

亲爱的伯纳德:

很长一段时间,我都向你咨询战时生产问题,寻求你的帮助。你极其慷慨地投入你的时间和精力,你的建议非常有价值。我知道你喜欢担当顾问的角色,对需要占据你所有时间的行政职位不感兴趣。然而,我相信对战时生产委员会进行调整是明智之举,我想召回你这位资深政治家来帮助我。我意欲任命你为战时生产委员会的主席,管理该委员会的日常工作。

你对战时生产问题以及战时生产委员会都非常了解,我相信你可以胜任此工作,合理安排时间,这样你就不用夜以继日地工作。我不是想要你作出牺牲,但是我有信心你会接受此提议,因为任何资助战争的事,你都乐意做出牺牲。

你忠实的朋友

富兰克林·罗斯福

1943年2月5日

---

[1] 战时伯恩斯曾举荐《纽约时报》的特纳·凯特里奇(Turner Catledge)担任公共关系一职。凯特里奇不太愿意,指出这一职位的年薪只有9 000美元,他不太能接受这么低的年薪,伯恩斯告诉他不用担心年薪问题,他会给予额外的酬劳。如果打算为政府工作,凯特里奇不想受到特殊照顾,因此拒绝了伯恩斯的好意。

第十四章 "他的专长在于冒险"

巴鲁克的答复并不是伯恩斯想要听到的答案。巴鲁克没有说"是"。他说他需要时间考虑,并咨询一下他的医生们的意见。他要保证他的老朋友及忠实的盟友——雷曼兄弟的约翰·汉考克(John Hancock)能够与他一起共事。伯恩斯对此感到震惊。伯恩斯曾花一笔巨款邀请汉考克担任某一职务,但是汉考克拒绝了。伯恩斯竭力说服他,但巴鲁克坚持己见:他宣称他要回纽约。[伯恩斯向罗斯福保证过:"巴鲁克会接受此职位。虽然他从没有直接向我表态过,但是我对他很了解,相信他的心在战时生产上。比起其他事,这件事是他目前最想做的……"]

尽管伯恩斯是秘密进行此事的,他欲用巴鲁克取代纳尔逊的计划还是泄露出去了。白宫有人把此事透露给最高法院的一位法官费利克斯·法兰克福(Felix Frankfurter),法兰克福很喜欢插手政治,他反对巴鲁克,因此是站在纳尔逊这边的。[法兰克福对巴鲁克说:"战时生产委员会的活动不应该时不时地被一些事打断,应该一如既往地贯彻下去……巴鲁克现在做的以及他如果上任战时生产委员会的主席将要做的事都会扰乱战时生产委员会的正常运作。"]法兰克福提醒战时生产委员会的一位朋友注意。这位朋友就是纳尔逊,纳尔逊立即采取行动。第二天早上,即1943年2月16日,他解雇了艾伯斯塔德,并向媒体公开了解职令。纳尔逊认为艾伯斯塔德是陆军部的间谍,也是巴鲁克的人。同天晚上,纳尔逊与总统先生一起喝酒。

同时,在去纽约的路上,巴鲁克发起高烧,回到府邸后就直接上床睡着了。巴鲁克生病是司空见惯的事了。有时候他是真的生病,有时候他的疑病症使他误以为自己生病了。在任何情况下,他的健康还是在他的掌控之内。出去散步时,巴鲁克会时不时不经意地停下来,测测自己的脉搏。一次,巴鲁克拒绝了一个户外宴会的邀请,理由是:"我不喜欢坐在一大堆人中间。很多人在你面前晃来晃去,在你面前咳嗽。"1945年,巴鲁克飞往欧洲会见丘吉尔,他让私人护士和医生陪同前往。回忆起这场在拒绝伯恩斯的提议后所生的大病,巴鲁克写道:"当别人认为我可能患上很严重的肝病,甚至可能是癌症时,我经历了一段恐惧的日子。"

伯恩斯追述,他听到此事已经过了一些时日。

当然,巴鲁克由汉考克陪同回到华盛顿,但那时,罗斯福总统已经改变主意了。

"总统先生,我来报到。"巴鲁克去见罗斯福总统表示愿意接受战时生产委员会主席一职。罗斯福总统假装没有听到。

巴鲁克鄙视精神病治疗法,不管是外行的还是专业的。毫无疑问,他也不屑下面的假说,不管它是以何种方式呈现的。虽然已是老人但是不愿服老,只想做顾问不想承担全职工作,想要接受提议但知道这还要看罗斯福总统的意思,正是苦恼这些,巴鲁克想象自己生病了。不管这样的假定是否属实,巴鲁克走出罗斯福的办公室,舒了一口气,一副轻松自得的样子。

战争爆发的第一个春天,有一位来自田纳西州纳什维尔(Nashville)的妇女,50来岁,5英寸4英尺高,重150磅,当国会议员艾尔伯特·戈尔(Albert Gore)询问她中意的类型时,她说道,"形象好。"她说她想嫁伯纳德·巴鲁克这样的男人。[补充一点额外的背景资料,她说她教过钢琴,写过一本烹饪书,曾为俄克拉荷马(Oklahoma)的百货公司撰写过广告,具有法律学士学位;她是全职的民主党人,是东方之星慕道者团体(the Order of the Eastern Star)的会员。]"我非常崇拜他,"她继续说,"他是一位举止优雅、接受过良好教育的绅士,是一名真正的男子汉。我对我自己的条件也很满意。你能帮我打听一下巴鲁克对再婚的态度吗?"

巴鲁克对婚姻的态度与他对朝九晚五的工作的态度是一样的。他认为一般人再婚没有什么问题,但就他个人而言是不太可能的。他曾告诉哈利·霍普金斯,如果他能找到一位像路易丝·梅西(Louise Macy)["你这幸运的家伙!"]这样的新娘子,他一定会再婚,但这只是场面话而已。巴鲁克终生未再婚。安妮没有去世之前,他对所有想嫁给他的女人说,他离婚是不可能的事。安妮去世后,他对他的情人们坦白他不想再婚的想法。据海伦·劳伦松(Helen Lawrenson)所说,某个夏天巴鲁克在维希接受治疗,有一位女人当街不断骚扰和勾引巴鲁克。[这事结局不妙,劳伦松写道:"他表情冷淡地向我承认……这个女人拿了他2.5万美元,他说,结果发现那女的是一个骗子,这是一个国际敲诈集团设计的美人计。"]至少有一个女人是巴鲁克爱过的,而且很可能会结婚。但是,1935年,这个女人嫁给了亨利·卢斯(Henry Luce)。对于那些对巴鲁克不是很了解的人来说,他对克莱尔·卢斯(Clare Luce)的忠诚以及对她戏剧事业和政治生涯的帮助正好体现了巴鲁克反对改革的倾向。但是,不管是对待男人还是女人,巴鲁克认为思想观点不同的人也可以交朋友。卢斯恰好是传统保守的人;劳伦松,巴鲁克一时放纵的对象,也是朋友,却完全是相反的个性。

第十四章 "他的专长在于冒险"

巴鲁克对婚姻不感兴趣,但是他支持母权制。博伊尔小姐是一位身材娇小、穿着得体的秘书,伯恩斯称她为巴鲁克的管家,她帮助巴鲁克打理金钱,管理办公室,替他向他的朋友们积极催讨过期的债务,当巴鲁克不在的时候帮他盯着股市。在家里,希金斯小姐照顾他的身体,安排他的社交活动,巴鲁克变得不太热衷社交活动。巴鲁克的耳聋问题日益加重,他的活动范围进一步缩小。老朋友不常联络,巴鲁克常常感到寂寞。[1944年夏天,担任马歇尔将军(General Marshall)的顾问时,他汇报,夏天他去了华盛顿港(Port Washington)和长岛,都是一个人去的。]斯沃普和他见面的次数也很少了,巴鲁克解释说这主要是因为他听不见了。1943年休战日(Armistice Day)他写信给斯沃普:

我的耳朵越来越聋,致使我的身体变差,神经变脆弱。耳背使我越来越像一名隐士——我也不想变成这样——原因在于超负荷的工作弄得我疲惫不堪。日常的礼节、联系、几个人的聚餐,晚上到人很多的剧院看戏,我都统统谢绝了。我意识到,我还有一点用,但是当夜幕降临时,我感到非常疲惫。白天我仍然觉得体力充沛,但是接近黄昏就会觉得累。

即使能力有所下降,可是巴鲁克仍然超负荷地工作。橡胶报告完成后,巴鲁克转而去研究兵力和军火生产。他反对政府的一项征兵计划,并取得成功。1943年,他和汉考克一起调查了西海岸(West Coast)的劳动力情况,然后在1944年,他们写了一份战后经济调整的报告。这份战后报告提出和平会带来繁荣,而不会导致经济衰退的观点,引起争论。接着,巴鲁克捐出110万美元用于研究康复药品和心理治疗以帮助返回美国的老兵恢复健康。1945年初,在医生、护士和政治记者的陪同下,他飞往伦敦与英国政府进行会谈,又飞到德国,匆匆检阅了德国自卫队。小乔治·S. 巴顿将军(General George S. Patton, Jr.)称他这位74岁高龄的访客"还是一如既往地敏锐";小乔治·S. 巴顿将军愉快地看着巴鲁克向记者们布置简要任务,告诉他们:"不用花很长时间。"

咨询是一件难以捉摸的事,而且常常不太容易评估结果。尽管如此,有政府高官证明,巴鲁克对战争做出了巨大的贡献,他献计献策,调停各派系之间的矛盾,加快政府机构办事进程。例如,唐纳德·纳尔逊写道,巴鲁克对生产优先权的建议,最终实践证明非常有效;罗森曼称巴鲁克"简直就是陷入困境官员的神麦加(圣城)"。海事委员会(The Maritime Commission)主席埃默里·S. 兰蒂上将(Admiral Emory S. Land)称巴鲁克正是他需要的栋梁之才——"在我的海军职业生涯中,我获得的最宝贵财富就是巴鲁克先

生……"1945年,陆军部副部长帕特森(Patterson)盛赞巴鲁克:

亲爱的长官:

今天是圣诞节,我想起了你,想起自我加入陆军部以来你对我的诸多关照。我犯了很多错,很多时候是因为我没有听从你的建议或者是我没有好好领会你的意思。我不记得你有给过我不好的建议。对我来说,你对我的肯定使我浑身上下都充满了干劲。

既有普通民众高度赞扬巴鲁克,也有一些国外领导人盛赞巴鲁克的才华。1945年,赫尔曼·巴鲁克时任美国驻葡萄牙(Portugal)的大使,葡萄牙的统治者安东尼·德·奥利维拉·萨拉萨尔(Antonio de Oliveira Salazar)急着向其表示伯纳德·巴鲁克是当代最伟大的思想家之一。早年,雷尔顿·刘易斯(Fulton Lewis)在广播节目中称赞巴鲁克,一位听众收听后给刘易斯发了一封电报:

政府屡次向这位伯纳德先生征求意见。最近一次巴鲁克出现在某个重要场合证明,或者对我来说意味着,如果他不是一名基督徒,他至少会在某些方面很内行。如果这样,他在白宫肯定会大有作为,难为这位捣乱的前众议员在公园喂食松鼠和小鸟,如果你知道我在说什么。

和平时代即将到来,巴鲁克发表了各种各样的和平声明和断言。他和汉考克撰写的战后报告包含了他的一些预言性观点,这份报告是他们为时任战时动员办公室主任(The Office of War Mobilization)的吉米·伯恩斯(Jimmy Byrnes)所写的。[不要把战时动员办公室和经济稳定办公室混淆起来,巴鲁克曾拒绝出任经济稳定办公室的主任。巴鲁克举荐伯恩斯,最后伯恩斯取代巴鲁克担任经济稳定办公室主任一职;伯恩斯辞去经济稳定办公室主任一职去主管战时动员办公室时,伯恩斯建议巴鲁克接手经济稳定办公室。巴鲁克再次拒绝,但他同意在战时动员办公室中担任伯恩斯的官方顾问。]在报告中,巴鲁克和汉考克提议在战争末期加快清算政府剩余财产。有趣的是,他们提醒要警惕与投机商的交易。他们用了一个很好的词汇来表述资本主义——"这个标语(资本主义)到处可见,如果小作坊无法为每个人都提供工作,那么它必将被其他存在的体制所取代"——他们预测经济会复苏。尽管返美老兵在游行抗议,政府支出相应缩减,那时正处于一段5~7年的经济复苏酝酿期。当时许多人预言会出现又一轮经济衰退,巴鲁克和汉考克的观点被认为过于乐观。

战后巴鲁克最想投身的事业是为促进和平而努力,但事与愿违。他对外交事务抱有

第十四章 "他的专长在于冒险"

坚定的看法。例如,他同意亨利·摩根索尔的观点,即削弱德国的工业生产能力。他一度支持国务卿的迦太基计划(The Secretary's Carthaginian scheme),即减少德国的农业和饲养业产出。由于担心"血汗劳动力"和"出口补贴"重新复苏,巴鲁克要求对日本也应该采取严厉的限制措施。至于苏联,巴鲁克主张合作和约束并行。巴鲁克与他的朋友丘吉尔不同,他并不讨厌布尔什维克。另一方面,英国社会党取得的成功使得巴鲁克对英国政府的态度发生了改变。英国政府曾向美国政府申请一笔巨额贷款,或者以赠与的方式提供一笔资金援助,巴鲁克反对贷款给英国政府,因为英国政府用这笔贷款支持本国的工业集体化。除了1945年3月被派往伦敦,巴鲁克再也没有其他重要的外交任务了。他没能被指派参加雅尔塔会议(Yalta Conference),只能在家中回忆1919年参加巴黎和会的点点滴滴,但是没有人打电话来。

巴鲁克听到罗斯福总统的死讯时,他正在伦敦克拉里奇酒店的房间里与医生闲聊。第二天,1945年4月13日,巴鲁克一行人,再加山姆·罗森曼(Sam Rosenman),坐飞机返回美国。参加完罗斯福总统的葬礼后不久,巴鲁克就去拜访杜鲁门总统,汇报他与英国政府的会谈情况。之后,他又断断续续地见过杜鲁门总统几次(5月8日,当天也是杜鲁门总统61岁生日,他与总统先生谈了一个多小时),但是显而易见,巴鲁克在白宫的影响力正在衰退。1945年夏天,与亨利·A. 华莱士(Henry A. Wallace)的谈话中,巴鲁克重复提到"总统先生"。他会自己打断话,然后说:"当然,我说的是罗斯福总统。"

第十五章

原子能和所有的一切

第十五章 原子能和所有的一切

1946年3月16日,与国务卿进行一次长谈后,哈里·杜鲁门总统决定一项高级任命,并就这次任命,在一张便条上匆匆写下几句警言。便条上写着:"请求老人巴鲁克担任联合国原子能委员会(U.N.O. Atomic Committee)的美国代表。他想要管理这个地球、月球,甚至木星——那我们拭目以待。"

尽管杜鲁门总统认为巴鲁克的野心很大,巴鲁克自己也很可能拒绝此项工作。杜鲁门总统任命巴鲁克担任原子能大使时,离巴鲁克76岁的生日也已经过去了5个月。他被战时的重负搞得筋疲力尽。早上他还能工作,下午也能工作,但是一到晚上,就感到疲惫不堪,无法工作。有时候他吃完午饭会小睡一会儿。他戴着助听器,时不时会心不在焉地摆弄助听器。1945年底,他患上胃溃疡,从此以后就一直吃比较清淡的食物。因为他已是老人,人们总是误解他,一些人认为他年老糊涂,有些人认为他和蔼可亲。[一次,财政部长摩根索尔向他的属下提起他与巴鲁克之间的一次谈话,当时他们在讨论有关战后世界的问题,谈话内容令摩根索尔困惑不已:"我很困惑,因为一个人谈论10件事,但是从没有完成过一件,我从他身上获得的唯一信息是,重建非常重要,其他事都得靠边站。你们也感到困惑,是吧?"属下们回答:"是的,先生。"但是巴鲁克很可能也对40年前纽约证券交易所的非上市委员会的那些谈话者同样的行为感到困惑]。还有巴鲁克的身体状况越来越差,从1888年他就开始关注自己的身体健康。

然而,世界上没有比原子弹更重要的事了,建立一个全新的联合国组织一直是伍德罗·威尔逊的梦想。巴鲁克没能参加雅尔塔会议和波茨坦(Potsdam)会议,无法参与战后计划,因此他很受伤。基于此,他接受杜鲁门总统的任命。但在正式上任之前他差点就想放弃。

1946年1月,国务卿吉米·伯恩斯阐述了美国原子能政策的概括性提纲。伯恩斯宣称,投到日本广岛和长崎的原子弹威力如此之大,因此这样的武器应该属于全人类,而不是某个国家,另外美国准备向某个妥善组建的国际权威机构交出原子弹和它的制造方法。把这一想法付诸行动的任务落到了一个第一流的委员会头上,该委员会于同年3月发表了一份报告。报告提议建立一个新的原子能发展机构以实现原子能的全球管制。

铀矿、正在进行的建造工程、生产工厂，包括全世界仅有的3个原子弹工厂（全都在美国）都属该机构管辖。在全球范围内分散原子能储备和实验室，这样没有一个国家可以实现战略性垄断。该委员会由副国务卿迪安·艾奇逊(Dean Acheson)和田纳西流域管理局(the Tennessee Valley Authority)局长大卫·E.利林塔尔(David E. Lilienthal)领导。该委员会强调新的原子能时代国家安全的重要性："真实的保护意义在于，如果有国家在其领土内控制了这些制造原子能的工厂或原子能储备，那么其他国家同样可以在其领土内拥有制造原子能的工厂或原子能储备，这样，许多国家拥有原子能，从而不会使它们处于不利的地位，相互制衡。"同时该委员会指出，它制定的原子能计划看起来不切实际，但之所以这样做主要是基于两个原因。一个原因是，不久以后美国必然会丧失原子弹的垄断地位，因此站在为美国设想的立场，现在交出原子弹对美国来说是有利的；另外一个原因是没有人能提供比这更好的建议。

3月初，巴鲁克就到霍布考休假，准备一些他将要发表的通货膨胀声明的相关材料，同时还可以躲避亲戚们的求助电话。他的那些亲戚时不时打电话给他求他帮忙，使他不堪其扰。3月中旬，他一直在考虑出任美国的原子能代表的事，最后告诉伯恩斯他接受任命。不久他又反悔了。3月26日（星期二）的早晨，艾奇逊—利林塔尔报告（委员会的简称）内容被泄露出去，报纸刊登了相关内容。过了一些时日，代表英国政府参加联合国原子能会谈的亚历山大·卡多根爵士(Sir Alexander Cadogan)询问巴鲁克在接下来的会谈中美国政府的立场是不是基于这份报告。巴鲁克认为他应该先弄清楚美国政府的立场，因此他找艾奇逊商量。副国务卿答复卡多根说的是对的，但巴鲁克是这样回复卡多根的，"艾奇逊不得不花时间去找下一个信使，因为西部联盟(Western Union)不接纳像我这样老的人"。

接下来，巴鲁克想清楚知道白宫的真实看法。巴鲁克询问杜鲁门总统，由谁来制定原子弹政策，艾奇逊—利林塔尔团队还是联合国原子能委员会的代表，杜鲁门总统真诚地回答："就是你！"矛盾避开。

杜鲁门认为巴鲁克是一个个人主义至上、狡猾的人，但他肯定也知道巴鲁克在政治方面所能发挥的巨大作用。1946年3月，美国政府提议交出秘密武器（原子弹），苏联政府的战时军事力量完好无损，东欧许多国家发生政变，纷纷投向社会主义阵营。2月，斯大林断言，垄断资本主义不可避免地把世界分成两大阵营，同时他宣布了一个野心勃勃

第十五章 原子能和所有的一切

的五年计划,确保苏联从容应对未来任何一场战争。

对于杜鲁门的原子弹计划这样颇有争议的政策,巴鲁克是最理想的推行者,因为过去巴鲁克的观点总不会引起反感。他是一名爱国者,一位老资格的政治家,同时也是资本和劳动力的拥护者。他支持战备计划,向往和平,支持稳定物价、财政平衡,提倡努力工作和人道主义精神。巴鲁克双腿交叉坐在公园的长椅上,一只裤腿卷起来,露出了那双过时的高帮鞋(从西尔斯那里买的,尽管从未公开),看到这样的场景使人深感宽慰。来自旧金山(San Francisco)的巴鲁克一位密友约翰·弗朗西斯·纳兰(John Francis Neylan)曾这样描述巴鲁克(多少带点恭维,但也是事实):"美国民众可能不赞同您的某些观点,但是他们绝对相信您的智慧、正直和胆量……"

几乎总会有人赞同巴鲁克的某些观点。例如,拜访杜鲁门总统之前,他就已在向众议院银行和货币委员会(The House Banking and Currency Committee)阐明通货膨胀即将到来。几乎同时,一方面,他赞成自由企业制度,另一方面,他又支持战时工资价格管制扩大范围,一项针对罢工和停工的法令以及成立商务高等法院。[他曾把这种矛盾浓缩成一句简短的话:"如果美国民众被告知应该怎样做以及为什么这样做,我绝对相信他们可以自己处理好。"]巧合的是,同一天,艾奇逊在参议院和众议院联合原子能委员会(the Joint Senate-House Committee on Atomic Energy)的一次行政会议上作了艾奇逊—利林塔尔报告。第二天,《纽约时报》头版刊登了这两份声明的相关报道。但是相比艾奇逊报告的报道,巴鲁克的声明报道置于一个更加显眼的位置。

在3月一次记者招待会上,这位已被任命而尚未上任的原子能大使开玩笑地提醒记者们,他从未做实际工作,他已召集一帮人来帮助他处理新工作。他介绍了斯沃普和汉考克,两位做事踏实的人,巴鲁克和他们俩的交情始于第一次世界大战;费迪南德·艾博斯塔德,被唐纳德·纳尔逊从战时生产委员会解雇,然后他又重回投资银行界;纽蒙特矿业公司(Newmont Mining Corporation)的董事长小费雷德·西尔斯(Fred Searls, Jr.)。艾奇逊—利林塔尔委员会成员中没有一个来自采矿业的;巴鲁克的团队中也没有科学家。

起初,巴鲁克的团队和艾奇逊—利林塔尔委员会之间的隔阂比他们与苏联的隔阂还要深。该委员会的顶级科学顾问艾奇逊、利林塔尔和小罗伯特·奥本海默(Jr. Robert Oppenheimer)都对杜鲁门总统任命巴鲁克担任原子能大使感到很遗憾。利林塔尔在日记中记录了有关他对此事的反应:"……我感到很不舒服。"

有一段时间,巴鲁克想争取利林塔尔。利林塔尔这样描述4月他与巴鲁克的会面:

我已下定决心,我会记得他承载着我们的希望,对我来说,倒戈巴鲁克看起来荒诞不经——他的年龄、勉为其难地出任原子能大使、可怕的自负——然而不管怎样,他是我们国家的代表。但是即使如此,因为他看起来口若悬河,而我还没有准备好。谈话的四分之一时间他都在说[他说话几乎不停顿]:总统先生执意要他担任原子能大使,真遗憾;他曾试图退出,因为他认为应该由一个比他更年轻的人来担任原子能大使……

当然,他连一个字都不相信。谈话进行了很久,因为我没有学样,使他相信他是世界上最睿智的人……

利林塔尔写道,由于他没有向巴鲁克保证,巴鲁克自己说起自己的好话,说他不需要研究细节,他也没有年老糊涂,他凭借自己的智慧可以击败任何人。

"花了一个小时同我讲了这些话后,恳求我[简直就是把我捧上天],我可以大胆明确地说出意见,但是我不得不保留意见……我告诉他,他以注重事实(Dr. Facts)著称,如果没有仔细研究细节,这些顾问团队就是妖言惑众。"

基于此,利林塔尔写道,巴鲁克好像对这份工作失去了热情,对他也失去了热情。老巴鲁克坦诚地说"他是摸索着行进,现在刚'够到'[他做了个手势]和吸收那些就原子能问题提了很多建议的人"。

巴鲁克能做的贡献看起来是可有可无的,但是他所做的以后人们会发现其中的价值所在。经过多年累积锻炼出来专业技术判断,巴鲁克经常娴熟地运用专业判断处理难题。一次,商议开始后,他正在与一些军方人士讨论其他国家造出原子弹需要多长时间。有人说他知道要多久,造出原子弹的时间是可以预测的。巴鲁克在华尔街摸爬滚打多年,见惯了股市中无数预言破灭的事,立即提出反对。他说根据他的经验,将来的事很难预测,像原子能这样的新领域就更难预测了。曾主持曼哈顿计划(Manhattan Project)的莱斯利·格罗夫斯少将(Major General Leslie Groves)想必明白他说的意思,坚持说可能需要5~7年的时间。向杜鲁门总统汇报的一份报告中,巴鲁克呈现了这个专家意见,说他不能确定,他估计可能比大家预测的时间要更短。3年后,苏联第一颗原子弹爆炸。

不管是形式还是内容上,巴鲁克团队与艾奇逊—利林塔尔团队是截然不同的。艾奇

第十五章 原子能和所有的一切

逊是一个说话风趣的人,常嘲笑巴鲁克的陈腐思想,艾奇逊的同事们蔑视性地称巴鲁克的合伙人为"华尔街大亨"(Wall Streeter)。巴鲁克曾指责艾奇逊偷录他的电话内容。[过去他也指责过伊克斯偷录他的电话内容;第二次世界大战时期,摩根索尔根据偷录的磁带一字不差地还原了巴鲁克的电话讲话内容。]隶属联邦政府的田纳西流域管理局局长利林塔尔听到汉考克说政府无能非常生气。又据利林塔尔所说,巴鲁克团队都让利林塔尔这边充当代言人,好像是故意设下的圈套。利林塔尔很可能也意识到,巴鲁克可能是有意图的。与艾奇逊他们讲电话的时候,从他们那里获得的信息比巴鲁克给他们的还要多,巴鲁克有时就会盯住他的秘书的眼睛,朝她眨眼,好像在说他又赢了。

在政治事务上,相比艾奇逊、利林塔尔以及他们的团队,巴鲁克和他的团队通常持右派立场。巴鲁克一方不太信任苏联,更加关注财产权。对于裂变矿石的所有权,他们两方持不同意见。在艾奇逊—利林塔尔的报告中,艾奇逊—利林塔尔委员会建议,全世界的铀矿隶属国际权威机构。而对此提议,不管是从哲学层面还是现实层面考虑,巴鲁克一方都持反对意见。例如,3月底巴鲁克在写给伯恩斯的信中说:"到目前为止,至少发现了112种含铀矿物。美国至少有10个州发现了含铀矿物。除美国外,其他20个国家也发现有其中一些含铀矿物。在亚洲和非洲,很多未被勘探过的地区是岩石地貌,这些地区很可能也有含铀矿物。对含铀金属的生产实行严格管制会导致官僚机构的产生。"汉考克指出,该国际机构将不得不买下南非兰特(South African Rand)所有的金矿,因为产金的同时可以产出铀。买下这样的金矿应该付多少钱呢?以何种名义向私人企业收费呢?西尔斯的公司——纽蒙特矿业公司,持有至少20个有色金属矿业公司的股票,因此,西尔斯非常赞同汉考克的观点。艾奇逊想出了一个折中的解决办法,即用自主权取代绝对所有权。双方认为自主权的表述模棱两可,但是比起绝对所有权,自主权的提法还是令人满意。

任何巧妙的言语都无法解决发生在这个春季的争端。争端涉及如何保证参加原子弹条约的各方履行承诺,巴鲁克认为问题的实质又回到国家安全问题。巴鲁克认为,作为联合国原子能委员会的美国代表,他最重要的职责是为美国和它的安全服务,而不是为全世界和改革家对该委员会的希望服务。确定此原则后不久,他就会见参谋长联席会议(The Joint Chiefs of Staff)的成员,想从中探出他们对原子弹问题的态度。如同巴鲁克随后所说的,他发现军方的态度很保守,他自己竟然也是如此。除此之外,他和斯沃普重提威尔逊时代《国际联盟盟约》(The Covenant of the League of Nations)第 X 条规定。该条约规定,国际联盟的任何一个成员国受到攻击都应被视为是对国际联盟所有成员国的攻击,在他们俩看来,从逻辑上分析,不管是在 1919 年威尔逊执政时期还是在 1946 年,该条约都是一项强制性规定。5 月中旬,巴鲁克团队和艾奇逊—利林塔尔委员会在华盛顿举行的一次会议闭幕会上,会议记录最后的内容是斯沃普的发言。他说[速记员译述了他的话]:"……一项缺少惩罚措施的法律是无效的。"另外一点,巴鲁克和斯沃普都同意针应该事先设计好触犯条约的惩罚措施的观点。当然,触犯条约者否决美国的制裁措施,是一件很容易的事。巴鲁克建议应付偶然事件质疑否决权[借鉴安全理事会(The Security Council)常任理事国的一票否决制]来解决原子弹问题。

另一方反对实行制裁,没有别的原因,只有一个原因,那就是他们肯定苏联会反对该计划。巴鲁克竭尽所能缓和双方的紧张气氛,力争与奥本海姆和谐共事,竟然到了与他的同事们断绝关系的地步。"不要让这些同事们的想法困扰你,"引用他的话说,"汉考克是十足的右派分子,但是[边说边眨眼]我会留心他的。西尔斯才华横溢,但是脾气暴躁。"他不会放弃自动惩罚机制。5 月 18 日,也就是在华盛顿布莱尔—李大厦(Blair-Lee House)举行的面对面会议召开两天后,双方仍然没有达成一致的意见,巴鲁克团队制定出一项政策,艾奇逊团队就解除这项政策;双方的工作就是这样。然而,闭会前,巴鲁克提出了最后的要求。"请写下你对你们报告的意见,"巴鲁克告诉对方。"这份报告,全世界各国的大臣做了不同的注解,媒体纷纷做了相关报道。现在请告诉我,它对你的意义。"利林塔尔听到后显得措手不及。两天下来双方没有讨论出什么结果。

1946 年的夏天,阿尔杰·希斯(Alger Hiss)(1948 年阿尔杰·希斯被前共产党员惠特克·钱伯斯指控为苏联间谍;1950 年被判犯有伪证罪)向艾奇逊递交的一份备忘录中提出巴鲁克应采取的办法。希斯建议巴鲁克采取更加温和的立场。希斯写道,巴鲁克应该立足于艾奇逊—利林塔尔报告发表公开讲话,但是不应该表明确切的立场,而应该邀请其他国家发表他们的观点,欢迎他们按大会程序讨论委员会提出的这些建议。

巴鲁克不赞同此建议[如果这项提议真得呈交给他],调整自己的观点。最后,巴鲁克接受了经过一些修改的艾奇逊—利林塔尔报告。其中一项调整内容是联合国展开调查全球矿物资源储备情况。这是西尔斯的主意;他认为这项调查可以测试在任何情况下苏联对外部调查的容忍限度。另外一项建议是联合国的军备裁减调查应包括常规武器。

第十五章 原子能和所有的一切

苏联在常规武器方面具有优势地位。巴鲁克同时要求报告重新调整矿山所有权的文字表述以及明确定义确保否决无效的制裁措施。然后巴鲁克就这些问题与伯恩斯开会商议,伯恩斯没有同意巴鲁克提出的有关矿物资源储备调查和裁减军备的建议,但是支持他提出的有关矿山所有权和制裁措施的建议。6月7日,杜鲁门总统逐字逐句地阅读了修改后的报告,并签署同意的意见。

一周后,按计划巴鲁克将要去位于纽约亨特学院(Hunter College)的临时办公地点向委员会的委员发表公开演讲。政策已经成形,但巴鲁克还没有想到用何种激情四溢的方式来阐述。一天,巴鲁克、斯沃普和艾博斯塔德一起坐在中央公园的长椅上。巴鲁克解释说他想要在公开演讲中用一种特别的方式来阐述他的观点。第二天早上,斯沃普打电话给巴鲁克。"我知道你该讲什么了,"他告诉巴鲁克。"现有最好的资源——《圣经》。"

6月14日,当利林塔尔的太太叫他到厨房收听广播,他正在菜园里拔胡萝卜。从广播里传出来巴鲁克的声音,巴鲁克在演讲,内容是斯沃普跟他讲的:

"生与死,我们必须做出选择。

这是我们的事。

新原子能时代,在其背后蕴藏着一个希望。如果我们失败了,我不要欺骗自己。世界和平还是世界毁灭,我们必须做出选择。原子弹造成的恐怖使我们退缩了。但是这种恐怖还不足以禁止使用原子弹。武器带来的恐怖从来没有阻止人类使用武器。新武器一旦出现,即会及时产生应对它的防御系统。但是现在我们面临这样的情形,有效应对原子弹的防御系统还没有出现。

科学带给我们这个令人生畏的武器,同时也表明,只要善加利用,科学可以为人类谋福祉,但是科学并没有告诉我们如何消除它的负面效应。因此,我们被派来排除原子弹可能带来的危险,在我国人民的支持下召开这次会议。只有抱着为人类谋福祉的意愿才能找到解决问题的答案。

我们被召集起来的目的就是要表达和有效实践这样的意愿。我们必须建立起一种有效机制,以确保原子能为世界和平服务,杜绝战争用途。基于这样的目的,我们必须制定出针对触犯各国已达成的原子弹协议的直接的、迅速的、有效的惩罚措施……"

利林塔尔伸出沾满泥浆的手去拿笔和纸,记下巴鲁克的话。巴鲁克的演讲似曾相识,这一点令利林塔尔感到满意——演讲的观点大部分摘自艾奇逊和他的报告——但是提到的制裁使他很不安。过了一会儿,奥本海姆打电话来。这位物理学家说,他支持巴鲁克提出的"十四个要点",但是讲话中有关制裁的内容令他心绪不定。他指出这和艾奇逊—利林塔尔报告提出的"国际合作开发"计划大相径庭,并对巴鲁克的谈判能力表示怀疑。在电话里,利林塔尔表示赞同奥本海姆的话。

媒体对巴鲁克的演讲的反应相当热烈——《曼彻斯特卫报》(*The Manchester Guardian*)宣称,巴鲁克[或者说斯沃普或圣经]有关生死抉择的演讲"完美地融虚构和事实为一体"——但苏联方面的反应倒是很冷淡。作为苏联的发言人,安迪·格罗米柯(Andei Gromyko)要求美国政府销毁原子弹,暂缓制造新的原子弹以及基于诚实的立场向全世界分享原子弹的制造方法。尽管巴鲁克表示愿意考虑针对触犯原子弹协议的惩罚措施,但是他不会放弃否决权。6月中旬,巴鲁克邀请格罗米柯观看乔·刘易斯与比利·康恩的第二回合的拳击比赛。巴鲁克反复强调无助的康恩,苏联人靠近巴鲁克,然后说:"康恩要是有否决权就好了。"苏联既不同意允许国际机构进入其国境展开原子能调查,也不同意向任何一个国际机构交出其武装力量。总体而言,苏联想继续扩大社会主义阵营。

巴鲁克无法打破与苏联人之间的僵局,但是在改善某些对其不友好的美国人之间的关系方面取得了一些进展。这其中就包括奥本海姆。奥本海姆不赞同巴鲁克的外交手段,但是答应为美国驻联合国的代表团出谋划策。一次,奥本海姆和利林塔尔在心底偷偷嘲笑了巴鲁克一番。笑柄是:据称巴鲁克向杜鲁门总统汇报说他们在原子能谈判方面取得了很大的进展——据巴鲁克说,原子能委员会的投票结果是10:2,只有苏联和它的卫星国波兰投了反对票。整个故事的要点在于,苏联,这个对整个谈判成功起着决定性作用的国家,被视为异己——奥本海姆和利林塔尔认为没有必要这样做。

7月末,利林塔尔同意飞越阿迪朗达克山脉(The Adirondack Mountains),专程拜访在坎普·昂卡斯(Camp Uncas)的巴鲁克。坎普·昂卡斯曾经是老摩根家的一个休养所。在前去的路途中,利林塔尔心情沉重。别人力劝,利林塔尔才同意前往。一个调解人带了一个讯息给利林塔尔,巴鲁克需要帮助,当他听到利林塔尔挂断电话时心情十分沮丧。在坎普,有五名仆人和一名护士伺候巴鲁克。利林塔尔和巴鲁克谈了两天。这次利林塔尔大多数时间都在扮演聆听者的角色。[关于坎普的乡村美景,巴鲁克说:"如果对老摩根来说,这里的风景实在太美了,那么我想,对我们来说,这里的风景的确很美。"]与巴鲁克的交谈使利林塔尔的想法发生显著的变化。出发前,利林塔尔对巴鲁克头脑不清的模样生畏。但是在巴鲁克的面前,利林塔尔被巴鲁克的人格魅力所吸引。7月29日,也就是他到坎普拜访巴鲁克的第二天,利林塔尔在他的日记中写道:"我发现,他(巴鲁克)的头脑中并没有错误的看法,不管是谈判进展甚微还是10∶2的投票结果,他也知道10∶2的投票结果并不意味着什么。他知道如果没有达成一致的意见将会发生多么可怕的事。到目前为止我与他的所有谈话中,今天我与他之间的谈话是最令人满意的——更加放松,更加有趣……"利林塔尔来坎普拜访巴鲁克之前,他在日记中称巴鲁克为"老人"或直呼其名。来到坎普昂科斯后,他开始使用"巴鲁克先生"这个称谓。他们一起乘坐巴鲁克包租下的火车DC-3回到纽约。

改变军备竞赛现状的导火索很可能是斯大林与巴鲁克在摩根家中的会见,这只是个推测。[事实上,巴鲁克一直想拜访这位苏联独裁者,但是由于各种各样的原因,他一直没有抽出时间来做这件事。]巴鲁克认为,如果这个美国计划,斯沃普把它称作"巴鲁克计划",获得应该获得的宣传力度,那么也许会取得一些进展。他一再催促艾奇逊通过美国驻各国的大使馆和领事馆宣传此计划。他还询问格罗米柯为什么苏联的新闻媒体没有全文报道此计划。格罗米柯的回答是,新闻纸短缺。巴鲁克说,如果是这个原因,只要苏联开口,他愿意提供任何数量的新闻纸。当然,此建议完全失败。

原子能谈判开始之前,巴鲁克和他的同事们就感到事情很棘手,达成协议的前景渺茫。一直到夏末秋初,如果不是之前,巴鲁克对谈判僵局都是听之任之。8月,查尔斯·W. 塞耶(Charles W. Thayer),一位在莫斯科待过一段时间的外事官员,警告巴鲁克,苏联人根本不会相信美国政府官员:"二十几年的不懈努力只是证明了俄国人不会相信任何外国人,除非这个外国人在蹲监狱,或者死掉,或者是共产党员。"在9月10日的一次会议上,斯沃普断言,谈判陷入僵局责任在于俄国人;巴鲁克建议美国加快制造原子弹。9月17日递交给杜鲁门总统的报告中,巴鲁克概括性地叙述了美国和苏联的分歧,认为两国没有共同点。他提醒杜鲁门总统注意,美国提议国际社会监管原子能,对违反条约的国家实施否决无效的惩罚。而苏联交出任何自主权。巴鲁克在报告的末尾这样写道:"我们无法把国家安全建立在谈判成功的假定条件上。"

杜鲁门政府的商务部长亨利·A. 华莱士(Henry A. Wallace),认同美国不会取得谈判成功的观点,但他认为谈判陷入僵局责任在于巴鲁克,而不是苏联人。他认为,巴鲁克对否决权的程序性问题和实施惩罚的假设问题的固执性偏爱掩盖了原子能谈判的基本问题——在生与死之间进行选择。另外,他建议美国政府采取行动,销毁原子弹,立即公布原子弹制造方法。7月华莱士呈交给杜鲁门总统一份备忘录。在备忘录中他阐述了这些观点。[从备忘录中抽取的一段话如下:"俄国人对我们的计划不是很感兴趣,这令人惊讶吗?如果俄国人表示他们垄断了原子能,如果我们现在承诺不进行原子弹研究以及把我们拥有的铀和钍的相关信息告知他们,他们愿意在未来某个不确定的时间(具体时间由他们决定)与我们分享原子弹的制造方法,对此,我们也会有兴趣吗?"]9月12日在麦迪逊广场花园进行的演讲中,华莱士实际上提出了美国政府新的外交政策,也可以说是他自己的外交政策。华莱士演讲的部分内容为:"我们的态度越强硬,俄国人的态度相应也会越强硬。"9月18日,令巴鲁克不安的事发生了,7月的备忘录被刊登出来,其中包括对巴鲁克计划的批评意见。国务卿伯恩斯在巴黎极力主张美国官方对苏联的政策,巴鲁克在纽约宣传一样的政策,他们都想知道这究竟是怎么一回事。巴鲁克拜访了杜鲁门总统,谦恭地表示,要么华莱士走,他也走,要么华莱士向他道歉。第二天,9月20日,华莱士辞职,但是巴鲁克仍然想要华莱士向其道歉。巴鲁克说,应该感到抱歉的事不是公开争吵本身,尽管争吵也令人不悦,而是内容混淆事实。华莱士拒绝道歉。巴鲁克和华莱士都谴责新闻媒体。这件事就这样告一段落。

10月末,苏联的外交部长维耶切斯拉夫·M. 莫洛托夫(Vyacheslav M. Molotov)直言,就个人而言,巴鲁克是美国扩张主义的领袖。指控犹如重磅炸弹投入到那个秋季。5个月后,1947年3月,巴鲁克又遭到了另外一项指控。当时一位妇女走进美国联邦调查局在纽约的办公室,她说巴鲁克是"为苏联人办事的,他已把原子弹的制造方法透露给苏联人"。

整个秋季,原子弹谈判各方仍无所获。11月有秘密消息传出,巴鲁克将去莫斯科会见斯大林,但是最终政府并没有下达任务。12月13日,伯恩斯同意巴鲁克对6月推出的原子能计划进行投票表决。投票决定于12月30日进行。

投票结果正如预先猜测的——10∶2,苏联和波兰投了反对票,美国和它的盟国投了赞成票。然而,恰好在投票开始前,亚历山大·贾德甘爵士(Sir Alexander Gadogan)把巴鲁克叫到旁边,告诉巴鲁克,英国女王陛下政府可能不会支持美国。巴鲁克大声斥责他,并恐吓他。由于其他原因,最终英国女王陛下政府还是投下了赞成票。表面上,巴鲁克仍然保持着他虽患胃溃疡但镇静的外交官形象。他走进联合国安理会会议厅(The United Nations Council chamber),腋下夹着一瓶牛奶,手上抓着一把盐。他一眼就认出格罗米柯。

"这就是我许诺给你的原子弹,"巴鲁克指指牛奶瓶。

"什么,牛奶?"苏联人说。

"是的。我想会议时间肯定很长,我肯定用得着。"

结果苏联和波兰弃权了,投票结果是10∶0。[并不是说结果有什么不同。1949年9月苏联爆炸了第一颗原子弹。]1947年1月4日,巴鲁克辞去原子能大使一职。一个星期后他再次草率地宣布,他的公职生涯就此结束。

1942年春季,就在参议院,来自密苏里的贝内特·克拉克(Bennett Clark)引证巴鲁克领导下的战时工业委员会纪录,回顾了巴鲁克在第二次世界大战时提出的一些切合实情但被忽视的建议,口头提名授予巴鲁克国会荣誉勋章(The Congressional Medal of Honor)。1947年以前,国会荣誉勋章[从技术上看,作为平民的巴鲁克是没有资格获得的]——美国的最高荣誉,是巴鲁克还未获得的仅剩的几项荣誉之一。巴鲁克完成原子能工作后接下来的一年里,荣誉接踵而来。他被某些机构授予荣誉勋章,受到表彰,授予荣誉职位,邀请任职。这些机构包括但不仅限于:南卡罗莱纳州政府、纽约市政府、美国橡胶工业(The American rubber industry)、犹太教育委员会联谊联盟(Jewish Educational Commission Fraternal League)、美国国家童子军会(National American Boy Scout Council)、国家法律援助会[Tau Epsilon Rho(the national legal fraternity)]、美国犹太退伍军人协会(U.S. Jewish War Veterans)、美国退伍军人协会纽约县分会(American Legion of New York County)、全美基督教徒和犹太教徒联合会(National Conference of Christians and Jews)、纽约城市学院、哥伦比亚大学、普林斯顿大学(Princeton University)、罗格斯大学(Rutgers University)和叶史瓦大学(Yeshiva University)。《纽约时报》5月20日第三版花一整版的版面刊登巴鲁克的一则新闻,实际上是其授予巴鲁克的最高荣誉:

巴鲁克扭伤了脚踝

昨天伯纳德·巴鲁克扭伤了踝关节,医生告诫他要休息几天才能恢复。通过他家中的电话联系上巴鲁克,这位 77 岁的金融家和总统们的"智囊"表示,他并没有一直躺在床上,"我的身体状况很好"。

老练的政客到户外去呼吸新鲜的空气:在查特韦尔庄园(Chartwell Manor),巴鲁克和温斯顿·丘吉尔外出散步(1949 年)

(合众国际社(UPI)/考比斯—贝特曼尼摄)

6 月,巴鲁克的半身像在美国国家战争学院(The National War College)落成。此前,时任国务卿的乔治·马歇尔听说有人要塑巴鲁克的雕像[至少从 20 世纪 40 年代斯沃普就开始着手此事,那时美国国家战争学院还没有成立],试图挫败此事。就像他对他的副国务卿艾奇逊说的,美国国家战争学院的校址上仅有的雕像是恺撒(Caesar)、亚历山大(Alexander)和拿破仑(Napoleon)。

某一天,马歇尔递给艾奇逊一张邀请卡。

"看看上面写的,"马歇尔说。

卡上写着邀请参加美国国家战争学院的巴鲁克雕像落成仪式。

艾奇逊冷冰冰地说他的上司自然知道怎么应付巴鲁克。

"是的,"马歇尔说,"为了使气氛达到高潮,看起来当时我还得在揭幕式上演讲。"

具有讽刺意味的是,公众对巴鲁克的赞誉达到顶峰,而同时巴鲁克在白宫的影响力

第十五章 原子能和所有的一切

出现在社论版的巴鲁克：公园长椅政治家（日期不详）

（出自普林斯顿大学图书馆古籍特藏部的伯纳德·巴鲁克文件）

则处于最低潮。1947年杜鲁门总统曾向巴鲁克咨询一个外交政策问题。作为对巴鲁克建议的答复，杜鲁门总统怒气冲冲地讲述他个人对巴鲁克的看法："我以后再也不会这样做了。不管发生什么事，我以后绝不会花时间浪费在这个蠢货身上。如果你采纳了他的建议，那么你会时刻受他牵绊，然后它就变成了巴鲁克的政策。我以后再也不想咨询巴鲁克的建议了。"至少看来，1948年夏季之前，杜鲁门总统和巴鲁克两人之间的关系还是很和谐的。8月19日，巴鲁克的78岁生日，杜鲁门请求帮助。在那个总统大选季节，巴鲁克被提名担任民主党财政委员会一职位。巴鲁克通常不会接受这样的职位。毫无疑问，杜鲁门总统也知道这点，但是托马斯·E. 杜威(Thomas E. Dewey)势头很强劲，杜鲁门需要帮助。因此，他请求巴鲁克担任此职位。

一星期后，巴鲁克和气地回复，他从没有在任何政党的委员会任职过，而且从未发表过政治声明；他的朋友们，包括罗斯福总统，都认为他的政策是最好的。巴鲁克用一种错误的方式回绝了杜鲁门总统的请求。他说他希望杜鲁门总统届时只派美国驻荷兰大使赫尔曼(他的兄弟)参加荷兰茱莉安娜公主(Princess Juliana)的加冕仪式。

赫尔曼在他兄长的庇护下事业有成。他开始从业于医药业,继而到华尔街闯荡,然后任职各种外交职位,包括美国驻葡萄牙大使和美国驻荷兰大使。赫尔曼是一个70多岁、缺乏幽默感的老人,眼睛向前突起,蓄着白色的胡山羊胡子。他敬畏巴鲁克,巴鲁克的镇定和自我控制力与他的多愁善感刚好形成鲜明的对比,他对自己的多愁善感也很恼火。1945年,赫尔曼有幸与杜鲁门总统闲聊了几分钟,杜鲁门总统认为赫尔曼充满活力,但不是很讨人喜欢。杜鲁门在他的日记中这样描述赫尔曼:"一个阿谀奉承的人,想要担任美国驻法国大使,与他的兄弟(巴鲁克)一样喜欢耍计谋。"

巴鲁克对杜鲁门总统的回复带来了一些不曾预想的事情。第一件事就是杜鲁门总统写给巴鲁克的一封措辞强硬的信。杜鲁门总统肯定遭到过拒绝,也被别人请求帮忙,但是同时遭受拒绝和请求帮忙这可能是第一回。8月31日杜鲁门总统写道:"27日我看了你的信,感到非常失望。你和你的家庭已得到很多荣誉。如果地面高低不平,那么就只好单向行进了。事情变成这样,我感到很抱歉。"杜鲁门总统在信末附了一笔:"我已任命威廉·麦卡杜夫人和托马斯·J.沃斯(Thomas J. Watson)先生为特别代表,与美国驻荷兰大使一道参加茱莉安娜公主的加冕仪式。"

杜鲁门总统和巴鲁克的不和原本是暗中燃烧的,直到韦斯特布克·佩格勒(Westbook Pegler)在他的专栏中披露此事。佩格勒是一个通过稿件辛迪加在多家报纸上同时发表文章的专栏作家。当时佩格勒正在马萨诸塞州布鲁克林(Brookline)的一家医院养病。约瑟夫·P.肯尼迪(Joseph P. Kennedy)来看他,告诉他有关杜鲁门总统和巴鲁克在信中进行的争吵。肯尼迪站在佩格勒的床沿边,佩格勒给远在南卡罗来纳州的巴鲁克打电话确认此事。巴鲁克来接电话,大致证实了肯尼迪所说的事。佩格勒和巴鲁克在电话里交流,巴鲁克变得越来越生气,言语有些过激。肯尼迪在佩格勒电话这端听到,不禁笑出声来。巴鲁克直接把他的心里话吐出来,指责杜鲁门是一个"粗鲁的、无教养的、无知的人"。总统大选前夕,这些话出现在佩格勒的专栏文章中。佩格勒提醒读者们注意,巴鲁克是美国犹太社会数一数二的平信徒,同时称"现代,与巴鲁克同等名望的人指责白宫主人的言辞中,巴鲁克的言辞是最激烈的"。

此前巴鲁克从未遇到过类似的事。1924年,赫塞·琼斯曾指责巴鲁克对民主党的忘恩负义,但是至此就再也未出现任何针对巴鲁克的公开指责。1941年,巴鲁克质疑罗

第十五章　原子能和所有的一切

斯福的防御计划,声称供给、优先权和配给委员会(The Supply, Priorities and Allocation Board)就像是"踉跄前行的人",当时白宫被他的直言震惊了。他一生奉行的原则就是尽量避免出现有关他介入党派纷争、恶言相向或好事之类的负面报道。他不会在记者面前蓄意辱骂美国总统,也不会初生牛犊不怕虎,公开侮辱美国总统。据巴鲁克所说,佩格勒曾答应不会在他的文章中引用巴鲁克的话,但是他失信了。佩格勒否认此事。但是,有关"粗鲁、无教养和无知"的话巴鲁克并不否认。佩格勒继续在其文章中引用这些话,有时候是拿来讽刺巴鲁克的直言不讳。克劳克站在佩格勒这一边。"这事反映了巴鲁克的一个大毛病,"克劳克写给佩格勒的信中谈及巴鲁克,"同样也是完全没有必要的错误,因为在白宫不必对总统唯唯诺诺,但如此胆大妄为地与总统作对也很不应该。应该是另外一种相处方式。"1951年在马歇尔将军的家中,别人企图调解杜鲁门总统和巴鲁克之间的矛盾,但是两人之间的裂痕已无法弥补。1952年总统大选中,巴鲁克支持共和党总统候选人德怀特·艾森豪威尔(美国第24任总统,任期为:1953～1957年和1957～1961年。——译者注)。

斯沃普认为巴鲁克应该少做调和工作,更加具有攻击性,试图在1948年杜鲁门竞选总统成功后挑起一场公共政策辩论。

1950年6月25日,朝鲜人民军南进作战,朝鲜战争爆发。巴鲁克被卷进,斯沃普曾想阻止但没有成功。杜鲁门政府立即出兵干涉朝鲜战争,相应地也寻求国内战场的有限管制。巴鲁克无声息地抗议杜鲁门政府的有限管制政策。1950年7月,离他的80大寿还不到一个月,巴鲁克向他提供了一剂解决紧急情况的常规药方:工资、物价和利润管制;定量配给;提高税收至政府建议的税率的两倍。

斯沃普无须担心巴鲁克的名望会下降。巴鲁克发表管制工资、物价和利润的声明后,大量美国民众认为如果物价上涨,钱会白白蒸发掉,因此他们提前采取措施应对通货膨胀。[美国民众这样做的结果是,20世纪50年代后半期,批发价格指数以每年22%的速度攀升。]商家和消费者仍然清晰地记得第二次世界大战时期政府实行定量配给以及印发大量纸币的情景,因此他们提前疯狂抢购物品。自然价格就上涨了,从而导致普通民众要求政府实行抵制通货膨胀的政策,就是这样的政策激发了他们对通货膨胀的恐惧,从而促使他们抢购东西,导致物价上涨。幸亏巴鲁克的声明得到了认真考虑,1950

年出台的《国防生产法》(The Defense Production Act)规定对工资和物价实行管制,当时美国政府认为没有必要实行工资和物价控制。来自弗吉尼亚州的参议员哈里·伯德(Harry Byrd)立马称赞巴鲁克:"你在短短 24 小时内就使整个国家认为有必要实行管制措施,简直就是奇迹。"

艾伯特·D. 拉斯克(Albert D. Lasker),来自芝加哥的一位广告经理人,是巴鲁克的金融同行,但在公共关系领域方面的成就要逊于巴鲁克。他对巴鲁克所做的事感到惊奇,赞叹道,在如何提高关注度方面巴鲁克是一个活生生的好榜样。[某次佩格勒注意到,由于巴鲁克所做的巨大努力,全国上下各地的报纸都在报道巴鲁克,对拉斯克和巴鲁克这两个超级富翁进行了一番比较:"如果说有关艾伯特·拉斯克的新闻是一段,那么巴鲁克的新闻则有一版那么多。"]拉斯克对利林塔尔(那时利林塔尔已经退出公众视线)说:"看看我们共同的朋友巴鲁克,手上没有任何实际权力或职位,但正是他,仅凭一个人的力量就改变了整个国会的决定。"

……作为中央集权的倡议者(1950 年)……
(出自普林斯顿大学图书馆古籍特藏部的伯纳德·巴鲁克文件)

没有斯沃普,或者是那个沉重压抑、一脸愁容的斯沃普,巴鲁克照样取得了很高的公

第十五章　原子能和所有的一切

众关注度。1947年6月,也就是巴鲁克的半身雕像在美国国家战争学院落成的那个月份,曾任职主编的斯沃普就他和巴鲁克的关系写了一些备忘录。第一份备忘录写于6月3日:"5月份的时候,我请求他要避免过高的新闻曝光率。我说他受到的关注度已经够高了。格鲁瑟将军(General Gruenther)——阿尔弗雷德·M.格鲁瑟少将,国家战争学院的副校长(Major General Alfred M. Gruenther, deputy commandant of the War College),和其他人批评了我的意见。令我震动的是,巴鲁克需要刚强,我却因此受到谴责。巴鲁克甚至把此事告诉了比利·鲁斯(Billy Rose),就是鲁斯向巴鲁克灌输了一些愚蠢的想法。"鲁斯是前战时工业委员会的速记员,一个喜欢炫耀的人。他和巴鲁克对斯沃普的看法十分相似。巴鲁克需要维持自己的形象,但是来自底层社会的鲁斯,曾被形容为"不可全信的人",尖锐地提出他不同意这个建议。

6月10日,斯沃普认为他自己"……完全活在巴鲁克的阴影下……"6月18日,巴鲁克雕像落成仪式完成后的第5天,斯沃普写道:"巴鲁克并没有就落成仪式特别感谢我,他很希望在美国国家战争学院塑起他的雕像,他也没有就我为他写的演讲稿感谢我。在演讲稿中,我不得不违心说一些话。同平常一样,玛丽·博伊尔和小伯纳德·巴鲁克都不太赞同演讲稿的内容。"

巴鲁克和斯沃普的关系中还有一个复杂因素,那就是金钱。斯沃普不断地向巴鲁克借钱,破坏了两人之间的平等关系。斯沃普帮助巴鲁克成为一个传奇,斯沃普是少数几个把巴鲁克视为普通人,脾气上来的时候敢打断巴鲁克的话或对他大嚷大叫的人之一。某次,斯沃普看到巴鲁克身上的破睡衣,他语带尖酸地大嚷,"你,婊子养的,就不能买一件好的睡衣吗?"巴鲁克自然有钱买睡衣,但是他不想买。[许多年来他都穿同一件宽大衣,上面的纽扣还掉了几颗。]反过来说,斯沃普买了许多超出他能力范围的东西。就像一般的债务人和债权人都会做的那样,斯沃普和巴鲁克相互看不顺眼,纷纷指责对方。斯沃普的开销太大,即使在收入减少时,斯沃普也不会减少开支,这点巴鲁克很看不顺眼。对斯沃普来说,像巴鲁克这么有钱的人,而且凭他们俩的交情,他向巴鲁克借点钱根本算不了什么。1948年春季,由于无法按期归还五千美元的债务,斯沃普给巴鲁克写了一封信,信中激动地回顾了他们一起打拼的过程:

出于相互喜欢、共同的抱负以及共事多年,我们之间产生了坚固的友谊。看到我们一起取得的成就,我的愿望得到充分满足。对于你取得的成功,我由衷地感到高兴。对

巴鲁克、赫伯特·贝雅德·斯沃普和德怀特·D. 艾森豪威尔
(Dwight D. Eisenhower)在华尔道夫饭店(Waldorf-Astoria)吃完晚餐后在一起讨论
(合众国际社(UPI)/考比斯—贝特曼摄)

你成功所做的贡献,我也仍然很开心。

人一变老,生活的乐趣也会变少。其中最大的生活乐趣是信仰——和友谊。感情是主要因素。你的朋友们总会夸奖你。

如果我们的友谊破裂,生活的意义将会变少。我们之间,不管应该是怎样或已经变成怎样,在我的心目中,你永远是对的。我只不过是重申你经常说的话:——"你看他!他这样做,简直就是把刀架在我脖子上?"

我爱戴你,也尊重你。

卡恩写道,斯沃普"以好辩著称。一点小事情,他就可以与人争辩起来;旁征博引"。20世纪50年代初,对于他与巴鲁克之间的关系,斯沃普仍然在苦苦挣扎着。对很多人来说,巴鲁克和斯沃普两人是一个不可分割的共同体。[1953年在一次体育新闻界的晚宴上,总共有四个人把斯沃普误认为是"巴鲁克先生"。]但是事实上,多年前巴鲁克和斯沃普就已经产生了分歧。斯沃普不想活在巴鲁克的阴影下,也不想默默无闻地过一生,他的焦虑情绪滋长。他曾邀请巴鲁克去澄清河镇(Sands Point)的家中做客,但是巴鲁克拒绝了，为此，斯沃普忧心忡忡。斯沃普还对鲁斯怀恨在心。尽管巴鲁克在很多事情上都表示过心意，但是斯沃普记得他的秘书海伦·米拉尔(Helen Millar)去世的时候，巴鲁克没有送花以示悼念；他还记得，他和玛吉四十周年结婚纪念日的时候，巴鲁克也没有送礼物给他们夫妇以示祝福。1954年斯沃普急需钱，以致他走向堕落，接受贿赂，参与操纵赛马比赛结果。[事实上，对前纽约州赛马委员会总干事(New York State Racing Commissioner)来说，这是很严重的错误。]但是这年年末，巴鲁克也给斯沃普写了一封信，晓之以理，动之以情："长期以来，我也感觉到我们之间已经出现了裂痕，但不管是在我的脑海中还是心里，我都认为我们之间的关系不应该变成这样。某些时候，总会有人跟我讲一些事，我确定他们是针对你的，为了离间我们的感情。但是我会立即叫他们住口，因为我从未怀疑过你，除了你感知和表达民众反应的能力。你从未发挥出此才能，或者别人从未看到你发挥出此才能，你拥有感知和表达民众反应的能力。"巴鲁克说他已经吩咐博伊尔小姐每年勾销斯沃普3 000美元的债务，如果斯沃普能够比巴鲁克活得久，那么在巴鲁克去世时一笔勾销掉斯沃普的全部债务[斯沃普没能活得比巴鲁克长]。"我不想让我自己产生这样的想法，即你欠过我钱。我认为我应该告诉你这些，因为我知道此刻你正在为钱而伤脑筋。"

即使是在私人信件中，巴鲁克也会表达出他对政府政策的突然改变的愤怒之情[在给斯沃普的信中，谈到两人的友谊和勾销斯沃普的债务之间，巴鲁克会突然抱怨纽约州政府和市政府支出增长太快]。像往常一样，很难预测巴鲁克会以当今哪个问题结束讨论。巴鲁克支持联邦医疗保险体系、征兵、平时工资和价格管制以及建立一个全国性的优先权委员会[现代化的商务高等法院]，他强烈谴责社会主义，同时指责美国政府过于压迫民众。1946年斯沃普使用"冷战"一词来形容外交努力失败后形成的世界格局。巴鲁克认为，如果一再坚持"苏联威胁论"，世界格局会陷入半战争状态。艾森豪威尔政府于1953年废止了价格管制条例，对此，巴鲁克表示强烈的不满；他频频打电话给持自由市场观点的报纸编辑，企图说服他们改变想法。1955年8月16日，距离巴鲁克的85生日只有三天，①众议院非美活动调查委员会（House Un-American Activities Committee）突然造访（未对外公布）在弗利广场法院进行的一个听证会。巴鲁克走到听证室的后门时，弗朗西斯·E. 沃尔特（Francis E. Walter），一位来自宾夕法尼亚州的民主党人，正在审问一名乡村歌手有关共产党人在剧场搞的活动。巴鲁克被领到后面的一个位置，休庭时，他极不友好地训斥："不害怕任何事的人才能回答任何事。在我们这个伟大的国家，唯一应该感到害怕的事是罪过。"走出听证室时，巴鲁克与沃尔特（听证会主席）握手道别，称赞他做得很棒。

对一些人来说，1954年和1955年股市暴涨不再比美国的敌人还要恐怖。这次顺道拜访沃尔特几个月前，参议院银行和货币委员会（The Senate Banking and Currency Committee）致电巴鲁克，希望巴鲁克能提供一些专业的金融判断。1955年3月，当巴鲁克在参议员面前入座说以前他声明无国会委员会的次数比他为国会委员会作证的次数还要频繁，道—琼斯工业指数上升到415点，与上一年相比，同比增长38%。这么高的增长率令很多人担心20世纪50年代中期会发生20世纪20年代末的大崩盘。在塞缪尔·吕贝尔（Samuel Lubell）（贴身跟着巴鲁克，以保证巴鲁克听清楚问题）的陪伴下，巴鲁克以一句"没有人能够预言股市，我也不会这样做"的话作为开场白。他粗略地补充说明了牛市的一些特征，包括金融机构数量增加。然后，他转而陈述国家的经济政策，建议政

---

① 8月19日星期五，巴鲁克的85岁生日将来临，《先驱论坛报》邀请社会名流、各界要人以及其他知名人士撰文向巴鲁克表示生日祝福，简直就是"一场新闻盛宴"。各式各样的人向巴鲁克表示祝福，同时也包括众多巴鲁克认识的人。这些人包括：埃丽诺·罗斯福、洛吉·马西诺（Rocky Marciano）、比利·鲁斯、克莱尔·卢斯（Clare Luce）、阿德莱·史蒂文森（Adlai Stevenson）、J. 埃德·胡佛（J. Edgar Hoover）、杰克·邓普西（Jack Dempsey）和理查德·尼克松（Richard Nixon）["给伯纳德·M. 巴鲁克——我们这个时代的圣人"]。

还有：乔治·马歇尔将军、大卫·沙诺夫（David Sarnoff）、林登·约翰逊（参议院多数党领袖）（Lyndon Johnson）(Senate majority leader)、约瑟夫·马丁（众议院少数党领袖）(Joseph W. Martin)(House minority leader)、埃德加·富尔（法国总理）(Edgar Faure)(Premier of France)、托马斯·E. 杜威（Thomas E. Dewey）、詹姆士·伯恩斯、奥马尔·N. 布拉德利（陆军总司令）(Omar N. Bradley)(General of the Army)、小赫伯特·布劳内尔（美国司法部长）(Herbert Brownell, Jr.)(U.S. Attorney General)、纽约市长罗伯特·F. 瓦格纳（Mayor Robert F. Wagner of New York）、州长埃夫里尔·W. 哈里曼（Governor W. Averell Harriman）、国防部长威尔逊（C.E. Wilson）(Secretary of Defense)、加拿大总理路易斯·圣·洛朗（Louis St. Laurent）(Prime Minister of Canada)、罗伯特·摩西（Robert Moses）、柯蒂斯·勒梅将军（General Curtis LeMay）、比弗布鲁克勋爵（Lord Beaverbrook），当然也包括斯沃普。斯沃普的话部分如下："你是公民权利保卫者；你是世间具体的、重要的人物。"

斯沃普写了一首百老汇式的打油诗，抢尽风头：
你的财运和好运来得时间太短
假朋友与你形同陌路
巴鲁克先生或站着，或坐着，或跑着，或跳着
一个时刻准备着的人

第十五章 原子能和所有的一切

……作为全能的、必不可少的公民（1955 年）

（出自普林斯顿大学图书馆古籍特藏部的伯纳德·巴鲁克文件）

府加强陆军和海军实力以及实现财政预算平衡。他认为沃尔特·温切尔（Walter Winchell）通过广播节目预测股票也没什么不对。他告诫法律制定者们"不要试图通过立法阻止人类的一些愚昧行为，或者反对冒险精神（今日美国的强大正得益于冒险精神）"。听证会进行过程中，参议院银行和货币委员会主席，来自阿肯色州的 J. 威廉姆·富布赖特（J. William Fulbright）试图让巴鲁克对约翰·肯尼思·加尔布雷斯（John Kenneth Galbraith）说几句正面的评价。加尔布雷斯早些时候在听证会上阐述过一些观点。巴鲁克拒绝发表评价，解释说他从没有看过这位绅士（加尔布雷斯）的书，他对经济学家也不太感兴趣。"我认为经济学家——普遍现象，并不是针对他（加尔布雷斯）个人——总是认为他们知道很多事，"巴鲁克说，"如果他们真的知道这么多，那么钱应该全部都被他们赚去了，而我们一分钱也赚不到。"

富布赖特仍然坚持，询问巴鲁克，在他看来，参议院银行和货币委员会听从加尔布雷斯的建议究竟是不是一个错误。

巴鲁克没有正面回答。

"这好比酒保问别人，'迈克会喝酒吗?'"

"对方说，'他喝过吗?'"

"酒保回答,'他喝过。'"

"那么这样的话,对方说,迈克应该会喝酒。"

"我认为没有必要讨论此事,"巴鲁克继续说,"没有什么理由。我并不是说这很难解释,而是这个世界上本来就有很多事,我们都是毫无理由地接受。"[1961年,加尔布雷斯被任命为美国驻印度大使后,巴鲁克写了一封信给他,信中表达了他对肯尼迪政府奉行的政策背后隐藏的通货膨胀危机的担心。然而,第六感觉促使巴鲁克最终还是没有寄出此信。]

在20世纪50、60年代,通货膨胀是巴鲁克最担心的一件事。他与他的股票经纪人在电话中讨论通货膨胀问题,他还参加过一次抗议红色肉类价格上涨的消费者罢购,只不过只有他这一个消费者。他哀叹美国某些机构在通货膨胀面前的软弱无能,特别是一些大学机构。1949年,斯坦福大学医学院(Stanford Medical School)写信请求巴鲁克提供资助,巴鲁克在回信中抱怨大多数大学都在教授凯恩斯理论和其他趋附潮流的经济学家的观点,显然这与医学院毫无关系。因为巴鲁克对引发通货膨胀的原因采取一个折中的态度——他总结为人类的贪婪、投机倒把、利益集团政治斗争、不健全的货币体制以及对国家利益的无视,这些都令巴鲁克不满但又无能为力,只好忍受——他认为价格的缓慢攀升和质量标准的全面下降是同一回事。情况越来越糟糕,通货膨胀是对腐败政府的报复。巴鲁克去世后,事情正如他所料地发生了。例如,1980年1月,每盎司金价高达875美元,而当初阿拉斯加—朱诺黄金矿业公司开采的黄金每盎司只值20.67美元。同时在萨拉托加举行的伯纳德·巴鲁克奖赛马的奖金高达5万美元,是1959年该赛事以巴鲁克名字命名时的两倍。

伯纳德·巴鲁克奖是赛马界在三年内赋予这位总统们的"智囊"的第二项荣誉。巴鲁克86岁生日前夕,1956年8月在萨拉托加赛马。"快乐的阿尔戈",一匹没出息的马,在爱尔兰因为参加比赛卧倒或被禁赛,登陆美国后,巴鲁克买下它,进行良好训练后取得了一系列辉煌成绩。20世纪20年代末在萨拉托加、阿克维杜克(Aqueduct)、牙买加(Jamaica)贝尔蒙特赛马场都跑过头名。[受伤退出后,玛丽·博伊尔受命寻找"快乐的阿尔戈"的后裔来参加比赛,这样巴鲁克可以投注在它们身上。]8月的某一天,在萨拉托加,一位记者询问这位座上客(巴鲁克)投了多少钱。巴鲁克这样回答:过去赛马已经替他赢了一些钱,但是 1956 年他并没有赢钱;他已经缩减投注额。"我通常都在等待,直到我相信我自己的判断是对的,然后才会加大投注,"他说,"现在我下的投注额很小。"

巴鲁克 80 多岁的时候时常感到金钱的重要性。他留下了 14 076 076.30 美元的遗产①,但是比起第一次世界大战时期他拥有的财产来讲,这笔遗产并不算多,第一次世界大战时期物价还很低,而且所得税只是象征性地征收。他也捐出了一些钱——可能是一笔不少的钱,1952 年来自罗伯特·鲁克(Robert Ruark)的估计是 2 000 万美元——自从在得克萨斯海湾硫磺公司赚了一笔大钱后,巴鲁克在股市就再也没有取得过重大的成功。某次,他跟他以前的护士布朗什·希金斯(Blanche Higgins)(那时已成为杰罗姆·凡·埃斯太太)(Mrs. Jerome Van Ess)讲,他现在的收入不足以应付他的生活开支:"很可怕的事,你知道,我不得不吃老本。"有时候,巴鲁克会谈论过去他差点赚到的钱时说:"你知道,我可能已经成为一名真正的富翁。"

1946 年,原子弹谈判中期,他卖掉了在第五大道 1055 号的豪宅,然后在东 66 街 4 号买了房子,他自称是"小公寓",可以俯瞰中央公园。"小公寓"是相对第五大道 1055 号的豪宅而言的。第五大道 1055 号的豪宅一共有 6 层,里面配有一部电梯,10 个浴室,32 个房间,包括一个椭圆形的饭厅,舞厅和吸烟室,房子外面是一排挪威松树,还有日光浴室。"小公寓"也有 12 个房间。1951 年到"小公寓"的一位房客注意到,房间里面摆放着一对精美的中国齐本德尔式柜子,两幅钱德(Chandor)的大型油画(一幅是丘吉尔的画像,另外一幅是巴鲁克自己的画像),一封镶在相框里的来自美利坚联盟国女儿同盟会(The Daughters of the Confederacy)的表彰信,一个插满黄雏菊的花瓶,许多巴鲁克自己的照片,还有一张红衣主教斯佩尔曼(Cardinal Spellman)的签名照,当时斯佩尔曼身着红法衣被摄影师抓拍下来。在卧室的床头柜上还摆着一排药瓶。

如果巴鲁克少去赌马[1948 年一位来自纽约的已退休消防员归还了一卷百元钞票(22 张),巴鲁克不小心落在贝尔蒙特赛马场的 Turf & Field 俱乐部观众席上],那么巴鲁克在 80 多岁和 90 多岁的时候,仍然有能力单笔买进或卖出 1 万股股票。他每天与他最喜欢的经纪人通三四次电话。他也会待在博伊尔小姐的办公室,摆弄那台股票行情自动收录器,他会自己换纸带。巴鲁克会非常仔细地阅读报纸——1955 年斯沃普称巴鲁

---

① 玛丽·博伊尔雇用了一个住在她家的男仆和厨师,他说通常花起钱来感觉她比有钱的老板还要有钱(猜巴鲁克是这样说的),她于 1973 年去世,死时留下一笔 1 115 200.81 美元的遗产。

克是他认识的人当中最好的读者——巴鲁克清楚地知道市场的变动情况[①]。如果他的经纪人未经准备,向他报告说某只股票以 50.25 收盘,巴鲁克肯定会明确地纠正他的错误——"是 50.125"。

巴鲁克的一位同事记得,别人开口向他借钱时,"他看起来一副愁眉苦脸的样子"。巴鲁克的厨师安妮·马龙(Annie Malone)见识过巴鲁克慷慨大方的一面,也见识过他吝啬的一面。安妮·马龙待人友善。自从巴鲁克搬进东 66 街 4 号的公寓后,她就养成了把剩余食物送给电梯管理员的习惯。安妮炒股亏了钱,巴鲁克曾出手相助过一两次,帮助摆脱财务困境。有人告诉巴鲁克安妮把他的食物都送人了。巴鲁克问她这是在干什么。她请求巴鲁克的原谅,辩解道,如果不处理掉这些剩余的食物,到时候只得倒掉,太浪费了。巴鲁克说就让它浪费吧。有一段时间,安妮遵照巴鲁克的吩咐,但是过了不久她又把剩余食物拿去送人了。某一天,巴鲁克问电梯管理员安妮有没有再送食物给他。电梯管理员回答,有——她刚刚给他带来了晚餐。就因为这样,安妮被解雇了。

巴鲁克解雇安妮导致了一个问题,巴鲁克不知道该如何处理他以安妮的名字创立的一个信托基金。他向他的律师咨询,最后他们一致认为,如果安妮真需要钱那么就应该把这笔钱给她。他们叫安妮过来商讨这件事。安妮来了,穿着非常得体。他们告诉她,如果想得到这笔钱,她必须公布自己的收入。安妮拒绝这样做,大声地骂着离开了办公室。

过了一段时间,安妮邀请她的一些朋友到她的新家参观。朋友们来到西 72 街一幢豪华的大厦,在中央公园的西面,告诉大厦门卫他们来看望马龙小姐。

"噢,"门卫说,"安妮。"

巴鲁克身上带有几分视钱如命的特性。他的太太安妮去世后,巴鲁克找人对安妮留下的珠宝首饰进行鉴定。其中有一枚蓝宝石戒指,当初安妮在伦敦买下它的时候花了 1.6 万美元,鉴定结果是只值 4 000 美元。巴鲁克说这不可能,但是第二次鉴定还是一样的结果。这次,珠宝商说这款是他见过的最好的人造椭圆形蓝宝石。安妮被骗了。

[①] 巴鲁克也关注国外市场。1957 年 9 月,他认为伦敦金属交易所(London Metal Exchange)有一些交易非常可疑。他打电话到一个在美国联邦调查局工作的人的办公室,这个人会去向他的上司递交了一份报告:"巴鲁克先生声明,他注意到在伦敦金属交易所铜价出现大幅波动。他说这些异常波动可能会对世界经济产生无法预料的影响,他感到这是有人恶意操纵,从而导致异常波动;这些人可能是受共产党的指示或者与共产党有密切联系。"巴鲁克承认这些信息还不太确定,可能超出了 FBI 的权限,但是他说有人可能会想要调查此事。

第十五章 原子能和所有的一切

这事发生后过了一些时日,巴鲁克刚巧和一位秘书在他的豪宅。当时他们旁边的桌子上正放着这枚戒指,巴鲁克把它拿在手上研究。那位秘书一度以为巴鲁克要把这枚戒指送给她。

"你知道,"他最后开口说,"如果巴鲁克太太戴着假宝石,其他人肯定以为是真的宝石。你即使戴着真宝石,别人也会认为是假的。"

然而,巴鲁克有时候确实慷慨大方,他不仅仅在金钱方面大方,而且在情感方面也变得大方,他会主动问候别人,表达思念之情。1955 年 3 月,E. D. 科布伦茨(E. D. Coblentz),《旧金山号令公报》(The San Francisco Call-Bulletin)的编辑,和他的太太意外地收到巴鲁克的信——"你们可能好奇我为什么现在写信给你们。其实我也不知道。我只是想念你们,想念我们曾经一起度过的快乐时光。你们是多么好的朋友啊!我非常爱你们。"

1950 年 11 月,巴鲁克成为一起勒索案的受害人。一位联邦调查局特工顺便到巴鲁克的公寓进行调查,回去后向华盛顿联邦调查局的头头报告说:"告诉胡佛先生,这位老人并不害怕。"

巴鲁克非常孝顺父亲,他已决定以父亲一样的方式死去。西蒙·巴鲁克生前嘱咐过儿子们在他临终前不要叫牧师来,因为"他已经活得够久了,没有必要愚弄上帝"。1921 年 81 岁高龄的西蒙·巴鲁克去世,他的儿子们遵守了承诺。他们的母亲认为多少岁死都不能说太迟,当时她正躺在自己的床上养病。她背转身去,大哭起来。

如同其他长寿的人一样,巴鲁克也遭受了很多事,包括关节炎和寂寞。脚痛时常折磨他,他有前列腺毛病,耳聋困扰着他,与他长大成人的儿子发生争执。1957 年,他的自传(第一版)《我自己的故事》(My Own Story)问世[立即成为畅销书]。那一年,他体重锐减,很担心死亡。[1] 1958 年,由于医生的嘱咐,巴鲁克拒绝去芝加哥受领美国退伍军人

---

[1] 他又一次死里逃生,但是他自己并不知情。20 世纪 50 年代末——警察对具体的日期记得不是很清楚——南卡罗来纳州执法局(The South Carolina Law Enforcement Division)发现了一个暗杀巴鲁克的阴谋。警察认为背后的主谋是三 K 党,他们把这一情报呈给州长小乔治·贝尔·蒂默曼(George Bell Timmerman, Jr.);小蒂默曼又将此事告知前州长詹姆士·伯恩斯。伯恩斯害怕如果将此事告诉巴鲁克,他会被吓死。警察没有足够的证据可以将任何人逮捕入狱,于是拜访了他们的主要嫌疑人(一位农民),试图将他吓跑。他们就他们所掌握的证据或怀疑的事情与这位名农民对质;这位农民在他背部的口袋里倒置放着一支手枪,牵强地否决一切。他说他没有计划要杀死巴鲁克本人,但是补充道,"如果有人去杀这位婊子生的老犹太人,这主意很不错。"许多年后,经历过此事的一位警察说:"我们确信的确有人计划暗杀巴鲁克。"

协会"杰出服务"奖章(The American Legion's Distinguished Service Medal)。同年春天,10个星期内,斯沃普和肯特相继去世。

因为经历了诸多不愉快的事,巴鲁克依靠在他的护士兼朋友伊丽莎白·纳瓦罗(Elizabeth Navarro)身上寻求支持。白天,纳瓦罗一直陪在巴鲁克身旁;晚上,巴鲁克睡不着的时候,她就起来陪他,尽量使他感到舒服。当巴鲁克开玩笑地说,纳瓦罗是他的女主人,因为即使巴鲁克戴着助听器,他还是听不太清楚,所以照顾巴鲁克不是一件容易的事。如果其他夫妇来吃晚餐,纳瓦罗的职责就是使那位太太保持安静以便巴鲁克能听清楚先生所说的话。尽管巴鲁克具有政治家的忍耐力,但他在一些小事情上很容易发脾气。他要求12:30准时吃午饭,晚上19:30准时吃晚饭,他吃饭总是狼吞虎咽,几分钟就把一餐饭搞定。有一天晚饭时,看到一位女士对着她盘中的朝鲜蓟一动也不动,"伊丽莎白,"巴鲁克不耐烦地说,"向她示范一下该怎么吃,这样我们就可以把它端下桌了。"1965年巴鲁克去世时,巴鲁克玩塔牌已输给纳瓦罗小姐40万美元[记在纸上];无数个夜晚,巴鲁克睡不着,纳瓦罗陪他玩塔牌(凯纳斯特纸牌戏),赌注一点0.1美分。但是巴鲁克极不赞同纳瓦罗参与真正的赌博,即使只是赌点小钱。"当巴鲁克先生发现我在玩牌,只是赌25分的,他也会喋喋不休地说教。"她说。

尽管巴鲁克冷静地对待死亡,但他也不想急着去死,仍然小心翼翼地照顾自己的身体。每天纳瓦罗小姐使用乳霜帮他按摩。为了加强锻炼,他举哑铃,游泳,由于90岁高龄的缘故,他不会像以前那样一头扎进水里。90岁出头的时候,巴鲁克还会去打鹌鹑,直到有一天他发觉自己打不动了。"我追不上那些鸟了,"他说,"我也追不上其他人了。"报纸上第一次报道心脏移植手术时,巴鲁克要求一位医生去南非调查此技术,万一哪天他需要就可以实行。在欧洲度假的时候,他惠顾保罗·尼汉斯医生(Dr. Paul Niehans)的诊所,保罗·尼汉斯医生是瑞士一位细胞疗法方面的专家。尼汉斯推断出,一头怀孕的母羊的肝汁可以使人类的肝脏复元,牛心做成的牛肉汤可以强健人类的心脏,诸如此类。他给病人注射大剂量的动物器官提取物。不管是出于什么原因[巴鲁克自己也曾怀疑尼汉斯的治疗疗效],1965年6月20日晚上21:25分巴鲁克的心脏还是停止了跳动,再过59天就是他95岁的生日。

精神上,巴鲁克没有停止过追求的脚步。巴鲁克始终关注着外面的事,经常思考,并让别人知道他的想法。他支持肯尼迪政府实行价格管制以及发动越南战争(巴鲁克一生

第十五章 原子能和所有的一切

中经历的第五次战争,也是最后一次战争)。1961 年有关加拿大欲出售小麦给共产党领导的中国的报告促使巴鲁克写信给国务卿迪安·拉斯克(Dean Rusk)。巴鲁克写道,加拿大出售小麦给中国是错误的行为,因为这将帮助中国人"强大起来,以致打败我们。我相信您现在正采取行动阻止此事发生"。91 岁高龄的巴鲁克仍然是令人敬畏的人,致使拉斯克写了一份 14 页的备忘录作为答复。

哈罗德·埃伯斯坦(Harold Epstein),巴鲁克的自传(第二版)《公共生涯》(*The Public Years*)的合著者[另一位作者是塞缪尔·吕贝尔(Samuel Lubell)],曾发现他一边吃早餐一边专心致志地看报。报上的问题成为一次演讲素材,埃伯斯坦为巴鲁克写的演讲稿。"这是我看过的最好的一件事,"巴鲁克说。[斯沃普去世后,某天巴鲁克正在发愁,他要去参加一次演讲,考虑谁来写演讲稿,这次演讲很重要。"他妈的,"巴鲁克说,"如果斯沃普还活着,他早就用话激这些家伙,并且早已为我准备好演讲稿了。"]巴鲁克继续在军方人员面前施展才能,他多次重申有关战时优先权和价格管制的观点,好像这些事刚刚发生一样。即使他突然会有厌世的感觉,也需要耐力。大约 90 岁的时候,巴鲁克接到他一直深爱着的克莱尔·卢斯的一个电话。虽然埃伯斯坦在巴鲁克电话这头听不到他们的谈话内容,但是显然,克莱尔·卢斯肯定是在讲她婚姻的不幸,巴鲁克在安慰她。巴鲁克叫她不要做草率的决定。提醒她现在所拥有的一切,其实她拥有一个幸福的家。最后电话结束,巴鲁克放下电话。停顿了一会,然后他说:"哎,到底谁在乎。"

1965 年 6 月 23 日,巴鲁克去世后的第三天,在第二大道东 79 街的老西尾堂(West End Synagogue, East 79th Street and Second Avenue)举行了追悼会。在巴鲁克的一生中,他会不定期地参加礼拜,生前曾表示葬礼尽量简单。他渴望像一个犹太人一样死去——"他想要这样的说法,"埃伯斯坦说——但是不想愚弄上帝。遵循巴鲁克生前的嘱咐,他的遗体火化。追悼会中出现了意外的情况。追悼会开始前 20 分钟,礼拜堂上空的云层消散,巴鲁克可能会很高兴,因为他总是感到发冷。

西尾堂的里里外外,送葬的人们,大概有七百来人,这些人都是巴鲁克在工作和生活中认识的,活脱脱地再现了他走过的一生。还包括他两个还在世的孩子,小伯纳德·巴鲁克和勒奈·扎姆斯塔格夫人[1964 年贝尔去世,享年 64 岁];他的知己兼秘书博伊尔小姐;他的朋友兼护士纳瓦罗小姐。原子能谈判期间认识的费尔迪南德·埃博斯塔德也参加了葬礼,跟他一起来的还有瓦格纳市长、比利·卢斯、参议员雅各布·贾维茨、亨利和克莱尔·卢斯、纽约城市学院校长比尔·加拉格尔博士(Dr. Buell Gallagher)以及英国驻美国大使帕特里克·迪恩爵士(Sir Patrick Dean)。欧内斯特·斯特雷塞(Ernest Stresser),一位住在东 79 街的 82 岁澳洲老人,前来悼念表达他对巴鲁克的尊敬之情。25 年前如果没有巴鲁克,斯特雷塞就不可能来美国。还有州长伯恩斯,巴鲁克去世时伯恩斯陪在身旁;民主党人阿德莱·斯蒂芬森(Adlai Stevenson),1952 年竞选时巴鲁克并不支持斯蒂芬森。红衣主教斯佩尔曼(Cardinal Spellman),巴鲁克生前刚与他发生过争执,也来悼念。巴鲁克去世几个月前,巴鲁克和斯佩尔曼相互侮辱对方。这位红衣主教顺道来巴鲁克的公寓看望他,碰巧那时巴鲁克在午睡。想要快点结束,斯佩尔曼匆匆开始仪式,直接跳到最后的礼拜式。巴鲁克被响声吵醒。巴鲁克破口大骂,把斯佩尔曼赶走了。但是,巴鲁克从来没有失去过一个朋友;不知何故,这两人也前来参加巴鲁克的追悼会。像往常一样,人死了,一切都烟消云散了。